数字化赋能服务型制造：模式创新与组织变革

樊晓军　著

西北农林科技大学出版社
· 杨凌 ·

图书在版编目（CIP）数据

数字化赋能服务型制造：模式创新与组织变革 / 樊晓军著. -- 杨凌：西北农林科技大学出版社, 2023.6

ISBN 978-7-5683-1261-5

Ⅰ. ①数… Ⅱ. ①樊… Ⅲ. ①数字技术－应用－制造工业－服务经济－企业发展－研究－中国 Ⅳ. ①F426.4-39

中国国家版本馆CIP数据核字(2023)第110867号

数字化赋能服务型制造：模式创新与组织变革

樊晓军　著

出版发行	西北农林科技大学出版社		
地　　址	陕西杨凌杨武路3号	邮　编	712100
电　　话	总编室：029-87093195	发行部：029-87093302	
电子邮箱	press0809@163.com		
印　　刷	西安日报社印务中心		
版　　次	2023年6月第1版		
印　　次	2023年6月第1次印刷		
开　　本	787 mm × 1092 mm　1/16		
印　　张	25.5		
字　　数	487千字		

ISBN 978-7-5683-1261-5

定价：98.00元

前言

Preface

随着现代信息技术的快速发展与广泛应用，客户对于个性化、定制化、专业化产品服务的需求日益增加，传统制造业企业的生存与发展受到了严峻的考验。陕鼓集团、上海电气等企业开始发展基于制造的服务业务，以期延伸产业链，增加企业收入来源和利润水平，已取得了骄人的成绩。汪应洛、孙林岩、李晓华、简兆权等学者，结合企业实践和理论研究，提出并开始研究服务型制造模式，由此掀起了服务型制造相关研究与实践的热潮。装备制造、家电制造、电子产品制造等行业企业开始结合行业特点、市场特点与自身在技术、制造、渠道和资源等方面的优势，开展不同形式的服务型制造转型，创新产品与服务模式，创新优化生产组织形式、运营管理方式和商业发展模式，增加服务要素在投入和产出中的比重，从而有力地推动了我国制造业的转型。

2015 年，国务院发布的《中国制造 2025》中明确提出，要加快制造与服务的协同发展，推动商业模式创新和业态创新，促进生产型制造向服务型制造转型。发展服务型制造，成为实施制造强国战略十年行动纲领中的九大战略之一。2016 年，为贯彻落实《中国制造 2025》，由工业和信息化部、国家发展改革委、中国工程院共同牵头制定了《发展服务型制造专项行动指南》，明确了发展服务型制造的路径，为服务型制造转型发展提供了政策支持。

从我国服务型制造研究与实践现状来看，如何发展服务型制造，传统制造企业如何转型仍然处于探索阶段。从全球范围来看，德国提出了“工业 4.0”计划，旨在通过智能制造提振制造业竞争力；美国开始基于“工业互联网”和“新一代机器人”的智能制造战略布局，提出了“先进制造业伙伴计划”；欧盟在“2020 增长战略”中提出重点发展以智能制造技术为核心的先进制造；日本提出“日本再兴战略”，印度提出“印度制造战略”。中国提出“中国制造 2025”，旨在加速推进我国在智能制造、大规模个性化定制和服务型制造等领域的快速发展。

移动互联网、物联网、大数据技术等现代信息技术的快速发展与广泛应用，正在影响和改变着制造业的发展模式和商业模式。基于现代信息技术，实施服务型制造模式创新，实现制造业与服务业的两业融合，不仅可以延伸和提升价值链，提高全要素生产率、产品附加值和市场占有率，而且可以提升制造业产品的竞争力。本书在明确研究背景、意义与主要内容的基础上，指出现代信息技术对制造业变革发展的影响，进而引出服务型制造模式，并对服务型制造商业模式及其发展趋势进行了探讨。在此基础上，对服务型制造的企业变革、产品模式、生产组织模式、营销模式、企业文化、知识管理、供应链管理等方面进行了理论剖析，其中涉及大量成功的企业案例。本书对于传统制造企业的服务型制造转型，促进制造业与服务业的两业融合，提升我国制造业竞争力具有较强的借鉴意义。本书共分为12章，主要包括以下内容：

第一章主要对本研究的背景、意义以及主要内容和框架进行了简单的阐述。第二章主要对互联网、物联网、社会化网络和云计算等现代信息技术，对于制造业发展、变革的影响进行了分析。第三章在对服务型制造相关概念、特征梳理的基础上，对制造业服务化、制造业与服务业的两业融合、数字化背景下的服务型制造模式及其生产组织方式等内容进行了全面介绍。第四章分别基于交易成本理论、资源基础观理论、价值链理论、竞争战略视角，对服务型制造模式进行了全面、深入的分析。第五章主要对几种典型的服务型制造商业模式进行了分析。第六章主要对服务型制造的产品服务系统、管理模式与技术变革以及服务型制造企业的演进路径等进行了研究。第七章对服务型制造的产品模式及其创新进行了分析。第八章对服务型制造的生产组织模式及其表现和产业互联网进行了分析。第九章基于4P理论对服务型制造的营销模式进行了分析。第十章在对传统制造企业文化分析的基础上，重点对服务型制造企业的文化理念、文化特性及其表现进行了分析。第十一章主要对服务型制造企业的知识管理实践、创新保障机制进行了阐述。第十二章主要对服务型制造模式下的供应链网络重构和延迟策略的应用进行了分析。

关于服务型制造转型发展的研究与实践，任重而道远，希望有更多的企业、学者能够加入到服务型制造转型、服务型制造模式创新实践探索与理论研究当中，推动我国制造业的高质量发展及制造业与服务业的深度融合，提升我国制造业的核心竞争力，早日实现“中国制造2025”远景目标。在本书的写作过程中，得到了陕汽集团、陕鼓集团、同力重工等企业的大力支持，以及家人、朋友和同事的鼓励与支持，在此一并表示感谢。

樊晓军于西安培华学院

2022年12月15日

目 录

Contents

第一章
绪　论

第一节　选题背景与意义

一、选题背景

习近平在中国科学院第十九次院士大会、中国工程院第十四次院士大会讲话中提出，要把握数字化、网络化、智能化融合发展的契机，以信息化、智能化为杠杆，培育新动能，优先培育和大力发展一批战略性新兴产业集群，推进互联网、大数据、人工智能同实体经济深度融合，推动制造业产业模式和企业形态根本性转变，促进我国产业迈向全球价值链中高端。制造业是国民经济的主体，是立国之本、兴国之器、强国之基，是实现创新、抢占未来的关键制高点，它决定着实体经济的质量和效益。国际金融危机之后，为了刺激本国经济增长，重新塑造在实体经济领域的竞争力，许多发达国家都实施了一系列国家战略，美国大力推动以“工业互联网”和“新一代机器人”为特征的智能制造战略布局，提出了“先进制造业伙伴计划”；德国“工业 4.0”计划的提出，旨在通过智能制造提振制造业竞争力；欧盟在“欧盟 2020 增长战略”中提出重点发展以智能制造技术为核心的先进制造；法国的“新工业法国战略”，日本的“日本再兴战略”，韩国的“制造业创新 3.0 战略”“新增长 4.0 战略”，印度的“印度制造战略”，以及俄罗斯的“国家技术计划”和意大利的“意大利制造业”等，都旨在发展与实施智能制造战略，提升制造业的国际竞争力[1]。

改革开放以来，我国制造业得到了快速长足发展，总体规模不断扩大，综合实力持续增强。根据联合国工业发展组织（UNIDO）数据，我国工业竞争力全球排名不断攀升，由 1985 年的第 61 位，上升到 1998 年的第 37 位，再到 2010 年、2013 年、2021 年的第 8 位、第 5 位和第 2 位。在规模上，我国已经成为世界第一制造大国，有“世界工厂”之称，在汽车、电脑、手机、空调、洗衣机、冰箱、彩电、钢铁以及其他多项产品的产量方面都稳居世界第一。截至2016年，我国连续7年保持世界第一制造大国的地位（具体见表1–1）。在500多种工业产品中，我国有220多种产品的产量位居世界第一，但是在全球制造业发展格局中，仅处于第三梯队，集中于中低端制造领域，落后于欧美、日本等发达国家，并非制造强国。在产业结构、自主创新、工业信息化、数字化和产品质量等方面，与全球制造业第一、第二梯队仍有一定差距。

表1–1　我国制造业占全球的比重及排名

年份	占世界比重/%	世界排名
1990年	2.7	9
2000年	6	4
2007年	13.2	2
2010年	19.8	1

资料来源：工信部规划司，2015年5月。

进入21世纪以来，随着互联网、物联网、大数据和云计算等新兴信息技术以及3D打印和智能制造等先进制造技术的发展，在新兴信息技术、新场景、新业态、新模式的共同作用下，这些先进技术日益影响和改变着传统的制造业，传统制造业的转型升级将成为必然。尤其是“中国制造2025”战略的提出，制造业将成为数字化驱动转型升级的主要阵地，数字经济与制造业的融合发展会促使制造业在生产模式、组织形态、价值创造和价值分配等方面的变革，产业链也必将发生重构。由此不仅能引起政府主管部门和制造企业对制造业的服务化转型、数字化转型、制造型企业组织转型实践探索的高度重视，而且也能成为我国学者关注的重点研究领域之一。本书基于管理学与经济学视角，结合中国企业服务型制造转型的实践探索，对制造企业的服务型制造模式进行理论研究。通过对制造业的服务化转型研究，深入探讨在数字化、服务化背景下，我国制造业与服务业两业融合，服务型制造转型升级的内在作用机制与基本路径，以期在数字经济与实体经济的深度融合、制造业与服务业两业融合的基础上，深入推进服务型制造，充分发挥现代信息技术对制造业服务型制造转型升级的驱动作用，促进我国制造业的高质量发展。

二、问题的提出

虽然我国已经成为世界第一制造大国，但是制造业仍然面临着诸多挑战。比如，长期以来，依赖能源、资源和劳动力的高投入换取制造业的快速增长，对于技术创新投入不足，导致整个行业技术创新能力较弱，这种粗放型经济增长方式已经给资源与环境带来了巨大压力。随着人们生活水平、生活成本的提高和生育观的变化，我国生育率和新出生人口逐年减少，可供给劳动力随之减少，导致劳动力成本上升，制造业很难再通过“人口红利”实现快速增长。因此，制造业的发展方式亟待转型升级。数字经济、服务经济的繁荣，已经成为驱动实体经济转型发展的重要力量，其核心在于以数字化的知识和信息为重要生产要素，通过与实体经济融合发展，发挥数字化资源的激活、创新与赋能作用[2]。

2019 年，全球市值十强企业中，一半以上的企业都实现了平台化或者正在进行平台化转型，其中包括谷歌、苹果、亚马逊和 Facebook 等美国企业，我国的阿里巴巴、腾讯分别位列第七位和第八位。后起之秀 Uber 和 Airbnb 在很短时间内得以快速成长。在制造业领域，2013 年 6 月，美国通用电气与电商巨头亚马逊、管理咨询巨头埃森哲及云平台厂商 Pivodal 发起建立工业互联网，提供实时大数据分析。2014 年 3 月，通用电气与思科、IBM 和英特尔联合建立工业互联网三巨头联盟，积极实施平台战略，致力于推进工业制造中物理世界与虚拟世界的融合发展。德国西门子公司、通快集团、吉迈特集团、舒乐集团等机床制造企业纷纷实施平台战略。日本、韩国等制造强国也提出相应的发展智能制造的战略措施，加快工业互联网平台建设，2014 年日本在《新经济增长战略》中把机器人产业当作国民经济发展的重要动力来源，计划将制造业机器人的应用量扩大至 2 倍，市场规模达到 2.85 万亿日元的目标。2015 年 1 月，日本发布《机器人新战略》，旨在通过多方合作、人才培养、技术创新、标准推广等方式培育机器人产业，打造世界第一的机器人应用国家，使日本成为世界机器人创新基地，顺利迈向世界领先的机器人新时代。

2005 年，海尔集团首次提出了“人单合一”模式，对资源获取途径、生产方式、组织管理和劳动关系等方面进行了创新性定义，由此进入全面创新、转型阶段。2014 年，海尔集团又在“人单合一”模式的基础上提出了“三化”目标，即企业平台化、用户个性化、员工创客化。由此将企业变成平台型组织，把员工变成了为自己打工的创客，企业内外各类资源得以整合与充分利用，以满足用户个性化的需求。通过多年的探索实践，海尔集团成功成为平台型生态圈组织，打造出了以开放式创新平台、制造平台和创新创业平台为代表的系列子平台，2018 年，海尔集团全球营业额达 2 661 亿元，生态收入达 151 亿元，成功转型为家电领域里为数不多的平台组织[3]。海尔集团的转型实践成功，对于我国制造型企业转型升级具有重要的借鉴与参考意义。

随着现代信息技术迅猛发展与广泛应用，客户需求的个性化、多元化与专业化日益明显，企业内外部环境的动态性以及竞争的日趋激烈，迫使制造企业必须进行转型升级，一些企业开始探索转型升级之路。因此，时代的变迁要求制造企业必须要以《中国制造 2025》《发展服务型制造专项行动指南》等文件为指导，结合行业企业自身特点，加快制造与服务的协同发展，创新商业模式，促进生产型制造向服务型制造转型。

本书主要基于以下问题展开讨论：第一，互联网、物联网、社会化网络和云计算等现代信息技术，对于制造业发展、变革会产生什么样的影响？第二，数字化背景下的服务型制造模式有什么样的特点，其具体表现形式及其生产组织方式如何？第三，如何从管理学、经济学视角对服务型制造模式进行全面深入的分析，为服务型制造转型、模式创新奠定理论基础？第四，制造业商业模式的演化历史如何？与传统制造模式相比，服务型制造的商业模式具有哪些新的特点？如何创新？第五，服务型制造的产品服务系统、产品模式、生产组织模式、营销模式有哪些特点、类型以及如何根据市场需求、技术发展进行创新？第六，服务型制造模式的实施与创新离不开先进文化的引领，离不开知识的获取、共享、创造与应用，离不开供应链的优化与创新，服务型制造转型过程中，企业如何做好文化建设、知识管理与供应链的管理与创新？只有解决好以上这些问题，才能够确保企业在服务型制造转型与服务型制造模式创新中少走弯路，从而有效推进我国制造业的高质量发展。

三、选题意义

（一）现实意义

目前，我国已成为全球制造大国，但非制造强国，生产技术含量低、自主技术创新能力弱、资源与能源利用率较低以及资源环境压力大和全球市场竞争力较弱等问题已经成为制约我国制造业发展的主要因素，进行产业转型升级，改变生产管理运作方式迫在眉睫。随着信息时代、互联网时代的到来，云计算、物联网和大数据技术等信息技术与制造业、生产性服务业等融合创新，为产业智能化、数字化提供支撑，进而形成新一代网络化智能制造模式，包括云制造、制造物联网（internet of manufacturing things，IOMT）或智能制造（smart manufacturing，SM）。技术的创新，给企业的组织结构、供应链、业务流程和人力资源管理等带来了巨大的挑战。消费者在产品个性化需求、全流程参与、市场响应速度以及服务品质等方面都提出了更高的要求。但由于企业所处环境更为复杂多变，大中型制造型企业科层制组织的弊端也日益明显，企业通过平台化组织转型升级，破解传统组织形态带来的边界约束、资源限制、结构刚性等问题，培育和形成自身核心竞争力不失为一种重要途径。

在创新驱动发展战略、“互联网＋”和“中国制造2025”国家战略下，服务型制造转型逐渐成为推进我国制造业转型、高质量发展的重要抓手，通过对制造业服务化、服务型制造模式创新和数字化转型升级的作用机理、路径的研究，为制造业发展插上数字化的翅膀，对制造型企业传统组织结构、产品模式、生产模式、营销模式、企业文化、供应链管理与知识管理，以及制造业商业模式进行变革创新，实现制造业与服务业以及数字经济与实体经济的深度融合，从而有效推进制造业的转型升级，提升我国制造业的全球竞争力具有重要现实意义，主要体现以下几个方面：

第一，通过对服务型制造模式的研究与实践，促进传统制造企业创新、优化生产组织形式、运营管理方式和商业发展模式，增加服务要素在投入和产出中的比重，逐步从单纯出售产品向出售“产品＋服务”转变，进而延伸价值链，提高全要素生产率、产品附加值和市场占有率。

第二，通过对服务型制造模式的研究与实践，有利于企业立足制造、融入服务，优化供应链管理，升级产品制造水平，提升制造效能和拓展产品服务能力，为客户创造更大的价值，提升客户满意度，实现制造业的可持续发展，打造和形成制造业的产业竞争新优势。

第三，通过对服务型制造模式的研究与实践，对于传统制造企业的服务型制造转型，延长产业链与价值链，具有一定的参考价值。

（二）理论意义

通过对现有文献资料的研读、梳理发现，目前行业企业与学界分别就服务型制造，服务型制造转型，服务型制造商业模式、产品模式、营销模式、供应链管理和知识管理等方面进行了研究与实践探索，但是对于服务型制造模式在技术、产品、商业模式、营销与服务创新等方面进行全面深入研究的较少。制造业是一个国家或地区的发展之基，我国正处在能源革命与制造业转型时期，直接影响到我国制造业现代化进程与对外竞争力，因此，本书主要以管理学、经济学相关理论为基础，以《中国制造2025》《发展服务型制造专项行动指南》为指导，对服务型制造的商业模式及其发展趋势，服务型制造的产品模式、生产组织模式、营销模式、企业文化、知识管理与创新、供应链网络的重构等方面进行理论剖析，其中涉及大量成功的企业案例。试图对现有服务型制造转型、服务型制造模式创新等相关理论作以补充。通过研究，不仅可以丰富服务型制造转型的相关研究成果，而且可以拓宽相关研究的思路与视角。

第二节　研究方法与主要内容

一、研究方法

（一）文献梳理法

通过对服务型制造、服务型制造模式、服务型制造商业模式、服务型制造企业变革、服务型制造产品与营销模式、服务型制造供应链网络等相关概念、发展过程及其主要研究成果进行梳理与研读，为后续的研究奠定坚实的理论基础。

（二）案例研究法

在研究过程中，以管理学、经济学相关理论为指导，基于陕鼓集团、陕汽集团、海尔集团、三一重工、同力重工等制造企业服务型制造转型成功案例，对服务型制造商业模式、产品模式、生产组织模式、营销模式、企业文化、知识管理与创新、供应链网络的重构等方面进行全面、深入的理论研究。

（三）比较分析法

在对服务型制造模式研究过程中，比较分析法贯穿于全书。比如，传统制造模式与服务型制造模式在商业模式、产品模式、营销模式、企业文化、供应链网络与知识管理等方面的比较；案例企业在服务型制造转型前后，在商业模式、生产组织、产品服务、供应链等方面的具体做法及其绩效表现的比较，通过比较分析以凸显服务型制造模式的先进性。

二、研究的主要内容

本书在明确研究背景、意义以及拟采用的研究方法和主要研究内容的基础上，就互联网技术、物联网技术、云计算、云制造和智能制造等现代信息技术与制造技术在制造业中的应用，对于制造业发展、变革的影响进行了分析。并对服务型制造相关概念、特征，服务型制造模式及其生产组织方式等内容进行理论回顾。基于交易成本理论、资源基础观理论、价值链理论、竞争战略视角对服务型制造模式进行经济学分析，并从服务型制造的商业模式、企业变革、产品模式、生产组织模式、营销模式、企业文化、知识管理和供应链管理等方面分章节进行论述。本书共分为十二章，主要包括以下内容：

第一章：绪论。主要对本书的研究背景、意义以及研究方法与研究的主要内容进行阐述，为后续研究指明方向。

第二章：数字化与制造业变革。主要就互联网、物联网、社会化网络、云计算、云制造和智能制造等现代信息技术、制造技术在制造业中的应用及对制造业发展、变革的影响进行分析。

第三章：服务型制造。主要对服务、服务型制造相关概念、特征进行梳理，对制造业服务化、制造业与服务业的两业融合、服务型制造的结构体系、服务型制造模式及其生产组织、服务型制造模式的实施与障碍等方面进行全面、深入的分析。

第四章：服务型制造的经济学分析。基于交易成本理论、资源基础观理论、价值链理论、竞争战略视角对服务型制造模式进行全面、深入的经济学分析。

第五章：服务型制造的商业模式。首先，对商业模式的概念、内涵及其系统结构、制造业商业模式的演化历史进行了阐述。其次，对基于核心产品的服务拓展的商业模式、基于一体化解决方案的商业模式、基于客户共同参与创造的商业模式和基于定制化的商业模式等几类商业模式进行分析。最后，通过商业画布对服务型制造商业模式各因素进行逐一分析。

第六章：服务型制造的企业变革。在对战略管理 SCP 范式的内涵、演进和服务型战略分析的基础上，对服务型制造的产品服务系统、管理模式变革、技术变革、服务型制造企业的演进路径等内容分别进行研究。

第七章：服务型制造的产品模式。在对产品概念及其层次、智能产品介绍的基础上，以客户需求、价值创造为中心，对“物理产品 + 售后服务”模式创新、产品服务系统集成模式创新和产品服务系统效用服务模式创新等多种产品服务系统模式进行理论分析。

第八章：服务型制造的生产组织模式。主要对服务型制造网络、服务型制造组织、产业互联网等服务型制造生产组织模式进行介绍。

第九章：服务型制造的营销模式。在对市场营销基本理论介绍的基础上，重点对服务型制造营销模式中的产品、价格、渠道和促销活动进行理论分析。

第十章：服务型制造的企业文化。主要对传统制造模式下的企业文化与服务型制造模式下的企业文化进行全面的分析与比较。

第十一章：服务型制造的企业知识管理。在对知识管理相关概念、特点与内容概述的基础上，对服务型制造企业的知识管理实践进行了详细介绍，并提出了基于知识管理的服务型制造创新保障机制。

第十二章：服务型制造的供应链管理。在对供应链管理相关理论概述的基础上，重点对服务型制造模式下延迟策略的应用、供应链网络重构等内容进行深入分析。

第三节　本书的创新点

随着“中国制造 2025”战略的提出，互联网、物联网、大数据和云计算等新兴信息技术的发展与应用，制造业将成为数字化驱动转型升级的主要阵地，数字赋能制造业、制造业与服务业两业融合会促使制造业在生产模式、组织形态和价值分配等方面进行变革，产业链也必将发生重构。为此，本书以交易成本理论、资源基础观理论、组织管理理论、价值链理论和供应链管理理论等为指导，以陕汽集团、陕鼓集团、海尔集团、三一重工等服务型制造转型企业的主要案例为研究对象，对数字化背景下的服务型制造转型与模式创新进行全面深入的分析研究，以期在数字经济与实体经济、制造业与服务业深度融合的基础上，推广服务型制造商业模式、产品模式以及智能制造等现代生产技术，充分发挥数字技术对制造业转型升级的驱动作用，为广大传统制造企业的服务型转型指明方向。

本书的创新之处有二：

（1）在对国内外有关服务型制造相关理论研究与实践梳理与总结的基础上，重点对数字化背景下的服务型制造模式及其创新进行了研究，尤其是对服务型制造商业模式、产品服务系统模式进行了归纳并融入相关企业实践的成功案例，对于处于服务型制造转型不同阶段的制造型企业的服务化具有较强的指导意义。

（2）对服务型制造企业的知识管理、供应链管理进行了对比分析，指出了其优势及未来发展的广阔前景，这对于提升服务型制造企业的知识管理水平、知识创新能力与资源整合能力，并与产业链当中的部分合作伙伴建立长期稳定的战略合作关系具有重要的借鉴意义。

第二章 数字化与制造业变革

随着互联网、物联网、大数据和云计算等新兴信息技术的兴起和发展，3D打印、智能制造等先进制造技术逐步得到推广应用，新技术、新场景、新业态、新模式对传统制造业产生了极大的影响和冲击，传统制造业的转型升级成为一种必然。

第一节 互联网技术与制造业的变革

一、互联网技术的发展演变

互联网是20世纪最伟大的发明之一，尤其是20世纪90年代以来，随着互联网技术的不断发展和成熟，正在影响着人类社会生产生活的方方面面，成为社会经济发展信息化的重要平台和工具，也是智能制造、制造业转型升级的重要技术基础。互联网技术的便利性、隐私性、智能化和个性化等特性日益融入产业发展与人们的生产生活当中，在潜移默化地影响着人们的思维方式与行为模式的同时，也倒逼着产业转型升级的推进。据《中国互联网络发展状况统计报告》显示，截至2022年6月，我国网民规模达10.51亿，较2021年12月新增网民1 919万，互联网普及率达74.4%，较2021年底提升了1.4个百分点。互联网普及率的提升基于互联网技术的不断发展，从技术的发展演进来看，迄今为止，互联网技术主要经历了Web 1.0、Web 2.0和Web 3.0三个重要的发展阶段，预计未来十年内将全面进入Web 4. 0（即Web OS，网络操作系统）时代。

（一）互联网 Web 1.0 时代

20世纪90年代初至21世纪初，处于Web 1.0时代。Web 1.0时代通常被认为是人们利用Internet门户网站获取海量信息的时代，其特征是用户通过浏览网页获取信息，是以门户网站为中心的单向互联网阶段，信息多来源于门户网站后台数据库，用户并未参与其中，基本上属于信息的接受者阶段。这一时期，国际上著名的互联网公司主要包括 Google、Yahoo 和 Netscape 等。其中，Netscape 开发了大规模商用浏览器，Yahoo 是全球第一家提供因特网导航服务的网站，是最老的“分类目录”搜索数据库和最重要的搜索服务网站之一。Google 则后来者居上，成为全球最大的搜索引擎公司，业务涵盖互联网搜索、云计算、广告技术等领域。在国内，网易、搜狐、新浪和腾讯公司先后于 1997 年、1998 年成立。Web 1.0 时代，互联网虽然已经逐渐应用于商业活动当中，并且可以为用户提供大量的信息内容以方便用户的检索查询与应用，但海量信息的搜集整理提供仍然以互联网企业为主，作为信息内容创造者的广大用户仍然只是信息的被动接受者，并未真正参与其中。随着信息技术的发展，用户不甘于只扮演互联网信息的浏览者和分享者，参与网络内容的创造需求日益强烈，由此催生了更注重用户交互的 Web 2.0 时代的到来。

（二）互联网 Web 2.0 时代

以博客为代表的网络传播形式的出现，成为互联网迈入 Web 2.0 时代的标志之一。Web 2.0 强调用户参与、在线网络协作、数据存储的网络化和社会关系网络。以人为节点，以人与人之间的关系为信息传播渠道，用户成为互联网的中心。用户由原来信息的被动接受者变成信息的创造者，从而使得网络信息内容趋于个性化，因而更具社会性、即时性和互动性。以用户为中心，关注用户体验，不仅改变了传统的信息传播方式，而且给人们的社交方式带来了巨大冲击。Web 2.0 模式下的互联网，具有交互性、用户创造内容和信息共享三大本质特征。

1. 交互性

用户在发布信息过程中，不仅可以实现与网络服务器之间的交互，而且可以实现同一网站不同用户之间的交互，以及不同网站之间的交互。用户可以不受时间和区域的限制，根据需要随时随地实现数据的聚合，通过参与者的互动，实现网络平台的增值。

2. 用户创造内容

与 Web 1.0 时代以网站为中心、单向性不同，Web 2.0 时代的用户则成为互联网的中心。用户不仅可以获取所需的信息，而且可以发布相关的信息，包括供求信息、所闻所见和个人观点等内容。此时的用户不仅是网络内容的生产者，也是重要的消费者，用户可以提供这些内容的链接和浏览路径。携程网、51job、搜房网、个人微博、微信以及 QQ 空间和 Facebook 等社交网站都是重要的载体。网络内容的存储，不再局限于网站，而是可以进行本地化、分散化存储，使用更为便捷，去中心化更为明显。

3. 信息共享

Web 2.0 时代，用户可以不受时空限制，及时分享各类信息，既可以发布相关信息观点，又可以获取所需信息；信息的共享，又会形成诸多个性化，具有共同兴趣爱好、话题与观点的网络社群，通过网络社群可以实现商业信息与知识的共享，进而实现价值与知识的创造。

（三）互联网 Web 3.0 时代

通过分析发现，互联网 Web 1.0、Web 2.0 时代解决的问题主要是人的连接问题，而对于人与物的连接问题尚未涉及。为了进一步提升人的工作、生活质量，提高对各类资源的有效管理和充分利用，保障人与物质世界的协同发展，实现生产、生活、工作的智能化、数字化和高效性，更好地解决人与物的有效连接问题就被提上重要的日程当中。随着物联网的出现、应用和普及，互联网迈入了万物互联的 Web 3.0 时代。互联网 Web3.0 时代，随着互联网内容自由高效的聚合和用户的个性化定制，使得互联网服务更具普适性，从而增强了用户的体验感，主要体现为人与人、人与机器、机器与机器、人与企业、组织与组织的广泛互联，进而形成产业互联网。比如，工业互联网通过构建连接机器、物料、人、信息系统的基础网络，实现了工业数据的全面感知、动态传输、实时分析，形成科学决策与智能控制的机制，提高了制造资源配置效率，并正成为领军企业竞争的新赛道、全球产业布局的新方向和制造大国竞争的新焦点。

由此可见，互联网技术不仅成为人与人之间交流沟通、传递信息的纽带，而且从科研领域扩展到社会生产生活的各个领域。不仅实现了计算机互联，而且实现了人与人、物与物、人与物的互联，并且正朝着社会化、物联化、服务化和智能化等多个维度发展，从而最终实现语义网、物联网、云计算、移动网络、大数据、人工智能等多种技术的融合，成为联接全球的“大脑”和万物互联互通的“智慧地球”[4]。

二、互联网技术驱动制造业变革

互联网技术的发展引发了新的商业模式的出现，不仅影响并改变着人们的生产、生活方式与观念，而且影响到制造业产品的设计研发、生产制造与销售。基于此，2015 年，中共十八届五中全会通过的“十三五”规划中提出了实施“互联网 +”行动计划，力推互联网与经济社会的融合发展。

随着电子商务的发展与广泛应用，企业间的交易沟通过程正在被日益改变着，传统企业之间交易过程中涉及的交易对象的搜寻、沟通磋商、合同签订、货物交付、货款支付甚至后续的服务活动，均可以通过信息网络来实现，传统制造业、商业迅速向智能制造、电子商务和无纸化贸易转型，不仅简化了交易的流程，有效拓展了交易的时空范围，而且提升了交易的效率和效益。从更大的范围来看，有力地推进了世界贸易的发展和资本、技术的流动以及产业的转型升级。互联网与物联网技术的迭代发展，将会促使制造业的智能化、数字化转型升级，在产品生命周期、研发周期持续缩短的情况下，促使企业以客户为中心，更快、更好地识别与满足用户的个性化需求，从而将推动产品在个性化设计、生产与定制，仓储物流、配送和服务等方面全方位的变革。

消费层面，电子商务的发展与广泛应用，降低了消费者的信息获取成本，压缩了渠道层级与费用，使得消费更为高效便捷。制造型企业通过建立企业网站，开展在线咨询与销售工作，不仅简化了传统渠道，降低了企业渠道管理的难度与费用，而且加强了企业与用户之间的信息沟通，及时洞察与获取最终用户潜在的、现实的需求，减少了传统渠道各层级对市场信息的过滤。企业与用户之间沟通与交易的便捷性和及时性，打破了时空限制，使得消费者在搜寻和获取产品相关信息的成本更低。通过互联网搜索引擎与购物平台等途径，用户在几秒钟之内就可以获取上万条相关产品信息，并对产品的规格、型号、价格、品牌、配送和售后服务等信息进行全面比较，从而可以选购到合适的产品。企业网站、销售平台在运行过程中将会形成大量的销售信息，包括网站的浏览量、浏览时间、销售量及其规格和消费者评价等信息。企业不仅可以从中了解消费者对相关产品设计、制造、质量和配送等方面的评价，为后续产品的改进、新品研发奠定基础，而且可以通过大数据分析，抓取用户消费信息，以便日后精准推送。对于用户而言，可以参考其他用户的购买体验和评论信息作出购买决策，在提升用户消费体验感的同时，也对企业新品开发、质量检测提出了更高的要求，进而倒逼产业整体水平的提升。特别是日渐兴起的团购模式，增强了消费者与生产厂商间的议价能力，从而有效地保障了用户的权益。

社交平台的迅速发展和应用，使得企业在采取传统的需求调查方式方法的同时，可以灵活运用微信、微博和网络社区等社交媒体，与客户进行全面深入的互动与交流，了解客户的需求，鼓励用户参与到企业新品开发与产品改进当中，并在产品销售与推广过程中，基于互联网、物联网和大数据技术，实时收集客户诸如位置信息、产品购买型号、购买量、购买价格、购买频次和购买偏好等信息，对客户的需求与购买行为及其趋势进行分析，进而开发有针对性的新产品，这样不仅可以减少客户的搜寻成本，而且可以提升企业的市场响应。在售后服务方面，为用户提供高效、及时、精准、全生命周期的设备管理和远程监测诊断分析服务等。

信息技术的发展，也进一步提升了企业搜集、整合信息的能力，企业可以在更大范围内对客户需求进行整合，发挥企业的规模效应。物流方面，则可以通过电子商务手段整合分散的运力需求与供给，实现运力供需的精准匹配，降低运输成本。随着互联网信息技术的发展，生产型企业可以与客户直接建立连接，而对于那些技术含量、复杂程度较高，使用寿命较长的设备制造企业而言，通过与客户的无缝对接，捕捉客户的原始信息，基于丰富的数据积累，为客户画像构建需求结构模型，并进行数据挖掘和商业智能分析（不仅包括客户的习惯、喜好等显性需求，而且包括挖掘与客户时空、身份、工作生活状态等关联的隐性需求），从而主动为客户提供精准、高效的服务。通过鼓励重要客户参与企业定制化产品的设计、研发与生产制造，整合诸多的定制化产品需求信息，开展大规模的定制，以降低研发的不确定性，降低企业与客户的成本与费用。

生产领域，基于物联网技术和信息物理系统，依托传感器、工业软件、网络通信系统、新型人机交互方式，形成新一代网络化智能制造模式——云制造、智造物联（internet of manufacturing things， IOMT）或智能制造（smart manufacturing，SM），实现人、设备、产品等制造要素和资源的相互识别、实时连通和有效交流，从而促使制造业研发、生产、管理、服务与互联网紧密结合，推动生产方式向定制化、柔性化、绿色化、网络化发展，为产业智能化提供支撑，以提升企业的市场响应能力及其竞争力。

物流供应链领域，通过物联网、区块链技术的应用，推进智能物流产业发展，实现生产、仓储管理和运输配送等环节的业务联通、信息交互与信息共享，以提高物流信息的电子化、信息化、透明化、可视化和可量化，全过程的可追溯性，进而提高资源的利用率，助推制造业转型。在企业与供应链层面，通过互联网技术，对采购供应计划、生产计划、仓储计划、销售计划和运输配送计划等环节的制定与实施进行持续优化，发挥各环节的协同效应，实现整体最优化。

综上所述，可以说互联网技术的发展与广泛应用，对于促进两业融合、两化融合，提升行业企业的效率、效益，增强供应商、采购商、生产商和客户之间的关系，激发企业变革创新的积极性起到了重要的推动作用。

第二节 物联网技术与制造业的变革

一、物联网技术

物联网（internet of things，IoT），作为一种新兴的网络技术和产业模式，是继计算机、互联网之后引领全球信息产业的第三次浪潮。所谓物联网，是指物体通过各种信息传感设备，如射频识别装置、红外感应器、激光扫描器等装置，经由传输网络，实现物与物、人与物之间的自动化信息交互与处理。

（一）物联网的发展演变

1995 年，比尔·盖茨（Bill Gates）在《未来之路》中首次提出“物 - 物”相连的雏形。1999 年，美国麻省理工学院建立了“自动识别中心”（Auto- ID Center），提出了“万物皆可通过网络互联”的理念，并阐明了其基本含义：把所有物品通过射频识别等信息传感设备与互联网连接起来，实现智能化识别和管理。2005 年，国际电信联盟（international telecommunication union）在《ITU 互联网报告 2005：物联网》报告中对物联网概念进行了扩展，提出了任何时刻、任何地点、任何物体之间的互联，无所不在的网络与无所不在的计算的发展愿景，除 RFID 技术外，传感器、智能终端等技术将得到更为广泛的应用。物联网主要解决物品与物品（thing to thing，简称 T2T）、人与物品（human to thing，简称 H2T）以及人与人（human to human，简称 H2H）之间的互联。有专家预言，“物联网”通信时代即将来临，世界上所有的物体从轮胎到牙刷、从房屋到纸巾都可以通过 Internet 主动进行交换。

2008 年 3 月，全球首个国际物联网会议“物联网 2008”在苏黎世举行，会议探讨了“物联网”的新理念和新技术以及“物联网”的推进与发展。2009 年 6 月，欧盟推出了“物联网战略研究路线图”，力推物联网在航空航天、汽车、医疗和能源等领域的应用，使欧洲在基于互联网的智能基础设施发展上处于全球领先水平。另外，会议对物联网的概念进行重新界定，认为物联网是未来互联网的组成部分，可被定义为基于标准的和可互操作的通信协议，并具有自配置能力的动态全球网络基础架构。物联网中的“物”都具标识、物理属性和实质上的个性，使用智能接口实现与信息网络的无缝整合。同年，IBM 首席执行官彭明盛（samuel palmisano）提出了“智慧地球（smart planet）”的概念，即通过物联网技术在各领域的广泛应用，互联互通，实现智能化的识别、定位、跟踪、监控和管理。

通过对物联网发展演变与概念界定的梳理，可以将物联网简单理解为“物物相连的互联网”，其本质还是互联网，只不过终端不再是计算机，而是嵌入式计算机系统及其配套的传感器。国际电信联盟定义的“物联网”是指通过RFID、红外感应器、全球定位系统、激光扫描器等信息传感技术或设备，按规定协议将物品通过有线和无线方式与互联网连接，进行通信和信息交换，以实现智能化识别、定位跟踪、监控和管理的一种网络技术。其包含两层含义：首先，物联网的核心和基础仍然是互联网；其次，物联网的用户端延伸和扩展到物品与物品之间，通过数据交换和通信，形成许多全新的系统功能。

（二）物联网的特征

物联网发展的终极目标是实现万物随时随地的连接、交流与互通，进而形成自动化程度更高，反应速度更快、更灵活，功能更强大，适应性更强，对各产业影响更大的应用系统。但是，物联网中的“物”必须具备一些基本的特征：要有数据传输通路；要有一定的存储能力；具备自身处理能力；具备控制和管理系统；具备专门的应用程序，能实现对信息的共享和交换；遵循物联网中的通信协议标准；具备可被识别的唯一编码。只有具备了这些特征，方能促进物联网技术的发展和广泛应用。物联网一般具有全面感知、可靠传递和智能处理等基本特征。

1. 全面感知

数据的采集和捕获是物联网的基础。物联网上部署着海量的类型各异的传感器，每个传感器都是一个信息源，不同的传感器所捕获的信息内容与格式也会有所不同（物联网应用过程中，也会根据“物”的特点配置不同类型的传感器）。通过 RFID、传感器和二维码等随时随地实现对“物”的感知，以便全面、准确地反映“物”的特点和捕获“物”的信息。同时根据相关要求，对数据进行持续的更新。

2. 可靠传递

物联网体系结构一般由物联网通信协议、网络控制平台和应用终端平台构成，根据其功能可以分为网络接口层、网络层、传输层和应用层。传感器采集和捕获的数据必须经过传输层对信息进行实时、准确、安全地传递。

3. 智能处理信息

物联网不仅可以通过传感器获取大量的数据信息，而且能够对其进行智能处理，实现对物体的实时智能管控。物联网将传感器和智能处理相结合，利用云计算、模糊识别和大数据等技术，对海量的数据和信息进行分析、加工和处理，获取有意义的数据，并实现数据的交换、共享与共赢，以适应不同用户的需求，发现新的应用领域和应用模式，为组织、个人的决策判断、智能化管理和提升效率与效益提供有力的智能支撑，目前出现的智慧医疗、智慧交通、智慧电力、智慧零售和智慧城市等，都是智能技术应用到生产生活领域的最好例证。

4. 物体的数字化

物体的数字化，即将物理实体改造成彼此可寻址、可识别、可交互和可协同的“智能”物体，使其具有智慧，从而可以有效拓展人类对于世界的感知范围，提升人类的感知能力以及人们的决策管理水平。同时，还可以有效扩大人们的沟通范围，包括物与物、人与物之间的沟通。

5. 可追溯性

大数据、云计算等技术的广泛应用，使信息使用者不但能够看到信息源传出信息的结果，而且能够看到信息形成的整个过程，可以对整个过程进行管控，具有很强的可追溯性，是一场针对信息的真实性的革命。

此外，物联网还具有泛在互联、信息感知与交互等特征，因此，可以说，通信是物联网的基础架构。

二、物联网与制造业变革

物联网的即时性、非接触性和可追溯性等特点，正促使着制造业逐渐从产品制造模式向人、机、物协同制造的模式过渡。物联网和制造业的融合发展，为传统制造业的数字化插上了翅膀，推动了制造业技术的进步与商业模式的迭代升级。“物联网＋中国制造 2025”形成的制造物联网，有效融合了物联网的本质特点，提升了制造效率与效益，是对传统制造模式的革命。物联网技术在制造业中的应用，将成为推动制造业智能化转型升级的新动能，智能制造也将成为我国制造业企业未来发展的主要方向。物联网作为连接人、机、物的桥梁，在新一代智能制造技术中将发挥重要支撑作用，物联网被广泛用于供应链管理、生产过程控制与管理、产品设备监控管理、工业安全生产管理、环境监测和产品售后服务管理等方面[5]。

（一）供应链管理

以信息技术为依托，通过智能技术、模式创新和全链条整合，打造智慧供应链，实现产品开发、原材料采购、生产、库存、物流、分销和零售等全过程自动化管控与高效协同[6]。如中国一汽，利用物联网、IT 服务平台，打造企业智能供应链，运用智能叉车、AGV 等技术，提升工厂物流效率，建设基于物联网技术的企业零部件智能仓库，并且引入智能采购平台，加强与供应商之间的合作，实现对采购环节、仓储环境及货物的实时监控，以避免货物积压与资金占用，降低分发的错误率，从而有效实现降本增效、节约资源和提升整个供应链效率的目标[7]。利用物联网等信息技术，全面、即时、高效地获取供应链上下游数据，以数据驱动和数据共享为依托，提高生产的柔性化和交付速度，满足客户需求。如瑞典的H & M、西班牙的Zara、日本的优衣库等快消服饰企业，利用大数据、人工智能智慧技术，打造柔性化供应链，根据消费者需求，对零散的订单信息进行处理，合理分配产能，从而提升了企业的竞争力。

（二）生产过程控制与管理

物联网技术的应用提高了生产过程监控、设备实时状态参数采集、物料状态侦测、材料消耗监测的能力和水平。利用深度学习方法，对设备运行、工艺参数进行综合分析，并找出最优参数进行制造工艺参数优化，以大幅提升运行效率与制造品质。阿里云ET工业大脑利用机器学习技术识别生产制造过程中的关键因子并对其进行优选组合，提升生产制造效率与良品率。在产品缺陷检测方面，能够在环境频繁变化条件下检测出更微小、更复杂的产品缺陷，提高了检测的准确性和效率。生产过程的智能监控、智能控制、智能诊断、智能决策、智能维护水平不断提高。钢铁生产企业通过功能各异的传感器和通信网络，在生产过程中实现对加工产品的宽度、厚度、温度、质量的实时监控，从而提高了产品质量，优化了生产流程。

（三）产品设备监控管理

设备是企业生产的重要物质基础之一，企业的生产效率、产品质量和生产成本费用都与设备的技术水平息息相关。利用物联网、3D可视化技术和大数据技术，可有效提升企业智能化与设备的管理水平。

1. 设备监控管理的智能化

基于物联网、3D可视化技术、实时监控技术和大数据分析技术等先进的网络与信息处理技术，构建设备数字化、智能化和可视化的全生命周期管理平台，是解决设备管理透明化弱、成本高等问题，实现设备高效能利用的重要举措。将传感器技术应用于制造技术中，实现对设备使用过程、环境与工况，以及设备运行过程、运行状态和能耗信息的实时监控和动态记录，建立设备的实时数据库和历史数据处理库。依据对综合信息的分析，就设备使用寿命进行统计、预测和智能预警，对设备故障诊断实施远程监控，及时预测设备可能出现的故障及其产生的原因，为设备维护管理人员提供精确的维修方案选项，由用户进行预防性维修，必要时由设备提供商进行技术维护，使设备管理由经验性维护向预防性维护转变，有效提升设备的管理能力[8]。如选矿生产是典型的流程工业，具有多工序、设备复杂、生产线长的特点，是一个连续的生产过程，具有典型的复杂系统，而加强设备运行状态的监控，对于提高选矿厂的设备运行效率和减少设备故障时间具有重要的意义。目前，一些企业通过物联网技术、云计算技术，感知、监测、存储和处理选矿设备的实时运行数据，采用微服务技术实现选矿设备状态监控系统的服务化，通过视频数据与设备过程参数融合技术，为智能图像监控奠定技术基础，利用移动互联技术实现数据与视频的移动监控和巡检，智能化的监控与故障诊断，有效地推进了传统选矿企业的“两化”改革[9]。

2. 设备监控管理的可视化

通过GPS、可视化技术和数字孪生等先进技术手段，直观、真实、精确地展示设备分布、设备形状、设备运行状况，实现设备的快速定位与基础信息查询。通过对设备使用环境的检测，对影响设备运行的各项参数和环境参数进行准确跟踪，并随时提醒设备使用维护人员根据环境变化调整设备使用方法，从而实现了设备运行过程中各类信息的透明化和可追溯性，有效提升了企业设备的管理能力。如油气生产，通过传感、射频、通信等物联网技术，对油气水井、计量间、油气站库、油气管网等生产对象进行全面感知，充分发挥其数据采集、存储、监视、报警、控制等优势，实现生产数据、设备状态信息的集中管理和控制[10]。

（四）工业安全生产管理

把感应器嵌入矿山设备、油气管道、矿工设备中，可以感知危险环境中工作人员、机器设备、作业周边环境等方面的安全状态信息，将现有分散、独立、单一的网络监管平台提升为系统、开放、多元的综合网络监管平台，实现实时感知、准确辨识、快捷响应和有效控制。比如，交叉融合的物联网、智能传感技术等，已成为解决矿山安全生产问题，加快煤矿信息化、数字化、虚拟化和智慧化的重要手段。利用矿用光学等多参数传感与能量自动捕获技术、矿山物联网大数据分析技术，做好采煤机、液压支架、通风机等主要设备的工况监测、隐患预测和故障诊断，以及通风管理等工作。实现矿山安全生产状态信息的全面精准感知以及实时高效交互与智能分析应用。对于提升矿山安全预防准备、监测预警、态势预判、综合保障技术水平和安全生产效率具有重要意义[11]。当矿山生产过程中发生事故或灾害时，企业通过企业云平台第一时间将事故、灾害相关信息传递给现场与管理等相关人员，并提供备选应急预案，以提升矿山的应急处置能力。给井下作业人员配备安装人员定位无线射频识别设备，对其进行实时跟踪定位、安全监控和无线通信，一旦发生意外，可以开启实时救援指导功能，通过全程覆盖的网络实时通知相应区域人员撤离，确保人员安全。

（五）环境监测及能源管理

快速发展的物联网技术，为环境监测与能源管理提供了新技术、新方法和新思路。物联网与环保设备的融合，实现了对工业生产过程中产生的各种污染源及污染治理各环节关键指标的实时监控。在重点排污企业的排污口安装无线传感设备，既能够实时监测、收集企业排污数据，又可以远程关闭排污口，防止突发性环境污染事故的发生。一些化工企业，已开始将物联网技术、自动控制技术和化工厂爆炸性环境监测技术相结合，对企业生产过程中的气体浓度、管道气压、最高温度、最低温度、平均温度和烟雾、粉尘浓度等参数进行实时监测、采集与分析，一旦出现异常数据便会立即报警并进行智能化处理，以避免生产事故的发生。同时，生产、管理人员可以在手机端随时查询历史与即时数据以及分析报告，实现对环境不间断的监测、管理[12]。基于物联网技术与污染源监控预警系统，通过污染源一站式智能站房、自动检测车巡检、遥感监测以及定期手动检测等手段，实现对污染源排污、水质多参数和环境质量的实时监控、多源感知。通过信息传输系统实时获取监测收集的信息，对其进行统计分析和数据挖掘，预测和预警主要污染物排放浓度和总趋势，进而采取措施，实现对环境的动态监测与管理[13]。

（六）产品售后服务管理

通过将物联网和产品相融合，对产品应用过程进行监测和控制，从而主动发现产品故障，实施预防性维修，提升售后服务水平。陕鼓集团通过服务技术创新和服务模式创新，为客户量身打造个性化的系统解决方案，提供了更专业、细致、全面的服务。陕鼓集团推出的全生命周期智能化远程故障服务监测系统和“1+2+N”服务智能化平台，立足于“要为客户找产品，不为产品找客户”的服务理念，由千余名技术专家倾心打造，全体系支持线上监测、诊断，解决用户装置运行问题，实现了智能化“保姆式”的工业服务支持。目前，陕鼓集团 500 余人的系统服务团队正为中国宝武集团宝钢湛江钢铁有限公司、鞍钢集团等国内大型钢铁集团，以及石油、化工、西气东输等国家重点工程项目提供专业化运维管理及长协服务。

第三节 社会化网络与制造业变革

一、社会化网络

互联网相关技术的发展及应用已逐渐渗透到人类社会生产生活的各个领

域。1967 年，哈佛大学的心理学教授斯坦利（Stanley Milgram）提出了六度分隔理论，即“陌生人之间所间隔的人不会超过六个人，最多通过六个人就能够认识任何一个陌生人”。依据六度分隔理论，每个个体的社交圈都会不断放大，并最终形成一个大型网络，即社会化网络。程业炳（2013）认为，社会化网络是基于 Web 技术的一种互联网应用，它是社会性网络理念的外化，是现实社会关系的线上表达[14]。闻波（2017）认为，Web 2.0 是构成社会化网络的基础，社会化网络的功能发挥关键要靠 Web 2.0 的技术支持。由此可见，互联网时代，社会化网络是一个技术概念而非社会学概念，技术是社会化网络中一个重要的元素。可以说，技术拓展改变了传统交互模式和工作方式[15]。

随着移动互联网技术的发展，人逐渐成为网络的主体，互联网也由传统的商业化迈向全面社会化。以 Facebook、Twitter、微信、微博为代表的社会化网络，开创了一个更具想象空间的崭新的互联网时代，这些社交网络平台的出现，降低了人们的社交成本与费用，进一步促进了社会化网络朝着开放、微信息、垂直化和移动化方向发展。特别是随着移动互联网技术、定位技术和无线传感技术的飞速发展以及智能手机的不断普及，基于位置的社会化网络及其带来的应用服务应运而生，位置数据实现了物理世界与数字世界之间的连接，基于位置数据可以更加全面深入地了解用户的消费偏好和行为，进而通过推荐系统为其推送相关产品与服务，由此不仅可以提升企业的服务水平，而且可以降低客户的搜寻成本，其中 Amazon、淘宝和严选等就是商品推荐领域的典型代表。可以说，通过社会化网络与推荐系统，为企业较为准确地选择产品与服务的推荐对象、推荐方法、推荐时间、推荐内容、推荐顺序和评价方法提供了极大的便利，从而极大地提升了企业的服务水平[16]。与互联网、物联网相比，社会化网络有其自身的一些特征，即真实的社会交往、以用户为中心、圈层化和去中心化。

（一）真实的社会交往

社会化网络是一种利用网络实现的实名制社交平台，每个用户可以基于微博、微信、QQ 等社交软件平台，通过实名身份识别认证加入网络群体，从而可以保证网络成员线上线下身份的一致性。身份的真实性又会确保社交网络人际圈的可信赖性，进而降低社交网络群体交流沟通的成本费用，提高社交的互动性及其交往的效率，有效拓展每个成员的社交圈和人际资源。在社交网络沟通交流过程中，通过社会化的分享，使得信息的流动变得更为迅速、畅通，甚至可以呈几何级数，爆发式扩散。

（二）以用户为中心

社交网络基于“人际关系”，因此，社交网络的核心是用户，它对于网络中每一个用户的价值、意识和行为予以极大的关注，用户从单向的信息接收者变成信息的创造者、发送者和接收者。尤其是随着自媒体的出现与发展，每个人都成为传播的核心和主宰，因此满足用户的多样化、个性化需求成为了关键。

（三）圈层化

人常说“物以类聚，人以群分”，通过社交网络可以将众多具有相同价值观、兴趣爱好、经历和职业的个体连接、聚集起来，彼此更容易建立起信任关系，每个网络成员将会自主生成、分享内容，以期通过社交网络加以展示，获得更多网络成员的关注和认可。基于共同的志趣与需求，社交网络成员往往会共同关注一些事和人的话题，并且会相互关注与连接，形成更大的网络，实现信息的实时沟通与分享，从而发展成为诸多主题各异、特色鲜明的社交圈，每个成员也会自觉、自愿地维护自己的网络社交圈，由此社交网络出现圈层化。

（四）去中心化

社会化网络尊重个性，容易建立品牌。圈层化的社交，使得每一圈层基于共同的价值观与信念，以及相同或相似的行为模式，在无形之中即贴上了特色各异的标志符号，因此更加凸显圈层的力量。在圈层内，成员在互动过程中可以平等对话、信息共享。在社会化网络中，没有权威，没有中心，每个人都可以发出自己的声音，所有的人都是平等的，只要你的观点有创意，每个人都可以成为这个圈层里的意见领袖。在新浪微博中，粉丝可以跟自己心仪的明星对话，草根可以直接对专家提出质疑，消费者可以对知名企业发起权益保卫战。一个普通民众的发言都有可能牵一发而动全身，在现实世界掀起轩然大波。传统的分散化社会，也因为基于社交网络带来的圈层化，议事规则和议事权利正在发生着改变。传统的社会权威与社会中心力量，正在经受着越来越多、越来越大的圈层的挑战，社会正在被去中心化。

此外，社会化网络具有强互动、高开放、高自由、高精准性和低成本性，很容易激发网络效应，从而产生高效的整合效应。

二、社会化网络与制造业变革

社交网络不仅为人们的沟通交流、信息分享搭建了平台，有效降低了供求双方因信息不对称给消费者带来的不利影响，而且在增强消费者维权意识与提升维权能力方面起到了重要的作用。随着消费者需求的多元化、个性化，对于产品、服务提出了更高的要求，倒逼制造业的转型升级。

（一）社交网络与精准识别客户需求

社交网络的圈层化，有利于企业借助圈层标签，更全面、深入地识别客户的个性化偏好，精准识别客户的潜在需求，为其研发、设计、制造个性化产品，提供个性化服务，实现产品服务的定制化。在营销过程中，利用社交网络圈层内成员的消费特点，以成员最容易接受的方式，定向在圈层内成员宣传、推介产品服务，开展精准营销活动，实现客户需求的精准识别和产品服务的精准开发设计、精准制造、精准营销、精准服务。

（二）社交网络与关系营销

社交网络不仅为人们的沟通交流、信息分享搭建了平台，而且有利于相关产品服务信息的传播。社交网络的圈层化，使得圈层内的成员之间具有一定的感情基础，并建立起一定的信任关系，一旦圈层内有相关产品服务信息的分享，便更容易激发成员的购买意愿。社交网络的强互动、高开放、高自由、高精准性，使得社交网络关系营销更具影响力，更容易被接受，同时也可以大幅度降低企业的宣传推广费用，将更多的资金用于客户需求识别、新品开发与质量提升等方面，进一步满足客户的需求，形成良性循环。

（三）社交网络与客户关系管理

开发与维护客户是企业持续健康发展的重要保证，随着信息技术的快速发展，社交网络工具为提升企业客户关系管理水平、提高服务质量与效率提供了技术支持。除了传统的建立企业网站、开通服务热线外，企业还可以通过搭建企业与客户的社交网络，及时获取客户的需求信息、产品使用信息、服务评价信息和新品信息等，进而为客户开展个性化、拟人化的社交和客户关系管理服务，以增强企业与客户的互动性和客户的体验感，提升客户的满意度和忠诚度，并通过客户社交网络开发，吸引更多的新客户。通过社交网络，持续挖掘客户及其圈层内成员的潜在需求并予以满足，及时捕捉客户的个人价值及其社会价值，针对不同的客户及其需求制定差异化策略，进而与客户建立起长期、共赢的客户关系，真正做到精准营销、精准服务。

（四）社交网络与模式创新

在共享经济快速发展的今天，企业基于众包模式草船借箭，整合群体智慧，鼓励客户参与企业组织变革、产品研发、制造、销售，建立社会化生产模式。所谓“众包”，即一家公司或者机构把过去由员工执行的工作任务，以自由、自愿的形式外包给非特定的（而且通常是大型的）大众网络的做法，它最早是由美国《连线》杂志记者杰夫·豪于2006年提出。目前，优步、滴滴出行、e袋洗等，借助社会闲散资源和劳动力帮助企业快速完成业务布局。京东通过“众包物流”，只用了一年的时间便实现渠道下沉，在2015年底，拥有超过70万名兼职员工，其中包括京东商城在中国17万个村庄的村民代理，从而大大提升了企业物流效率，降低了经营费用[17]。小米公司借用粉丝帮助米柚的更新迭代，宝洁公司通过引入外脑和众包模式，使公司研发能力提升了近 60%，创新成功率提高了 2 倍多，而创新成本却下降了 20%。由医药制造商礼来公司资助成立的创新中心聚集了 9 万多名科研人员，为波音、杜邦和宝洁等跨国公司解决最头疼的研发难题，破解率在 30% 以上，和传统的雇用研发人员的做法相比，效率提高了 30%。通过众包服务中心为企业用户与个人或者个人与用户之间搭建了交流及合作的平台，实现了参与各方的共赢，进而增强了平台的互动性和用户黏性。通过商业模式、组织变革和社会化生产模式，增强了企业整合资源、知识、信息的能力，实现了资源的优势互补和优化配置，借助群体智慧实现价值创造，进而提高了企业的生产效率与效益，降低了生产成本，提升了市场反应速度。

第四节 云计算与云制造

一、云计算

随着大数据时代的到来，每天都会产生海量的数据信息，传统的数据分析技术很难完全、快速地对其进行挖掘和利用。分散化的人类社会与物质世界，被互联网、物联网连接起来，实现了万物互联互通。由于物联网终端的计算和存储能力有限，需要计算平台作为物联网的大脑，实现对海量数据的存储和计算，云计算概念应运而生。云计算作为一种可以调用的虚拟化的资源池，为互联网与物联网提供了技术支持。目前，对于云计算并无统一的定义，美国国家标准与技术研究院（NIST）将云计算定义为：是一种按使用量付费的模式，该模式提供可用的、便捷的、按需的网络访问，进入可配置的计算资源共享池（资源包括网络、服务器、存储、应用软件、服务），这些资源能够被快速提供，只需投入很少的管理工作，或与服务供应商进行很少的交互。葛文双、郑和芳、刘天龙等（2020）认为，云计算是指采用虚拟化等技术构建的数据中心，然后按照使用量付费的模式，为用户提供各种服务形式的应用[18]。由此可见，云计算既指一种可以根据需要动态地提供配置以及取得供应的计算和存储平台，又是一种可以通过互联网进行服务的应用类型。并且当用户的系统规模变化时，云计算系统能够根据用户的需求自由伸缩。云计算中的“云”是指软硬件资源在远端而不在本地，是一个抽象的概念。云计算就是提供基于互联网的软硬件服务，根据负载情况，对资源池中的资源进行动态优化配置。

云计算作为传统计算机和网络技术发展融合的产物，“云”一般具有相当大的规模，Google 云计算拥有 100 多万台服务器，企业私有云一般也拥有成百上千台服务器，由此会赋予用户前所未有的计算能力。

（1）云计算的虚拟化。通过虚拟化技术将物理资源映射成逻辑的虚拟资源，对存储、计算、内存、网络等资源，按照用户需求动态地分配，以提高虚拟资源的利用率，增强其灵活性。

（2）云计算的可扩展性。“云”的规模可以在对计算资源实时监控的基础上，根据已定义的规则自动地平衡资源，实现资源能力的动态伸缩，以满足应用和用户规模增长的需要。用户可以随时随地根据需求，快速弹性地请求和购买服务资源，扩展处理能力。

（3）云计算较强的通用性。云计算并不针对特定的应用，能够在“云”的支撑下构造出千变万化的应用，同一个“云”可以同时支撑不同的应用运行。同时各类服务资源均处于实时监控之下，使用状态及运行情况会以报告的形式呈现给用户和服务提供商，并且会根据使用类型与使用量收取相应的费用。

（4）云计算较高的可靠性。“云”使用了数据多副本容错、计算节点同构可互换、自动检测失效节点等措施来保障服务的高可靠性。

近年来，数字经济在推进我国经济发展中的作用日益凸显，2017 年、2018 年《数字中国建设发展报告》显示，中国数字经济的规模分别占 GDP 总量的 32.9% 和 34.8%。到 2021 年，我国数字经济发展取得新突破，数字经济规模达到 45. 5 万亿元，同比名义增长 16. 2%，高于同期 GDP 名义增速 3. 4 个百分点，占 GDP 比重达到 39. 8%，数字经济在国民经济中的地位更加稳固，支撑作用更加明显 [19]。云计算技术属于数字技术中的重要技术之一，它的出现与广泛应用，不仅改变了企业生产运营模式，而且改变了产品的销售服务和商业模式，给传统行业发展带来了较大机遇与挑战。

云计算技术基于分散资源的虚拟化、可伸缩性和用户按需取用等特征，降低了用户购买服务资源的成本，也帮助资源所有者实现了分散、私有资源的共享与共赢，是一种典型的双赢商业模式。数字科技驱动的创新往往并非技术本身，更多的是业务模式及用户体验、运营、商业模式及战略的转变。用户体验和商业模式的变化是最为直观的，数字化技术通过提供更加便捷的用户界面，为消费者带来了更好的用户体验。商业模式的变化则体现在由单一的商业模式转变为以线上线下结合为主要特点的商业模式。

在商业模式上，云计算服务主要包括基础设施即服务（Iaas）、平台即服务（Paas）、软件即服务（Saas）等三种服务模式。Iaas 提供了云计算基础架构，包括服务器、存储、网络和操作系统。用户通过网络，按照实际需求获得相应的设施资源服务，是一种按需服务，客户无须购买服务器、软件、数据库空间或网络设备，只要按需购买这些资源的外包服务。Paas 面向 Internet 应用开发者，把端对端的分布式软件开发、测试、部署、运行环境及复杂的应用托管当作服务，通过 Internet 提供给用户。它实际上是将软件研发的平台作为一种服务，以 Saas 的模式提交给用户。Saas 是基于 Internet 为用户提供软件服务的一种应用模式，主要集中通过云端为终端客户提供在线服务软件。Saas 主要是为了完成网络交付而产生的一种软件布局模型，便于用户通过 Internet 通关、部署和接入。Saas 采用“全包”费用模型，包括软件许可证费、软件服务费和技术支持费等费用。Saas 实现了“不为所有、但为所用”的理念，用户无须购买软件，无须维护软件，只需按照订购的服务多少、时间长短和所租用软件模块向厂商支付费用。

二、云制造

云计算技术的发展及应用，对人们的生活和经济产生了深刻的影响，同时也推动着制造业的转型升级。基于云计算的资源虚拟化、透明化、可靠性和按需取用的理念，与制造业相结合催生出面向服务的、高效率、低能耗的、基于知识的网络化智能制造新模式即云制造模式。云制造是利用云计算技术将各类制造资源和制造能力虚拟化，以用户需求为导向，对虚拟的制造资源和制造能力进行智能化管理的一类新型制造服务模式。云制造能够为用户提供质优价廉的制造论证、产品设计、生产加工、仿真试验、经营管理等制造全生命周期的服务，由于制造资源和制造能力的高效共享和协同，从而能够实现多方共赢[20]。云制造技术将现有网络化制造和服务技术同云计算、云安全、高性能计算、物联网等技术融合，实现对各类制造资源（制造硬设备和计算系统、软件、模型、数据、知识等）统一的、集中的智能化管理和经营，为制造全生命周期过程提供可随时获取、按需使用、安全可靠、优质廉价的各类制造活动服务。云制造是一种面向服务的新型网络化制造模式，它以客户为中心，以知识为支撑，构建了一个虚拟化、分布式、按需分配的制造资源共享平台，实现了产品全生命周期的协同制造、管理与创新[21]。云制造服务的关键是全生命周期的客户价值主张和高质量的工业制造服务，最终归结为高质量的用户体验。云制造在数字化的基础上，具有硬软制造资源和制造能力的“物联化、虚拟化、服务化、协同化、智能化”的典型特征[22]。云制造不仅体现了“分散资源集中共享”的思想，还体现了“集中资源分散服务”的思想，其服务模式既有“多对一”的形式，又突出了“多对多”的形式。通过对制造资源的标准化、虚拟化和透明化，基于工业云实现分散化资源的整合，制造资源的需求方就可以像获得水、电、气、Internet 上的信息一样，方便地从网络上获得所需的各种制造服务。

云制造在我国一经提出就受到相关部委、企业的高度关注，平台建设主要集中于复杂产品的研发与中小企业业务协同方面，如面向科研协作型集团企业云制造服务平台；已在装备制造、箱包鞋帽等行业领域开展了具体应用的北京恩维协同科技有限公司研发的 BSWT 云制造服务平台；华中科技大学制造工程研究院构建的面向模具行业的云制造平台[20]。北京工业云服务平台，利用云计算技术为离散型制造业（如机械、汽车零部件、家电等行业）的中小型企业提供 CAD、CAE、 CAPP 、PLM 等软件服务和咨询服务，以租用服务替代软件销售，降低了中小企业购买软件的成本。设计者可以将自己的成果提供到云端，还可以通过云端分享他人的设计、标准和经验等，实现信息共享和传递。作为开放式平台，CAXA 和其他企业的软件和资源都可以放到云平台上，实现生产型服务业的专业化发展。除了为中小企业提供设计软件租用和研发资源服务外，北京工业云服务平台还致力于模具 3D 打印、资源异地协同及在线营销等服务探索。

第五节 “中国制造 2025”与制造业变革

一、中国制造 2025

制造业是国民经济的主体，是立国之本、兴国之器、强国之基，是实现创新、抢占未来的关键制高点，决定着实体经济的质量和效益。2008 年国际金融危机之后，为了刺激本国经济增长，重塑实体经济领域的竞争力，许多发达国家先后实施了一系列国家战略，如德国的“工业 4.0 计划”、美国的“先进制造业伙伴计划”、俄罗斯的“国家技术计划”、法国的“新工业法国战略”、日本的“日本再兴战略”、韩国的“制造业创新 3.0 战略”和印度的“印度制造战略”等。虽然各国的提法略有不同，但都是以物联网、大数据、云计算、机器人及人工智能为代表的突破性技术所驱动的社会生产和服务方式的变革，其核心是网络化、信息化、智能化、定制化与绿色化的深度融合[23]。

制造业发展水平是一个国家和地区经济发展水平和综合实力的体现。随着国际竞争的加剧、科学技术的迅猛发展和新一轮产业转型升级的兴起，高能耗、高污染、高投入、低产出与低创新的发展模式已经难以为继，绿色制造、智能制造、循环经济与可持续发展已成为不可阻挡的历史潮流。2015 年第十二届全国人民代表大会第三次会议上，李克强总理在政府工作报告中提出“互联网 + ”行动计划，提出要推动物联网、云计算、大数据、移动互联网等与现代制造业的融合。同年 5 月，国务院印发《中国制造 2025》，强调将工业化和信息化融合，制定智能制造发展战略，全面推行绿色制造，加大节能环保先进技术、工业和装备的研发力度，加快打造低碳、可循环的绿色制造体系。李克强总理在 2015 年 10 月 14 日国务院常务会议上强调：“互联网 + 双创 + 中国制造 2025，彼此结合起来，进行工业创新，将会催生一场‘新工业革命’。”2016 年第十二届全国人民代表大会第四次会议上，李克强总理作政府工作报告时再一次提出要利用“互联网 + ”的力量来深入推进“中国制造 + 互联网”，实现一批智能制造示范项目。站在新的发展起点上，中国制造迎来了创新驱动、智能化、绿色化和服务化转型发展的新机遇，“创新、协调、绿色、开放、共享”的发展理念将得到深入贯彻。

二、智能制造

“中国制造 2025”将智能制造作为主攻方向，以期通过互联网与工业的融合协同，能够在新一轮的产业革命中抓住全球制造业变革机遇，引领中国制造业向智能化、数字化、绿色化转型发展。1988 年，美国纽约大学的怀特教授（P. K. Wright）和卡内基梅隆大学的布恩教授（D. A. Bourne）在其《智能制造》一书中首次提出了智能制造的概念，并指出智能制造是通过集成知识工程、制造软件系统、机器人视觉和机器控制对制造技工的技能和专家知识进行建模，以使智能机器人在没有人工干预的情况下进行小批量生产。智能制造是制造业的发展方向，也是“中国制造 2025”的主攻方向，有关智能制造的研究涵盖了产品设计、生产、管理、服务等制造活动的各个环节。吕铁、韩娜（2015）认为，智能制造（intelligent manufacturing, IM）是以新一代信息技术为基础，配合新能源、新材料、新工艺，贯穿设计、生产、管理、服务等制造活动各个环节，具有信息深度自感知、智慧优化自决策、精准控制自执行等功能的先进制造过程、系统与模式的总称[1]。王媛媛、张华荣（2016）认为，智能制造是指，在新一代信息技术和先进制造技术相结合的基础上，实现对设备、控制、车间、企业、协同的五个系统层级，对资源要素、系统集成、互联互通、信息融合、新型业态等五个智能功能，以及产品设计、生产、物流、销售、服务等全生命周期的实时管理和优化的新型制造系统[24]。由此可见，智能制造，就是传统制造业融入了互联网、物联网、云计算等信息技术，从而使其实现智能化、数字化和协同化，并具有全面互联、数据驱动、信息物理融合、智能自主和开放共享等特性[25]。“工业 4.0”，包含了智能工厂、智能生产和智能物流等三大核心理念。

（一）工业互联网建设，推进智能制造转型

随着互联网、物联网与社交网络技术的发展与广泛应用，制造业逐渐形成了人人参与、人人互动、全民触网的格局，呈现出明显的智能化发展趋势，它将产业链、价值链中的供应商、生产商、经销商和用户各环节、各主体纳入更大的系统当中，实现了主体间的持续互动沟通。产品的设计与生产，均可以通过工业互联网平台进行实时沟通互动、互相启发进而创造价值（这些可以被看作一种依赖于社交化网络平台的社交化的制造模式，可以实现产业链、价值链各参与主体间的充分沟通与合作）。目前，工业互联网的建立、应用与完善，将成为推进智能制造转型的关键技术基础之一，通过工业互联网，将产品设计者、机器设备、劳动者和信息系统各主体有机连接起来，打通端到端的信息数据链，实现产品全生命周期的数字化。由此可见，工业互联网是实现智能制造转型和“中国制造 2025”战略目标的重要技术基础，而且充分体现了互联网、物联网和云计算等信息技术融合发展水平。为了推进我国制造业的转型升级，需要全面推进制造过程数字化，基于工业互联网建设的总体目标，在设备控制、车间管控、工厂调度和企业管理等层面，全过程、全方位实施数字化系统工程，为智能制造打下坚实基础。

1. 技术创新

“5G+ 工业互联网”是推动工业互联网创新发展，进而推动制造业的数字化转型的重要技术基础。基于工业互联网，通过“特定场景 + 数据分析”降低成本，通过“设计仿真 + 能耗管理”提升效率，通过“个性定制 + 服务延伸”实现模式创新，通过“协同加工 + 共享制造”优化资源配置，促进人、机、物的全面连接，并进一步丰富工业互联网应用的场景，实现制造业各生产要素间的高效协同，推动新模式、新生态的形成，加速融合发展新景象的构建。

2. 基础设施的整合共享

为了充分发挥工业互联网对于智能制造的推动作用，应加强对数据中心、光纤网络和网络平台等基础设施资源的整合共享，形成更大的网络，实现人、机、物的互通互联以及各种知识、信息的共享，进而创造新的知识与价值。

3. 加强工业互联网网络安全管理

工业和信息化部、财政部《智能制造发展规划（2016—2020 年）》中指出：要加强关键共性技术创新，突破先进感知与测量、高精度运动控制、高可靠智

能控制、建模与仿真、工业互联网安全等一批关键共性技术，研发智能制造相关的核心支撑软件，为实现制造装备和制造过程的智能化提供技术支撑。由此可见，有关工业互联网安全的问题，可以采用蜜罐系统进行积极防御，捕获入侵者，分析入侵行为，采用更新防火墙、服务器、工作站等方式方法击退入侵之敌。通过对工业互联网中的外部区域集合、控制网络区、企业网络区、远程访问区与生产现场五个区域各自边界设置防火墙和做好区域防御，以确保工业互联网的安全。在做好远程访问安全防御的同时，对服务器、终端和工控系统漏洞实时侦测，发现漏洞及时更新补丁。通过对工业互联网安全要素、网络状态的实时侦测与综合分析，对其发展趋势、潜在风险进行准确预测，并采取相应的措施，即做好工业互联网的态势感知防御。通过系列安全措施，确保工业互联网的安全有效，进而推进制造业的智能制造转型升级。

（二）智能工厂建设

当前，劳动力成本的持续攀升，产能过剩、产品同质化和竞争日趋激烈等现实压力，迫使我国制造业必须正视和进行产业转型升级。随着《中国制造2025》《关于深化“互联网＋先进制造业”发展工业互联网的指导意见》和《智能制造综合标准化与新模式应用项目管理工作细则》等政策的出台，为我国大中型制造企业加快智能工厂建设提供了政策支持与保障。同时，物联网、智能机器人、增材制造、预测性维护、机器视觉等新兴信息技术和先进制造技术的大量涌现，为制造企业推进智能工厂建设和智能制造转型提供了坚实的技术支撑。

智能工厂将智能设备与信息技术在工厂层级进行融合，涵盖企业的生产、质量、物流等环节，是智能制造的典型代表，主要解决工厂、车间和生产线以及产品的设计到制造实现的转换过程，旨在实现生产过程的自动化、透明化、可视化、精益化。智能工厂将设计规划从经验和手工方式，转化为计算机辅助数字仿真与优化的精确可靠的规划设计，在管理层由ERP系统实现企业层面对质量管理、生产物流、生产绩效、依从性、产品总谱和生命周期管理等提供业务分析报告；在控制层由MES系统实现对生产状态的实时掌控，快速处理制造过程中的物料短缺、设备故障、人员缺勤等各种异常情形；在执行层面由工业机器人、数控机床和其他智能制造装备系统完成自动化生产流程。数字化智能工厂能够减少试生产和工艺规划时间，缩短生产准备期，提高规划质量，提高产品数据统一性与生产效率，优化生产线的配置，降低设备人员投入，实现制造过程的智能化与绿色化。

智能工厂由虚拟数字工厂和物理系统中的实体工厂组成。其中，实体工厂部署有大量的车间、生产线、加工设备等，为制造过程提供硬件基础设施与制造资源，也是实际制造流程的最终载体；虚拟数字工厂则是在这些制造资源以及制造流程的数字化模型基础上，在实体工厂的生产之前，对整个制造流程进行全面地建模与验证。为了实现实体工厂与虚拟数字工厂之间的通信与融合，实体工厂的各个制造单元中还配备有大量的智能元器件，用于制造过程中的工况与制造数据的采集，实现多个车间之间的信息共享、准时配送和协同作业。在虚拟制造过程中，智能决策与管理系统对制造过程进行不断的迭代优化，使制造流程达到最优；在实际制造中，智能决策与管理系统则对制造过程进行实时的监控与调整，进而使得制造过程体现出自适应、自由化等智能特征。因此，智能工厂能够基于客户的个性化需求，在机器设备、车间和工厂之间建立起零件、机器、设备设施、工艺流程和企业物流间持续的沟通，实现协同自主运作。目前，在石化行业，国内典型服务商有石化盈科和中控。石化盈科主要以智能工厂为抓手，“平台 + 服务”为核心，力争将智能制造平台打造成流程行业智能工厂的操作系统标准，降低流程企业走向智能工厂的门槛。中控则侧重于为企业提供智能工厂建设整体解决方案。九江石化和新疆天业等企业均就智能制造、智能工厂建设等方面进行了探索实践，都取得了骄人的成绩[26]。

当然，智能制造不仅包括产品智能化、装备智能化，也涵盖生产智能化、管理智能化以及服务智能化。物联网、工业互联网平台化的发展，加快了工业大数据的集成，大大提升了工业信息化水平，实现了车间之间、工厂之间、产业链之间的人、机器设备设施与产品的实时联通交互，并对各环节进行实时监控、精准识别和预警，实现全生命周期的管理。未来智能工厂将会朝着平台化、自动化、信息化、系统化和智能化方向发展，全面提升企业的竞争力将指日可待。

（三）高素质劳动者的培训与开发

智能制造涉及人、机器设备、生产物流、设计和工艺流程等方面的互动协同，在智能产品、智能车间和智能工厂的基础上，应充分考虑人的重要性，加强对劳动者素质的培训与开发，以适应智能制造转型升级。在数据驱动下，可以实现智能制造当中的人、机、工艺、物料和企业物流等要素一体化、协同运作，使得生产更具人性化、柔性化和智能化。机器设备与劳动技能作为生产过程中的两个核心要素，两者的有机融合与变化发展，直接推动着生产系统的演变。杨斌、魏亚欣、田凡（2020）通过对工业化不同时期技术进步驱动下生产系统变革过程的分析，发现生产系统有效性的达成决定于“硬件—软件—人件”的动态适配关系，三者之间存在一定的“互补—替代”效应。如果过度强化某一要素的作用，就会使其他二者功能受损，从而损害生产系统的内在均衡。智能工厂、智能车间将会广泛使用智能化设备和机器人，由于工程的“瓶颈”无法完全取代操作工人，劳动者将在更为复杂的生产过程中承担更为复杂与灵敏的操作，起到主导性作用，因此，智能制造生产系统仍然是以人为中心的高度柔性生产系统[27]。基于这一判断，在制造业的转型升级过程中，政府、学校和企业必须充分关注劳动者的劳动技能升级转换问题，做好对劳动者技能、知识提升的培训和分流工作，避免由于技术进步引发的机器代替劳动者，大批工人失业引发劳动关系紧张等社会问题。企业在投资、技术升级过程中，要充分考虑到生产技术与劳动技能的适配关系，对技术与技能的“互补—替代”关系做出较为准确的评价预测，避免由于劳动者技能升级转换未能满足技术进步而造成的效率和效益受损，先进技术设备设施投资失败引发的资源浪费等问题。

（四）智能物流

智能物流则通过对物流过程的各类主体的数据化和信息化，建立起物流过程的透明化管理模型和普遍互联网络，根据客户的需求，动态实现对物料和产成品的供给和配送。智能产品是指每一个产品将承载其整个供应链和生命周期中所需的各种信息，可以感知环境并和环境进行自主通信，从而帮助用户更好地使用产品、人、设备、物料、产品、工艺、管理等，将建立基于6C的协同网络，即连接（connection，传感器和网络）、云（cloud，任何时间及需求的数据）、虚拟网络（cyber，模式与记忆）、内容（content，相关性和含义）、社群（community，分享和交际）与定制化（customization，个性化服务与价值）。基于6C实现对智能工厂、智能生产和智能物流的系统规划、建设和运营，从而驱动整个制造模式的变革。企业将以低成本的方式，实现多品种、小批量、智能化产品的高精度、优质量生产。上海汽车变速器有限公司，以建设绿色智能制造示范工厂为抓手，以生产作业、物料输送、仓储完全自动化的智慧工厂智能生产为目标，构建无人化场景，通过TS11项目实现从原材料入场卸货到入库存储、物料出库上线、成品下线及成品料架自动装车全流程无人化操作，实现仓储和生产环节的无缝对接。在物料到场及配送上线各环节实现智能追踪，有效降低了人为干预造成的错料、货损以及工厂对人工的依赖和成本，提升了制造全过程的协同性、工厂运营的安全性以及作业效率和效益。物流系统集成商——上海诺力智能装备股份有限公司，通过为新能源电池、冶金钢铁、生物制药和纺织行业智能制造提供典型的自动仓储、机器人搬运、数字分拣、信息管控一体化物流集成解决方案，有效推进智能制造转型。

第六节 “互联网 +”与制造业变革

一、“互联网 +”模式

目前有关“互联网 +”的内涵尚在讨论中，企业界、学术界和政界分别结合各自的专业背景与实践经验，从不同视角对“互联网 +”内涵作出了界定，主要包括“跨界融合”说、“技术升级”说、“观念转型”说、“经济形态”说和“经济社会发展新形态”说等五种类型。“技术升级”说以黄璜和付志勇为代表，认为“互联网 +”是信息化和工业化的升级版。黄璜认为，“互联网 +”是两化融合的升级版，并不限于工业化，而是基于互联网并与工业、商业、金融业等服务业全面融合。付志勇教授认为，“互联网 +”是信息化促进工业化提法的升级版。虽然就“互联网 +”的内涵还没有达成共识，但下面的观点却基本趋于一致：“互联网 +”是互联网时代一种新的经济形态，需要以移动互联网、大数据、云计算等互联网技术为基础，进而凸显“互联网 +”“连接一切，跨界融合”的基本特征。同时，“互联网 +”不仅强调了互联网的重要作用，而且注重互联网与其他行业的关系及其相互融合升级。“互联网 +”的基点是互联网，旨在以互联网作为基础性工具，促进互联网和产业的深度融合，实现对传统产业的改造转型升级和资源的优化配置。

基于“互联网 +”，在推动产业转型升级过程中，应充分发挥互联网开放、共享、平等和去中心化等优势，凸显“互联网 +”的跨界融合、开放生态和万物互联等六大特征，对资源、能力进行整合。

（一）跨界融合

所谓“+”，是指通过互联网与其他行业的加和、耦合与融合的机制，实现产业间在知识、技能和经验等方面的共享，进而对传统产业进行改造升级，以激发产业企业的跨界创新，是跨界、变革、开放与重塑融合的体现。基于“互联网 +”实现观念的转变、技术的升级、产业的边界模糊化以及技术与商业模式的创新。基于“互联网 +”，加速产业间、企业间的信息与资源的共享、协同融合，融合本身代表着身份的融合与多元化。“互联网 +”背景下，传统产业跨界融合表现出模式新颖、程度加深、跨度增大的基本特点。比如，传统家电制造企业海尔集团创新性地提出了助力传统企业平台化转型的物联网管理模式——“人单合一”模式，并且经过十多年的发展，实现了家电制造业与服务业的融合；传统家电零售商苏宁在面临电子商务的剧烈冲击下，积极拥抱互联网带来的变化，跨界创办苏宁易购网上商城，充分发挥人工智能、云、大数据等信息技术作用，形成了特色鲜明的线上线下深度融合的“智慧零售模式”[28]。电子商务蓬勃发展的时代，给传统制造企业格力电器带来了巨大的挑战，格力电器通过全流程信息化建设，打通全国的销售、物流、售后等各个环节，融合电子商务与实体店的优势，实现所有环节信息及服务的优势共享，发挥线下线上融合优势，为消费者提供更加便捷、快速的消费体验。阿里巴巴跨界进入金融行业，不仅提高了企业的竞争优势，而且推动了大数据等高新技术与传统金融产业的深度融合，传统的金融经济规则和格局也随之发生改变。

（二）创新驱动

粗放式资源驱动模式已经不能支撑我国经济社会的持续发展，需要充分拥抱互联网、数字化时代，实施创新驱动发展战略。“互联网 +”背景下，不仅可以大大提高和扩大企业搜寻新知识、新技术与资源的速度和范围，而且可以有效降低搜寻成本，为技术迭代创新、商业模式创新奠定基础。通过“互联网 +”将人、物、场景、企业和产业紧紧地连接在一起，各主体可以通过各种渠道、平台获取相关数据信息，加速由产品主导、厂商主导向服务主导、需求主导的转换，企业将根据市场需求，进行技术创新、产品创新、商业模式的创新，以满足用户不断变化的个性化需求。比如，互联网技术和通信技术融合创新，推动了通信行业和移动 PC 行业的融合，催生了智能手机行业的产生。互联网、物联网、大数据与云计算等信息技术的出现和应用，促进了共享经济、平台经济的蓬勃发展，催生了滴滴出行、共享单车、共享汽车和房屋短租等众多平台企业。

（三）重塑结构

新一代信息技术的发展与应用，不仅对企业的生产方式方法、广大消费者的消费心理与行为产生了重要的影响，而且也使原有的社会结构、经济结构、文化结构和组织结构发生了改变。基于“互联网 +”，传统的锥形组织结构面临诸多挑战，企业组织成员的公平意识、平等意识、去中心化的诉求强于之前的任何一个时代。基于合作、共享、共赢的理念，产业链条中的供应商、生产商、销售商和顾客的联系更为密切，组织之间的边界趋于模糊化，各类资源的共享使得资源权属与使用趋于复杂。同时催生了自组织、敏捷组织、平台化组织等组织形式，并且还在随着环境的变化进行持续的迭代优化。

（四）以人为本

“互联网 +”、物联网、大数据、云计算技术、3D 打印和智能制造技术的应用，其目的在于更好地服务于人类社会，推进经济社会和人的全面发展。因此，

"互联网 +"必须要坚持以人为本的原则。受求新、求异和求变等心理的驱使，人的需求多元化、变化性和层次性等特点日趋明显。当前的市场逐渐由厂商主导向用户需求为导向转变，需要企业时刻关注客户的需求、偏好、消费行为及其变化趋势，基于互联网对相关资源加以整合，通过技术创新、模式创新，提供多元化、高质量、定制化的产品与服务，以增强客户的体验感和参与度，满足客户需求。海尔、联想、韩衣都舍和ZARA开展的在线定制化服务均是基于"互联网 +"背景下以需求为导向、以人为本理念的充分体现。

（五）开放生态

对于"互联网 +"而言，生态的本身就是开放的。"互联网 +"是实现产业内部与产业间互联互通、跨界融合的重要手段，其根本目的在于实现资源的优化配置与充分利用，进而实现产业转型升级和经济社会与人的全面进步。因此，在构建和运行产业互联网过程中，应注重其开放包容性和生态性，不断吸收优质资源，实现资源共享共赢，并通过监测、评估对资源、系统、组织结构和机制进行动态化管理，促进资源的优化配置以及系统和组织的高效性。比如，电商平台亚马逊、淘宝、天猫和京东等就是通过各种政策吸引优质商家的入驻，而对于诚信、业绩较差的商家则加以淘汰，以实现平台的健康持续高效运转。

（六）连接一切

杰里米·里夫金（Jeremy Rifkin）认为，"互联网 +"的核心特征和功能不在于技术资源本身的作用，而在于"连接一切"，"连接一切"可以把经济和社会的各个领域和层次连接起来，并不断为各个节点提供数据这一重要的竞争优势来源。随着互联网、物联网等信息技术的发展与应用，实现了万物的互联互通，使得人们能够及时、准确地获取相关信息并做出科学有效的决策，从而大大地提高了响应速度和决策的有效性。GE 通过工业互联网为飞机发动机安装上功能各异的传感器，可以实时获取发动机运行数据参数，进而制定飞机维护保养方案，从而大大降低了飞行风险和燃油费用。陕鼓集团通过全生命周期智能化远程故障服务监测系统和"1+2+N"服务智能化平台，为客户进行服务现场远程诊断并解除问题。

二、"互联网 +"与制造业变革

在互联网、物联网、云计算、云制造和 3D 打印技术蓬勃发展的今天，"互联网 +"实现了万物互联、创新驱动、技术创新与跨界融合，正在影响和改变着传统的制造业，需要制造业在产业体系、产业结构、组织方式、商业模式与管理方式等方面适时作出调整，甚至是大幅度的变革，以推动制造业的转型升级。

（一）客户力量的崛起

互联网、移动互联网技术的广泛应用以及网民规模的持续扩大，正在影响和改变着消费者的消费心理和行为，以及生产者与消费者之间的固有关系。互联网的广泛使用，尤其是社交网络平台的兴起和广泛应用，使得广大的、分散的、单个力量弱小的消费者，基于社交网络平台，因为共同的消费需求、兴趣、诉求和观念观点等被连接起来，形成实力强大的消费者群体。消费者群体成员可以通过社交平台就某些观点、消费经验、购买体验和产品信息等进行实时、高效的互动交流，从而获得更多的知识、信息，实现在交互中的相互学习并建立起一定的感情基础，在促进消费者联合的同时，增强消费者群体与厂商进行沟通、谈判的实力，提升消费者的议价与维权能力。消费者可以通过与厂商进行积极、有效的沟通交流，提出自身的诉求，并参与到相关产品的研发设计与改进当中，使得企业能够为其提供更多定制化的产品与服务。“互联网+”技术，使得价值链的主导权，正从传统的卖方主导模式向买方主导模式转变，商业文明由“企业霸权时代”进入“客户主权时代”。

基于“互联网+”技术，互联网、社交网络等开放性网络平台，企业与客户之间可以就需求、设计理念、制造工艺流程、品质、物流配送和后期服务等内容，进行更为广泛、实时、高频有效的交流互动，实时、高效地参与到产品及产品服务系统的设计、生产制造、销售配送与服务当中，不仅实现了资源、知识、技能和经验的共享，而且更有利于新产品与服务的销售，由此推动企业产品服务系统由以企业为主导转向以企业与客户共同创造模式，充分体现以客户需求为导向的经营理念。以需求为导向，就要结合企业发展战略远景与目标，对企业发展战略加以调整，创新商业模式、组织架构与生产组织方式，与客户开展精准交流互动并向其开展精准营销，满足客户多元化、个性化与定制化需求，以推进企业定制化、柔性化、精准化生产，提升企业的响应速度，在满足客户需求的同时提升企业运营效率与效益，进而培育和增强企业的核心竞争力。

（二）资源的透明化与云端化

“互联网+”技术，充分体现了万物互联、开放、透明、跨界融合和创新等特征，基于“互联网+”技术，不仅实现了参与产品服务系统价值创造的人、财、物、设备、知识等资源的互联互通和实时交互，而且进一步强化了资源的透明化和共享性。采用网络化制造、物联网和制造网络等资源虚拟化技术，将参与产品服务系统生产的各类资源进行虚拟化、服务化处理，形成诸多功能各异的资源云。资源云具有分布性、多样性、异构性、独立性、异步协作性和共享性等特点[5]。市场主体可以根据自己的实际需求，向市场传递自己所拥有的资源、知识、技能与能力，以及所需资源与信息，进而通过互联网平台实现供需的精准匹配。各个市场主体都可以在云资源平台上进行信息发布，并在平台上找到合适的供方与需方。由于云资源平台信息的公开透明性、共享性，有利于降低各主体的搜寻成本、交易成本和交易风险，提升交易的成功率和交易效率，同时还可以有效提高资源的优化配置及其利用率。

（三）制造业商业模式的变革

制造业与服务资源的透明化、云端化和共享性，为制造业企业延伸产业链条，向客户提供更多定制化的产品与服务奠定了技术与市场基础。为客户提供覆盖市场调查、产品开发或改进、生产制造、销售、运输配送、售后服务、产品报废或回收等环节的全生命周期服务，有效扩大客户价值创造空间和提升企业的获利能力成为“互联网 +”时代越来越多的制造企业的选择。社会网络技术的快速发展和广泛运用，加速了企业和客户的关联，传统的单次买卖交易关系迅速向多次重复交易的战略合作关系转变，企业与客户间持续的、及时有效的互动与合作，推动着制造业向服务型制造转型。从国际范围来看，服务在制造业价值链中发挥的作用越来越大，越来越多的传统制造企业，结合企业核心竞争优势与战略发展目标，开始了延伸自己产业链条之路，如将非核心制造业务外包，通过产业链的延伸，使企业从纯粹依赖产品销售，转向产品销售和服务增值两条途径，且后者的比重随着服务型制造转型的深入不断提升。概括起来，目前基于“互联网 +”技术的制造企业的商业模式创新和服务型制造转型主要通过以下三种方式实现：

（1）基于“互联网 +”技术，开展设备的远程监控、运维和线上技术指导等服务，以增强产品的使用功能，降低设备运维、使用费用和停工损失。例如，三一重工通过在挖掘机、水泥泵车等设备上安装功能各异的物联网传感器和 3G 通信模块，能够对设备的运行情况进行实时远程监控、预警和预防性维护服务，实现“服务型制造”转型，从而不仅实现了服务增值，而且实现了从产品制造商向工程装备整合性服务提供商的转型。浙江三辰电器，通过构建直流电源远程监控与运维服务系统（简称“三辰智云”），实现了系统间的互联互通和数据共享，可以为客户提供远程监控、事故预警、故障诊断、远程维护等专业的在线增值服务，提升了变电站电源设备运行及维护管理水平。

（2）专业化的信息服务、系统集成、运维服务企业。例如，北京天源科创风电技术有限责任公司（天源科创），是一家为风电投资商提供系统解决方案的专业技术服务公司，业务范围覆盖风电项目的整个生命周期：①前期项目咨询业务，主要包括风电场选址、测风咨询等业务；②中期工程建设业务，主要包括工程总承包、工程管理咨询等业务类别；③后期技术服务业务，主要包括风电场运行维护、部件维修和信息技术产品供给等业务类别。该公司目前已成为我国风电设备维护服务的重点企业之一。

（3）专业化的服务型制造平台企业，专门为制造企业提供研发设计、生产制造、经营管理、市场销售、物流与金融等服务。例如，2001年，陕鼓集团开始探索从生产型制造商向系统解决方案提供商的转型之路，即由产品提供转向“产品+服务包”提供。其中，产品制造属于陕鼓集团的核心业务，它为后续的服务提供强大的平台基础和技术保障；服务则是产品制造的增值，可以提升产品的品牌效应，产品制造与服务相融合，最终实现一体化发展。陕鼓集团从产品出发，为客户提供系统集成服务，使其成为系统的整合者。以主导产品为核心，以成套技术为纽带，运用现代项目管理方法，将主导产品与工程项目有机结合，发挥成套设计、供货、施工、安装调试的整体优势，向用户提供完善的工程成套项目总承包服务——“交钥匙”工程，包括从主机产品延伸到机组、辅机系统、管路系统、配电系统、厂房基础等项目的设计，以及设备制造、配套、采购、土建施工、安装、调试、运行、验收交工等全部及流程装置总包项目，为用户提供解决方案和系统服务，由此可以将整个合同值提升至少3倍[29]。同时，陕鼓集团注重产品生命周期服务，如增加产品的价值产出，提升产品运行效率，以及产品报废后的回收与再制造等。陕鼓集团基于客户的业务与技术问题，帮助客户界定问题，并提供基于商业价值和技术价值的解决方案集成服务。

（四）制造业生产组织方式的变革

制造企业基于“互联网+”，实施制造业生产组织方式与商业模式的变革，为客户提供全生命周期的系统解决方案，并不意味着企业必须从原材料、半成品的采购、生产到售后服务，构建一个完整的价值链，回到“大而全、小而全”的产业时代。作为企业，应聚焦于自身的核心优势，借助“互联网+”技术和云资源平台，实现产业价值链各参与主体之间的资源、信息、知识和技能的共享，进而在研发设计、制造、物流、营销与服务等方面建立合作共赢关系，形成价值创造共同体和利益共同体。

随着社会经济的发展以及技术进步和客户需求的多元化、个性化，市场对企业提出了更高的要求，由消费者驱动的时代显然已经来临，客户将成为产业链当中的核心。但现实是市场上的产品服务趋于同质化，产品生命周期持续缩短，企业间的竞争日趋激烈。因此，企业未来发展的趋势，无论是产品服务的开发设计、生产与销售，还是售后必须立足于客户现状，充分关注客户的需求、意见和建议，同时要创造条件，想方设法让客户参与到产品服务系统的价值创造过程中，以充分发挥客户的聪明才智。从而既可以实现双方的相互学习，及时识别客户的潜在需求，又能提升企业客户关系管理水平。

（五）智能制造和个性化定制成为新型生产方式

互联网、物联网和云计算技术的发展与应用，使得生产过程中的人、生产设备、原材料和信息等相互连接，从而有效地实现了生产设备、工艺、技术和质量管理等信息的共享，智能化新型生产模式，充分满足了客户需求的个性化。通过传感技术，动态、实时地感知生产过程中的各类数据信息，并通过智能分析与决策，实现设计、制造、质量管控的智能化。智能化、信息化将贯穿于市场信息收集、分析、产品生产、物流、销售、售后服务和回收再制造的各个环节，进而实现人、机器、工艺、技术和管理等信息集成，以及信息流、资金流、知识流和物流的整合。基于"互联网 +"技术，可以提升企业对于产品的全生命周期的规划管理，驱动工业生产由集中式控制向分散式控制转变，生产方式由大规模制造向个性化定制与大规模定制转变，从而更好地满足客户个性化的需求。

（六）营销网络化

随着社会、经济的发展，电子商务已从零售领域向制造业全产业链延伸。企业产品服务的营销推广也从传统的线下推广转向线上线下推广。"互联网 +"技术已经逐渐融入企业产品的研发、生产、物流、销售和服务等各个环节。"互联网 +"技术使得信息沟通更为顺畅，信息也更具透明性、开放性和共享性，从而大大地降低了企业的采购搜寻成本和采购费用，提升了交易的效率。通过电子商务平台，简化了渠道环节，降低了销售费用，提高了销售效率，不仅加深了企业与客户的联系，而且有利于为客户提供差异化、个性化的产品与服务。在互联网时代，不仅品牌要做到人格化，企业的产品也必须具有人格化。像著名服装品牌——韩都衣舍，创立了"款式多、更新快、高性价比"的行业竞争模式，不仅降低了生产成本，又能保证产品的质量。同时基于"少量多款，以销定产"的营销理念，大量减少尾货库存，在满足客户个性化需求的前提下，使销售额有了大幅增长。

第三章 服务型制造

本章主要对服务、服务型制造相关概念、特征进行了梳理，对制造业服务化、制造业与服务业的融合、服务型制造的结构体系、服务型制造模式及其生产组织、服务型制造模式的实施与障碍等方面进行了全面深入的分析与探讨。

第一节 服务相关概念

一、服务的概念

汉语字典中对“服务”的解释是：指为他人做事，并使他人从中受益的一种有偿或无偿的活动。这里的服务并非实物形式，而是以提供劳动的形式满足他人某种特殊需要。1960 年，美国市场营销协会（AMA）最早将服务界定为：本质上不可感知和不涉及实物所有权转移，但可区分、界定和满足欲望的活动。该定义明确了服务是可以通过有偿活动或购买一件相关产品获得的，但它并没有将服务与有形产品完全区分开来[30]。1963 年，学者雷根（Regen）将服务定义为：直接提供满足（交通、房租）或者与有形商品及其他服务（信用卡）一起提供的不可感知的活动。美国著名营销学家菲利普·科特勒（Philip Kotler，1983）认为，服务是一方能够向另一方提供的基本上是无形的任何功效和利益，并且不导致任何所有权的发生。它的生产可能与某种有形产品密切联系在一起，也可能毫无联系。瑞典著名企业管理学家戈梅森（Evert gummesson）认为，服务就是可以购买和销售但不具有实物形态的事物。北欧最有影响的服务市场学者克里斯廷·格罗鲁斯（Christian gronroos）认为，服务是由一系列或多或少具有无形特性的活动所构成的一种过程，这种过程是在顾客与员工、有形资源的互动关系中进行的，这些有形的资源（有形产品或有形系统）是作为对顾客问题的解决方案而提供给顾客的。他认为在服务中，互动现象是经常出现的，服务就是一系列过程或活动，而且这些活动从本质上说是无形的。黄维兵认为，服务是一个经济主体使另一个经济主体增加价值，并主要以活动形式表现的使用价值。ISO9000将服务界定为，服务是为了满足顾客的需求，在与顾客的接触中，服务提供者的活动和活动的结果。

梳理有关服务的定义可以发现：（1）服务的目的是满足服务对象的需求；（2）服务属于无形产品，而且具有使用价值；（3）服务是不同经济主体之间互动交流的过程；（4）服务具有增值性作用。

二、服务的特征

与有形产品相比，服务具有其独特性：无形性（intangibility）、生产与消费的不可分性（inseparability）、品质的差异性（quality variability）和易逝性（perishability）[31]。

（一）服务的无形性

服务的无形性特征，是区别于有形产品的最典型特征。服务是一种活动、行为、体验和交互，是客户通过感知而获得的一种满足，不具有实物形态。因此，客户在购买之前，往往无法确定他们能够得到什么样的服务，购买具有一定的风险性。由于服务的无形性，客户对服务质量的评价往往具有主观性，客户一般会根据自身经历对其加以评论。

（二）生产与消费的不可分性

生产与消费的不可分性又称为生产与消费的同步性，是指服务的生产过程与消费过程同时进行，服务人员为顾客提供服务的同时也正是顾客消费、享受服务之时，生产与服务在时间上具有同步性。由于服务是一个过程或者是一系列活动，因此，服务消费者与生产者之间必须发生联系，如果顾客不参与服务生产过程，就无法享受服务。比如，医疗服务，病人接受治疗，须陈述其症状，接受相关检查，医生才能做出诊断并制定治疗方案。有些服务是同时面对多个顾客，即多个消费者同时消费一项服务，比如演唱会、秦腔表演和产品使用技术集中培训。顾客对于某项服务的满意程度，不仅会受到企业形象、品牌、环境和服务人员的影响，而且还会受其他顾客的影响。在服务消费过程中，顾客之间也会在服务消费过程中与消费后进行相互沟通交流，并对服务做出相应的评价。因此，企业应该采用适当的方式为顾客提供适当的服务，加强服务过程管理，以便与顾客建立良好的合作关系。另外，有形产品从生产到消费，往往伴随着所有权的转移，而服务的生产与消费则是同时进行的，并不伴随所有权的转移而转移。

（三）品质的差异性

服务的主体与服务的对象都是人，人是服务的灵魂。由于服务双方在性格、经历、偏好和价值观等方面的差异性，使得他们对于服务品质的认识、评价会有所差异。一方面，服务提供者在个人知识、技能、能力和经验等方面的差异性，会导致服务品质的差异性，即使是由同一服务人员，也可能会因为时间、地点、环境、心情的不同，其服务品质也会有所差异。另一方面，由于顾客直接参与服务的生产与消费，顾客自身的知识、技能水平、社会阅历经验和道德修养等也会影响到服务的质量。比如，在新技术培训服务中，有的人心领神会，深受启发，而有些人似懂非懂，最后昏昏欲睡，收效甚微。因此，同样的服务，可能会有不同的质量评价。

（四）服务的易逝性

服务的易逝性是由生产和消费的不可分性所派生的特性，是指服务提供后无法存储，留到以后再消费，也不能被转售与退回。服务如果不能及时被消费，便会造成服务的损失，比如航班未售出的座位，在飞机起飞后将造成资源浪费。因此，对于服务的提供者而言，就需要时刻掌握服务供需变化并采取相应的措施，以减少资源的浪费。对于服务的购买者而言，购买服务具有一定的风险，尤其是高价服务，需要购买者在购买前，通过各种途径获取更多的信息科学决策，将购买风险降到最低。

有形产品与服务之间的特征比较见表 3–1。

表 3–1 有形产品与服务之间的特征比较

有形产品的特征	服务的特征
产品中的有形成分较高（物）	产品中的无形成分较高（活动、过程、享受）
品质容易标准化、规格化（同质性）	品质难以标准化、规格化（异质性）
产品的生产与消费相分离	产品生产与消费是同时进行的
在企业被生产	生产与消费需要服务提供者与消费者相互配合
消费者不参与生产过程	消费者参与生产过程
可以储存	不能储存
生产和消费过程中伴随所有权的转移	生产和消费过程没有所有权转移

资料来源：苏文. 消费者在线互动行为网络口碑对中国旅游者的影响机制研究 [M]. 厦门：厦门大学出版社，2017.

三、服务经济的发展演变

服务经济是随着生产力的高度发达，出现于工业化中后期并在后工业时代发展日趋成熟，它是一种以服务业为主导，推动国民经济整体日益服务化的高级社会经济形态。其显著特点在于以拥有知识、技术、信息的人力资本要素作为经济增长的核心动力。

服务经济理论的思想源头可以追溯到17世纪的威廉·配第（William Petty，1672），他认为，随着经济的发展，劳动力的聚集会按照农业产业、工业产业、服务产业依次转移；1968年，维克托·福克斯（Victor R.Fuchs）在其著作《服务经济学》中最早提出了服务经济这一概念，并指出，服务经济在所有发达国家都已开始出现，美国在西方发达国家中已经率先进入服务经济社会。此后“服务经济”一词逐渐进入经济学家、产业界的视野。

目前，关于服务经济尚无统一的定义，常见的有规模定义法、对比定义法和阶段定义法等三种。其中规模定义法认为，服务业GDP占比50%以上且服务业就业占比50%以上，即进入服务经济时代；对比定义法认为，与工业经济、农业经济相比，有特殊性质的经济形态为服务经济；阶段定义法认为，经历了农业经济、工业经济阶段后将进入服务经济阶段。周振华（2010）将服务经济定义为：以知识、信息和智力要素的生产、扩散与应用作为经济增长的主要推动力，以科学技术和人力资本的投入为核心生产方式，以法治和市场经济为制度基础，经济社会发展主要建立在服务产品的生产和配置基础上的经济形态[32]。从服务经济的影响范畴来看，服务经济的内涵将会随着社会经济发展而变化，服务经济是以知识和信息等技术要素为核心，通过生产、扩散与应用，以法律、市场为驱动力，将服务产品资源作为经济发展的基础模式。

未来学家托夫勒（Toffler，A.）在其著作《未来的冲击》中指出，人类从产品经济时代进入服务经济时代，服务业逐渐成为衡量一个国家经济与社会发达程度的重要标志。目前，全球服务业增加值占国内生产总值比重达60%以上，发达国家普遍存在两个“70%现象”，即服务业增加值占GDP比重的70%，制造服务业占整个服务业比重的70%[29]。服务业从业人员占全部从业人员的70%左右，美、英等国家服务业从业人员达到80%以上；发展中国家的服务业从业人员比重也超过了50%。2021年中国GDP数据显示，2021年全年国内生产总值1 143 670亿元，比上年增长8.1%，第三产业增加值609 680亿元，比上年增长8.2%，第三产业增加值比重为53.3%[33]。2017—2021年服务业增加值及其增长速度如图3-1所示。

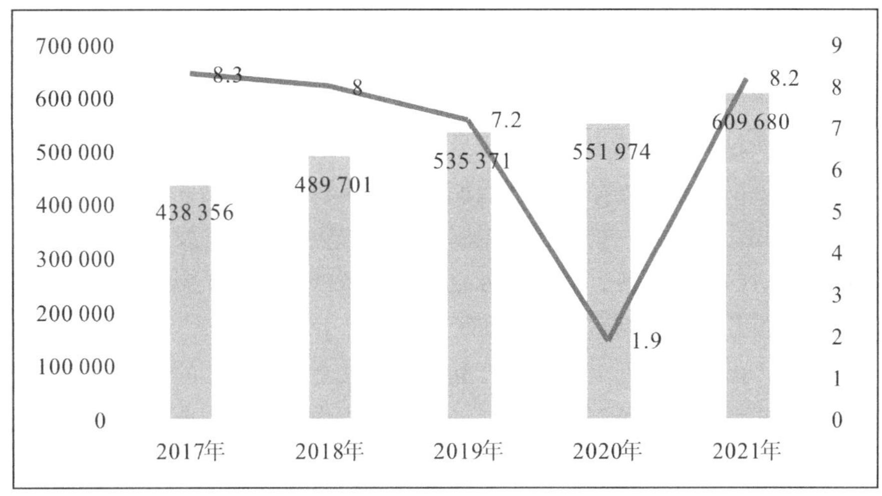

图 3–1　2017—2021 年服务业增加值及其增长速度

注：根据中华人民共和国 2017—2021 年国民经济和社会发展统计公报整理。

社会经济的发展，已使得服务业成为国民经济发展的主导力量，在发达国家及新兴工业化国家，服务业已经超越农业、工业、建筑业成为社会财富的主要创造者，服务产品已逐渐成为满足人民日益增长的美好生活需要的主要产品，特别是已成为满足人民生活需要的发展资料和享受资料。物联网、大数据和人工智能等技术的发展与广泛应用，服务业的服务内容、服务业态与商业模式不断创新，推动着服务业的网络化、智慧化、平台化，知识密集型服务占比快速提升。服务经济的发展，引发了新一轮的产业与消费升级，产业间融合发展的趋势愈发明显，产业边界也日趋模糊，个性化、定制化、体验式和互动式等服务消费发展迅猛，服务领域不断拓展，并向工业、农业等传统产业辐射。服务范围、种类的日益扩大与丰富，有力地推动了经济社会的发展。服务经济的发展也成为扩大就业、改善民生的利器。

农业经济时代、工业经济时代，通过土地、资本、机器设备和劳动等多种资源的投入，创造出源源不断的财富，这些资源也成为经济价值创造的基本生产要素。但是到了服务经济时代，土地、资本和机器设备等生产要素对于经济发展的重要性大大降低，在价值创造的要素投入和生产机制上，有着其特殊性。知识、现代信息技术，尤其是那些掌握大量知识、先进技术、综合素质较高的劳动力，将成为推动经济发展的重要力量。在美国、英国、德国等发达国家，一方面工业化水平较高，另一方面广大劳动者往往都接受了较好的教育，使得这些国家提前由工业经济时代向服务经济时代转型。数据显示，全球 500 强企业中 56%

的公司从事服务业，有两成的跨国制造企业的服务收入超过总收入的50%。

邱灵(2014)基于美国、英国、德国、日本等发达国家近40年的投入产出数据，对发达国家制造业与服务业互动发展的关系进行梳理研究，发现发达国家服务经济形态发展过程中呈现出生产性服务业投入对制造业产出的支撑作用不断增强，并且呈现出服务投入结构由传统的批发零售和交通运输业转向商务服务业的规律。据此，他认为，我国在发展服务经济时应注重对批发零售和交通运输等传统服务业的改造升级，突出商务服务等知识密集型现代服务业的培育，充分发挥商务服务投入对制造业转型升级的支撑、引领作用[34]。服务经济作为一种经济形态，提供社会所需的服务产品，推动社会经济和人的全面进步将是服务经济的重要任务。发展服务经济必须构建现代化的服务产业体系，这里的服务经济并非只有服务业，而是必须有制造业与农业的参与，同时依赖于制造业与农业的发展，它们之间存在着相互影响、相互促进、共同发展的关系。服务业与制造业有机融合、互动发展是产业结构演变的一般规律，并成为全球产业发展的主流和趋势。通过发展服务经济，可以推动我国工业的转型升级，加速传统制造业实现全球化、数字化以及服务化，提升制造业在全球产业链中的地位，增强制造业的国际竞争力。发展服务经济，可以推动我国经济结构性的变革由传统的工业主导、要素主导和投资主导的经济发展方式向服务驱动、创新驱动及消费驱动的经济发展模式转变。服务经济的发展，有利于物联网、大数据技术等现代信息技术、人工智能与传统制造业、农业的融合，促使生产技术、工业流程、作业方式和组织管理等领域变革，提升传统产业的创新能力和效率，进而推进制造业、农业的结构优化与转型升级。同时，服务经济遵循的智能化、绿色化和可持续化发展等发展理念，不仅为制造业、农业产业升级指明了方向，而且有利于培育形成新的消费形式，实现消费驱动发展。制造业和农业的数字化、智能化和服务化，也会推动现代服务业的发展。

经济发展形态由农业经济到工业经济再到服务经济，这一发展轨迹是一个漫长的量变过程。目前，服务经济作为最高级的经济发展形态，其实是多个产业动态、协调发展，共同作用的结果。服务业的发展离不开与之相适应的制度、机制的保障，其中包括为发展服务经济保驾护航的制度体系、公共管理政策、金融与货币政策、贸易政策以及发达的要素市场。制度与相关政策体系是任何经济形态健康可持续发展的基础，更是服务经济形态发展的保障。国际化、市场化和法治化的管理体制、制度，科学有效的治理结构与治理方式有利于服务经济的发展。发达的要素市场，使得资本与人力资本得以迅速聚集与优化配置，可以有效提升和发挥资本的配置效率和效用。科学、有效的公共政策和公共服务，则为服务经济发展营造了宽松的环境。美国、英国、德国、日本等发达国家制造业与服务业互动发展的演变过程中，公共与社会服务业产业化发展对于服务业与制造业互动发展至关重要。因此，在加快推进服务业与制造业互动发展的同时，需要统筹考虑制造业服务化和服务业产业化的发展，尤其要注重公共与社会服务领域的产业化发展。

纵观国内外研究现状与欧美发达国家的实践发现，生产性服务业才是现代服务业的核心，是生产、流通、分配、消费等环节的有效连接器，是国民经济持续发展的新增长点，是有效吸纳劳动力的重要渠道。随着现代信息技术的广泛运用和推广，伴随而来的是传统国际分工格局的改变和新国际分工体系的逐步形成。国际分工模式的历史演进，大致经历了三个阶段，即产业间分工（inter-industry specialization）、产业内分工（intra-industry specialization）和产品内分工（intra-product specialization）阶段[35]。社会分工特点及社会生产组织模式变迁见表 3-2。

表 3-2　社会分工特点及社会生产组织模式变迁[36]

级别	社会分工	工业生产及其组织模式
工业 1.0	工业与农业分离	基于机械化的大规模生产（蒸汽机的发明）
工业 2.0	三次产业间分工	基于电力的电气化生产（机械动力革命） 大批量生产——企业内部流水线式组织模式
工业 3.0	产业内分工	基于高度自动化的标准化生产（产品标准化）
工业 4.0	产品内分工	大规模定制——智能化（智能工厂、智能生产、智能物流）、网络化分布式生产，大互联网（互联、物联、务联）

产品内分工阶段，完整的特定产品的生产流程被分割成可分工进行的若干阶段，各个阶段都具有不同的增值潜力，这些可分割的、连续的增值阶段构成了产品内分工模式的价值链条，其中研发、设计、核心组件生产和销售等高附加值阶段占据了价值链的高端部分，而原材料供应、非核心组件生产和制造组装等低附加值阶段则沦落为价值链的低端部分，进而发展成为生产性服务业。最后，随着产品内分工的技术扩散、生产率提高和产业升级效应的持续作用，未来生产性服务业会和企业核心业务呈现融合发展的趋势。

生产性服务业的发展，促进企业之间、产业间、地区间与国际间在知识、技术、资源等方面的跨界融合，使得企业组织边界、行业边界、地区与国家边界日趋模糊化，生产性服务业外包化、模块化、集群化等特点日益凸显，可以实现对行业内部在技术、人才、信息和服务平台等资源的集聚与共享，推动产业集群间的知识共享、共创，实现创新发展，以及国际分工从产品级细分到工序级的转换。随着生产性服务业的发展，制造型企业可以根据自身战略目标，将那些非核心业务的非关键环节、非核心业务的关键环节和核心业务的非关键环节依次从企业生产链条中剥离出去，外包给其他企业去做，仅保留企业的核心业务，由此不仅可以实现资源的优化配置，降低企业的生产成本与费用，而且有利于将有限的资源用于研发、设计和销售等高价值环节，从而大大地提升了企业的专业化水平，有利于制造业的自主创新和科技进步，进而培育和形成自身的核心竞争力。

第二节　制造业服务化探索

一、制造业服务化拓展

发展服务型制造是推动制造业转型升级的重要举措。互联网、云计算和人工智能等信息技术的广泛应用，为制造业服务化拓展奠定了技术基础；市场需求的多元化、个性化和定制化，成为制造业服务化的需求驱动力；国内各种生产要素价格的持续走高，给制造业企业造成巨大的成本费用压力，中国“低端切入”全球价值链的粗放型发展模式所带来的不平衡、不协调和不可持续等问题日益凸显，原有的模式难以为继。目前，在国际分工较为发达的制造业中，产品在生产过程中的时间不到全部循环过程的 5%，而处在流通领域的时间要占 95% 以上；产品在制造过程中的增加值部分不到产品价格的 40%，60% 以上的增值发生在服务领域，商品价值实现的关键和利润增值空间日益向产业价值链两端的服务环节转移[37]。制造型企业不再满足于仅仅扮演传统产品提供者的角色，而是开始探索角色的多元化和产业链的延伸之路，并将产品与服务相结合，构建产品服务系统，实现企业与客户的价值增值与共赢。服务在产品、企业、产业体系中的贡献率将会持续提高，也将成为利润的重要来源。随着国际产业分工、产品内分工的细化与深入，使得生产性服务业得以快速发展，并进一步促进制造业的转型升级。

（一）产品的三层次结构理论与五层次结构理论

1988 年，科特勒在其著作《市场营销管理：分析、设计、执行与控制》中提出了产品的三层次结构理论，该理论认为，任何一种产品都由核心利益层、有形产品层和附加产品层等三个层次构成，而且这三个层次是相互联系的有机整体。其中，核心利益层，即使用价值或效用；有形产品，包括产品的品牌、名称和包装等；附加产品，即附加服务或利益，企业在销售产品时向客户提供附加服务或利益已经成为产品的重要组成部分。产品的三层次结构理论，较好地反映了消费需求的多层面性，特别是解释了消费需求的动机，以及实体产品与服务的不可分割性。1994 年，科特勒又在《市场营销管理：分析、设计、执行与控制》修订版中将产品概念的内涵由三层次结构扩展到五层次结构，即核心产品、一般产品、期望产品、附加产品和潜在产品，充分体现了以顾客为中心的现代营销观念。产品并不局限于有形实体的物品，也包括了与之相关的商业服务、文化内涵和消费体验。在产品核心功能同质化的今天，为客户提供什么样的附加利益和服务，充分满足客户的各项需求显得越来越重要。

（二）服务增强

服务增强，最早见于麻省理工学院的伯格（Burger）和莱斯特（Lester）*Made by Hong Kong* 一文。在文中作者指出，产品经济时代是以产品生产型制造为主，企业通过产品销售获得收入；服务经济时代，客户个性化、差异化与体验式需求的增强，必然推动企业从产品生产型转变为服务增强型制造，制造型企业的角色也将逐渐从产品制造销售商向提供个性化、一体化问题解决方案提供商转型。服务增强是制造与服务的有机融合，制造型企业通过服务创新，制造业服务化转型，可以提升企业及其有形产品的竞争力。服务增强就是服务创新、服务增值在服务经济、数字化时代下制造业中的具体表现[38]。与服务增强型制造相类似的概念还有“服务型制造”“制造企业服务化”“产品服务系统”等诸多提法。

（三）服务型制造

1. 服务型制造的概念

从概念形成的角度来说，服务型制造最早可以追溯到 20 世纪 70 年代未来学家对服务经济的展望上，经过 40 多年的演进，服务型制造的概念初步形成。2006 年，受世界经济，特别是制造业发展趋势的影响，国内制造业亟须转型升级，为此，国内一批制造技术和制造战略学者（以西安交通大学、清华大学、上海交通大学、中国工程院为主）提出了服务型制造这一概念。如何哲等（2008）认为，目前服务与制造的融合已经贯穿于设计、生产、加工、组织、营销等产业链的各个环节，并以各种不同的形态表现出来，这种更深入的融合状态，被定义为“服务型制造”。他们从概念、形式、表现组织形态和属性层面对服务型制造做了全面的界定，具体见表 3–3[39]。当然这一概念的形成随着社会经济的发展，先后经历了不同的阶段，各个阶段具有不同的特征，具体见表 3–4。孙林岩等学者在研究全球制造产业变革趋势后，他们将制造企业实施服务拓展，重构其商业模式、产品模式和生产模式的变革，称之为服务型制造，认为这一创新性的制造模式，有助于制造价值链中各利益相关者的价值增值，企业相互提供生产性服务和服务性生产，实现分散化制造资源的整合与各自核心竞争力的高度协同，推动传统制造业的转型升级，提升我国制造产业的整体竞争力[40]。

表 3-3　服务型制造的概念

概念角度	制造与服务的融合，基于制造的服务和面向服务的制造，是基于生产的产品经济和基于消费的服务经济的融合。
从表现形式	制造企业面向中间企业的服务（B2B）（如：业务外包、一揽子解决方案）
	面向最终消费者的服务（B2C）（如：客户个性化定制、客户全程参与设计等）
从组织形态	制造企业向服务领域拓展与延伸（如：DELL的直销模式、IBM的方案解决）
	服务企业向上游制造领域的延伸和控制
属性层面	增值（服务的增值属性）
	整合（制造网络节点的无缝链接，各自向核心的资源靠拢，互相服务）
	创新（知识驱动知识资源整合，客户需求驱动的信息采集和快速响应）

资料来源：何哲，孙林岩，贺竹磬，等．服务型制造的兴起及其与传统供应链体系的差异[J]. 软科学，2008(04):77-81.

表 3-4　服务型制造的概念演化

阶 段	第一阶段	第二阶段	第三阶段	第四阶段
时间	20 世纪 70 年代—90 年代初	20 世纪 90 年代初至 2000 年	2000—2006 年	2006 年至今
标志	服务经济的提出	面向服务的制造	生产型服务业	服务型制造
产业活动	发达国家进入到服务经济时代	国际典型制造企业进行服务转型	国际顶级制造企业服务转型完毕	我国企业开始服务型转型并赋予服务型制造新内涵

资料来源：何哲，孙林岩，朱春燕．服务型制造的概念、问题和前瞻[J]. 科学学研究，2010，28(01):53-60.

2016 年工业和信息化部、国家发展和改革委员会、中国工程院三部门印发《发展服务型制造专项行动指南》，将服务型制造定义为：是制造与服务融合发展的新兴产业形态，是制造业转型升级的重要方向。制造业企业通过创新优化生产组织形式、运营管理方式和商业发展模式，不断增加服务要素在投入和产出中的比重，从以加工组装为主向“制造＋服务”转型，从单纯出售产品向出售“产品＋服务”转变，有利于延伸和提升价值链，提高全要素生产率、产品附加值和市场占有率[41]。宣烨（2017）认为，服务型制造的目的在于实现制造价值链中各利益相关方的价值增值，通过将产品和服务进行融合、客户参与、企业相互提供生产性服务和服务性生产，实现分散化制造资源的集聚和核心竞争力的协同，是一种高效创新的制造模式。服务型制造是基于制造的服务，是为了服务而制造。服务型制造是推动制造业与服务业相互融合、相互促进升级的新途径。生产性服务、服务性生产以及顾客的全程参与是服务型制造的三大“基石”，三者相互作用，协同创造企业价值[42]。

2. 服务型制造的特点

基于服务型制造概念的内涵可以发现，服务型制造通过产业链各主体间的积极参与，最大限度地使相关的资源、信息、技术得以共享与协作，从而为最终客户提供个性化、定制化的产品。服务型制造是知识资本、人力资本和产业资本的聚合物，已成为引领世界制造业产业升级和保持可持续发展的重要力量[43]。服务型制造能够较好地弥补传统制造低技术含量、低附加值的缺陷，并使其具有鲜明的特征。

（1）价值导向方面。服务型制造从传统的以产品加工制造为核心转向以提供产品和增值服务为中心，以产品为载体，向客户提供多元化、差异化、全生命周期的服务（甚至包括提供整体的解决方案），为客户创造更大的价值，并进一步增强客户的体验感、获得感。通过差异化和聚焦化战略，推动价值链向“微笑曲线”两端延伸，更好地实现产品与服务价值，以拓宽制造业的价值实现空间，培养和形成企业的核心竞争优势，提升整个产业链价值。因此，服务型制造不仅强调对于价值链长度的拓展，更强调对整个价值链价值的提升。企业通过对其内外部资源的整合、业务流程的模块化服务以及科技创新，实现资源价值、顾客价值、绿色价值和服务价值的创造。服务型制造是创新驱动、知识驱动和知识密集型的制造，有利于实现产品设计知识、制造技术和顾客需求知识的共享、迁移与创新，进而实现产品与服务的差异化以及企业核心竞争力的培育和形成。

（2）运作模式方面。服务型制造从以产品为中心转向以客户为中心，强调客户价值的实现，通过与客户建立长期稳定的合作关系，将客户融入产品研发、制造、销售、服务及消费过程中，深入挖掘顾客的个性化潜在需求，实现柔性化、个性化和定制化的生产与服务，最终实现企业和客户价值的共赢。产业链中的企业之间基于产品间分工，以业务流程合作为依托，主动为价值链上下游各主体提供生产性服务和服务性生产，实现产业链之间资源、信息和价值的共享及价值的最大化。

（3）商业模式。服务型制造延伸为服务企业针对制造企业的生产性服务、制造企业之间的生产过程服务协作，以及制造和服务企业交叉融合，为最终消费者提供个性化定制和客户全程的设计参与，为客户创造更大的价值。服务型制造也由以往的以产品为中心向以客户为中心转变，更加关注客户实际需求的满足。因此，服务型制造是一种基于客户需求，注重各类资源整合、共享，价值创造与合作共赢的商业模式。

（4）生产组织方式。服务型制造的覆盖范围更广，对市场的响应速度更快，但不意味着企业要走“大而全，小而全”的老路，而是基于开放、共享、协作的基本理念，关注服务企业、顾客和制造企业等利益相关者的互联互通，实现各主体之间的价值感知，并参与到服务型制造系统当中，在互利协作中形成兼具动态性、稳定性、灵活性、创造性和共赢的服务型制造网络生态系统结构，实现对资源的优化配置和充分利用。这样不仅可以形成大批“专、精、新、特”的中小型制造及服务企业，充分发挥产业链当中各企业的优势，而且可以通过平等、细致的业务分工，实现低成本、高效率的制造与服务。

（5）实践模式。在实施服务型制造转型过程中，必须提前构建先进制造技术的制造系统，具备现代信息与知识管理技术的管理系统，以及拥有一批在管理、技术、服务等领域综合素质过硬的人才，具备满足市场需求管理和生产运作的能力，实现产业链中不同类型主体在服务型制造过程中的资源、信息、知识与能力的共享及其相互合作，能够对智能制造转型中存在的风险进行识别、预警、管理和控制，提升企业在产业链中的地位，实现传统制造业向服务型制造的转型。

（6）战略角度。服务型制造企业均以为客户提供差异化、定制化和专业化的产品服务、产品服务系统或整体解决方案为主要方式，现代制造业的竞争聚焦于客户定制化、多元化、个性化需求的柔性化设计、制造与服务，其实是聚焦战略与差异化战略的综合应用，进而形成聚焦战略与差异化战略的综合体。

（四）制造业服务化

制造业服务化是指以制造业企业为主体，突破自身的产业边界而向服务业延伸和扩展，即向企业价值链上下游的服务环节进行扩展，包括在上游增加服务要素的投入替代传统制造要素的投入，在下游增加服务业务的产出而减少制造业务的产出。制造业服务化会引起制造业企业朝两个方向发展：一是制造业保留其行业属性，如提供定制化服务；二是制造业企业逐渐转变为服务业企业，如由传统产品制造商转型为服务提供商。关于制造业服务化的含义，国内外学者给出了各自的见解和看法[44]。

范德美（Vandermerwe）和瑞达（Rada）于 1988 年首次提出制造业服务化的概念，并应用于国外诸多知名制造企业。他们认为，服务化是一种趋势，即制造业企业通过提供附加于产品之上的服务、专业技术知识和建立专门的服务部门以实现新的竞争优势的倾向。由此，制造业企业由原来提供物品或物品与附加的服务向现在的“物品 + 服务包”转变，即为服务化。其中，完整的“包”包括物品、服务、支持、自我服务和知识，并且服务在整个“包”中居于主导地位，是增加值的主要来源。同时还认为，优秀的企业都具有把业务服务化的能力，许多制造企业通过在核心产品增加相关服务元素，为客户创造更好的使用体验和价值。

怀特（White，1999）指出，服务化即制造商在市场中角色的转变过程，由仅关注产品生产和成本控制的纯制造者转变为关注客户需求的、追求产品与消费者需求匹配的服务者。具体表现为：制造业企业提供的物品形式发生实质性变化，由以往提供实体物品转变为提供无形服务。服务化是一个动态变化的过程，它使得制造与传统服务之间的界限更为模糊化。

莱茵斯基（Riskin et al.）等（2000）对企业性质进行了重新界定，把服务化定义为企业从以生产产品为中心向以提供服务为中心转变。该定义将制造业企业界定为服务提供商而不是产品制造商。绍洛韦茨（Zalayeta，2003）认为，制造业服务化包括两层含义：一是内部服务的效率对提升制造业企业竞争力的作用日益凸显，这些内部服务主要包括产品与过程的开发、设计、物流、后勤、扩展训练、岗前培训，以及会计、法律、金融服务等；二是与物品相关的售后服务，主要包括维护和管理、系统集成、运输和安装等。

汪应洛院士认为，制造业服务化，是指在经济全球化、客户需求个性化和现代科学技术与信息化快速发展的条件下出现的一种全新的商业模式和生产组织方式，是制造与服务相融合的新的产业形式。这种产业形式使企业实现了从单纯产品或服务供应商向综合性解决方案提供商的转变。孙立缘等（2017）认为，制造企业服务化是以核心实体产品为载体，衍生安装、维修、配送等基础性服务，以及技术咨询、产品研发、系统集成等提升性服务的过程，其目的是面向客户问题提供集成解决方案[45]。许丹、彭永涛（2020）认为，制造企业服务化进程不尽相同，企业的服务策略及侧重点也会有所不同，服务主要针对维修服务、研发服务、客户服务、金融和保险服务、性能服务、采购服务等六大方面展开，制造商通过客户的感知价值提供其所需的服务[46]。但是制造企业服务衍生时可能出现服务化悖论的问题，赵艳萍等（2020）基于服务供需有效匹配原则，提出从组织结构调整、资源与能力提升以及服务创新三个方面规避服务化悖论的产生[47]。

通过对制造业服务化概念的梳理与分析发现，制造企业实施产品服务化的本质是企业为了满足用户的个性化需求，将客户作为价值创造的主体，从只向用户提供产品的模式，向为用户提供“产品+服务”的系统解决方案的模式转变。制造业服务化的关键在于产品和服务的整合，通过创新服务内容、服务手段和服务形式等来提升和扩大产品功能对用户的使用价值，使其功能实现得以保证并不断得到优化[48]。

综上所述，不论是服务增强还是服务型制造与制造企业服务化、产品服务系统等诸多提法，其实质仍然是制造，既包括基于制造的服务，也包括面向服务的制造；具有整合、增值和创新等特点；在本质上是相同的，即将企业的资源和能力从以产品为中心向以服务为中心过渡，并在该过程中获得高价值的增值回报。本书采用“服务型制造”这一概念，认为服务型制造是指，为了实现制造价值链的延伸及其各参与主体的价值增值，通过产品和服务融合、客户全过程参与、企业相互提供生产性服务和服务性生产，实现分散制造资源的整合、各自核心竞争力的培育形成和高度协同，达到高效创新的一种制造模式。

二、制造业与服务业的融合

“两业”融合即促进先进制造业和现代服务业融合，我国最早于2019年在十三届全国人大二次会议中的《政府工作报告》中提出。当制造业发展到一定阶段，客观上需要制造业对其价值链加以延伸，强化制造业的服务端，提升制造业在价值链中的地位，实现制造与服务的深度融合，协同共赢。在工业经济向服务经济转型的大背景下，呈现出制造业和现代服务业融合发展的态势，传统制造业需要借助先进的信息技术与制造技术，创新商业模式，向服务型制造转型。一方面，随着制造业生产专业化、定制化特征的日益凸显，一些企业将更多的资源与精力用于研发、制造等核心业务，而将企业内部的法律、财务、销售和物流等部门专业化和外部化，使其成为独立的服务企业。这样做，不仅可以减少原来各业务部门间的相互补贴现象而引起的资源内耗，而且可以提升主业的效率效益和核心竞争力，独立出来的服务性部门，则可以为包括原来的制造企业在内的很多企业提供服务，可以实现新独立企业的规模效应和专业化。另一方面，生产的社会化和专业化发展，使得制造企业在价值创造过程中，与金融、保险、物流、销售等生产性服务业之间的关系更为紧密，从而为“两业”融合发展奠定现实基础。

随着社会经济的发展，一方面，市场需求呈现出多元化、个性化和定制化的趋势，另一方面，产品的同质化和市场竞争却愈来愈激烈，这就使得传统制造企业不得不通过服务拓展与服务创新实施服务型制造战略转型（从原来以企业为中心转向以客户为中心，以提供产品为导向转向以服务为导向），以求得企业的生存与发展。服务经济的到来，使得制造型企业更加关注客户需求的满足，并通过产品与服务以及系统解决方案，实现产品与服务的差异化以及产业链各主体的共赢。如陕鼓集团，作为制造与服务融合的典范，通过多年实践探索，逐步从单一产品导向的服务化升级到产品组合服务化阶段。受国际市场和国民经济波动的影响，1998 年，陕鼓集团生产的离心鼓风机和叶式鼓风机销量分别下降了 24.2% 和 63.3%[49]，针对此种情况，陕鼓集团经过缜密的市场调研，并广泛听取客户意见、建议，充分发挥集团技术人才优势，针对用户（以流程性企业为主）功能需求系统性强的特点，开发了对已售设备的更新和改造服务业务，向产品服务化迈出了第一步。陕鼓集团利用企业长期积累的客户关系，以及对客户需求的深刻理解，通过编写项目管理手册、制定现场服务标准和对服务人员的产品专业技能培训等活动，组建了一支专业化的维修和改造团队，以构建和提升企业的产品服务能力。在向用户提供售出设备的检修和改造升级服务的同时，兼营咨询、培训以及废旧产品的回收再利用、再制造等服务项目。2001—2004 年，陕鼓集团仅维修、检修业务就实现了 43% 的年均增速。2001—2005 年，公司产值从 4 亿元增长到 25 亿元。在此基础上，2005 年集团开始向“出售整体方案和系统服务”，即产品组合服务化的高级阶段转型。2006 年，集团成立了旋转机械远程监测及故障诊断中心，开展全托式维护，以强化产品的运维服务。通过为用户提供整体解决方案和系统服务，使服务成为陕鼓集团重要的利润来源。

在企业价值创造方面，在单产品导向的服务化阶段，通过产品服务能够将企业内部的各种知识与用户的知识连接起来，实现知识的共享，使得用户能够自主有效地应用产品的功能。企业基于产品这个功能平台，实现向用户“无限次”地销售与产品相关的各种服务。在产品组合服务化阶段，企业既能为用户提供与其具体产品相关的知识及应用方法，又能为用户提供其价值创造所需要的其他相关产品的知识及应用方法，以及更为有效的整体解决方案，实现合作各方的价值共创共赢。

由于产品的同质化日趋严重，依靠传统的制造模式与商业模式，其利润空间持续变小，已无法保障企业的生存与发展，使得一些企业不得不另辟蹊径，逐渐向产业链的研发设计、销售、品牌管理和物流配送领域延伸，提升企业在产业中的地位，实现由制造商向服务提供商的转型。比如，全球著名的体育用品制造商耐克公司，将更多的资源与精力集中于产品设计、市场营销与品牌传播与管理，而将利润率低的生产制造环节外包给其他企业，从而不仅实现了企业的快速发展，而且培育和形成了企业在产品研发设计、市场营销与品牌传播与管理方面的核心竞争优势，使企业牢牢锁定在产业链的高端地位。

在制造业与服务业融合发展过程中，尤其是制造业的服务化转型过程中，互联网、物联网和云计算等现代信息技术发挥了更为重要的作用。随着数字经济、共享经济的发展，"中国制造 2025""互联网 +"等政策的出台实施，有力地推动了工业化与信息化的融合以及工业与服务的深度融合。现代信息技术的应用，突破了服务在时间、地域空间上的限制，一些服务实现了即时性、精准性、在线化、可视化和个性化。对于制造企业而言，物联网等信息技术的应用，使企业实现了生产过程的全过程管控，即生产经营各环节的智能化、可视化和信息的集成与共享，充分体现了知识在后工业化时代与服务经济时代的巨大作用。

与传统制造相比，服务型制造从客户需求出发，认为客户需要的并不是产品本身，而是产品的功能，这里的功能就包括相应的附加服务与利益。因此，制造型企业需要通过服务创新，为客户提供产品全生命周期的各类服务，以满足客户对个性化、定制化服务的需求，提升客户的体验感，进而提升企业的市场竞争力。不同行业企业生产的产品特点各不相同，制造与服务的融合方式也会有所不同，具体见表 3–5[50]。

表 3–5　制造业与服务业融合模式分类

<table>
<tr><th>融合类型</th><th>融合模式</th><th>涵盖范畴</th></tr>
<tr><td rowspan="7">基于制造的服务
（制造 + 服务）</td><td rowspan="3">外包服务</td><td>企业内部管理服务、企业业务运作服务、供应链管理服务等商务流程外包</td></tr>
<tr><td>系统操作服务、系统应用服务、基于技术服务等信息技术外包</td></tr>
<tr><td>研发设计、咨询等知识流程外包</td></tr>
<tr><td>协同制造</td><td>基于敏捷制造、虚拟制造、网络制造、全球制造的生产模式，以互联网模式实现整个供应链企业共享客户、设计、生产经营信息</td></tr>
<tr><td rowspan="3">协同创新</td><td>研发机构、企业、高等院校建立协同创新联盟</td></tr>
<tr><td>建立开放创新平台</td></tr>
<tr><td>产业 + 孵化器</td></tr>
<tr><td rowspan="6">基于产品的服务
（产品+服务包）</td><td>云服务</td><td>集系统销售、零配件、售后服务、信息服务和实时监测为一体的物联网服务体系</td></tr>
<tr><td>个性化定制（C2B）</td><td>根据客户需求进行生产制造</td></tr>
<tr><td>设备融资租赁</td><td>企业提供融资方案，以租赁的形式进行设备运营</td></tr>
<tr><td>再制造</td><td>对废旧产品实施修复与改造，进行二次利用</td></tr>
<tr><td>创新的营销模式</td><td>线上线下（O2O）、直销模式（B2C）等</td></tr>
<tr><td>全生命周期管理</td><td>从需求、规划、设计、生产、销售、运行、使用、维修保养到回收再用处置</td></tr>
</table>

续表

融合类型	融合模式	涵盖范畴
基于过程的服务	整体解决方案	研发、方案设计、设备集成、金融、施工等一体化解决方案
面向市场的服务	工程总承包（EPC）	BOT、BT、TOT、TBT、PPP 等模式
	合同能源管理	通过与客户签订节能服务合同，为客户提供节能改造的相关服务，并从客户节能改造后获得的节能效益中收回投资和取得利润的一种商业运作模式

资料来源：许冠南，孔德婧，周源．新范式下中国制造业数字化转型：理论与实践 [M]. 北京：北京邮电大学出版社，2019.

通过对制造业与服务业融合发展现状与主要融合方式的分析发现，制造业通过服务创新、延伸产业链并向服务型制造转型升级，呈现出以下几大特点：

（1）价值导向的转变。传统企业正从以企业为中心、以产品为导向，向以客户为中心、以需求为导向转变。在以企业为中心、以产品为导向的价值观念下，企业更多关注的是其自身的产品、技术、能力和渠道等现有资源；而在以客户为中心、以需求为导向的价值观念指引下，企业关注更多的是客户的需要，客户有什么样的问题亟须解决，企业则会通过产品、服务、商业模式创新，给客户带来更大的便利，比如主导企业聚集和整合更多的企业、资源，为客户提供除实体产品外的规划、咨询、安装调试、培训、运营维护等整体解决方案。

（2）产业链延伸升级。在制造业服务化转型过程中，促使传统制造企业基于现代信息技术、先进的制造技术，从附加价值较低的加工制造逐渐向产品研发设计、核心部件制造以及销售与品牌管理等高附加值的服务环节升级，而将非核心、附加值较低的生产制造业务外包出去，实现对产业链的重构，更好地满足客户需求，实现产业链各主体的合作共赢。

（3）战略升级。通过制造业与服务业的融合发展，以客户需求为导向，为客户提供一揽子的整体解决方案，实现产品与服务的一体化和对客户需求的精准满足与引导，进而凸显企业的差异化战略，使企业能够将更多的精力用于自身的核心业务和核心能力的培育，提升企业对产业链中资源的整合、组织和调配能力，进而强化企业的差异化竞争战略，实现企业与客户的利益共享与共赢。

（4）优化与创新客户关系管理。服务经济的发展，制造业与服务业的深度融合，使得制造型企业与客户之间的关系更为稳定、持久与紧密，并逐渐朝着基于服务交易的长期合作共赢模式发展。企业与客户之间通过充分沟通和需求确认，形成长期的、共生共赢的战略合作关系。在双方深度了解的前提下，企业能够及时获取客户的潜在需求，并在客户的参与下予以满足，从而提升企业的制造与服务能力，更好地满足客户的需求；同时还可以增强各方的抗风险能力，进而实现企业与客户之间的信息共享、利益共享和风险共担。

对此，邓洲（2019）认为，制造业与服务业融合发展是工业化后期的一般规律，对于中国而言，促进制造业与服务业深度融合既是发展环境变化的客观要求，也是产业高质量发展的主动变革，对于破解当前制造业发展矛盾，促进服务业的转型发展与优化升级，提高我国制造业、服务业国际分工地位具有重要意义。我国制造业与服务业深度融合，一方面，要瞄准未来产业竞争高地，通过融合促进代表新工业革命方向的新产业和新业态出现；另一方面，应结合当前的突出问题，突破制造业和服务业发展的瓶颈，以目标为导向，在投入和产出两个领域，重点推动 4 条融合路径的创新和产业实践，具体见表 3–6[51]。

表 3–6　目标导向的制造业与服务业深度融合路径

融合路径	融合领域	融合模式	融合目标
要素结构提升	投入融合	研发设计引领模式	优化制造业要素投入结构，提高高质量要素比例，强化高质量要素的引领作用
用户价值提升	产出融合	全生命周期管理模式	增加传统制造产品附加值，提高用户价值，改善用户体验
		系统解决方案	
		信息增值模式	
制造效能提升	投入融合	供应链整合模式	提高制造业供给效率，推动制造业高质量发展
		网络协同制造模式	
		低成本大规模定制模式	
拓展服务提升	投入融合 产出融合	金融租赁模式	促进生产性服务业发展，优化服务业结构
		资源网络化模式	
		专业服务外包模式	

资料来源：邓洲 . 制造业与服务业融合发展的历史逻辑、现实意义与路径探索 [J]. 北京工业大学学报 (社会科学版),2019,19(04):61–69.

在借鉴发达国家制造业与服务业融合发展经验的基础上，结合我国当下国情和两业融合发展过程中遇到的主要瓶颈，围绕要素结构提升、用户价值提升、制造效能提升和拓展服务提升 4 个重要目标探索实现路径。

1. 要素结构提升融合路径

随着劳动力成本上升以及资源、环境压力的与日俱增，我国传统制造业高投入、低产出发展模式，过度依赖低成本要素的投入显然已经难以为继。新形势下，需要我们必须大力提升企业的研发设计能力，打破部分核心技术被发达国家垄断的局面，引领制造业，实现研发设计与产品制造的深度融合。

研发设计与产品制造的一体化，凸显研发设计的引领作用，是新工业革命的重要特点之一。随着市场消费结构调整升级，新技术、新工艺、新材料大量出现并得到广泛应用，从而导致产品生命周期越来越短，这对于企业研发设计能力提出了更高的要求：必须加速研发设计和制造的一体化。从历次工业革命发展演变来看，制造业在推动研发设计理念创新、研发设计能力提升和技术发展过程中发挥着重要的作用。制造业既是研发设计发展的重要载体和实验基地，也是新技术、新工艺、新材料、新模式的主要实践者，以及新产品制造、改进的重要实践者。

2008 年全球金融危机之后，发达国家纷纷提出“工业 4.0”“先进制造业伙伴计划”“再兴战略”等再工业化战略，开始构建智能化、虚拟化的生产过程，这些再工业化的战略无不强调研发设计对制造的重要性，以及设计研发与制造一体化的重要性。而随着我国土地、人口红利等传统低成本优势的丧失，以及东南亚发展中国家在制造业方面的追赶，我国制造业价值链陷阱问题进一步加剧。金融危机后，美国、德国和日本等制造业强国的研发设计引领模式非常值得我们借鉴学习。在美国，制造业的占比虽然很低，但其技术研发投入和产出的 70% 却与制造业有着直接或者间接的联系。我国一些企业在生产经营过程中虽然已经充分认识到研发设计与制造融合的重要性，并以设计研发为引领，促进研发设计、制造的共同发展，但是这类企业在我国制造业中的占比却很小。始创于 1959 年的中车株洲电力机车研究所有限公司（中国中车株洲所），60 余年里始终坚持以科技为先导，以创新为旗帜，在研发设计方面持续投入，促进产业快速成长，已形成“轨交、材料、汽车、新能源、工业传动、智轨、海洋工程装备、电力电子器件、类金融”九大产业板块、十大业务主体，旗下拥有两家上市公司、十一个国家级科技创新平台、三个企业博士后科研工作站，并拥有五个海外技术研发中心、十一家境外分（子）公司，实现了研发设计引领的制造升级和产品服务的有效拓展，企业在 2020 年实现销售收入 391 亿元。

2. 用户价值提升的融合路径

随着社会经济发展和消费结构调整升级，市场上对于高品质、多样性、个性化和定制化的产品与服务的需求日趋旺盛，对制造企业、行业提出了更高的要求，这也成为后工业时代“两业”融合发展的主攻方向，即通过全生命周期管理，为客户提供个性化、定制化系统解决方案和信息增值服务等三种融合模式，为客户创造更大的价值。

（1）全生命周期管理。随着市场竞争的日趋激烈，一些企业充分认识到“制造 + 服务”模式的重要性，纷纷以客户需求为导向，通过产品服务创新，为客户提供产品全生命周期管理服务，打造市场竞争优势。产品全生命周期管理改变了传统单一的产品销售模式，具备对产品从研发、生产到销售、维护的全过程管理信息技术基础，能够有效延伸服务体系，创新产品增值服务方式。全生命周期管理，不仅减少了中间环节，使售后服务变得透明、精准和专业化，而且降低了产品使用过程中的维护、维修成本，企业与客户之间的沟通成本，有效地提升了客户的体验感。通过开展全生命周期管理服务，不仅为企业带来了新的利润增长点，而且在服务过程中积累大量的产品运行、维护、维修的数据信息，为企业日后的产品研发设计、生产制造、营销服务、产品升级换代和管理决策等业务提供了数据支撑。

在此方面，典型案例如苏州金龙客车公司，该公司以打造“安全、舒适、高性价比”的智慧客车为己任，成为我国智慧安全客车的领航者。2010 年以来，该企业在商用车上推出 G–BOS 智慧运营系统，依靠强大的数据系统，提供安全驾驶、油耗管理、远程故障报警系统、视频监控、车线匹配、云检测等服务。2019 年开始与苏州公交系统合作，提供新车评审、技术升级、新能源排查、配件保障等服务，大大提升了公司的市场竞争力和盈利能力。另外，像工程机械行业，目前普遍已实施了产品服务升级计划，为客户提供全生命周期管理，不仅为工程机械业主提供实时查询、工况监管、供需发布等增值服务，还构建了工程机械大数据库，为行业管理、统计分析、企业经营决策提供数据参考。

（2）系统解决方案。为客户提供个性化、定制化系统解决方案也是企业实施差异化服务策略，提升企业竞争和获利能力的途径之一，同时也是以客户为中心，提升用户价值，推动制造业与服务业深度融合的路径之一。系统解决方案的基础是制造产品，在此基础上聚焦于客户需求，将众多的产品、服务、功能组合成便于客户使用、维护和获取某些功能的个性化定制解决方案。信息产业对该模式进行了较早的实践探索，其代表企业当推 IBM：2000 年以后，IBM 等企业开始剥离制造业务，降低制造业在企业中的比例，将更多的人、财、物和倾斜性政策，集中于为客户提供个性化系统解决方案的业务部门。作为我国信息行业的龙头企业，从 2007 年起，华为就开始了服务型制造的转型：逐渐向信息与通信解决方案提供商转型，在电信网络、企业网络和消费者业务以及云计算等领域构筑端到端的解决方案，提供包括 IT（信息技术）战略规划咨询等咨询服务，企业网络、通信等专业服务，设备健康检查等支持服务，培训、认证、轨道交通服务解决方案等多项服务，从而建立起了敏捷网络架构和敏捷物联解决方案。

除了信息产业外，集成并提供系统解决方案也成为传统制造业与服务业融合发展的新模式。北京神雾环境能源科技集团股份有限公司由传统锅炉制造商转型为针对全球化石燃料消耗市场节能和低碳技术解决方案的提供商，专门从事化石能源的高效燃烧技术及高效深加工技术的开发与推广。神雾集团致力于工业节能减排技术与资源综合利用技术的研发与推广。中国光缆行业首家民营上市公司——江苏永鼎股份有限公司从最初的单一通信线缆制造商转型为集设计、供货、施工和运营服务于一体的系统集成服务商。

近年来，源于日本的"母工厂"模式也成为北京、上海、广州、苏州等发达地区发展先进制造和实施服务型制造转型的重要方式之一。"母工厂"，即一些具有较强研发设计、制造能力的企业，在总结自身先进生产制造技术、管理方式方法和经验的基础上，在靠近研发中心的地区建设微型生产厂并进行新产品、新工艺流程、新的作业组织方式的试验（小试和中试），待试验成熟后将其大规模复制推广，其实质也是为技术能力相对薄弱地区提供先进制造系统集成解决方案的一种方式。

（3）信息增值服务模式。大数据、物联网等现代信息技术的快速发展与应用，是推动制造业与服务业深度融合发展的重要力量。信息增值服务模式是基于先进、可靠的现代信息技术，构建起全面、权威、实用、互动、安全、动态的信息平台，以满足相关主体对信息多元化的需求。信息增值模式，实质上是一个信息共享平台，进入到该平台的所有主体都可从中获取相关的数据信息服务。随着大数据技术的发展，这一模式正迅速向制造业与服务业融合领域扩散，成为与互联网高度相关的个人智能终端、智能家居的新的价值增长点，传统制造业部门也在探索基于信息增值服务与服务业深度融合模式。

大数据技术在医疗领域的应用，可以显著提升医疗服务质量，充分体现信息较强的价值创造能力。IBM 的"认知性医疗"、英特尔的"健康一体机"、Google 的"baseline"等项目将医疗器械制造、患者数据采集、医疗大数据分析和精准医疗相融合，创造了不可估量的经济价值和社会价值。基于电力大数据的信息增值服务，对于电网企业而言，在运维方面，基于电网实时监测和平台预警功能，构建多维度预警体系，确保电网稳定运行；同时可应用于能耗评估、用能诊断、用户多交易市场购电策略和需求侧管理当中。对于售电公司而言，可以进行精准负荷预测、基于用户分类的套餐设计、基于用户行为的售电套餐。对于电力用户而言，可获得智能化管理服务和智能化推送服务。

3. 制造效能提升的融合路径

提升制造企业、制造产业的效率、效益，追求利润最大化，是制造企业服务型制造转型、制造业与服务业深度融合发展的追求，针对当前我国制造业面临的来自发达国家再工业化以及更多发展中国家参与到国际制造业产业链当中的双向压力，制造业升级需要重点发展低成本大规模定制、供应链整合和网络协同制造三大模式。

（1）低成本大规模定制。传统制造业通过大批量、规模化生产销售，能够将产品成本费用降到最低。新的时代，要满足客户日益多元化的需求和应对日趋激烈的竞争，低成本、大规模的定制方式是行之有效的方式之一。但是低成本、大规模定制，势必会引起研发设计和制造成本费用的上升，同时还需要企业能够准确捕获客户的需求信息。如果仍按照原来由销售、质量等部门收集客户对产品、需求反馈信息，显然已经不能满足市场竞争需要，很可能导致生产与需求脱节，出现产品大量积压，客户个性化、定制化需求无法得到满足的现象。为此，就需要制造业与信息服务深度融合，促进制造企业流程变革，通过线上线下多渠道获取客户需求信息、反馈信息，并对这些信息加以整理、挖掘，解决生产与需求匹配问题。借助信息技术，实现在线下单、实时传输、智能制造、柔性制造和智慧物流，进而实现低成本、大规模定制。目前在服装定制生产方面，完全可以利用现代信息技术获取客户的身高、年龄等基础信息以及个性化的要求，然后通过柔性化的生产线、强大的供应链和销售网络，充分实现制造服务的柔性化，进而大大降低定制服装的成本和费用。其典型代表是韩都衣舍和 ZARA 等。

（2）供应链整合。随着市场需求多元化和竞争的日趋激烈，未来企业间、产业间的竞争不仅仅是产品、技术、服务等点上的竞争，更多的是企业整体实力的较量，尤其是供应链方面的竞争。近年来，多地大力推进制造业与物流业的深度融合发展，如在浙江形成了制造业供应链综合服务模式、第三方物流一站式服务模式、物流“线上 + 线下”平台服务模式和物流“硬件 + 软件”专业化服务模式等多种制造业与物流业的深度融合发展模式。制造业供应链综合服务模式依托供应链链主企业，通过行业规模影响力和对上下游资源整合能力，构建以自身为核心的产业供应链体系，提供包括物流、报关、保税、供应链金融、流通加工等在内的综合集成服务。其中的佼佼者——台州富日供应链科技有限公司就是由杭州富钜物流有限公司与吉利集团共同组建的一家整合了供应链的科技公司，公司立足吉利集团，发展吉利业务，为客户提供供应链一体化服务，在提升效率的同时极大地降低了成本；基于吉利集团配套件库存，开展物流金融业务及采购物流，实现配套商和吉利的双赢；通过发展物联网业务，整合国内有效资源，打造物联网公共服务平台，实现制造业与物流业的深度融合发展。另外，像浙江巨化物流，就是一个为巨化集团下属其他制造业子公司及周边制造业企业提供物流供应链服务的物流公司。

同时，在制造业供应链管理方面，也发生了较为深刻的变化，制造企业基于现代信息技术，加速对供应链的整合，在提升自身供应链运营效率的同时，构建面向外部市场的供应链平台。如由中国石化打造的“易派客”工业品电商平台，为广大制造企业提供基于“互联网+供应链”模式的采购、销售、金融、综合服务，平台商品涵盖煤炭、设备、电脑数码、电器仪表、文具耗材等。中国石化不仅可以通过“易派客”平台满足自身经营所需，而且通过集成上下游间的纵向产业链和企业间互融互通的横向供应链，打造“互联网+供应链”的工业品电商运营新模式，为机械、装备、电子、能源等行业提供供应链整合服务。

（3）网络协同制造。经济、社会的发展，使得客户的消费理念发生了极大的转变，“求新”“求时尚”成为客户关注的焦点，服装、消费电子等行业尤为明显，最先准确获取客户需求信息，并研发设计制造新的产品与服务的企业，才会赢得市场青睐，获得市场竞争优势。在这样的背景下，企业迫切需要对组织结构进行优化，实现市场服务部门、研发设计部门、生产部门和供应部门的高效协作，进而形成协同效应。

所谓网络协同制造，就是由“智能机器+网络+工业云平台”构成的“端管云”架构，它融合了智能硬件、大数据、机器学习与知识发现等技术，能够实现机器与机器、机器与人、人与人之间的全面连接交互。网络协同制造技术突破了时空界限，集成了供应链、客户关系、制造执行、企业资源等系统，为整个供应链上的企业和合作伙伴搭建了信息共享平台，将生产过程协同扩大到了全供应链条，实现了全生产过程优势资源、优势企业的网络化配置，实现了真正的社会化大协同生产，使单一机器、部分关键环节的智能控制延伸至生产全过程，完成了自组织、自决策和自适应生产。像四川的长虹电器股份有限公司就是借助网络协同制造平台，实现了前后端生产协同，缩短了产品生产周期，有效地提升了制造效率，降低了运营成本，推动了家电传统制造向数字化、网络化、智能化的转型[52]。再如服装行业后起之秀韩都衣舍，通过组织创新，构建以产品小组为核心的单品全程运营体系，利用网络协同制造，迅速捕捉全球流行趋势进行产品开发与制造，极大地提升了供应链网络运营效率和对市场的响应速度，实现了年库存周转率6次以上，并且每年还推出新品3万款，获得了消费者极大的信赖。

4. 拓展服务提升的融合路径

制造业与服务业的深度融合发展，不仅可以有力地推动制造业的全面升级，增强制造业的竞争力，提升制造业的效率和效益，而且有利于优化产业结构，提升服务业的整体水平及其贡献率，具体可以通过发展融资租赁、资源网络化和服务外包等形式拓展服务提升的融合路径。

（1）融资租赁。价格昂贵的产品，客户很难一次性全款购买，对于制造企业而言存在账期较长、占用流动资金大等问题，影响企业的经营。为了解决这一问题，制造企业可以作为出租人拥有该产品的所有权，以承租人支付所有租金为条件，将一定时期内该产品的占有、使用和收益权让渡给承租人，达到双方利益的共赢。在此方面，苏州金龙和陕鼓集团做了大量的实践探索，取得了一定的经验。苏州金龙作为现代客车生产企业，产品覆盖高端商务、客运、旅游、公交、校车和团体用车领域。其中地方性公交企业是其重要的客户之一，但由于财政补贴周期长，导致这些公交企业购车很难做到一次性全款，从而拉长了苏州金龙的账期，造成企业流动资金的占用。苏州金融租赁公司利用厂商租赁既满足了苏州金龙的回收账款和促销需求，又满足了下游客户购车的需求。此外，由于国有公交公司购车及融资需要采用招投标形式，苏州金融租赁公司与苏州金龙一起为客户量身定制融资采购方案，以降低客户融资成本。此项目的成功运作，也使得苏州金融租赁公司与苏州金龙形成了战略合作伙伴关系，双方签订了厂商合作框架协议，苏州金融租赁公司一次性给予苏州金龙厂商租赁综合授信额度 10 亿元，并于 2017 年 12 月底兑现，从而极大地提升了苏州金龙的回款额度和整车销售[53]。而具有国际化水平的智慧绿色能源企业——陕鼓集团，通过产品服务创新，在为客户提供产品及其运行的安装调试、在线监测、故障处理等服务的同时，还为客户提供了金融租赁、物流等服务，这些服务不仅涵盖了本企业的产品，而且面向相关行业、企业产品提供服务，金融租赁服务业务已经成为该企业新的利润增长点。

（2）资源网络化。资源网络化是指基于互联网技术，在网络上进行生产、传播和扩散各种信息资源并产生经济效益。在过去的十几年，商业领域率先实现突破，实现商业领域的虚拟化、网络化。各大电商平台利用收集的海量消费数据，对产品结构、网站框架和电商企业组织架构及其业务范围等进行了优化。随着物联网、大数据技术的广泛应用，制造业进入了数字化、智能化阶段，使制造业产业间，制造业与金融、信息、研发设计、供应链和人力资源管理等服务业的关系越来越密切，彼此之间的联系越来越依赖于互联网。信息产业与工业相互融合发展已是大势所趋，著名的互联网信息技术企业，如

Google、Amazon、阿里巴巴、腾讯等纷纷将重点转向为制造业提供各类信息服务方面，从而推进了制造企业数字化、智能化的全面升级。制造企业对信息技术与手段的应用也越来越重视。像阿里巴巴旗下的信息服务公司阿里云，就是一家全球领先的云计算及人工智能科技公司，它为制造、金融、政务、交通、医疗、电信、能源等众多领域的领军企业提供安全、可靠的计算和数据处理能力。面向制造企业，阿里云提供了数字化、服务化转型以及数字工厂建设等工业智能解决方案，并依托钉钉和阿里云工业互联网平台的能力，有效地实现了制造企业的“三个在线”，即组织在线、生产在线、设备在线；通过企业职工、设备、生产的可视化管理，从数据维度对企业生产的健康度做了全面的评估和管理。

（3）服务外包。提起服务外包，印度是绕不开的国家。可以说，印度是承接发达国家服务外包最多的国家，“印度服务”与“中国制造”齐名。当然，印度服务重点发展的是生活性服务外包，而我国发展服务外包，应依托具有竞争优势的制造业，重点发展生产性服务外包，因为这不仅可以促进我国服务外包产业的发展，而且可以更好地服务于我国制造业的服务型制造转型。世界上，很多跨国企业都纷纷设立了自己的服务外包公司，在满足自身服务型制造转型需要的同时，为更多的企业提供多元化、个性化的服务。如西门子，曾以 9.7 亿美元收购了全球工程仿真软件（仿真软件是帮助客户以更快的速度、更低的成本向市场推出更出色产品的关键所在）开发商美国工程软件公司 CD-adapco（西递安科），在进一步推进和优化企业的数字化业务的同时，还扩展了工业软件领域的产品组合。通过对世界领先工程和制造技术的集成，西门子实施了全新的业务战略，助力了更多产品和企业的生产与发展。再如海尔集团旗下的物联网场景生态品牌企业日日顺，顺应服务外包而生，历经企业物流、物流企业和生态企业三个发展阶段，依托先进的管理理念和物流技术，整合全球一流网络资源，搭建起开放的科技化、数字化、场景化物联网场景物流生态平台，不仅可以满足海尔集团企业产品服务需求，而且承接家电、家具等行业企业的物流外包服务，2020 年，日日顺品牌价值达到人民币 421.38 亿元。

互联网大数据技术和人工智能等现代信息技术的发展与应用，使得服务型制造转型升级的探索与实践成为焦点。国内孙林岩、李刚和江志斌等学者最早提出了服务型制造这一概念，他们认为，服务型制造将成为今后制造业转型升级的主要方向，并将制造业与服务业深度融合发展的模式称为服务型制造。服务型制造将制造型企业、提供生产性服务的服务型企业和广大的客户联系在一起，各相关主体共同参与到产品服务的研发、制造、仓储、销售、配送和服务等各个环节，在为客户提供个性化、定制化产品与服务的同时，实现了对各方资源的有效整合，在实现价值创造与利益共享共赢的同时，推动了各主体的跨界融合，实现了产品服务的迭代创新和制造业的转型升级。

发展服务型制造，创新生产方式方法，创新服务与商业模式，加快制造业与服务业的融合发展，有助于推进制造业与服务业的转型升级，有助于推动我国产业结构优化和企业提质增效。服务型制造，将会有效提升制造业的科技水平，推动传统制造业摆脱以往高耗能、高污染、高投入和低产出的生产发展模式，有效应对产能过剩，突破技术含量低、市场竞争力弱的“瓶颈”。通过“两业”深度融合，以创新为驱动，推动产业链中企业间以及企业内部的分工与协作，有效提升企业的生产效率、专业化水平，降低生产成本。通过搭建制造业服务平台，发展技术与管理咨询服务、检验检测认证、专业技术培训等知识密集型服务，加大企业品牌培育力度和提升创新能力；通过发展工业互联网平台服务、节能环保技术、设备的再制造和资源回收再利用等生产性服务，提升工业信息化水平和资源利用率，有效推进制造业的信息化、绿色化。通过构建物流园区服务平台、人力资源平台、电子商务平台和融资租赁平台等，形成立体化多功能的服务体系，有效降低制造业在融资、物流、销售和服务等环节的成本与费用，提升生产性服务业对人才的吸引力。通过“两业”的融合发展，有利于提升我国制造业在国际产业链中的地位，部分制造型企业实施的走出去战略，有利于对国际人才资源、物质资源、技术资源进行整合，加强国际间的合作与资源共享，实现优势互补。

三、制造业服务化拓展分析

（一）制造业服务化拓展的维度分析

Hogan 于 1984 年最早提出了服务导向（service orientation）的概念，他将服务导向定义为：服务人员对顾客需求的关注程度，表现为礼貌待客、乐于助人、易于合作等个性特征。之后，学者们对于服务导向的研究逐渐深入，研究背景与研究领域从服务业延伸到了制造业，研究内容从员工层扩展到组织层和战略层，其内涵和外延不断丰富，对企业创新发展和员工成长的积极作用日益凸显。王满四等人（2018）认为，服务导向是在制造业服务化背景下出现的一种企业经营理念，是指制造企业将服务视为价值创造的核心，通过充分整合相关资源，积极开展服务创新，为客户提供“产品 + 服务”的整体解决方案，从而帮助客户解决业务问题和提升组织绩效的经营理念和经营行为[54–55]。由此可见，服务导向是一种以客户为中心，基于制造的服务化来提升价值创造能力，是一种具有前瞻性的战略性思考与实践，是一种企业的经营理念，这一理念将会提升制造型企业的资源整合能力及其绩效，提升企业的竞争力[56]。Homburg（2002）等人则把服务导向战略界定为通过服务为顾客创造卓越价值的一种战略形态，包括企业提供服务数量的多少、服务提供给顾客的数量和对服务的重视程度三个维度[57]。

首先，企业提供服务的数量是服务导向战略的一个重要因素。随着传统制造业服务化转型，企业提供的服务会越来越多。而且企业在提供相关服务的同时，应该明确需要为用户提供什么样的服务，提供这些服务的必要性以及提供的数量与方式等，需要对提供的服务项目及其成本等内容进行全面评估，因为并非所有实施服务化的制造企业都可以赢得竞争优势，开展服务业务可能会对企业绩效产生负面影响，出现服务化悖论。

其次，服务宽度是服务导向战略的重要组成要素之一，服务宽度即企业将相关服务提供给多少顾客。如果企业服务将提供给更大范围的更多客户时，就属于高服务导向战略；如果企业将服务仅仅提供给少量的客户，或者只提供给特定细分市场的特定人群，则认为该企业不属于高服务导向战略。但是企业在实施高服务导向战略时，应做好制造与服务、投入与产出、核心业务与非核心业务之间的平衡，以规避服务化悖论现象。

最后，服务导向战略的第三个维度是企业对服务的重视程度。服务的生产与消费的不可分性决定了服务的提供是一个员工与客户互动的过程，客户将更多地参与产品设计、生产、营销与服务等多个环节，企业员工与客户的频繁互动与交流，对于企业与客户间的知识转移、共享和创新，促进产品与服务的创新都将具有十分重要的意义。

当企业服务化可谓大势所趋时，发展制造业服务化是引领制造业转型升级的重要举措。制造企业实施服务导向战略，旨在通过与客户建立长期稳定的关系，由一次性交易转向多次持续性交易，最终实现价值链的延伸，并由基于产品向基于服务转变。其中，宝钢集团从钢铁生产商向材料应用服务商的转型实践，就是服务导向战略、制造业服务化拓展的最好例证之一。宝钢集团适时提出了“从钢铁到材料，从制造到服务，从中国到世界”的转型战略，通过供应商早期介入（early vendor involvement）这一创新性的服务模式，充分整合营销、研发、生产等部门的相关资源，组成项目型的服务团队，全面介入下游重点客户（如汽车业、家电业等）从研发到量产的各个环节，通过各部门的高度协同和紧密配合，凭借一线员工良好的服务意识和高超的技术能力，为客户提供了更多的服务价值，与客户建立了稳固的伙伴关系，完成了从钢铁生产商向材料应用服务提供商的转型[58]：逐渐形成了资源开发及物流、钢材延伸加工、工程技术服务、煤化工、金融投资、生产服务等六大相关产业板块，并与钢铁主业协同发展的格局。陕汽集团、陕鼓集团等企业基于传统的制造优势，依托现代服务技术，大力发展制造服务，围绕设计、检验、咨询、维修等制造领域各环节，开发和挖掘制造服务需求，推动制造领域增值服务的开发和推广，延长制造企业产业价值链，发展制造技术服务，助推制造业的技术创新升级和质量提升，提升制造业的效率和效益，最终推动制造业从传统的产品制造和销售向提供“产品+服务”的方式过渡，实现服务型制造转型。

（二）制造业服务化拓展的类型分析

随着服务经济的发展和竞争的日趋加剧，使传统制造业面临的环境发生了重大变革，制造企业的服务拓展成为新的战略选择。IBM公司全球服务部，服务拓展所创造的利润占到了其盈利的50%以上，这一现象引起了人们极大的关注，因此制造业服务化拓展也成为制造业服务化研究与实践的重点之一。由于遵循的分类标准、侧重点不同，服务拓展的分类也比较丰富，类型众多。如Mathieu根据服务拓展的内容不同，将服务拓展分为客户服务、产品服务与服务产品等三种类型[59]。Oliva等建议从注重客户互动和注重价值定位2个维度进行分类，2个维度的组合形成了维护服务、基本安装服务、运营服务和专业服务等4种服务类型[60]。Gebauer将服务拓展分为产品相关服务和客户支持服务。产品相关服务主要确保产品的正常运行；客户支持服务主要解决已有客户作业流程再造问题，以及辅助支持邻近的客户作业链[61]。刘玉伟等（2017）在对服务拓展内涵梳理的基础上，认为服务拓展的实质是将企业的价值链从产品延伸到以产品为基础的服务交易中。基于Gebauer的分类，并按照服务拓展能否为企业产生直接效益，将服务拓展实践分为支持产品的服务和支持客户的服务。其中，支持产品的服务（SSP）主要涉及产品的维护、安装调试与检查等内容，该服务使得企业员工与客户之间的交流沟通显著增加；支持客户的服务（SSC）主要涉及为客户提供生产流程咨询服务，生产流程优化服务，代替客户维护本公司生产的产品，为客户提供物流、金融等服务，有助于客户的产品选型、生产改进，进而提高效率和效益。研究表明，支持客户的服务的效果明显好于支持产品的服务，支持产品的服务陷入“服务化悖论”的可能性更高一些，它需要企业基于自身资源和能力做出服务拓展的战略选择[62]。

第三节　数字化背景下的服务型制造模式

一、服务型制造的结构体系分析

经济的全球化、智能化，使得产品同质化和客户需求个性化、多元化之间的矛盾日益凸显，基于互联网、物联网、大数据技术等新兴信息技术的发展，服务型制造应运而生。服务型制造实现了新的管理理念、商业模式和生产方式的有机融合，将成为传统制造业转型升级的主要途径。通过服务型制造，可以有效实现产品制造、增值服务和客户需求的有机结合，实现对产业链中制造信息资源、需求信息资源、设计与制造专业知识和资本等资源的聚集、整合、共享与创新，从而实现价值的增值。服务型制造体系的结构框架如图 3–2 所示。

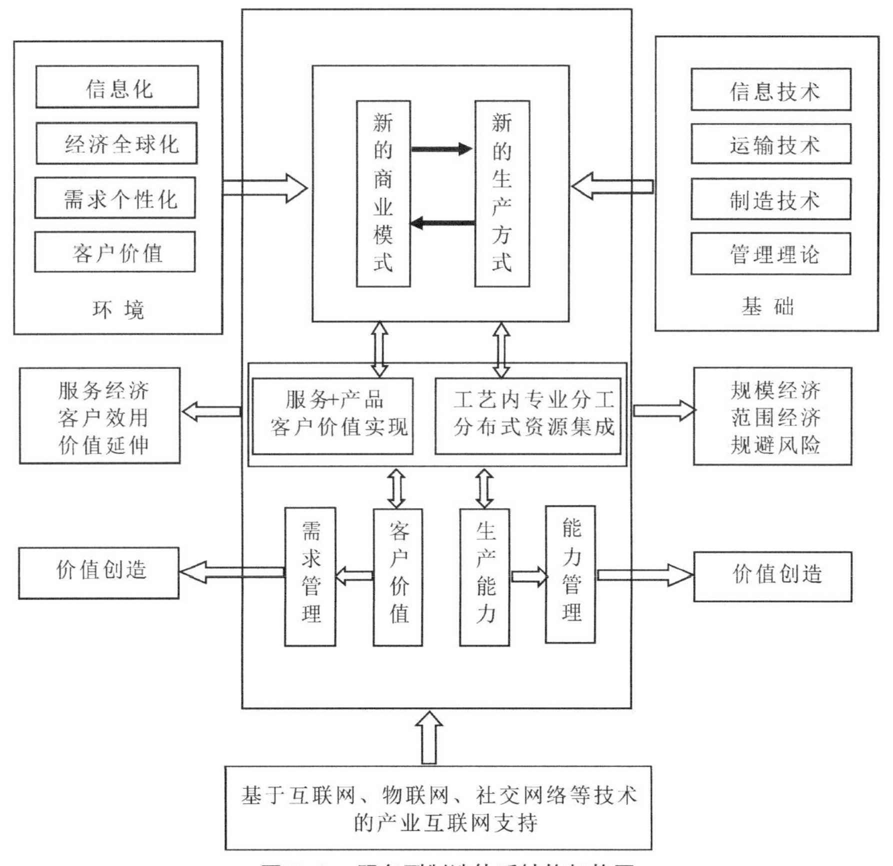

图 3–2　服务型制造体系结构架构图

资料来源：李刚，汪应洛 . 服务型制造——基于“互联网 +”的模式创新 [M]. 北京：清华大学出版社，2017.

首先，基于企业客户价值主张和核心理念，制造型企业通过对产品与服务的有机整合，构建相应的产品服务系统。为客户提供基于产品的有效、便捷的服务，甚至是全面的解决方案。在为客户创造更大价值的同时，实现价值链、产业链的拓展，提升服务在整个价值创造过程中的贡献度。服务型制造企业不仅关注售出产品的使用、运营情况，更关注使用、运营过程中存在哪些问题以及有哪些潜在的需求，如何更好地对这些问题加以解决。以钢铁企业的改扩建工程项目为例，传统的做法是，企业需要与项目设计单位、金融机构、各类风机、仪表、阀门和管线等产品的生产企业、物流企业和施工单位进行多轮持续的沟通，确定设计方案、筹措项目资金，采购相关产品，并对各类资源进行整合形成可行的改扩建方案，因此钢铁企业往往需要设立更多的部门来协调与推进项目，当企业缺乏项目管理经验时，不仅会影响项目的推进速度，而且会增加企业的成本与费用，势必会影响到主业的发展。而服务型制造模式，需要企业坚持以客户为中心、以需求为导向的指导思想，自觉全面地从客户需求出发，充分关注客户在生产运营、设备维护、技术改造或生活消费等过程中面临的各类困难，对客户的需求、现实困难进行全面分析，进而为客户梳理和设计出清晰可行的解决思路与方案，通过技术创新提升产品的智能化水平和产品质量，通过“产品 + 服务”的方式，解决客户的痛点问题，降低产品服务的使用与运营维护成本。由此，对企业的客户关系管理水平，客户需求识别、理解和满足能力，成套解决方案的构建能力、研发制造能力、资源筹措整合能力与系统集成能力等能力提出了更高的要求，倒逼企业的技术创新、服务创新和商业模式创新，以更好地满足客户需求，提升企业的市场竞争力。

其次，发展服务型制造，为客户提供个性化、定制化的产品与服务或者整体解决方案，并非由企业承担研发、生产、营销、物流和服务等所有环节，而是需要企业在保持与发挥核心优势的基础上，将分散的制造与服务资源加以集聚整合，依赖于企业间建立的具有一定稳定性的，基本产业分工、产品工艺分工和服务流程分工体系。通过企业间的相互协作、优势互补，确保分工体系的顺利运行。在协作过程中，每个参与者都可以结合自身发展目标和核心能力，专注于核心业务，而将自己不擅长的业务外包给相关的制造企业和生产性服务企业。由此，可以实现各参与主体在其核心业务领域的深耕与创新，更好地服务于客户，并吸引更多的客户，以利于规模经济的实现，使强者更强。然后基于核心业务向其他领域延伸，生产与核心业务相关的产品服务，利用企业在技术、机器设备、渠道、人员和管理等方面的优势，实现范围经济。当企业实现了规模经济，有利于各类资源的充分利用，可以提升企业的生产效率与效益，使企业获取更大的利润；而当企业实现了范围经济，则在提高获利能力的同时，就可以有效地降低企业的经营风险。

服务型制造体系的运行，除了要实现价值的创造、满足客户需求之外，还需加强对市场需求与供给、工业互联网、服务互联网等领域隐藏和存在的风险加以识别、梳理、监测、评估和规避，做好风险管理，以降低风险所造成的损失。结合产品和服务特点，对服务型制造系统中的各类风险加以识别、预测和评价以控制风险，在研发设计、制造等环节的实施过程中不断改进，以提升客户的满意度和企业绩效。

制造型企业的服务型转型，需要企业能够较好地对客户的需求加以识别、挖掘再确认并予以满足，具备与之相匹配的技术能力、运营能力和管理能力，做好客户的需求管理。以客户需求为导向，从客户价值构成出发，对产品的生命周期加以分析，挖掘在客户经营过程中影响客户运营效率、效益，价值创造与效用提升的主要因素。通过与客户的充分沟通，实现双方在技术、知识、人员和信息等方面资源的共享融合，并依据客户需求，设计和实施科学有效的解决方案，实现产品服务的整合与创新，降低客户的运营成本，提升客户效率、效益，为客户创造更大的价值。在识别与满足客户需求的同时，结合企业资源与能力，通过产品、服务、价格与活动等因素积极引导客户，让客户参与到需求挖掘、产品研发设计和生产制造等环节，从中挖掘客户在价值创造、运营过程中的潜在需求，以及存在的主要问题，为客户创造更大的效用，以降低企业的研发风险与市场风险。

在服务型制造体系结构当中，制造型企业与生产服务型企业基于产品工艺类别、业务流程级别的分工，实现各方资源的整合与能力的互补协同。

第一，现代信息技术和制造技术的发展，使得产品的设计、制造和服务过程实现了分离，企业间的协作变得日益频繁，分工协作与业务外包快速发展，并逐渐变为一种趋势。比如，以往集中于一家企业的集成电路制造被分解为由承担 IP 核设计、IC 设计、晶圆制造（Fab）、光刻、封装、测试等工艺流程的多家企业协作完成。

第二，对整体解决方案所涉及的研发设计能力、制造能力、运营维护能力等，能够进行自主、快速和科学的分解，并且能够基于互联网、市场交易机制快速、精准地找到能够满足制造与服务任务要求的企业，实现对市场中的各类能力、资源的快速集聚、评估和精准匹配。

第三，整体方案的实施往往需要一定的周期，在实施和交付过程中，受企业内外部环境的影响，难免会对价值创造网络结构、研发设计、生产制造等的开展与完成造成一定的影响，因此需要合作者双方必须具备一定的抗风险能力和稳定性。

第四，加强对制造及服务能力的管理，提升各单位的协同能力。基于互联网技术、合作、共赢、共生的合作机制，将供应商、制造商、销售商和客户纳入制造能力与服务能力管理体系当中，实现各方知识、技术、能力和需求等资源的共享，同时还可以有效降低研发与市场风险，实现价值的共创共享。

第五，对客户需求的管理以及企业生产能力和服务能力的评价管理，离不开互联网等现代信息技术的支持。客户个性化、多元化需求满足的背后是企业持续的技术与服务创新，企业需要对客户的需求展开调查，需要针对现有客户生产运营中存在的突出问题进行梳理、评价并结合企业能力与资源状况，设计、提供解决方案。基于合作共赢，搭建信息公开透明、实时交互、兼具开放性和专业性的市场化产品生产服务交易平台，实现资源的快速集聚，提升企业的产品服务水平，并降低各类成本与费用。

总之，各类生产与服务资源的集聚、整合，需要各合作企业、客户建立起一套实时高效、透明化的协同沟通体系，使企业能够及时获取和识别客户的各类需求，组织各种资源以更好地满足客户的需求，又需要客户纳入制造能力与服务能力管理体系当中，参与到产品的全生命周期当中，促使合作各方建立更为稳定、高效、共赢的合作关系。

二、数字化时代的服务型制造的特性分析

信息化、智能化实现了万物的互联互通，其开放性、共享性和平等化特点日益凸显，正在推动着整个社会经济的发展，促使工业经济向服务经济、知识经济的转型发展，对企业、个人的生产生活方式以及消费心理与消费行为产生极大的影响乃至发生改变。“互联网 +”行动计划、“中国制造 2025”等战略的提出，旨在通过现代信息技术，实现制造业的转型升级，在提升我国制造业国际竞争力的同时，实现由制造大国向制造强国的转变。

所谓制造业与服务业的融合发展，就是利用互联网、物联网、云计算等信息技术，推进智能制造企业、车间建设，加速制造业与服务业的融合与协同发展，提升制造业与服务业的创新能力。对此，Schmenner（2009）[63]、曹进（2017）[64]认为，服务型制造的重要特点是有顾客参与。李刚等（2017）则认为服务型制造具有“跨界、连接、透明、智能、共享、协同、创新”的新特征。

（一）客户参与

服务型制造模式，更加凸显以客户为中心、以需求为导向的经营理念，将

客户需求贯穿于产品/服务生命周期的各个阶段，强调顾客的参与及其价值的实现和需求的满足。这里的顾客不仅包括最终客户，还包括与企业合作的企业。服务型制造企业不仅需要基于互联网、服务型制造协作平台与客户进行实时的互动沟通，以获得客户的需求信息、产品使用信息和功能质量优化相关信息，并通过技术与服务创新予以满足，从而构成了一个相互关联的价值链，客户全面参与，互动反馈有效，有利于增强企业的黏性与竞争力，如图 3–3 所示[65]。

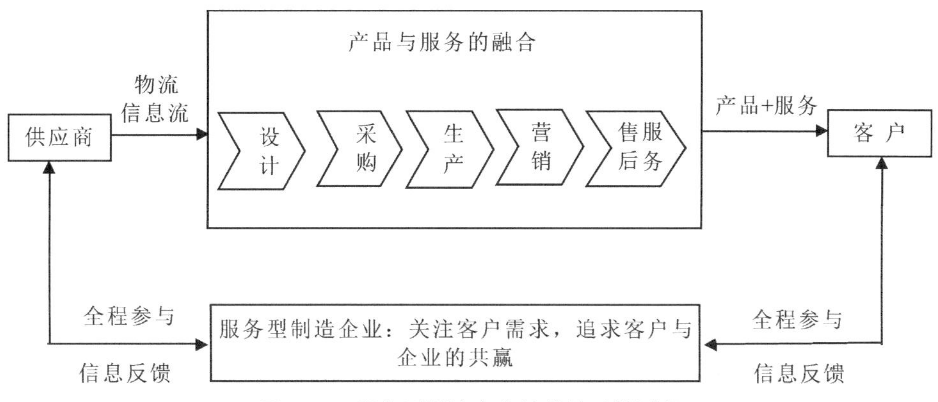

图 3–3 服务型制造企业价值链反馈过程

资料来源：张忠，金青，丁兆国．基于顾客导向的服务型制造企业过程质量研究 [J]. 科技管理研究，2013，33(22):121–125.

购买前	购买过程	使用过程	购买后	
获取信息 信息咨询 体验与磋商 产品订购	需求确认 参与研发 生产互动 交易	培训学习 沟通交流 价值实现 心理感知	售后服务 产品维护 回收处理 信息反馈	客户价值
客户与企业之间的互动，情感交流、需求确认、价值实现等				

图 3–4 服务型制造企业顾客价值链

从图 3–4 可以看到，服务型制造企业可以针对顾客价值链上不同阶段的不同需求，基于产品与服务，在满足客户价值需求的同时，实现客户全过程参与，以及与企业的持续性互动，及时准确地获取客户的需求信息，进而完善与创新产品和服务，在互动中实现需求创新和产品系统创新，有效提升服务型制造企业的产品与服务质量，实现客户与企业的价值共创、共享和共生。服务型制造充分考虑客户参与和客户体验，建立并维护良好的客户关系，将客户满意度作为衡量产品服务质量的主要指标，可以实现客户知识、需求信息和其他资源的共享和创新，挖掘顾客定制化需求，实施精准化服务，提升客户满意度。当客户满意了，便有利于产品的创新与销售，同时也降低了产品研发、销售的风险。在粉丝经济盛行的今天，可以让粉丝为企业的产品与服务出谋划策，它不仅是一种营销手段，也是一种借才的手段。此时的客户不再是被动的接受者，而是主动卷入价值创造的各个环节，其中小米公司就是典型的代表。在没做手机之前，小米第一款产品是 MIUI（米柚），是在安卓基础上深度优化的系统。第一版发布前产品很粗糙，当在 MIUI 论坛上发布之后，有 100 人申请加入测试，根据他们的意见，小米公司开始每周发布一个新版，在用户的参与和帮助下，产品得以持续优化和改进，用户驱动和"为发烧而生"也成了小米公司的文化。因此，服务型制造在追求客户价值最大化的同时，将会加速企业价值链循环和企业长远利益的实现，实现客户价值与企业价值的最大化。

（二）跨界融合

互联网信息时代，制造业与服务业的融合发展呈现出跨界融合的特征。Hauser 等人（2006）认为，跨界活动包括发展联盟、网络或是与竞争者、供应商、顾客，甚至业务不相关的企业进行合作。Hawkins & Rezazade（2012）从组织知识边界角度出发，将跨界定义为一个包含时间以及跨界人员、跨界载体、跨界实践和跨界论述等多种机制复合作用的过程[66]。学者们虽然对于互联网时代下跨界的内涵仍有争议，但都认为跨界不仅有利于企业获取资源或应对环境的变化，而且具有通过深度融合异质性要素，创造新价值的特点。刘嘉慧等（2021）基于价值主张，认为企业跨界是不同价值主张渗透、融合形成新价值主张的过程，该过程中跨界企业对原有的不同价值主张进行拆解，相互学习借鉴，重新构建出新价值主张，从而实现价值创新[67]。

原来不属于制造业、制造服务业领域的企业，通过互联网信息技术，将先进制造技术、新型服务进行交叉融合，使得原先的企业边界、产业边界变得模糊起来。当前，很多企业跨越熟悉的领域，通过对不同行业资源的整合，以满足顾客的需求和提升企业的竞争优势。"跨界融合"已经成为企业应对挑战、提升自身竞争力的新战略。例如，服务领域余额宝跨界进入银行领域，微信跨界进入移动运营领域，滴滴跨界进入租车领域，美团围绕客户的吃喝玩乐提供价值链，横向跨越外卖、娱乐消费和出行三大领域，构建了满足客户需求的服务消费体系。制造业领域的杭州海康威视，由视频监控设备制造跨界进军机器人行业，推出"阡陌"智能仓储系统，通过机器人实现"货到人"，颠覆了传统仓储的作业模式。美的跨界进入智慧家居领域，逐渐成为智慧家电、智慧家居及周边相关产业和生态链的经营主体。

随着现代信息技术的发展与广泛应用，现代制造技术与服务经济，基于“以客户为中心，以需求为导向，合作共赢共生”理念日益得到企业的认同，使得原本属于不同行业的企业间的跨界融合变得更为普遍，尤其是基于现代信息技术的制造业与服务业的融合发展，促使制造业与服务业在商业模式上重塑升级、流程上优化重组和组织架构的不断变革，人力资本的作用日益凸显，实现企业的高效运行和高质量发展，产业竞争日趋激烈，优胜劣汰更为明显。以前企业与客户之间所形成的水平化流程将朝着垂直化转变。在产品研发设计、产品创新方面，企业技术攻关与产品研发设计人员可以通过互联网技术平台，吸引企业外部客户与技术人员广泛参与，发挥企业外部人员在知识、技术和信息等方面的优势，集思广益，这样不仅可以解决部分技术难题和服务创新问题，又能加强和增进企业与客户之间的互动和感情，进而实现产品的迭代更新。在生产制造方面，基于现代信息技术，可以实现企业与客户间的持续互动沟通，提升企业对客户需求的感知、理解能力，有助于实现企业对客户的定制化生产与服务，更好地引导客户消费行为，实现精准营销。制造业与服务业的融合，不同行业间的跨界融合，资源的整合与优化配置，使得传统渠道日趋扁平化——由原来的生产与产品驱动向客户需求驱动转变，客户将逐渐走向市场的聚光灯下，成为行业、企业关注的焦点，也成为确保企业持续发展的重要支撑。

（三）连接、透明、共享和智能

互联网、物联网与大数据技术的发展与应用，为产业内、产业间以及跨界的产业融合创造了条件，使得原来分散于不同空间的人、机器设备、其他物质资源和信息等不同主体实现了互联互通，即人与人、人与机器、机器与机器、企业与企业、产业与产业之间的互联互通。在实现万物互联互通的同时，每个主体既是数据信息的创造者、接收者，又是信息的传播者。各个主体在生产、生活的各环节所产生的各类数据信息将被记录、保存和传播，并能够被其他主体所感知、识别、分析挖掘与利用，使得数据信息的获取更为便捷、成本更低，海量的数据使得整个世界变得更为丰富多彩和透明化，信息不对称现象大幅度减少，交易成本进一步降低，由此促使各主体不断增强自律性。信息的透明化、传播获取的高效性和成本的低廉化，有利于提升决策的智能化和准确性。各主体可以迅速获取所需的各类资源，并通过相关机制实现资源的优化配置和价值的共创共享，使得企业内、产业内、产业间各主体的运营更为顺畅、高效，提升其生产制造、沟通与决策的智能化水平，以便更好地适应环境变化以及提升企业核心竞争力。

现代信息技术的广泛应用和共享经济的大力发展，大大地提高了信息的透明度，企业所拥有的一些投资较大的专有性资产都可以进行共享，从而不仅可以有效降低专有性资产投资的风险，而且能够实现资产的充分利用，进而降低资产的购买与维护的成本与费用。Uber公司、滴滴出行等企业，针对客户出行的实际困难，以及广大车主汽车使用率较低，购置车辆、运营维护车辆费用较高，通过汽车共享提高车辆利用率、降低维护成本与费用的强烈诉求，搭建精准匹配出行供需的出行平台，有效地解决了这一问题，实现了资源的优化配置和价值的最大化，是对“不求所有但求所用”共享理念的最好诠释。在制造行业，很多企业在对自身核心业务、核心竞争力、财务状况和未来发展目标综合评估之后，不再购买那些价格高昂的专有性大型设备，而是通过租赁专有性设备或者将相关业务外包给拥有专有性设备的企业，以规避因购置、维护专有性大型设备费用高、利用率低的风险；而那些拥有专有性生产、实验、检测设备的企业，则通过提供相关专有性的生产与实验、检测服务，不仅提升了设备的利用率，降低了专有性设备的投资风险，而且往往能够通过规模效应获取利润。

（四）协同创新

Peter A.Gloor（2006）将“协同创新”界定为具有集体愿景且自我激励的人员组成的网络团队，通过技术协作、共享信息以实现共同目标[68]。一般而言，从创新模式上看，复杂产品的模块化外包有助于系统的协同创新管理，研发外包模式及要素转移模式有利于提高协同创新效应[69]。随着现代信息技术的发展，知识经济与服务经济持续发展，使得创新活动更具复杂性和不确定性，对服务型制造提出了更高的要求。使得创新活动呈现出集成化、协同化的特征，并且朝着多元化服务生态系统演进。创新活动的开放性与整体性特征，有利于企业对各类创新资源的整合，提升企业竞争力，推动制造业的转型发展。

互联网、物联网和大数据等现代信息技术的发展与广泛应用，实现了产业、企业与客户间的互联互通，有效地拓展了产业、组织的边界，增强了产业与组织获取资源的能力，同时还降低了产业与组织的搜寻成本、鉴别谈判成本与费用。由于信息的透明化与获取的便捷性、低成本性，有效地减少了由于信息不对称所导致的供需不平衡与资源浪费的现象，企业可以不受时空限制，在更大范围内获取研发设计、生产制造、物流与其他服务资源。基于互联网技术，企业可以通过众包的方式，将原来由企业自身完成的研发设计、生产制造、仓储和营销等部分业务，分包给相关的组织与个人，不仅有利于实现各类资源的有效利用，而且降低了在设备购置维护、人力资源等方面的成本与费用，极大地提升了企业的效率与效益。各类资源共享，使得处于不同地域、不同产业间、不同企业间以及人与人之间在任务方面的协作有了极大地提升，推动着各主体在知识、技能与经验方面实现了共享与创新，从而充分发挥了各主体间的协同创新驱动作用。

基于互联网的合作创新模式——“众包”应运而生，由于有大众的参与，不仅充分利用了制造商、供应商、用户、大众和社会的各类资源，有利于技术、商业模式、服务的创新，而且企业所提供的产品与服务更符合消费者的个性化需求，从而减少了企业风险，实现了各参与主体的共赢[20]。猪八戒网是一家网络众包平台，它利用竞赛、匹配等方式搭建起了企业与大众协同创新的桥梁，企业在平台上发布任务，个体或团队通过平台承接任务，当前中外发包方数量达到 600 万，服务商已超过 1 300 万[70]，现有 1 400 多万共享人才为海量小微企业提供服务，从而充分利用了这些人员的隐性冗余价值（其中包括冗余技能、冗余时间和冗余创意等）。猪八戒网已经成为一家为 150 个行业提供品牌升级、科技升级、商业模式升级等解决方案的企业，充分体现了基于互联网技术各主体协同创新的特点。

“互联网 +”行动、“中国制造 2025”战略的实施，让沈阳机床股份有限公司深刻意识到企业转型升级的重要性，于是开启了转型发展之路，逐渐由传统的机床生产制造与销售商向服务商转型，企业的重心转变为机床租赁和程序设计。沈阳机床集团以“i5”智能数控系统为基础，搭建了 iSESOL 平台，用手机和电脑就可以远距离操控机床，使“指尖上的工厂”变为现实：当企业能够满足客户需求时，众包主体仅包含用户、企业及企业内部的 iSESOL 平台；当企业自身技术不能够满足客户需求时，需要技术社区的参与，此时便存在用户作为发包方、技术社区作为接包方的第一次众包和技术社区作为二次发包方、企业作为接包方的二次众包。沈阳机床集团正是通过内部式众包平台，实现了资源共享与协同创新，为客户创造了更大的价值[71]。近年来，海尔集团基于互联网的开放性思维，积极构建协同创新生态系统。海尔开放式协同创新平台——HOPE 平台，是全球创新社区，不仅集聚着全球顶尖级的技术与设计人才，而且还整合着全球范围内优秀的知识、技术等各方面的资源。在 HOPE 平台上，这些优秀的技术与设计人才可以通过交互、深度探讨等方式，快速输出设计方案，从而极大地提升了创新的效率。同时该平台还与全球其他类似的创新平台建立了密切的联系，集聚的各类资源约 400 万件，涵盖了原型设计、结构设计、小批量试制等多种资源，能够较好地弥补海尔集团在资源上的不足，实现了资源共享、价值共创与利益共赢。

互联网、物联网与大数据技术的发展与广泛应用，有力地推动了传统制造业的服务化、智能化、数字化转型速度，服务业与制造业的深度融合，实现了资源的快捷、精准配置，产业间、企业间、企业内部以及企业内部与外部的资源共享、协同创新。产业与组织边界的日趋模糊化，为产业间、企业间的跨界融合、协同创新奠定了基础；在生产制造方面，信息化技术与现代制造技术融合，推动了企业生产制造方式方法的创新和智能制造、云制造与服务型制造的转型升级；在组织形态方面，传统的大型制造型企业，正由科层制组织向更为扁平、灵活的平台化组织转型，一些组织创新实践探索陆续取得成功，对传统的组织结构、传统的管理模式、方式方法提出了更大的挑战，促使大量更为灵活、专业化、智能化、协同水平更高的小微企业产生，在有效满足客户多元化、个性化需求，有力地提升了合作各方在技术、管理、流程和商业模式等方面的创新能力的同时，随着企业效率、效益的提升，也为客户和企业创造出更大的价值。

第四节　数字化背景下的服务型制造的生产组织

以产品服务系统的研发、生产、交付为导向的服务型制造系统，具有和传统制造业不一样的生产组织方式，是一种新型的生产组织模式。

一、产品内分工与服务过程内分工

（一）产品内分工与服务过程内分工的概念

产品内分工兴起于20世纪中期，20世纪80年代以后，产品内分工逐渐取代了产业间分工和产业内分工，成为国际分工的主流形式。1997年Arndt首次正式提出产品内分工的概念，旨在解释国际分工深化到产品生产流程中的特定工序或区段的新型分工现象。产品内分工是指产品的生产过程分解为若干连续的生产环节与工序，各环节或工序由多个国家或者地区分工完成的国际分工形式。

（二）内涵分析

从生产组织角度来看，服务型制造的生产组织建立在更为细致的产业间分工，以及产品内分工与协作的基础之上，企业之间的联系更为紧密。生产性服务企业与客户被纳入产品服务系统的生产过程之中，基于分工与协同机制，协同完成产品服务系统的制造过程，共同创造价值并实现各主体的共赢。由于客户需求的多元化与差异化，因此服务型制造要以客户为中心，以客户需求为驱动，通过企业与客户的深度互动，确认客户需求，并为客户提供大量的定制化产品与服务。通过对产品与服务的流程分解，各合作主体根据各自的优势，只负责部分环节的生产制造或服务，不仅可以发挥各主体的规模经济优势，又能培育各主体的核心竞争优势。各主体之间在完成各环节任务的同时，基于互联网信息技术实现资源共享和协同效应。

从参与方式的角度来看，服务型制造从外包向众包转变，企业根据客户的需求，结合自身的企业资源能力现状，将那些附加价值低、自身无法完成或者不具备优势的业务通过产品内分工、工艺流程级别的外包与协作，实现企业、客户各主体之间的资源共享，并建立较为稳定的协作关系。如猪八戒网通过众包平台，网罗 1 400 多万共享人才为海量小微企业提供品牌升级、科技升级、商业模式升级等解决方案服务，实现人员、知识、技能和创意等资源的共享。一些先进制造企业通过外包采购服务业务，整合生产资源，提升生产资料投入－产出效率，增加市场占有率。

从组织形态角度来看，服务型制造更加注重制造型企业、服务型企业等各主体之间的合作共赢。各参与主体之间的组织边界更为模糊，各自更多地只关注流程级别分工中自己最擅长的环节，以提升各主体的效率与效益。在表现形式上，一种是以产业链当中几家实力较强、影响力较大的企业为核心，其他企业围绕核心企业为其提供相关的产品与服务，形成一种较为紧密、稳定的关系；另一种是众多在业务上关联性较强、特色与专长突出的中小型企业，通过产业集聚形成有一定实力的产业集群，增强其竞争力，这些中小型企业通过流程、专业分工协作，为客户提供高质量差异化的产品与服务。

二、客户的全过程参与

客户是发展服务型制造的重要推动力，也是服务型制造当中重要主体之一。因此，需要企业转变观念，坚持以客户为中心、以需求为导向的基本理念，鼓励客户参与到产品的全生命周期当中，以增强产品与服务的黏性，为客户与企业创造更大的价值。

服务型制造不仅仅是基于生产服务和对原产业链的延伸，更为重要的是要针对客户的核心需求，为其提供定制化的产品与服务，更好地满足客户的需求，由此倒逼企业在产品、服务、模式上必须创新：与客户建立起广泛、深入、稳定的联系，通过深度沟通，精准理解和把握客户的需求，使客户参与到产品的研发设计、产品改进、生产制造、营销等诸多环节。这样，不仅可以进一步降低产品的开发风险与市场风险，而且有利于充分利用客户的创意、知识与技术，提升客户的满意度与忠诚度以及企业的组织绩效，改善企业财务状况。企业只有将更多的精力用于产品研发、技术创新、产品与服务创新当中，才能在生产与消费之间形成一个良性的循环。

服务型制造是结合制造与服务的新业态，能够多维度考量并提升企业绩效，进一步促进客户参与[72]。客户是企业的重要资源之一，当客户参与到产品服务系统的整个过程当中，不仅有利于企业更好地感知与把握客户的需求，充分利用客户的知识、技术、经验和创意，改进产品的设计、制造与营销等生产服务环节，优化流程与提升产品品质，而且有利于提升生产效率与效益，降低成本费用，实现客户与企业的共赢。通过建立联合创新长效机制，优化整合各类资源，持续推进客户与企业的信息交互，增强客户黏性。比如，企业开展线下市场营销服务以提升顾客体验，通过电子商务参与线上市场营销，有针对性地提供信息与服务，改善用户绩效。企业通过收集客户有效的反馈信息，主动挖掘与对接客户需求，有针对性地开展研发活动，提供相关的服务，以减少生产资料的浪费，提高全要素生产率。

蒋楠等（2015）将服务创新领域的客户参与界定为在服务创新过程中客户的努力和卷入的深度与广度[73]。在服务型制造中，客户并不是很关注产品的研发设计与生产过程，而是更关注产品的功能是否能够满足其需求，更关注服务的过程和效果。当客户参与到企业服务创新活动过程中时，会与企业共同梳理挖掘需求，以确保企业提供的产品与服务能够精准满足其需求。这一过程会极大地增强客户的责任感，加深客户与企业的互动，进而向企业提供更多的信息、知识和创意。在产品开发的概念阶段，要鼓励客户多提供创意与知识，以实现知识的共享与创新；当新产品进入测试阶段，则要鼓励客户积极参与到意见和建议的反馈当中，进一步完善与提升产品设计与质量；在产品投放市场后，则要鼓励客户积极参与到产品的推广活动当中，迅速提升市场知晓率。当然，在产品的使用过程中客户应及时反馈使用信息，为产品优化、营销提供支持。通过客户参与到产品全生命周期当中，实现企业与客户的共赢。

海尔集团在业务价值链转型升级过程中，全面拥抱互联网，积极探索基于信息技术的智能制造升级模式和基于用户需求构建定制化制造模式，推进互联工厂建设，以满足客户多元化、定制化需求。海尔集团在互联工厂建设过程中，秉承“为客户服务”的理念，注重客户体验，基于互联网平台与设备，鼓励客户参与到产品的研发、设计、生产、物流配送等环节，实现产品与客户的精准匹配。其具体做法有二：一是依托现代信息技术，实现生产环节“公开化”，客户可以借助移动设备全面了解产品的生产过程，并在线提出意见和建议，促使企业技术创新、工艺流程优化和质量改进；二是基于“产销合一”理念，促使客户由产品消费者角色向生产者与消费者的角色转变，让客户参与到产品需求调查、研发设计、生产制造等各个环节。在产品定制方面，海尔集团搭建了众创汇平台，开展定制化产品生产（创意）业务，主要包括模块定制、众创定制和专属定制等三种模式。其中模块定制，即根据现有固定模板，设计和生产产品，以满足客户的一般性需求；众创定制，即基于创客的设计理念和客户需求来设计与生产产品，为客户提供个性化产品与服务；专属定制，则是针对某个或某类客户群体提供定制化产品或服务，满足客户个性化、差异化需求。通过众创汇平台使广大客户参与到产品的设计、生产中，为企业提供创意、灵感、意见和建议，充分发挥客户的聪明才智，降低产品的研发风险和市场风险。

三、数字化背景下的业务协同

互联网时代对各主体的协同性提出了更高的要求，特别是共享经济的发展，使得生产与服务尤其是那些更具创意性的服务、金融服务、保险服务等突破了时空限制，实现了服务生产与消费的分离，因此，对协同化水平的要求更高。一些企业可以通过众包平台，将一些创意设计、保单信息的录入等任务委托给相关的企业和个人，以实现各主体的资源共享与高度协同。

基于互联网技术和社交网络平台，企业与客户被充分地连接起来，分别扮演着研发者、生产者、物流配送商、营销者等不同的角色，实现着各主体间资源的充分利用与深度互动的协作。产品研发设计过程中，研发人员与客户之间可以随时随地的就需求、设计理念、设计雏形与设计作品进行持续沟通与交流。企业的工程技术人员与生产人员可以远程监控和操作生产设备，确保生产的顺利进行，并能够根据客户、设计人员的要求，对生产工艺流程、原材料、配件进行调整，以提升产品质量。设备提供商的客服人员可以通过服务平台，实时了解分布在不同国家和地区的设备运行情况，并根据监测情况与设备使用企业的设备维护人员进行持续沟通，甚至线上指导设备维护人员进行现场设备维护，从而大大节约了设备提供商与客户的人力资源成本与差旅费用，减少了因设备问题引起的停工、产品质量问题的发生。

对于那些装备制造企业而言，可利用工业互联网、工业物联网和人工智能技术，重点发展具有感知、分析、推理、决策和控制功能的智能制造装备，为下游垂直应用领域提供智能检测检修和预测性维护服务，帮助客户实时了解设备运行状态，及时备品备件与做好设备的维护保养和更换，实现在特殊危险环境下提供无人值守的远程操控服务，以及通过设备间信息共享协同作业实现智能产线、智能车间和智能工厂，乃至智慧矿山、智慧物流、智慧供应链，大幅提高生产的智能化水平和效率效益[74]。

全球最大的代工厂富士康积极探索出了适应经济技术发展、能够满足客户多元化需求的服务型制造模式，尤其是2018年富士康将与工业互联网和智能制造相关的业务剥离出来，成立富士康工业互联网股份有限公司（工业富联），着力于装备、工具和材料、工业大数据、工业人工智能和工业软件等核心要素，实现智能制造，为一些大型企业提供“智能制造＋工业互联网”，甚至“灯塔工厂”的整体解决方案。工业富联基于双轮驱动，实现企业转型，在实现整个生产环节、生产全要素、全产业链互联互通的基础上，做到提质增效、降本减存。工业互联网则是通过优化流通和制造的环节，最终实现制造资源的优化配置，实现按需和定制化生产。富士康通过eCMMS模式，凸显了服务型制造模式在成本、品质和规模上的优势，不仅能够实现98%的订单在2天内交付的高效率，而且可以为客户增加覆盖产品全生命周期的研发设计、制造、物流和售后服务等附加价值。

基于互联网、物联网与大数据等现代信息技术，智能化制造逐渐成为产品服务系统的主要生产模式。通过云、网、端实现产业链各主体的互联互通，这里的云或云计算，其背后支撑的是服务器；网就是4G、5G网络通信设备；端就是指智能终端。基于此，企业、客户间的需求可以被机器较为准确地自主感知，各合作企业的设计、生产制造、服务能力以及其他各类资源都可以通过“服务云”的形式显性化；基于“云端化”能够实现众多智慧工厂、智慧机器设备、服务设施的广泛连接，形成信息的集聚、共享。各智能终端，基于信息平台和市场化的交易机制，自动根据客户的需求，实现供需精准匹配，使得原材料、零部件以及服务的采购、生产制造、仓储、配送、交付与后续服务实现无缝对接，智能制造与智能服务也将成为服务型制造下主要的生产组织模式。

智能化的生产组织模式，旨在实现制造业的结果可感知、可预测、可控制，实现生产制造过程的自动化、数字化、网络化、智能化，打造一个真正的智能化的无忧生产状态。智能制造划分为自动化、数字化、网络化和智能化四个阶段：首先是在实现自动化的基础上加入传感器以获取生产运行过程中的各类数据，然后由人工智能处理这些数据，通过大量传感器的互联互通实现网络化，最后把工程师的经验通过算法模型做到智能化，用以更好地指导生产，为客户提供个性化、定制化的产品与服务。智能化生产组织模式的背后，需要各类知识和信息技术的支撑，是知识与技术创新的结果。信息获取的便捷性，使得企业能够实时掌握生产与服务过程中的各项数据信息，做出科学决策，并实现与产业链相关的企业、客户间信息的共享与合作方式的创新，从而极大地提升了合作效率。

第五节　数字化背景下服务型制造的实施

数字化背景下的服务型制造，在生产方式、价值创造和商业模式等方面虽有别于传统制造业，但它又脱胎于传统制造业，和传统制造业有着千丝万缕的联系，因此，服务型制造的有效实施，还有赖于传统制造业的变革与转型升级。为此，在理念上，要求企业必须树立以客户为中心、以需求为导向的理念，基于客户需求进行产品研发、生产制造、营销与服务，以创造客户价值为中心，充分满足客户的需求。以客户为中心，在内部管理、组织结构、业务流程、企业文化和绩效管理等方面必须进行变革。

一、需求管理

需求管理，是指对用户需求进行采集、分析、界定、筛选和排序等，旨在通过收集客户信息，并加以识别、挖掘、确认，以满足客户的需求，它是成功实施服务型制造的关键环节。产品需求管理是产品研发的核心环节，产品需求的正确与否直接影响着产品的开发周期、开发成本、运营成本，甚至直接决定了产品的市场竞争力。只有明确用户的需求，并对需求进行进一步收集、甄别、筛选，才能做好产品的需求管理。产品的需求管理一般包括需求采集与分析、需求筛选与界定两个阶段。需求采集的质量直接影响着产品最终的质量，企业可以通过传统需求调查方法，并结合微博、微信、用户社群等新媒体，收集客户需求和反馈信息，挖掘信息背后隐藏的需求。当需求采集完成后，需要对收集的各类需求进行归类、提炼、分析和挖掘，确定需求的范围和实现方式。针对目标客户群体的共同需求，合理规划产品功能，更好地解决客户的共性问题。需求分析的过程就是从客户提出的需求出发，挖掘客户真正的需求，再转化为产品需求，客户需求与产品需求的关系如图 3–5 所示。

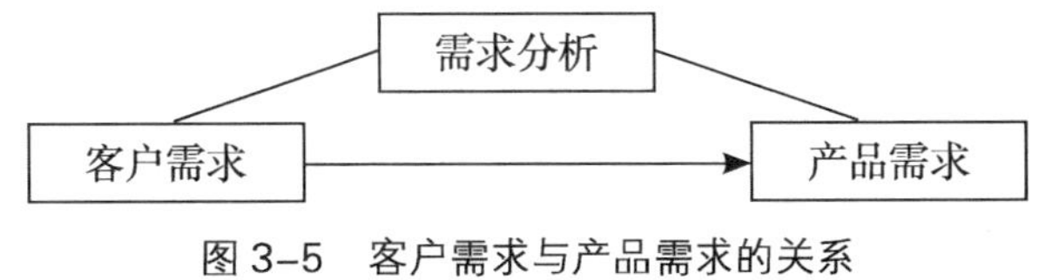

图 3–5　客户需求与产品需求的关系

企业在获取和分析客户需求后将其转化为产品需求，在进行产品研发设计前，需要对需求进行评估与筛选，旨在综合考虑客户真实需求、技术可行性、开发成本、风险与回报和企业资源能力等因素的基础上确定需求等级（哪些需求是必须要满足的，哪些是可以延迟满足的需求，哪些需求又是不必考虑的）。当企业能够准确、及时地了解客户的需求，并结合企业现有资源、能力状况，较好地满足客户需求时，将会有效提升客户的购买意愿，提升客户的满意度和忠诚度，进而引导客户主动对企业提供产品与服务的需求。需求管理的过程就是不断识别、确认和满足客户需求的过程，同时又是提升企业培育、发展、引导和管理市场需求能力的过程。科学有效的需求管理，首先需要企业与客户之间建立起一种连接关系，随后在维护与发展关系中了解、挖掘和确认客户需求。传统制造企业为了快速占领市场，让更多的客户能够了解和获取其产品与服务，往往会通过构建营销渠道体系来实现，这样确实可以快速扩大市场，降低销售成本，规避企业在营销网络、资金等方面的不足，但是无法实现与客户的直接联系，不能较为准确地感知与理解客户的需求，给企业的产品开发、销售带来了较大的研发风险与市场风险。服务型制造企业为了精准满足客户的需求，降低研发与市场风险，就需要与客户建立直接的联系和深度的互动关系，进而精准识别与理解客户需求，为客户提供定制化的产品、服务或者解决方案，实现客户价值的创造以及企业与客户的共赢。

二、能力管理

个性化产品与服务的研发、生产制造、及时交付与后期高质量的服务，有赖于服务型制造企业与相关企业的紧密配合、科学分工以及对各类资源的整合与优化配置，即形成高效的服务型制造系统，并根据市场环境的变化进行动态调整。在服务型制造系统中，能力管理至关重要，其中主要包括企业内部能力的管理和企业外部能力的管理。

服务型制造企业的内部能力管理，指的是企业自身能力的培育、成长与管理，包括需求管理能力的成长、研发设计能力以及制造和服务能力的提升，这些能力强弱将直接决定企业能否更好地满足客户个性化、定制化需求，抓住并引导客户需求。同时需要企业根据市场、客户需求的变化做出动态调整，提升企业动态管理能力。服务型制造系统中的产品由于具有有形性、可存储性等特点，企业可以通过调整库存量来应对市场的不确定性；而服务型制造中的服务系统由于生产与消费的不可分离性，使得企业应对需求不确定性的能力大为减弱，服务型制造能力的提升，需要发挥制造系统与服务系统的协同效应，一旦有一方能力不足，势必会影响服务型制造能力的提升。因此，企业要在明确战略目标的基础上，对企业的制造能力与服务能力进行全面、客观的评价，确定企业现有的和计划培育的核心能力。在提升企业整体能力的基础上，加大对企业核心能力在资源上的投入力度，实现在产业链条上的竞争力，而将那些竞争力弱且并非企业的核心业务外包给那些具有竞争优势的企业，并且同步提升企业的服务能力。企业在培育、发展制造能力与服务能力的过程中，本身就是对客户知识与客户创意，供应商、服务商以及相关合作单位的知识技术和经验学习提升的过程。通过学习、知识共享和知识共创，提升企业的管理水平，推进企业组织变革，更好地服务于客户。这里的变革主要涉及企业组织结构的变革、生产业务流程的再造、生产设备设施的升级、绩效管理体系与薪酬体系的优化，以及优秀企业文化的建设等，通过知识的共享与创新以及组织变革，提升企业的需求管理能力、产品研发设计能力、生产制造能力、营销能力、快速响应能力和服务能力，进而提升企业的服务型制造能力，提升服务的效率和效益。

服务型制造企业外部能力的管理，是指企业在价值创造过程中，对于分布于不同地理位置，分属于不同主体的制造与服务资源的整合能力以及对于各主体的协调能力。通过提升企业外部能力管理水平，实现价值创造过程中各主体间的协同创新，步调一致地为客户提供相关产品与服务或者解决方案。要发挥各主体的协同效应，首先是价值创造网络中各主体在制造能力、服务能力的协同性，它需要各主体拥有与发挥自身的核心优势，愿意参与到价值创造中，并扮演好各自的角色，进而通过市场交易机制实现交易。其次是供需双方基于对制造能力或服务能力的需求，彼此能够通过市场机制、交易平台等媒介，快速、高效、准确地建立联系，进而实现供需的精准匹配。最后是合作主体之间的协同共赢，需要各方基于合作、共享、共创、共赢、共生的理念，建立起一套行之有效的协调激励机制进而实现合作共赢。服务型制造企业基于市场交易机制、协调激励机制建立的外部能力管理体系，从本质上来看，是一种外部能力的协调体系。在价值创造网络中，各主体要想提升交易的效率和效益，必须有协作共赢的机制制度作保障，只有这样，各方的合作才会更为长久，彼此才有可能去了解、认同对方的理念、战略和企业文化，进而发展为战略合作伙伴关系，构建合作、共享、共创、共赢、共生的协同机制。

三、价值网络

价值网络的概念最早是由 Adrian slywotzky（1998）在《发现利润区》一书中提出的，他指出，由于顾客的需求增加，受计算机网络的冲击和市场的高度竞争，企业应从传统的供应链向价值网络转变以满足客户所要求的便利、速度与定制服务。他将价值网络定义为："一种新的业务模式，它将客户日益提高的苛刻要求和灵活、效率、低成本的制造相连接，采用数字信息快速配送产品，取代高昂的分销层，将合作的供应商连接在一起，以便交付定制的解决方案，将运营设计提升到战略水平以适应不断发生的变化"[75]。这一定义凸显了以客户需求为导向理念的重要性。服务型制造企业和其他制造企业、服务企业、客户共同构建的面向产品服务系统开发、生产制造，以及运营的分散化企业网络，构成了服务型制造的价值网络。该网络可以是虚拟企业、企业联盟、产品服务系统供应链等组织形式。对价值网络的管理，旨在发现、组织协调各类分散的制造和服务资源，促进企业内部能力、外部能力和不同企业间流程的高效协同，实现服务型制造系统成员的合作多赢。

企业构建价值网络过程中并非单打独斗，而是通过嵌入到已有的某个价值创造网络当中，实现与网络中其他企业客户的价值共创。在价值共创中，价值网络的新加入者有机会更为深入地洞察和理解客户需求，为客户提供独特产品服务、创造独特价值，进而通过战略联盟、技术合作、兼并和相互参股等方式，培育和提升自身的制造与服务能力，形成自身独特的竞争力，使其在价值创造网络中占有一席之地。企业培育和形成核心竞争力的过程，也是企业明确战略目标、调整企业战略，优化组织结构、业务流程再造，打造优秀企业文化、提升员工综合素质与绩效的过程。参与企业制造与服务能力的提升优化以及核心竞争力的形成，有效地突破了原有组织、产业的边界，使得企业的边界日趋模糊化，势必会对价值网络各主体的力量、价值网络结构与协作机制带来一定的影响，使得价值网络始终处于动态调整、优化当中。各主体为了自身的生存与发展，需要借助信息技术和供应链管理技术，加强主体间合作来实现信息共享与协同运行，从而在为客户创造价值的同时，构筑和维护价值创造和价值管理体系，实现共赢。

四、风险管理

价值网络将服务型制造体系中处于不同地理位置、分属于不同产业的不同参与者连接在一起，各主体的通力协作，在为客户创造价值的同时，也使得制造业务流、资金流、物流、价值流、服务流和信息流相互交织在一起，加大了各主体面临的技术风险、运营风险和市场风险等。服务型制造系统面临的主要风险见表 3–7。因此，服务型制造企业需要对所有风险进行梳理，并对其进行有效识别、评估和预测，按照风险大小进行排序，并对这些风险的发生概率及其可能造成的损失进行评估，制定并实施降低风险的计划，把风险控制在可接受的水平；定期对风险和控制进行评估，以降低管理风险。比如，通过对价值网络结构的优化，完善各主体间的协作机制，提升企业间、企业与客户间的协同水平；通过增强对风险的感知能力，提升对风险的响应速度和应对能力，确保服务型制造系统的稳定性、动态性。

表 3–7 服务型制造系统面临的主要风险

风险类型	涵盖范畴
外部环境风险	供应风险、需求风险、技术变动风险、政策风险、自然风险以及突发灾害风险等
内部运营风险	价值网络的结构风险、运作机制风险
	流程风险和管理风险：质量风险、财务风险、信息安全风险、机械故障、人员安全等

五、企业管理变革

需求管理、能力管理、价值网络和风险管理等功能的发挥，有赖于企业管理的变革。传统制造企业以产品为中心，产品研发设计、生产制造、营销以及组织架构的设计与运营和企业文化等，都围绕着产品展开。传统制造业的转型升级，在价值创造方面，需要由以产品为中心向以客户为中心转变，各环节都需要围绕如何为客户创造价值，为客户提供个性化的产品与服务展开。企业的边界日趋模糊，“不为所有，但为所用”“合作、共享、共创、共赢、共生”的理念正逐渐被企业所接受和应用。

（一）转变观念，以客户为中心

服务型制造企业在价值创造方面，坚持以客户为中心、以需求为导向的基本理念，通过对客户需求信息的调查、评估、理解和再确认，对客户进行有效的细分，为客户提供个性化、定制化的产品服务和整体解决方案，为客户创造持续性的价值。服务型制造企业更加关注客户需求的满足，为客户提供的服务数量、服务广度与深度得到大幅度提升。服务型制造企业为客户提供的服务，不再是产品的附属品，企业与客户之间的关系不再是一次性的关系，而是一种长期、共赢的关系。

（二）组织变革与业务流程优化

基于企业战略目标、客户需求和内外部环境，需要企业对组织结构、业务流程进行优化。借助现代信息技术和先进的制造技术，由科层制组织向平台化组织结构转型，以破解科层制产生的部门墙、结构刚性和信息孤岛等问题，独立设立客户关系管理部门和服务业务部门，以提升企业的服务质量和对客户需求的响应速度。Davenport 和 Short 将流程界定为：为特定顾客或市场提供特定产品或服务而实施的一系列精心设计的活动。他们认为，流程强调的是工作任务如何在组织中得以完成。流程是面向顾客的，包括组织外部的顾客和组织内部的顾客；流程具有跨越职能部门、分支机构或子单位的既有边界的特性。在业务流程优化方面，需要企业对原来以产品为中心的业务流程进行改进，建立以客户为中心的业务流程。业务流程是以达成特定业务成果目标的一系列有逻辑相关性的任务。企业通过对客户需求信息的梳理、挖掘、确认，设计科学有效的服务流程，确定各关键环节质量评价指标与标准。企业内部开展一场全员参与的观念变革活动，增强全员的服务意识，并将这一意识应用到日常的工作当中。通过企业业务流程的优化，提升企业的服务质量以及客户的满意度与忠诚度。

（三）提升客户关系管理水平

服务型制造企业为了确保组织变革与业务流程优化的成效，践行以客户为中心的理念，需要提升企业的客户关系管理水平。客户关系管理是一个不断加强与顾客交流，持续了解顾客需求，并不断对产品及服务进行改进和提高，以满足顾客需求的连续的过程。客户关系管理理论认为，客户是企业的一项重要资产，客户关怀的目的是与客户建立长期和有效的业务关系。客户关系管理是一种旨在改善企业与客户关系的新型管理机制。基于以客户为中心的理念，搜集、研究和使用各种客户信息以便建立积极的客户关系，更好地满足客户需求，提高客户满意度、忠诚度和保有率，实现客户价值创造与企业盈利能力的提升。企业通过提升研发设计、生产制造、销售、市场和服务等相关人员的服务意识、服务技能，强化员工跟踪服务、信息分析能力，使企业与客户之间建立起一种稳定、高效的客户关系，为客户提供更快捷和周到的优质服务，提高客户满意度，吸引和保持更多的客户。在与客户互动过程中，及时获取更多有效的需求信息，并通过彼此的信息共享和优化商业流程，更好地满足客户需求，有效降低企业经营成本，实现企业与客户的合作共赢。

（四）强化人力资源开发与管理

服务型制造企业观念的转变、组织结构与业务流程的优化，客户关系管理水平的提升，需要一支结构合理、能力互补、团结高效的员工队伍。员工的服务意识、服务技能与质量及其绩效表现，直接影响到产品与服务的提供质量，因此，需要加强对企业人力资源的开发与管理。结合客户需求与企业价值观，对员工实施工作理念、业务知识与技能方面的培训，以期转变员工的工作理念，有效增强与提升员工的服务意识与服务技能，更好地服务于客户，助推传统制造向服务型制造转型升级。

（五）构建服务导向的绩效管理体系

通过企业绩效体系的构建，可以对企业的战略目标进行层层分解，实现战略目标的落地，绩效目标对于员工的行为及其绩效表现具有引导性和规范性作用。绩效计划的制定与绩效目标的确定，不仅可以明确每个部门与每位员工的绩效目标，实现绩效目标的途径与方法，而且可以引导和督促部门与员工更好地去实现绩效目标。通过绩效数据信息的收集，对绩效计划实施效果进行监控、评价，发现绩效计划实施过程中的不足，并采取相应的措施予以纠偏，确保绩效计划的有效实施。通过绩效考核对组织绩效、部门绩效和员工绩效进行全面、客观的评价，并予以及时的反馈，随后将绩效考核结果应用到企业的人力资源管理决策、服务质量提升等方面，并采取多项措施实现绩效改进。构建服务导向的绩效管理体系，应基于发展的理念，做好长期目标与短期目标的平衡，财务指标与非财务指标的平衡，量化指标与非量化指标的平衡，产品指标与服务指标的平衡，以正向激励为主、负向激励为辅，在绩效体系运行升级中，实现员工与组织绩效的提升，促进员工与企业的共同成长。

（六）构建服务导向的企业文化

企业文化是企业在长期的生产经营过程中形成的，被组织大部分成员所认同的价值观念、经营理念、团体意识和行为规范的总和。企业管理变革意味着原有的价值观和规范系统被打破，可能被更能适应环境变化和实现企业战略目标的价值观和互动方式所代替。随着服务型制造企业所处环境的日趋复杂，组织变革就成为一种常态。绝大多数的企业变革都会受到其现有文化的影响，甚至成为影响企业管理变革成败的关键因素。文化是一个组织共享的价值观和规范体系，会直接影响员工的态度和行为，而原有的企业文化又会对变革产生一定的阻力。因此，在企业管理变革中，企业所期望的新的价值观和规范体系是否形成并被绝大多数的员工所接受，显得格外重要。服务型制造转型，需要重塑企业的核心价值观和规范体系，比如，树立以客户为中心、以需求为导向的服务理念，构建合作、共享、共创、共赢和共生的文化生态系统，在协同创新中实现客户价值的创造，实现客户与企业的共赢。通过企业文化的变革，充分发挥企业文化的价值引领、行为约束的作用，使其成为企业发展的内驱力，提升企业竞争的软实力。

陕汽集团由传统制造业向现代服务型制造战略转型过程中，实施文化重塑，赋予德文化深刻内涵，在这种文化引领下，陕汽集团立足于“两个关注”（即：关注产品全生命周期，关注客户经营全过程），在整车和零部件产销的基础上，搭建了以物流与供应链为主，融合融资租赁、保险经纪、车联网服务等业务为一体的后市场综合服务平台，形成了针对客户需求的一揽子综合解决方案，不仅为客户提供卓越的重卡车产品，也为客户提供一体化赢利解决服务方案。在文化实践过程中，总结提炼成果“还文化于企业”，上——紧扣公司目标和战略；中——围绕生产经营中心，融入日常管理活动；下——渗透到班组，体现到员工，全方位促进文化落地。注重文化过程管理，抓领导——进班子，到成员，出思路；抓基层——进班组，到人头，出干劲；抓品牌——进市场，到客户，出效益。通过文化变革、文化建设实现了企业利益相关者的共赢，实现了企业的服务型制造转型升级。

六、企业基础设施升级

服务型制造实施过程中的企业变革，还需要企业基础设施的升级，构建智能制造系统，充分发挥新一代信息技术优势，推动服务型制造转型升级。《中国制造 2025》明确提出以智能制造为主攻方向，实现制造业转型升级。构建智能制造系统，是实施服务型制造的硬件基础。国家智能制造标准体系建设指南中构建的智能制造系统架构，从生命周期、系统层级和智能特征三个维度对智能制造所涉及的业务范围、装备等级、智能水平等内容进行了描述（图 3–6）；每个坐标轴代表一个维度，从三个维度介绍了智能制造的对象和范围，指导各行各业开展智能制造工作[76]。

智能制造系统是实施服务型制造的硬件基础。服务型制造的主要生产模式是个性化定制，通过对分散的客户资源、生产资源与服务资源的整合，为客户提供多元化、个性化、低成本的个性化产品。为了推进传统制造业向服务型制造的转型，需要基于互联网、物联网和大数据等现代信息技术，构建智能制造系统，发展智能制造技术，对传统机器设备进行改造升级，形成服务型制造的制造执行系统（MES）。通过资源分配及状态管理、工序详细调度管理、生产单元分配管理、数据采集、质量管理、过程管理和生产的跟踪及历史等功能的发挥，对从订单下达到产品完成的整个生产过程进行优化管理。当工厂发生实时事件时，MES 能对此及时做出反应、报告，并用当前的准确数据对它们进行指导和处理，以提升资源、设备的响应速度，减少企业内部没有附加值的活动，有效地指导工厂的生产运作过程，提高工厂及时交货能力，改善物料的流通性能，提高生产回报率。智能制造是基于新一代信息通信技术与先进制造技术深度融合，贯穿于设计、生产、管理、服务等制造活动的各个环节，具有自感知、自学习、自决策、自执行、自适应等功能的新型生产方式。

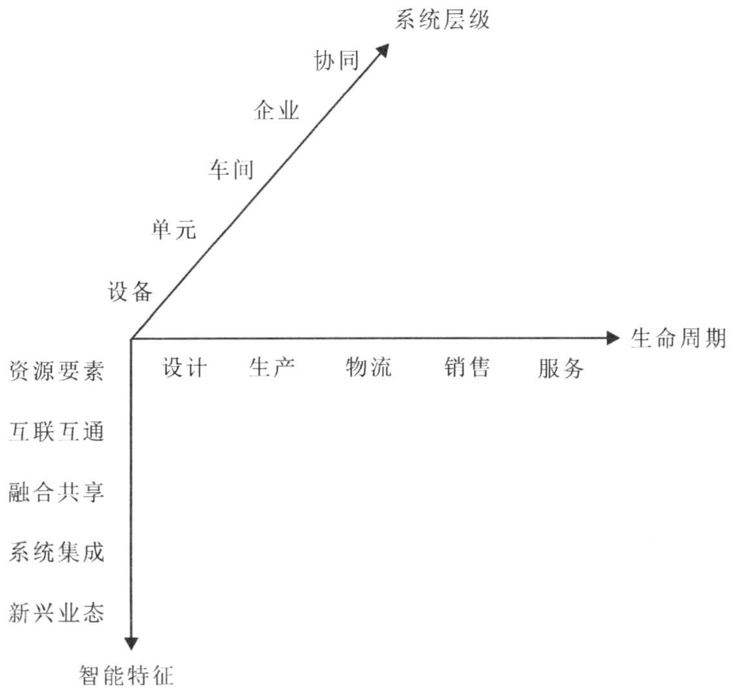

图 3–6 智能制造系统架构图

资料来源：工信部、国家标准委.国家智能制造标准体系建设指南（2021 版）[EB/OL]. https://www.miit.gov.cn/xwdt/gxdt/sjdt/art/2021/art_47d5b1b9a13945cb9c2f8820b3d9e76d.html

随着信息物理融合系统（CPS）研究与应用的不断深入，CPS 技术能够通过分布式网络化的方式将传统的集中式控制模式转变为分布式控制模式，将逐步消除传统的行业界限，进而促进传统制造业产业链分工的更新换代。在智能制造方面，可以实现智能机器、智能工厂和智能服务系统的相互连接与融合，形成更为强大的、面向产品服务系统开发、生产与运营的制造系统，最终有效实现信息技术与物理系统的深度融合。这里的智能机器设备不再只是“加工”产品，取而代之的是，产品通过通信手段向机器传达如何采取正确操作；机器向企业自助申请所需的物料；企业向供应商自助采购所需的原材料、零部件等[77]。因此，在 CPS 的支持下，需要构建智能制造、智能经营、智能设计、智能产品、智能决策等五大系统。基于物联网、服务网建立智慧工厂、智能生产系统，将制造业企业设施、设备、组织和人互联互通，集计算机、通信系统、感知系统为一体，实现对物理世界安全、可靠、实时、协同感知和控制，对物理世界实现“感”“联”“知”“控”；实现生产过程的透明化，促进工业化、信息化的深度融合，推进服务型制造转型，更好地满足客户个性化的需求。

第六节　发展服务型制造的障碍

服务型制造，从表面上来看是传统制造企业的生产模式、经营理念的变化，但从深层次来看则是企业发展战略的变化。在战略调整与实施过程中，势必会受到传统管理模式、企业文化、机制制度、人员及其观念等各方面的影响，阻碍企业服务型制造转型，因此需要对发展服务型制造的障碍进行分析，以期为后续的服务型制造转型提供依据。

一、服务化悖论现象的挑战

为了提升我国制造业在全球产业价值链的地位，相关部门在《中国制造2025》《加快发展服务型制造》《发展服务型制造三年行动计划（2016—2018年）》等文件中多次作出部署，鼓励制造企业服务化转型，强调发展服务型制造是坚持走中国特色新型工业化道路、推动工业转型升级、建设“制造强国”的重要战略选择。但是从相关研究与实践来看，并非所有实施服务化战略的制造企业都能实现服务化绩效和竞争优势的显著提升。Gebauer（2004）等研究发现，诸多制造企业在服务化转型过程中加大投资用以拓展服务业务、增加服务种类，但由于成本的增加，服务收入的增长却并不乐观，制造企业未能在服务化转型中获得预期的回报，并将这种现象称之为“制造企业的服务化悖论”[79]。国内外学者对于服务化悖论进行了深入研究，认为服务化悖论成因主要来自于组织问题，由于组织文化、组织结构、内部流程、供应链合作、资源整合等组织因素的僵化，制约了传统制造企业的服务化进程和绩效提升。众多知名企业服务化转型失败，似乎证实了制造企业转型过程中存在难以逾越的服务化悖论。服务化悖论现象的存在，给那些想实施服务型制造转型战略的传统制造企业带来了一定的压力和挑战，势必影响其转型信心。一些学者针对服务化悖论现象，做了深入研究与有益的探索。赵振（2016）从价值创造视角，将服务化悖论归纳为顾客接近悖论、战略一致性悖论和行业资源能力悖论等三大悖论，基于“互联网+”模式，提出服务化悖论的缓解机制。通过“脱媒”功能使制造企业跳过渠道商直接与消费者建立联系，有效克服顾客接近悖论，促进制造企业服务化的实现；通过对组织的行为模式一致、心智模式的共同理解、多主体间的同步协作缓解战略一致性悖论；以互联网导致的“单边锁定弱化”克服行业资源能力悖论[80]。

二、行业特征的影响

行业特征也会影响到制造企业的服务拓展与服务化，集中体现在行业成长速度、市场的不确定性和产业竞争程度等几个方面。在行业成长速度方面，当制造业成长速度较快，市场对于相关产品的需求较大时，企业完全可以通过使用先进的生产设备、优化生产工艺流程、提升产品质量和生产效率，增大市场供给获得大量利润，而延长产业链条，生产过程数字化，创新产品服务和为客户提供多样性、定制化的服务，不仅会增加企业的成本投入，而且还会使企业承担创新过程中可能产生的多种风险，因此，对于以利润最大化为目标的企业而言，企业服务型制造转型的动力不足。

在市场稳定性方面，市场的稳定程度也会影响到制造企业的服务拓展与服务化。对于生产、运营、供给和营收都稳定的企业，其服务型转型和企业变革的动力不足；对于那些处于市场需求高度不确定性的行业，市场需求的不确定性给其生产、运营和营收等都带来了严峻的挑战。服务的长期重复交易性，以及企业对于持续经营与发展的强烈诉求，促使这些企业在发展产品、提升智能制造水平的同时，发展与产品运营维护、保养、金融、物流和咨询等相关的多项服务。通过创新发展产品与服务，更好地应对因市场需求波动给企业收入造成的影响，以期获得持续稳定的收入。同时在市场需求波动较大的行业，要确保企业的生存与发展，就必须及时、准确地获取并理解和满足客户的需求。

行业竞争程度的强弱也会影响到制造企业的服务拓展与服务化。在竞争弱的行业，尤其是处于垄断行业的制造企业，由于独特的行业特点与行业地位，其往往无须过分关注客户需求与客户感受，仍然会以产品为中心，生产什么就销售什么，在产品与服务创新方面并不需要付出更多的努力便可以获得较为稳定的收入。因此，当行业竞争程度较低时，企业实施服务型制造战略的动力不足。当行业产品服务日趋同质化、行业进入成熟期乃至衰退期，行业竞争会变得十分激烈，如果企业在研发、生产制造或者品牌等某个方面或多个方面具有一定的竞争优势，往往会与客户之间建立长期稳定的关系，有利于企业服务型制造转型。

三、战略变革的阻力

传统制造企业实施的往往是产品导向战略，而服务型制造企业则必须以客户的需求为驱动，因此，在服务型制造转型过程中，势必会面临来自组织、部门和员工等各方面的压力，因为，组织上下所有成员在日常的生产经营中，已经习惯了产品战略实施过程中所搭建的组织架构、塑造的企业文化、逐渐形成的思维方式、习惯了的工作流程与工作方式以及原有的分配机制等都需要做出调整，甚至是颠覆性的，势必使一些部门与个人的利益受到损失，因此，需要给企业及其员工留有一定适应与调整的时间，做好企业发展与员工成长之间的平衡，在变革中确保企业与员工之间目标的一致性，如果解决不好这些问题，势必会引起管理者与员工的不满，阻碍服务型制造转型。

企业在实施服务型制造战略过程中需要不断创新产品与服务，以更好地满足客户需求。无论企业的规模有多大，实力有多强，其资源是有限的，所以，如何平衡好产品研发、生产制造与服务的资源投入就显得尤为重要。在资源既定的情况下，如果企业大力发展服务领域，为客户提供更多高质量的服务项目，势必会影响到对产品研发与生产制造的投入，导致产品迭代速度放缓，生产制造技术革新受阻，创新不足，进而影响到产品的后续服务。如果企业对于环境、市场和自身资源与能力判断不够准确，可能会导致企业资源与能力无法满足制造业务与服务业务的顺利开展，出现制造业务与服务业务对资源的争夺，从而陷入资源困境，或者出现制造与服务相互补贴的现象，导致强者不强、弱者不弱，降低了企业资源的利用率和价值创造能力，使得企业绩效出现下滑。因此，合理配置企业资源和能力，使之与服务环节相适应，是企业服务转型的关键。当服务业务并未给企业带来显著收入或者出现服务化悖论时，企业将会面临更大的经营压力，由此可能会做出艰难的抉择——减少或停止对服务业务的资源投入，又回到制造转型之前的状态，从而影响服务型制造转型战略的实施。

制造与服务两大业务对于企业内外部资源的争夺，会影响到战略的一致性，即在企业任务执行中必须做到战略聚焦，使组织能力的合力大于分散使用。作者认为，由于制造业务与服务业务的特点、利润创造来源和各自关注焦点的不同，服务型制造转型很难保持战略一致性。服务型制造要求企业不仅要关注产品的研发与制造，而且还要关注客户的多种需求，包括客户在使用产品过程中所产生的衍生需求，因此对于产品改进、服务设计与交付，服务流程、服务技能和服务质量等方面提出了更高的要求。在战略实施过程中，制造与服务的关注点是不同的，制造业务的关注点在于，如何通过采用先进的制造技术，以及对各类互补性资源的整合，使资源与资本规模扩大，以获得超额的利润，强调对供给面的控制；而服务业务更加关注服务的个性化、情感化和独特的文化品质，更多强调对需求面的控制。制造业务与服务业务的关注点、利润创造过程不同，因此对于企业业务流程、知识技能积累、人力资源开发和资源需求等方面的要求也会有所不同，如何将制造业务与服务业务很好地融合，有效率地集成为完整的“组合包”显得格外重要。在制造业务与服务业务相互融合的过程中，对于产品与服务的开发、生产过程本身就是创新的过程。这种创新，不仅需要投入大量的资源，这些投入又具有诸多的不确定性，而且会对企业的组织架构、企业文化、业务流程带来冲击，导致传统工业范式的改变，可能会使企业传统制造优势丧失殆尽，影响到传统企业服务型制造转型。

四、产品与服务整合的障碍

新制度学派认为，产品（实体产品或服务）实际上由产业的生产制度结构决定， 产品生产是产业网络中不同行动者在资源、能力方面合力作用的结果，产品其实是“行业资源和能力”的组合计划。企业需要嵌入到特定的网络中，与拥有不同资源和能力的参与主体互动，如果产品类别超出了这种网络关系的资源和能力的范围，则其生产与交付将难以实现。从这种意义上来说，服务型制造转型将会使企业嵌入到两种不同的网络关系中，并且需要企业对两种不同网络关系中的资源和能力加以整合与利用，而这势必会给服务型制造转型带来一定的难度。由于服务具有无形性、不可储存性、生产与消费的同步性和异质性等特点，使得服务呈现出价值链较短、要素整合机制扁平化以及要素提供者的多样性。制造与服务涉及的两种网络，其关注点与优势也会有所不同，制造网络更加专注于先进制造技术、资本运营、原材料或者中间产品的属性，而服务网络则更关注于与客户间的互动沟通、服务人员的服务能力与服务质量、服务过程的监督控制。制造与服务关注焦点的差异性，使得企业很难同时整合与协调好两个网络的生产要素，同时还面临着两种完全不同的治理结构，势必会阻碍传统制造企业向服务型制造的转型。

服务型制造是基于制造的服务，产业链的延伸很可能会与之前的供应商、中间商等合作伙伴形成竞争关系，影响先前形成的较为友好、稳定的合作关系。业务结构的变化，不仅会引起资源结构、竞争关系的变化，而且会增加有关服务创新的成本与风险，一旦服务业务的绩效不佳，就有可能出现服务化悖论现象，影响服务型制造转型。企业在制造服务与服务业务融合的过程中，需要拥有专门的知识与技能，当制造与服务之间的关联性较强时，制造领域的专有知识与技能往往能够更好地推动服务业务的发展，为客户提供高质量的产品运营过程控制、维修保养和技术咨询等服务，进而产生知识资源的正溢出效应，有效实现产品与制造的有机融合。当制造与服务之间的关联性较弱时，不仅不能出现产品与服务的相互融合、相互促进，而且很难出现知识资源的正溢出效应。因此，在传统制造企业服务型制造转型实践中，基于对市场需求调查、确认的基础上，对产品与服务进行整体设计，形成整体解决方案。基于产品制造，采用多种措施，实现服务设计的模块化。通过模块化设计，使各模块有效组合，以满足市场上不同客户的需求。因此，企业不仅要不断提升企业综合实力，培育和形成自身的核心竞争力，同时要增强对企业内外部各类资源的整合能力，加强企业对于产品与服务的整合能力，在整合过程中实现知识、能力的共享和创新。

企业在不同发展阶段的资源和能力会有所不同，可以将制造企业服务衍生划分为基础性服务衍生与提升性服务衍生。依托于优势制造资源，基础性服务衍生大都是围绕已生产完成的标准化产品展开，服务多集中于后市场端；提升性服务基于客户的个性化需求，提供承载于产品的定制化服务，内容包括“产前 + 服务包”“产中 + 服务包”，提升性服务衍生对企业资源整合能力提出了更高的要求。

五、观念转变的挑战

传统制造型企业的服务型转型，需要企业上下全体员工转变观念，否则会使服务型制造转型受到极大的挑战。观念转变主要涉及市场观念、销售观念、产品观念、客户观念、自我定位等方面的转变，具体见表 3–8。

表 3–8　服务型制造转型企业全员观念转变的具体表现

观念类型	具体表现
市场观念	从交易型市场向关系型市场转变
销售观念	从卖产品向卖服务和能力转变
产品观念	从生产产品向生产产品服务系统转变
客户观念	从想要拥有产品到乐于拥有服务转变
自我定位的转变	从“以企业为中心，以产品为导向”，向“以客户为中心，以需求、服务为导向”转变

服务型制造战略转型，首先需要转变员工的市场观念、销售观念等多种观念，但其最终落脚点还在于服务方面，服务型制造将客户放到更为重要的地位，通过对客户需求的调查、确认和满足，鼓励客户参与到产品服务的设计、开发、制造与服务当中，从而与客户建立广泛联系，实现价值的共创和共赢。这些转变，给企业带来了巨大挑战，员工在摒弃过时价值观念的同时，往往会产生不适感，于是会采取多种措施来抵制变革，这一方面是员工对于战略缺乏理解，另一方是员工面对转型可能带来的不确定性、组织结构变革、可能危及自身利益等产生的恐惧。

传统制造企业为了确保获得持续的竞争优势，开始了服务型制造转型的探索，不仅通过新一代信息技术的应用，实现生产制造的智能化与数字化，而且加大了服务创新的力度：基于客户需求的服务创新，在提升客户满意度和忠诚度的同时，实现客户消费的增加和价值的增值，以及企业市场地位的提高和利润额的增加。企业实施服务型制造转型战略，必须树立和践行以客户为中心、以需求为导向的基本理念，通过与目标客户的持续深入的沟通，充分理解和挖掘客户需求，对市场的未来需求做出准确研判，以高质量的产品与服务予以回应。要通过企业文化手册、微信、企业网站、企业内部评优评先等线上线下相结合的多渠道多方式，使员工深刻意识到，理解和满足客户需求，不仅可以促进消费，提高客户的满意度和忠诚度，而且可以推动企业的战略转型、产品与服务的创新。企业通过为客户提供针对性、个性化的产品服务或者整体方案，不仅可以提升企业竞争力，更有利于企业、客户与员工的共赢，进而逐渐引导员工转变观念及优化工作方式方法，更好地推进企业服务型制造转型。

六、组织变革的挑战

根据环境—战略—结构权变理论，组织绩效依赖于环境、战略和结构三个变量的匹配，服务型制造企业的组织因素会调节服务战略对企业绩效的影响，因此，制造企业要想成功进行服务化转型，则有必要将服务战略与组织结构匹配起来，并与外部环境相适应[81]。目前，对于制造企业服务战略和组织结构研究大多基于传统工业情境，其中对组织结构的研究，则主要考虑的是企业内部组织要素。在互联网、大数据技术广泛应用的大背景下，企业间跨地域、跨行业、跨价值链的协作成为常态，各主体在知识、技能和能力等资源的共享与价值共创方面日趋频繁，导致企业边界日趋模糊，对组织结构带来了巨大冲击。Neu 和 Brown 根据环境—战略—结构权变理论和竞争的资源优势理论，探究产品主导企业 B2B 服务成功的因素。通过案例研究发现，当制造企业面对的市场具有技术环境高度动态、目标顾客多样、顾客需求异质等特点时，需采取市场和顾客中心导向的服务战略，在组织结构方面就要整合业务单元责任，进行企业内协调、顾客协作以及下放决策权。Oliva 和 Kallenberg 认为，制造业服务化成功的关键因素是创立一个独立的服务组织，即使在企业转型的早期也作为独立的利润中心。Oliva 等还运用大样本验证了独立服务组织对财务绩效所具有的显著的正向调节作用[82]。目前，国内一些已经进行服务型制造转型探索的企业，往往针对服务业务设立与企业制造业务协同发展、独立运作的服务部门，统一负责企业的服务业务，按照独立的运营管理体系运行，从而极大地降低了企业组织能力不足的风险。

为了推进传统制造企业的服务型制造战略转型，企业在知识获取、能力培养和组织结构等方面必须进行变革，以适应数字化背景下复杂多变的市场环境与行业环境。在知识与资源的获取方面，企业不仅要获取新知识、新技术、新产品、客户创意和服务创新等方面的知识，还要获取客户的需求信息并对其做进一步的确认。在能力培养方面，加强供应链方面的跨界协同能力的培养，培养和提升对客户需求的理解、确认和满足能力。在组织结构方面，企业需要结合产品、市场需求特点，对组织结构进行优化，以便更好地适应业务流程的变化和应对市场需求的多元化、个性化和复杂化。对全员进行有关服务战略转型、服务技能与知识以及服务意识等方面的培训，并且在企业内部招募一批服务能力强、服务意识强，有一线工作经验的员工，形成强有力的服务团队，为客户提供有针对性、个性化的产品与服务或者整体解决方案，提升客户的满意度与忠诚度。组织变革牵涉到企业的方方面面，如果变革受阻或失败，可能会引发连锁反应，因此，在拥有强大变革勇气的同时，企业还应该有明确的变革思路和翔实可行的变革方案。

七、流程变革的挑战

服务型制造网络是服务型制造的组织模式，它是一种基于顾客、制造企业和服务企业等价值模块协同化运作组成的网络组织。客户需求趋于个性化、定制化，使得客户需求的不确定性大大增强，为此，企业必须转变观念，以客户需求为导向，通过与客户的充分沟通，为其提供量身定做的解决方案，实现充分的协作、价值共创与共享。由于服务型制造网络中节点企业数目与类型繁多，使得各参与主体在信息交换与联系方面变得错综复杂，因此，服务型制造网络流程存在着更多的不确定性。

服务型制造网络的组织结构具有松紧结合的特点，其核心层中各参与主体之间业务往来较多，合作较为紧密，关系较为持久，在整合服务型制造价值链当中扮演着重要的角色。处于该网络中松散层的各节点企业，主要围绕核心企业开展业务。服务型制造网络各参与主体也会随着时间的推移以及环境和市场等因素的变化有所调整，如某个合作单位不能满足项目任务的要求，则会被其他新的合作企业所代替。因此，从这一角度来看，服务型制造网络组织与流程呈现出相对松散、动态和复杂的特性。

与传统制造企业相比，服务型制造网络吸引了大量制造企业、服务企业和客户参与其中，一般而言，参与的主体越多，关系越复杂，对流程的可靠性冲击越大。客户需求的多样化、个性化，及供应商的动态性，加之制造工艺的多样性与复杂性，即使是同一类型的产品，也可能有多种不同的制造流程，导致原来以产品为中心、批量化生产的模式，已不能较好满足目前的需求。服务型制造中相关服务任务的模糊性和不确定性，需要企业的生产、服务流程具有较高的柔性。客户需求的多元化与不确定性，使得企业对服务型制造网络流程进行优化势在必行。

八、人员的变革

传统制造企业服务型制造转型，离不开一批服务意识、创新意识强，具有较强市场敏锐性、研发设计与制造能力，服务技术娴熟、行动力强的员工。服务型制造对员工的知识与技能等提出了更高的要求。为此，服务人员首先必须树立和践行以客户为中心、以需求为导向、一切为客户创造价值的理念。其次，客户需求的个性化和服务的无形性，服务的生产与消费的不可分离性，需要服务人员与客户的充分沟通，要求服务人员必须具备扎实、全面的服务知识储备，以及对相关资源的整合管理能力，并且能够根据客户的需求提供多样化服务。因而，员工观念的转变，知识、技能的更新提升和技能结构的优化，将成为影响服务型制造转型成功的重要因素之一。加强对员工的培训与开发，持续提升员工的综合素质，才能为客户提供高质量的服务。

九、激励制度的变革

传统制造企业对员工的激励，多围绕产品的生产制造展开，关注的是产品生产过程中的价值增值以及生产的质量与生产成本费用的控制等。服务型制造背景下，企业则主要围绕客户需求满足和客户价值创造展开，基于产品制造的服务越来越重要，因此对传统的激励机制与制度进行变革势在必行。为了培育和形成市场竞争力，服务型制造企业需要不断提升其服务创新能力，包括各合作主体共同参与和通力合作能力的培育和协调。冯小亮等人认为，合作企业参与开放式服务创新的动机具有多重性，它们不仅想获得一定的收益，还想获得制造企业、同行和社会的认同[83]。因此，制造企业不仅要对合作企业进行收益激励，还要对合作企业进行声誉激励。因为收益激励属于短期激励，一旦停止或减弱，将会直接影响合作企业的努力程度；而声誉激励属于长期激励，声誉激励所产生的社会认同感，对于合作企业保持长期努力和积极性具有重要激励作用，有利于合作各方找到利益的契合点，形成长期、稳定的合作关系，并实现共赢。为了推进服务型制造转型，应做好企业内部以及合作企业之间的激励机制变革。坚持短期激励与长期激励相结合、物质激励与声誉激励相结合的原则，做好个人利益与组织利益以及风险与回报的平衡，从以下方面加大变革的力度[84]。

首先，营造尊重和信任的企业文化氛围，优化绩效考核指标体系。在服务型制造企业内部培育一种合作共赢、尊重人才、尊重知识、尊重创新、鼓励创新和包容失败的企业文化氛围，通过文化引导，使更多的员工、客户参与到产品创新、技术创新、管理创新等一系列活动当中。服务型制造企业还应营造一种信任的工作氛围，通过给员工、合作单位赋能，提高他们的自主性、积极性和创造性。尊重与信任文化的塑造，要落脚在企业的绩效考核指标体系当中，在绩效指标设置和标准确定时，凸显服务在价值创造过程中的核心地位，弱化对产品生产过程中的价值增值的过分关注，摒弃将服务仅仅看作产品的附属物的观念。同时，在产品服务系统中，要做好产品与服务之间的平衡，不能偏废。

其次，建立科学有效的声誉评价体系，并对评价结果予以及时的反馈。合作企业声誉的好坏、努力程度和创新能力的强弱对于服务型制造企业的声誉、创新能力和服务型制造转型成败有着极大的影响。因此，服务型制造企业应构建科学有效的声誉评价体系，定期不定期地对合作企业进行声誉和创新能力的评价，并且结合评价结果给予不同的政策，与那些合作意愿强烈、声誉良好、服务创新能力和知识转移能力强的合作企业建立长期稳定的合作关系，并给予及时的认可、褒奖和更高的报酬。通过企业官方网站以及多种新媒体平台，大力宣传合作企业的创新成果和创新事迹，在集中采购、技术、服务招投标中予以优先考虑；而对于那些声誉不佳的合作则企业予以淘汰或降级。

十、文化惯性

以客户为中心、以需求为导向的理念，势必给关注产品技术、效率与规模的原有企业文化带来极大的挑战，文化惯性也是阻碍传统制造转型的要素之一。服务型制造需要服务业务与制造业务的相互融合与平衡，需要服务文化与制造文化的融合与平衡。传统制造企业强调标准化、流程化、高效率、低成本、统一指挥与等级，而服务型制造则强调以价值创造为中心，以客户需求为导向，合作共赢，跨组织协同和组织的扁平化、平台化。产品制造强调技术的先进性与创新性以及对成本的控制，而服务更关注“人”与组织文化。如何协调产品制造文化与服务文化由于价值理念不同而导致的文化冲突，将成为转型是否成功的关键。企业文化具有导向功能，企业文化中的经营哲学决定了企业经营的思维方式和处理问题的法则，企业共同的价值观念规定了企业的价值取向，使员工对事物的评判形成共识，有着共同的价值目标和行为准则。在服务型制造转型过程中，如何规避固有文化的惯性显得至关重要。从对以往实施服务型制造转型的失败案例研究来看，很多都与企业的企业文化惯性有着密切的关系。服务型制造转型的关键在于如何结合企业转型目标，综合考虑企业能力与拥有的资源状况和企业文化现状等因素，以价值创造为中心，以客户需求为导向，凸显人的主观能动性，对现有企业文化进行变革，其成功与否，将直接影响服务型制造转型的效果。

第四章 服务型制造的经济学分析

本章主要基于交易成本理论、资源基础观理论、价值链理论、竞争战略视角对服务型制造模式进行了全面深入的经济学分析。

第一节　基于交易成本理论的服务型制造分析

一、交易成本的概念与内涵

交易成本理论（transaction cost theory，TCE）又称为交易费用理论，使用比较制度分析方法研究经济组织制度的理论。该理论最早由芝加哥大学科斯（Ronald H. Coase）教授于1937年在其论文《企业的性质》中提出，后经威廉姆森（Oliver E.Williamson）教授发展成为现代经济学的一个重要分支——交易成本经济学。Coase（1937）在对企业的存在原因进行分析时指出，市场和企业是两种不同的资源配置方式。市场是由价格机制引导的，资源在价格机制的作用下，会自动地从低效率领域转到高效率领域，从低能力的人手中转移到高能力的人手中。在企业内部，资源则是在权威的指挥下实现配置和再配置的，价格并不是一个敏感指标。交易成本理论从交易成本的视角解释了企业存在的原因以及组织如何选择恰当的治理结构与治理交易关系。他指出，不同的交易类型具有不同的属性，会产生不同的成本，组织应该根据不同类型的交易，选择具有不同效率与之相匹配的组织形式，从而达到节约交易成本的目的。交易成本主要包括搜寻成本、信息成本、谈判成本、拟定合同、监督合同执行的成本、执行成本、转换成本和违约成本等，根据交易成本发生的时间，威廉姆森把交易成本划分为事前与事后两大类。它是市场机制运行的“摩擦力”，市场中不完全竞争、信息不对称、不确定性和机会主义行为等因素的存在，迫使企业试图以内部组织替代外部市场，以行政安排替代市场交易来配置资源，进而提高交易的确定性，以降低交易成本。

交易成本理论中蕴含着两个行为假设，即有限理性与机会主义。有限理性假设认为，由于信息处理以及认知能力的限制，决策者不可能获取可选择方案的全部信息，因而人是有限理性的。不确定性是指由有限理性和机会主义导致的外部冲击和行为不确定性，它们共同构成事前交易和事后交易的不可预见的状态依赖。不确定性假设认为，社会环境与行为具有不确定性特征，在不确定性程度较高的情况下，有限理性将会表现得更为明显，同时可能会产生更多的问题。比如，市场环境的不确定性，将会降低企业响应速度，影响企业的适应能力。行为方面的不确定性则会影响企业对其绩效进行评估的能力。经济学假定人的行为是自我利益的追求。对自我利益的追求分为三个层次：机会主义、简单的自我利益追求和服从。交易成本理论假定人对自我利益的追求是机会主义的。因此，交易成本理论假定经济人行为是有限理性且机会主义的。机会主义假设认为，只要机会允许，决策者就会实施投机行为，以增大自身的个体利益。这里的投机行为不但指直接的撒谎与欺骗，还包括隐性的诡计等内容。有限理性致使契约是不完全的，契约必须在机会主义存在的前提下发挥保护的作用，预防其可能造成的不利影响。所以，交易成本理论也认为契约是不完全的，不仅需要前期的协商，更需要事后的治理。沿着威廉姆森交易费用的分析框架和“有限理性”“机会主义”“资产专用性”“不确定性”“市场环境”“交易的频率”等分析维度，国内外学者对交易费用理论进行了扩展研究。

二、交易成本的维度

交易成本理论不仅认为交易是最基本的分析单位，而且把治理视为注入秩序的方式，从而减少冲突、实现相互的收益。Commons 等人认为交易的形成一般包括三个阶段——冲突、亲密程度的增强和最终形成交易[85]。威廉姆森为了进一步区分具体各项交易之间的差异，从交易中的资产专用性（asset specificity）、不确定性程度（uncertainty）和交易频率（frequency）等三个维度对交易进行了比较，区分不同的交易。这一区分有利于更为细致地把握不同交易的复杂程度，也为进一步深入分析交易费用问题提供基础。

（一）资产专用性

资产专用性，是指为支持某项交易而进行的投资所形成的资产，这些资产一旦形成，转移到其他用途的难度越大，价值损失就会越大。如果交易过早地终止，可能导致专用性资产无法得以补偿。因此，资产的专用性越强，越需要交易双方构建一种长期稳定的契约关系。威廉姆森将造成资产专用性的因素划分为三类，即资产本身的专用性、资产地理区位的专用性和人力资本专用性。

由此可见，专用性资产在物质、场地、人力和技术方面都存在，资产专用性实际上是衡量某一资产对交易的依赖程度，资产专用性也成为影响人们选择不同交易组织方式的最重要原因。

（二）交易的不确定性

交易的不确定性是交易的第二个维度，“不确定性”是社会经济生活中的一大特点，它从多个方面对经济社会运行产生影响。一般认为，在交易当中各主体既要面对来自环境、市场的不确定性的影响，又要面对来自于交易对方行为的不确定性的影响。环境或市场的不确定性是指市场未来状况的不确定性。比如，人们很难准确预测产品未来的技术发展趋势、速度、产品价格和需求等情况。对此，威廉姆森认为，行为上的不确定性即由于策略性地隐瞒、掩盖或扭曲信息等机会主义行为而引起的不确定性。在不同的交易中不确定性所起的作用和约束交易的程度是不同的。一般而言，短期的一次性交易的不确定性的影响相对较小，长期交易的不确定性的影响则比较大。交易不确定性的存在意味着交易决策必须是适应性和连续性的，需要设计相应的治理结构，以弱化由于不确定性给交易各方带来的影响。为了避免各种不确定性给交易双方造成损失，需要交易双方把交易契约尽可能地写得更为详细一些，尤其是那些可能会发生的情况及各方在各种情况下的责任都应做最详细的规定。

（三）交易的频率

交易的频率是交易的第三个维度，交易频率是指在特定时期内同一类交易发生的次数，它从时间的连续性上表现了交易的状况。交易频率可分为一次、数次和经常三类。在现实经济生活中，不同类型的商品交易频率会有所不同。交易发生的频率是影响交易成本和收益的一个重要因素。在一定的资产专用性和不确定性条件下，所进行的交易如果不是经常性重复发生的，这种成本就很难补偿。一般而言，资产专用性越强，不确定性越高，交易规模越大，频率越高，建立专门的规制结构就越具有经济性。另外，当企业交易频率高的时候，企业纵向一体化的收益越高，其程度也会越深。因此，在不同的交易维度下所发生的交易各不相同，相应的契约行为和治理结构也会千差万别。

交易成本理论中除了资产专用性、不确定性程度和交易频率等三大维度外，其实还涉及交易成本的模糊性以及与其他交易的关联。在实践当中，由于很难对一些交易的实际成本费用进行测度，导致交易成本的模糊性。比如，一般而言，产品质量、产量会受到产品设计、生产人员技术技能水平、生产工艺流程、原材料、机器设备、生产环境等多种因素的影响，究竟是设计的先天不足还是生产人员的问题，是机器设备的问题，还是由于工艺流程的影响，或是多种因素共同作用的结果，很难将其分开单独核算，导致交易成本的模糊性。汽车租赁公司将汽车出租给不同的客户，汽车租赁公司很难判断汽车的某些磨损究竟是由哪位租赁者在使用过程中过度使用所致，还是由于保养不善或是汽车本身的生产质量所致。因此，当交易成本存在模糊性时，参与交易者往往会选择那些实际交易成本较为容易测度的方式进行交易。

二、交易成本理论的发展演变

（一）交易成本的分类

科斯在《企业的性质》一文中创造性地提出了交易费用的概念，他认为科层制和市场机制是两种不同的资源配置方式，企业是市场机制的替代物，而且利用价格机制是有成本的，即通过市场交易会产生包括搜寻成本、谈判成本、签约成本、监督成本、执行成本和违约成本在内的一系列成本。当企业内部的组织成本小于市场上的交易成本时，企业就出现了，此时“一系列的契约被一个契约替代了”，以达到节约交易成本的目的[86]。科斯还认为，交易成本是一种利用价格机制所导致的成本，企业组织在替代市场时同样也会产生管理费用成本。科斯指出，市场运行中存在着交易费用，而交易费用主要包括以下三个方面的内容：

第一，交易中发现相对价格的成本，其中包括获取和处理市场信息的费用。由于市场中价格等信息的不透明性、未知性和不确定性，需要通过对相关数据信息的搜集、获取，变未知为已知，但是搜集有关交易对象和市场价格的确定信息必须付出一定的费用。

第二，为达成市场交易而进行的谈判和监督履约的费用。主要包括讨价还价、订立合同、执行契约并付诸法律规范而必须支付的有关费用。

第三，其他成本，虽然合作各方签订长期合同有助于节约各方的成本费用，但由于未来的不确定性，无法在契约当中明确所有的事项，这些未知风险的存在与发生将会产生相关的费用。

威廉姆森认为，市场、企业和二者的混合形式等使得各种组织之间形成相互替代与互补的关系，从而让各种组织内部得到有效治理。威廉姆森认为，当市场交易费用很高时，企业就不会再利用市场进行资源配置，而采取企业这一组织形式，通过交易的内部化来降低交易的成本与费用。威廉姆森强调契约的重要性，认为“交易费用在经济中的作用相当于物理中的摩擦力”，并将交易成本分为事前成本和事后成本两部分。事前成本是指因为交易的双方都对未来没有明确的把握，因此需要在事前将双方的义务、权利以及责任规定清楚，而这些是需要耗费成本的。事前成本一般包括协议的起草、谈判和维护等费用。其中的维护费用尤为复杂，它与一般所有权、可信承诺与诚实、契约争端的法律裁决有关。交易成本的事后成本一般包括交易偏离一致性后所产生的不适合成本、双方矫正事后不一致性所产生的讨价还价成本、与规划结构有关的设立与运行成本以及实现可信承诺的保证费用。事前成本与事后成本两部分相互联系、相互影响。

张五常在《经济组织与交易成本》一文中认为，可以将交易成本看作是一系列制度成本之和，其中包括信息成本、谈判成本、拟定和实施契约的成本、界定和控制产权的成本、监督管理的成本和制度结构变化的成本。简言之，交易成本包括一切不直接发生在物质生产过程中的成本[87]。许文恭（2002）将交易成本分为正常交易成本和不适应交易成本。其中，正常交易成本是指企业在遵循相关法律、法规、政策和商业惯例的条件下存在的交易成本。主要涉及企业内、外部交易成本和政策性交易成本。不适应交易成本是指在交易规则发生偏差或产生纠纷时而发生的成本。主要涉及解决争议产生的成本和确保安全交易的成本[88]。具体如表 4–1 所示。

表 4–1　交易成本的种类

类型		内涵
正常交易成本	企业内部交易成本——组织成本	是指企业内部安排和组织各类价值活动的成本，比如质量检测成本等
	企业外部交易成本——供应链交易成本	存在于企业与外部的合作者之间，为完成交易而支付的成本，主要包括信息成本、签约成本和履约成本等
	政策性交易成本	交易过程中遵循法律、法规政策要求而产生的成本，主要包括经营或交易许可的成本、政府监管的成本等
不适应交易成本	解决争议的成本	出现冲突和争议后解决冲突与争议所产生的成本
	确保安全交易的成本	确保交易安全和协议顺利实施所支付的费用

资料来源：许文恭 . 电子商务的交易成本理论分析 [D]. 厦门：厦门大学 ,2002.

以上论述仅限于对交易成本的分类研究，对于包括交易的维度和影响交易成本的因素分析等内容尚未涉及。

（二）影响交易成本的因素分析

交易的维度是指资产专用性、不确定性以及交易频率，是影响交易的主要因素，正如威廉姆森所指出的，它们是区分各种交易的主要标志。这里的资产专用性是指某项资产具有专用性，如果挪作他用就会使其贬值；不确定性指的是对于交易的环境、交易的整个过程而言具有复杂性和不确定性，无法对其进行事先准确的预测；交易频率是指在某一段时间内交易的次数。费方域等（2005）从不同的合同关系所对应的交易类型、交易和治理结构的有效搭配、企业治理对交易、合同关系的影响方面进行了分析。威廉姆森则在科斯的基础上拓展和深化了对交易成本决定因素的分析，将人与人的权利关系、人与人的相互冲突一并纳入到经济学框架中，着重从人的因素、与特定交易有关的因素以及交易的市场环境因素三个方面对决定交易成本的因素做了全面分析。

1. 人的因素

威廉姆森基于“契约人”这一新的人性假设来研究合约行为问题，认为“契约人”的有限理性和机会主义行为导致了交易成本的产生。由于人的理性是有限的，交易当事人既不能完全搜集事前合约安排相关的信息，也不能预测未来各种可能发生的变化，因此导致经洽谈后的合约具有不完全性，一旦出现问题，需要双方通过仲裁等方式加以解决，势必会增加交易成本。正如威廉姆森所说：“理性有限是一个无法回避的现实问题，因此就需要正视为此所付出的各种成本，包括计划成本、适应成本，以及对交易实施监督所付出的成本。”威廉姆森指出，机会主义行为是交易费用研究的核心概念之一，它对于涉及交易专用性的人力资本和物质资本的经济活动尤为重要。所谓的机会主义行为，即人们在交易过程中不仅追求个人利益的最大化，而且通过随机应变、投机取巧、有目的和有策略地提供不确实的信息，利用别人的不利处境施加压力等不正当的手段来谋求自身的利益。因此，人的有限理性和机会主义行为的存在，是导致交易活动复杂化和交易成本增加的主要因素之一。

2. 与特定交易有关的因素

威廉姆森从资产专用性、不确定性和交易频率等三个维度，研究了各维度与交易成本之间的关系，其中资产专用性最为重要和独特。威廉姆森认为，资产专用性是指：在不牺牲生产价值的条件下，资产可用于不同用途和由不同使用者利用的程度。它与沉入成本概念有关。也可以这样理解，一项资产被用于其他用途或由不同使用者利用时，其生产价值的损失程度很大时，就被视为专用性资产，反之，则被视为通用性资产。同时，威廉姆森还将资产专用性分为场地专用性、物质资产专用性、在边干边学过程中出现的人力资本专用性、专项资产、品牌资产的专用性和临时专用性等六种类型。资产专用性往往会导致双边依赖，从而使合约关系复杂化。资产专用性一般与特定的生产目的相关，如果一方以退出交易、合作为威胁，迫使另一方专用性资产转向其他生产目的则会导致资产的贬值，这种“敲竹杠”的机会主义行为将会阻止专用性资产的投资，使得更多的企业投资于通用资产，在某种意义上严重影响企业的经济效益。因此，需要契约具有长期性，以此来降低交易成本。

3. 交易的市场环境因素

交易的市场环境是指潜在的交易对手的数量。在威廉姆森看来，有限理性、机会主义和资产专用性等三种因素会对交易成本起决定性作用，而机会主义发挥着更为根本性的作用。如果上述三因素不是同时出现的话，交易成本就不会存在。当交易和交易成本无法避免时，人们能做的就是通过设计一种科学有效的治理结构来降低交易成本。

赵洋（2006）将影响交易成本大小的因素归纳为交易人、交易情境、交易标的物和交易频次[89]。他认为，交易人的有限理性和投机心理是产生交易成本的重要原因，交易成本与交易人有着密切的关系。交易情境主要指的是环境的不确定性和复杂性，相关知识的异质性与信息的不通畅、不对称以及交易的氛围。交易标的物主要是指交易商品或服务的专用性高低。通用的商品在市场中很容易获得，专用性强的商品在市场搜寻、洽谈交易过程中要耗费较多的成本与费用。同时，买卖双方为配合标的物而额外投入程度，以及标的物品质的可识别程度都无疑提高了交易时的签订契约和监督交易等成本。交易频次越多，累积交易成本越大，在交易双方不变的情况下，高频次的交易将会降低双方平均单次交易费用。要降低交易成本，首先，交易双方须达成共识，实现交易信息的共享与透明化，减少交易过程中的非理性行为。其次，交易双方须建立长期稳定的交易关系，以减少各自的投机行为。再次，要努力改善交易环境，以降低交易的不确定性和复杂性。一般而言，在交易中如果占优势的一方愿意承担环境变动的风险，则会大大降低交易成本。最后，要营造交易成员间互信、互利、互惠的氛围，促进信息的自由流动与共享，可以大幅度降低因监督产生的交易成本。此外，信息的持续沟通与共享、良好的社会体系与长期稳定的人际关系，也是降低消费者或企业交易成本的好方法。

三、基于交易成本理论的服务型制造分析

发展服务型制造产业，促进传统制造企业的转型发展，需要企业树立“以客户为中心，以客户需求为导向”的基本理念，在理解和确认客户需求的基础上，整合企业上下游各类资源，为客户提供个性化、定制化的产品与服务。

（一）企业内部交易成本分析

为了给客户提供个性化、定制化服务，降低交易成本，需要企业内部诸如研发设计、生产制造、营销服务、物流配送和财务管理等各部门的通力合作：市场部门通过市场调研、客户信息反馈和产品运行数据的挖掘等工作，进一步

挖掘和确认客户需求；产品研发设计部门需要根据客户需求，在明确产品设计任务（包括产品功能与性能等）与要求的基础上，进行产品的初步设计、方案论证并在持续互动中不断加以完善，直到产品定型生产为止。基于互联网技术实现与客户的即时互动，实现在产品技术参数、运行参数、试验参数等数据以及知识、技术等资源的充分共享，助力产品研发的顺利开展，这样有利于降低企业与客户的沟通成本与开发失败带来的成本费用损失。在产品生产制造过程中，不仅需要严格按照设计要求和客户要求进行生产制造，确保产品质量，同时需要物资采购、质量管理、技术和仓储物流等部门基于客户个性化需求形成项目团队，实现在物料供应、品质管理、技术支持、生产计划与实施等方面的数据、知识和技术的共享，以及人员等资源的合理调配。营销服务部门在与客户建立持续稳定的合作关系基础上，及时获取有关产品服务需求资料，并与设计、制造等部门就需求变动趋势、个性化需求和质量等问题进行充分沟通，以更好地满足客户需求，为客户与企业创造更大的价值。总之，服务型制造模式下，研发设计、生产制造、质量管理、销售服务和物流配送等部门之间的互动沟通变得更为频繁，对于彼此信息沟通的准确性、沟通的有效性和效率提出了更高的要求，为此需要在企业内部搭建顺畅的沟通信息平台，实现各部门数据信息的共享，以确保沟通的通畅有效。同时，需要对企业组织架构、业务流程、人力资源管理和企业文化等方面进行适时变革，营造以客户为中心、合作共赢的氛围，最大限度地降低由企业内部沟通不畅、内部环境不确定等因素所导致的交易成本。

（二）企业外部交易成本分析

服务型制造企业在为客户提供产品服务及问题解决方案的过程中，仅仅依靠自身的资源与优势是远远不够的，需要企业与客户以及供应商、研发机构等外部合作伙伴建立长期、稳定、深度的合作关系，进而实现各方的优势互补、价值共创与合作共赢。各方的合作不仅是数据、信息、知识、技术和经验的交互、共享的过程，也是检验各方合作诚意、契约精神和建立共同价值体系的过程。在长期的合作过程中，那些具有合作诚意、严格遵从契约、勇于承担风险与责任的客户与合作单位将会被沉淀下来，企业、协作单位和客户将会逐渐建立起一种更为牢固的相互信任的互惠、互利的战略联盟关系，最终实现各方交易成本的降低：如企业与供应商和客户间建立供应链伙伴关系，可以有效降低相关专用性资产的投资风险，如果企业单方投资建造仓库、大型物流设备设施等专用性资产，一旦更换合作方，势必要承担高额的转换更新成本。

Morgan 和 Hunt（1994）认为承诺以及信任可以使得双方更多地关注于合作，

并期望通过合作来获得长期的利益，而不是为了获得有吸引力的短期收益而去从事投机的行为伤害对方的利益[90]。随着合作各方交易次数的增加，各方更容易建立起战略联盟关系，并且为了获取更多的长期利益，各方将会自觉减少机会主义行为的产生，从而提升合作的效率。由于各方沟通更为顺畅，逐渐建立起基于信任和承诺的情感纽带，他们更愿意进行信息共享，由此有效地减少了信息的不对称，进而达到了降低交易成本的目的。比如企业与其主要供应商建立了战略合作关系，可以基于信息技术即时地将采购需求情况传递给供应商，供应商可以适时调整货物供应、配送计划，确保企业的生产经营所需。当企业与供应商及顾客建立了伙伴关系，并通过各种措施鼓励供应商、客户积极参与到企业的生产经营各环节，能够使企业及时获取大量准确的有关原材料、零配件等供应信息和产品市场需求、变化趋势等信息，适时开展产品研发、生产制造和精准营销，这些将有利于增进企业应对不确定性的能力，促进各方对信息、知识、技术等资源的共享，促进各方合作的持续性和稳定性。合作各方之间的信任与承诺以及战略合作关系的建立，可以有效降低各方的机会主义行为和投机行为，增加彼此的交易频次，从而有效降低交易成本。

传统制造企业的服务型转型，使得产业更为细化，分工更为专业化，企业与企业间、产业与产业间的协作变得更为频繁，关系更为紧密与复杂。业务外包成为各企业纷纷采用的模式之一。从战略角度来看，外包是指企业为维持组织的核心竞争力，且因组织中人力不足，可将组织的非核心业务委派给外部的专业公司，以降低运营成本，提高品质，节约人力资源，提高顾客满意度。所谓制造型企业业务外包，是指制造企业以产业的细化与分工专业化为前提，利用外部合作企业单位的专业知识、技术、能力等资源优势，为其完成特定业务，从而降低企业的相关成本费用，提升流程效率，使企业能够集中精力做好主营业务。发包方和承包方的利润都来自于通过外包节约下来的成本，从而形成双赢的利益分配，使得双方的合作能够稳定、持久。据统计，从全球看，不同行业及岗位的服务外包存在一定的差异。信息技术行业外包比例最高，达55%；其次是行政管理外包，占47%，配送与物流外包，占22%，财务外包，占20%等。

企业将原来由自己企业完成的某些非核心业务环节或者零部件生产交由更为专业的企业来完成，虽然通过外包可以有效发挥接包方在知识、技术、经验等方面的优势，降低自身的运营成本，将优势资源用于企业的核心业务，提升效益与客户满意度，但是，企业在采取外包模式时，一定要综合考虑战略因素、成本因素和风险因素。企业要基于战略目标，准确区分企业的核心业务和非核心业务，提升核心竞争力的识别能力、信息技术应用与创新能力以及对外部合作企业资源的整合能力、管理能力。为了推进外包的发展，发包方与接包方之间需要建立起专门的信息沟通渠道与机制，并建立相应的设备、设施、物流等专有性资产。专有性投资的产生，将会进一步抑制双方间的败德行为与机会主义行为，使得双方的交易成本进一步下降，合作深度进一步增强。

第二节　服务型制造的资源基础观

一、概念及内涵

资源基础观（resource based view，RBV）的观点起源于 Penrose（1959），经 Wernerfelt（1984）、Barney（1991）的研究进一步得到发展。作为企业战略管理理论之一，资源基础观认为企业是各种不同类型资源的集合体，并进一步解释了企业是如何通过内部资源的获取、配置、使用持续保持竞争优势的。资源基础观为解释企业如何创造价值、如何建立企业核心能力提供了非常好的工具。RBV 强调企业所拥有的资源是企业绩效存在持续系统性差异的主要原因，即企业成长所需的持续竞争优势来自其所具有的优良资源禀赋。Barney（1991）认为资源基础观注重企业发展的内生性，认为企业竞争与成长最主要的依赖在于企业内部的资源与能力。RBV 主要关注的是企业的资源禀赋：财务资本、物质资本、人力资本和组织资本（企业能够控制的所有资产、能力、流程和知识）。这类资源禀赋可以帮助企业通过战略的制定与实施，很好地利用机会或化解威胁，并通过更加经济的生产或更好地满足消费需求来创造竞争优势。

通过对企业各类资源的分析比较，可以帮助企业明晰其核心竞争优势，对于企业今后发展具有重要的战略指导意义。Barney（1991）进一步提出了有价值、稀缺性、难以模仿和组织的框架（VRIO），即除了获得有价值的、稀缺的和难以模仿的资源外，企业还需要更有效的组织来充分利用这些资源并获得优势。企业获取与利用这些优质资源既是企业成长的动力，也是企业取得良好绩效的基础。换言之，企业的竞争优势，即来自于该企业所拥有的稀缺性、难以模仿性、难以替代性和有价值的资源，它是企业赢得竞争的关键。可以说，企业竞争力及其绩效方面的差异，即来自于企业所拥有资源的多寡及对资源利用效果方面的差异。因此企业必须不断地提升培育和形成获取优质资源的能力，建立自身独有的、有价值的资源体系，并通过有效组织对其加以整合利用，进而形成自身动态的竞争优势。当然企业在注重从合作伙伴、供应商、竞争对手以及科技工作者的人员流动中获取资源的同时，还应注重从政府获取外部资源，并与其进行交往互动，建立起良好的关系。

资源基础观蕴含着两个最基本的假设：第一，在一个产业中或一个群体中，企业在其所控制的战略资源上具有异质性，因而企业是不同资源的集合体；第二，这些资源在企业之间并非完全可转移的，因此异质性长期存在而非暂时性的。从第一个假设可以看出，企业所拥有的资源具有异质性和多样性，在数量上也会有所差异，这里的资源可能是人力资本资源，也可能是物质资本资源，抑或组织资本资源、客户资源或人际关系等，即使两家企业拥有的资源非常相似，但是由于他们的组织管理能力、资源整合利用能力存在差异，也导致企业利用资源的效果、企业绩效具有较大的差别。资源并非完全可转移性假设认为，对于一些关键性资源，企业很难通过转让、购买等方式获得，或者在获得过程中要付出高昂的成本费用，而且这些资源不易被复制。因此，资源的不可完全转移性，成为企业培育和形成核心竞争优势的必要条件之一。

资源基础观作为研究企业核心竞争优势的重要理论，对于企业为什么不同，企业是如何通过配置资源而获取和维持竞争优势等等之类的问题十分关注，它将资源看作一种内生要素，认为企业核心竞争力以及资源配置效率与差异与外部环境无关，企业所拥有的资源稀缺性以及对资源的优化配置与充分利用对于企业更为重要。企业可以通过提高所占有资源的质量或者通过对资源更有效的利用来获取持续的竞争优势。当然，资源基础观理论主要是从宏观层面解释为什么当企业拥有了有价值的、稀缺的、难以模仿的和难以替代的战略资源或资源束时，就可以获取持续的竞争优势和提升组织绩效的，其没有从微观层面指出如何获得和开发这些战略资源，这是这一理论的不足。

二、理论起源及其发展演变

资源基础观理论是战略管理理论之一，Chamberlin（1933）认为企业因为拥有独特的资源，才得以良性发展。他认为企业的资源和能力从本质上来说存在差异性，导致企业之间存在异质性，并且在市场处于不完全竞争状况下，企业很可能因为拥有优于当时整个行业的资源或者能力而获得经济租金[91]。在Chamberlin研究的基础上，Penrose对资源基础观的内容做了进一步的细化，她认为，企业是生产性资源的集合，而企业的整个经营过程就是将这些资源进行各种组合并进行分配。另外，从资源基础的角度来看，经济租金是在企业拥有较强的可持续性竞争优势时而产生的，即当企业拥有由一系列具有稀缺的、有价值的、不能被交易的以及难以模仿等特征的资源和能力时，企业便能获得经济租金。比如，企业内部管理者和员工的互相信任企业内部独有的知识、技术、文化等是不能交易或者不能被轻易复制的资产。该理论后经 Wernerfel、Barney 发展而日臻完善。1984 年，Wernerfel 在《企业的资源基础观》一文中将资源作为企业战略的基础，标志着资源基础观理论的形成。1991 年，Barney 在《企业资源与可持续竞争优势》一文中提出了资源的价值性、稀缺性、难以复制性和不可替代性等 4 大特点，并认为上述四大特点是决定企业竞争优势是否具有持续性的重要特性。Peteraf（1993）指出，资源基础观旨在对企业资源如何被利用、企业内部和企业之间的资源如何被最有用地结合等问题进行解释。Bromiley、Devaki（2016）在 Barney（1986,1991）、Peteraf（1993）所提观点的基础上进行了较为系统的归纳。他认为，企业的可持续优势，源于企业的那些稀缺的、有价值的、难以被模仿或被取代的以及不可替换的资源。这些资源可以是技术创新能力、品牌知名度与声誉、商标以及专利等，但是这些资源里并不包括企业日常经营管理活动，因为经营管理活动并不是不可模仿的，且不能使企业获得长期可持续的竞争优势[92]。企业拥有的资源多种多样，如何识别并有效利用这些资源是 RBV 关注的问题。因此，探讨使企业获得持续竞争优势的资源应该具备哪些特征以及资源基础观的研究框架成为学者们研究的焦点。通过梳理，主要观点如表 4–2 所示[93]。

表 4–2 资源基础观研究框架汇总表

研究者（年份）	研究框架	资源特征
Barney(1991)	VRIS	价值性、稀缺性、不可完全模仿性、难以替代性
Grant（1991）	DTTR	持久性、透明性、转移性和复制性
Peteraf（1993）	HILC	异质性、不可完全移动性、对竞争的事后限制性、对竞争的事前限制性
Raphael 和 Schoeaker（1993）	RISA	稀缺性、有限移动性、不可完全替代性、可占用性
Collis 和 Mongomery（1995）	IDAS	不可模仿性、持久性、可占用性、难以替代性
Barney（1997 和 2002）	VRIO	价值性、稀缺性、不可完全模仿性、组织性

资料来源：周建，于伟，崔胜朝．基于企业战略资源基础观的公司治理与企业竞争优势来源关系辨析 [J]. 外国经济与管理 ,2009,31(07):23–32.

由表 4–2 可以看出，虽然学者们就资源基础观研究构建了不同的研究框架，但彼此见地差异并不是很大，鉴于 Barney 在该领域研究的地位与影响力，本书采用 Barney 的 VRIO 框架作为全书分析企业竞争优势的理论依据。该框架针对以下四个关键性问题进行了探讨：①价值性（Valuability）问题；②稀有性（Rareness）问题；③不可完全模仿性（imperfect imitability）问题；④组织（Organization）问题。这是决定企业特定资源或能力是否能够成为可持续竞争优势的四个关键问题。

（一）价值性

价值性是指企业的资源或能力，能否使企业对环境中出现的机会或存在的威胁做出有效的反应。只有当资源或能力能够帮助企业抓住发展的机会或更好地应对威胁、规避风险时，这样的资源或能力才是有价值的。虽然企业资源或能力可能还具有稀缺性、不可模仿性和不可替代性等特性，但是只有当企业的资源或能力具有价值时，才可能成为严格意义上的资源。

从顾客角度来看，有价值的资源和能力可以为客户创造价值；从企业角度来看，有价值的资源和能力为企业获取持续的竞争优势奠定了基础。当然，我们也要动态地看待这些资源或能力的价值性。随着时间的推移、社会的变革、顾客需求的变化和技术的进步，原先有价值的资源和能力，可能变得无足轻重，原来价值不大的资源和能力，可能变得更为重要。

（二）稀缺性

价值性是考察企业内部优劣势时必须考虑的首要因素。然而，即使一种资源或能力是有价值的，却为很多企业所拥有，那么这种资源或能力就很难给企业带来持续的竞争优势，往往只能为企业带来竞争均势，确保企业在竞争过程中能够生存而已。这就产生了资源的稀缺性问题。一般而言，只要企业拥有的有价值资源或能力的数量少于完全竞争状态下所需的数量，那么相关资源或能力就有可能产生竞争优势。因此，有价值且稀有的资源或能力可以成为竞争优势的来源，而有价值但不稀有的资源或能力则只能是竞争均势的来源，只能确保企业的生存。

（三）不可完全模仿性

虽然有价值、稀缺的资源或能力可能会成为企业竞争优势的来源，但前提是，只有当其他企业无法获得或者无法模仿时，或者虽然可以获得与模仿，但是投入的人、财、物等各类资源太多，具有不经济性，才有可能成为企业可持续竞争优势的来源。换言之，可持续竞争优势是一种不会因策略性模仿而消失的竞争优势。由此可见，不可完全模仿性是决定企业竞争优势的具有持续性的重要因素。探讨资源不可完全模仿性，有一个绕不开的问题必须做出回答，即与拥有资源的企业相比，那些没有相关资源的企业在获取该资源过程中是否存在成本劣势？

资源模仿主要有直接复制和替代两种形式。直接复制是指模仿企业试图用与具有竞争优势的企业同样的资源去实施同样的战略，以达到既定的战略目标。比如，一家企业因为先进的服务系统而获得了持续的竞争优势，模仿企业也试图通过完善与加强自身的服务系统获取竞争优势。如果采取直接复制方式的企业获取、复制资源的成本较高，那么企业资源的竞争优势就具有持续性。反之，企业资源的竞争优势则不具有持续性，因为模仿企业可能会用其他资源来替代优势企业的资源。替代是指进行模仿的企业试图用与具有竞争优势的企业不同的资源去实施同样的战略，以达到同样的战略目的。比如，作为计算机行业后起之秀的戴尔公司，无法建立像 IBM 那样完备的分销网络，于是戴尔公司另辟蹊径，首创了 IT 设备的直销和网上销售方式，剔除中间环节而大获全胜。如果模仿企业可以通过替代的方式实现同样的战略目标，那么原来具有竞争优势的企业，其优势亦可能会消失。

另外，当企业资源与企业竞争优势之间的关系不易梳理清楚和理解时，就会出现因果模糊的情况。不仅对于模仿企业而言很难确定应该通过哪种或者哪些资源来获取竞争优势，而且对于那些已经取得竞争优势的企业而言，也可能面临同样的因果模糊性问题。因此，因果模糊情况的出现，一定程度上阻止了竞争性模仿，并降低了模仿的成功概率，使得已取得竞争优势的企业的优势具有一定的持续性。同时，社会复杂性也会导致资源的不可完全模仿性。如果竞争优势以复杂的社会现象为基础时，企业要想模仿或替代据以构建竞争优势的资源就会遇到更多的障碍。企业的许多资源具有社会复杂性，如人际关系、声誉等。资源所包含的社会复杂性有可能超过大部分企业处理社会复杂性的能力，从而导致资源的不可完全模仿性。

（四）组织性

虽然企业所拥有资源的价值性、稀缺性和不可完全模仿性等特性决定了企业构建竞争优势的潜力，但是要完全充分地发挥资源作用，还需要企业通过相应的组织结构、业务流程、机制制度对资源进行优化配置并科学使用与管理，企业只有具备合理运用资源的能力，才有可能培育和形成企业的核心竞争力。因此，拥有有价值、稀缺和不可完全模仿的资源只是获取竞争优势的必要条件，只有当企业能够有效管理和组织所拥有的资源时，才可能构建起企业可持续的竞争优势，这些对于那些大型跨国企业提出了更高的要求。因为可能会出现这种情况，对于两家拥有相同资源的企业，由于它们的组织管理能力的差异性，导致两家企业的绩效表现有天壤之别。另外一方面，企业所拥有的战略性资源、资产可能会在优化配置、科学运用与管理基础上实现资源之间的优势互补，进而创造更大的价值，这里的组织更像调节器、助推器，发挥着更大的作用。由此可见企业组织管理在企业核心竞争力培育、形成与保持过程中的重要性。

通过对 VRIO 研究框架的分析发现，企业不仅要注重对价值性、稀缺性和不可模仿性资源的获取，而且更应该注重对这些资源或能力的应用，以获取持续稳定的竞争优势和好的绩效表现。资源基础观理论为企业的管理层识别、获取、使用资源，培育和形成持续的竞争优势提供了理论指导。但是从长期来看，RBV 理论基于资源异质性与资源的不可完全转移性的基本假设，会随着时间的推移，技术的进步和消费观念、结构等变化，受到严峻的挑战。那些在短期内很难模仿、获得的稀缺性、有价值的资源或能力，随着时间的推移会被模仿或者通过市场交易来获得，从而导致企业失去原有的竞争优势，甚至原先这些促使企业发展的资源或能力可能会成为阻碍企业发展的重要因素，即核心竞争力刚性。

如何来破解企业核心竞争力刚性，学者们又提出了动态能力观和知识基础观理论。为解释企业如何才能在能力复用和重构间找寻两者的均衡点，获取持续的竞争优势，Teece 等在资源基础观理论的基础上提出动态能力的概念，他认为，企业动态能力是企业通过构建、整合和重构资源以适应环境变化的能力。同时对动态能力中管理流程、定位、路径等内容进行了探讨[94]。Kaplan 与 Peteraf 进一步指出，动态能力是指一个组织依据主要决策者的战略意图，通过多种方式有目的、有计划地创造、扩展和更新基础资源的能力[247-248]。从本质上来看，动态能力的形成过程，需要根据企业的发展需要作出切实可行的规划，进而明确能力培育和形成的路径，对企业的常规能力进行整合、重构和创新，以形成高阶能力，更好地应对市场、技术、法律政策等环境的变化。能力演化观从组织社会学及行为特征视角出发，认为企业在不同阶段的能力是由组织与环境不断协同演化而形成的，动态能力是各要素交互作用的结果，且动态能力的演进过程体现了组织管理层的主体性与组织行为层的能动性[95]。

张璐等（2021）认为，企业应利用动态能力的演化规律，通过构建、整合和变革组织的资源基础，不断使常规能力跃迁，进而促使企业跳出能力过度累积的陷阱[96]。其中，企业动态能力演化过程包括管理层对外界影响因素的准确聚焦、对企业发展基础收益的保证、对企业基础业务及发展目标的统筹，还包括组织行为层对所拥有的资源和能力的适应性配置。随着信息技术的发展，很多学者也从动态能力理论视角来分析传统企业数字化转型问题。企业如何在内外部环境持续变化的、错综复杂的情况下，设计可重复的、持续适应的机制，提升企业应对环境变化的柔性化能力显得极其重要。动态能力有助于企业在设计、实施和维护这些机制过程中，实现企业的数字成熟度，通过数字创新提高其适应性[97]。企业适应数字化转型的动态能力主要包括感知能力、获取能力、转化能力和整合能力等四个方面。

知识基础观是在资源基础观、动态竞争和组织学习等理论的基础上发展而来。知识基础观认为，知识尤其是隐性知识是企业的战略性资源，是企业核心竞争力的重要来源。与资源基础观相比，知识基础观更加关注作为无形资产的知识，并且从知识出发对企业的存在、企业的边界以及企业的行为及其结果进行了解释[98]。知识基础观认为，企业的本质是知识的集合体，知识是企业持续健康发展的重要战略性资源，企业知识的共享、创造与管理能力，会直接影响到企业资源配置、资源利用及其转化效率。学者们还提出，企业知识是服务创新中尤为关键的资源，企业的创新能力有赖于企业的知识水平。组织知识以及与知识密切相关的认知学习是竞争优势的源泉[99]。基于知识基础观视角，需要企业对外提升对新知识、新技术、新模式的吸收利用能力，对内加强对已有知识的共享、整合和创新。由此可见，知识基础观比资源基础观显得更为开放、包容。

通过对资源基础观和知识基础观两个理论的分析，企业可以以资源基础观理论为指导，培育和打造独具特色的资源，形成自身的核心竞争优势。企业可以通过引进掌握新知识、新技术、新方法的知识型人才，获取业界最新的知识、技术，并对其进行吸收、整合与创新，进而将其变成自身的能力。通过与拥有相关知识、技术的企业建立联盟，实现知识的共享，形成企业的动态能力，以提升企业的竞争力。

三、基于资源基础观的服务型制造分析

服务型制造的典型表现是根据客户需求，为其提供成套的解决方案，以解决客户在生产经营过程中的痛点问题，为客户创造更大的价值。这里的系统解决方案，是基于客户需求的定制化的“产品 + 服务”的解决方案，具有鲜明的客户化属性。因此，将会在市场中很快凸显出其独特性和强劲的竞争力，它的异质性、价值性，使得竞争对手很难模仿，对企业而言，具有较强的保护作用。不仅企业能够从中获取持续的竞争优势，获取超额利润，吸引更多的人才，投入更多的精力用于产品研发和市场的开发与维护当中，而且能够更好地满足客户需求，提升客户的满意度与忠诚度，避免卷入价格战、成本战，实现企业、客户、社会的共赢。

基于资源基础观理论，企业在服务型制造转型与核心竞争力培育过程中，除了强调资源的价值性、稀缺性、不可完全模仿性外，还要充分关注组织性，需要企业各部门的通力合作，通过对组织结构、业务流程的优化，实现知识、技术和数据等资源的共享，通过加强学习挖掘内部潜力，实现知识、技术、管理的创新。同时，需要提升企业对外部资源的整合、利用能力，而这些能力也

会给企业创造意想不到的竞争优势。

（一）对于企业内部的分析

对于传统制造型企业而言，研发、营销、销售与服务等部门具有一定的外向性，它们在日常业务活动中积累了大量的客户信息、服务信息，并且与客户建立了较为稳定的合作关系，这些信息对于企业更深入、全面、准确地掌握客户需求，顺利实现销售服务，具有重要的意义，因此这些信息与客户就演变为企业的有形或无形资源。企业通过对其整合、利用，形成企业的知识、技术和能力，通过为客户研发设计定制化、差异化的产品，实现企业的差异化竞争，形成企业在研发、技术与销售过程的核心竞争力。

企业在服务型制造转型过程中，往往需要企业搭建畅通的沟通平台，与客户建立密切的关系，及时获取客户的需求信息，进而实现企业与客户之间的知识共享和相互融合，创造出更多的新知识、新模式。鼓励客户参与到企业的产品研发、营销与服务创新当中，形成较为稳定的价值共创机制与制度，由资源基础观理论、企业动态能力理论和知识基础观理论可以看出，企业与客户业务的相互融合、价值共创机制的形成并非一日之功，竞争对手很难在短期内对其进行模仿、复制。此时，企业便具有了有别于竞争对手的竞争优势。服务型制造转型，需要企业内部各部门的相互协同，企业的物流、销售与客户服务部门在与客户交互过程中，可以及时掌握客户需求、消费需求发展趋势等核心信息，并将其应用于企业的产品研发设计、生产智能化、质量提升、物流配送、渠道管理等活动当中，提升产品服务差异化、定制化，提升企业在研发设计、生产、营销与服务等领域的响应能力，进而形成企业面向客户价值创造的综合能力的提升，对于竞争对手而言，这些能力也是很难被模仿、复制的。

对于服务型制造企业而言，虽然生产制造的比重在下降，生产制造部门的地位有所弱化，但是在长期的生产经营过程中，这些部门积累和掌握了大量与产品生产制造相关的关键资源，同时将这些资源与能力迁移到企业的组织管理、生产管理、设备设施管理、人力资源管理、资源优化配置等领域，有效提升了企业的生产制造能力、运作管理能力和快速响应能力，有利于提升企业内部各部门的协作水平，以及各类资源和能力的优化配置与共享，有效降低企业运营成本，促进企业高效运转。

（二）对于企业外部的分析

对于任何企业而言，不可能拥有服务型制造转型升级的各类资源，不可能在所有领域能力都很强大，因此，需要企业与众多合作企业（尤其是企业的上下游客户）建立起良好的关系。企业通过对诸多供应商、中间商、客户的综合评价，选择部分重要客户并与其建立战略合作伙伴关系，实现彼此之间在某些信息、资源上的共享，及时获取企业上下游市场的供求信息，客户需求新动态、技术发展趋势以及新技术应用情况，为企业产品研发生产、销售提供支持。当客户积极参与到企业服务型制造转型当中时，可以充分表达自己对产品服务、设计理念、产品质量等方面的实际需求，能更全面、深入地了解和体验产品或解决方案的新功能、新性能，进而影响客户的需求偏好与购买决策。当供应商参与到企业的服务型制造转型时，供应商在与企业深度沟通，充分了解企业生产经营全过程和具体需求的基础上，通过知识、技术的共享，提高零部件的开发能力和开发的效率，更好地服务于产品服务系统。这样不仅可以促使更多的客户、供应商参与到企业的服务型制造转型当中，实现企业、客户与供应商等合作企业、个人间在知识、技术、经验、创意等方面的共享，以及产品、服务的定制化，而且可以有效降低环境的不确定性。

基于知识基础观、资源基础观理论，企业通过对其内外部各类资源的整合，有利于提升企业对外竞争力。由于企业内部各部门之间，企业与供应商、中间商、客户之间所拥有的知识、技术上的差异，需要企业加强对知识的管理。企业内部，通过线上线下等方式，做好新知识、新技术的培训工作，提升企业内部各类知识的共享程度，强化企业知识学习、利用、转化和创新的能力，实现企业内部各类知识的有效整合，并进一步促使企业内部合作共享的企业文化的形成：拆除企业部门墙，有效解决组织结构刚性问题，实现组织结构、业务流程的变革与优化。引导企业内部、企业之间建立良好的关系，实现各类知识、技术、资源的跨部门、跨组织的整合、共享和创新，最终实现共赢、共生，提升企业的核心竞争力。

第三节　服务型制造的价值链分析

一、价值链理论及其发展

价值链理论的发展经历了如图 4–1 所示的六个阶段。下面分别就这六个方面的相关内容做以阐述。

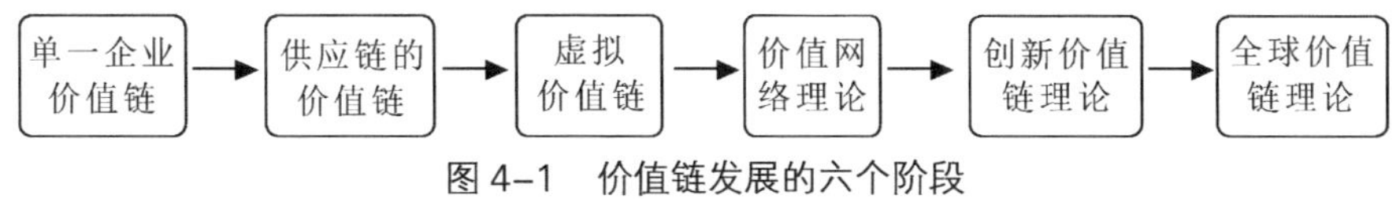

图 4–1　价值链发展的六个阶段

（一）单一企业价值链

1985 年，迈克尔·波特（Michael E.Porter）在其《竞争优势》一书中首次提出了价值链这一概念，随之这一概念成为研究竞争优势的有效工具之一。波特倡导运用价值链进行战略规划和管理，以帮助企业获取并维持竞争优势。波特在书中指出："每一个企业都是在设计、生产、销售、发送和辅助其产品的过程中进行种种活动的集合体。所有这些活动都可以用一个价值链来表明。"波特将企业的经营活动分解为内部后勤、生产经营、外部后勤、市场销售、服务、采购、技术开发、人力资源管理、企业基础设施等九项与战略相关的价值活动。这些相互关联、相互作用但有差异化的活动，是企业资源与能力的表现，对企业的价值链产生影响，为企业创造利润，并进而形成企业的价值链系统。波特价值链系统具体如图 4–2 所示；麦肯锡管理咨询公司提出一般价值链模型，模型抽象出企业价值创造过程需要的六种不同活动：技术研发、产品设计、制造、营销、分销以及服务，具体如图 4–3 所示。

辅助活动
企业基础设施
人力资源管理
技术开发
采 购
利润
内部后勤
生产经营
外部后勤
市场营销
服务
利润
基本活动

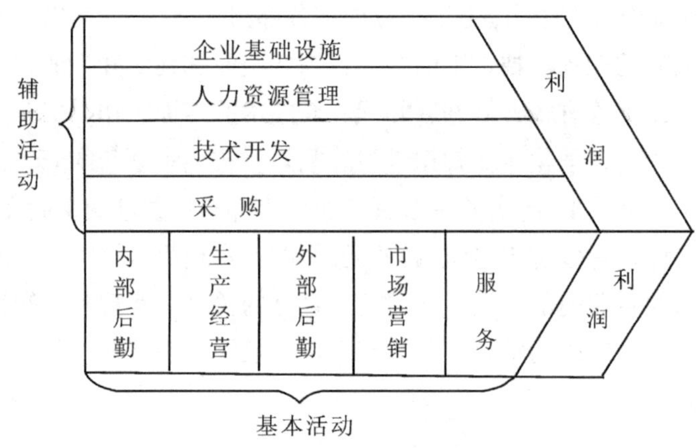

图 4–2　波特价值链

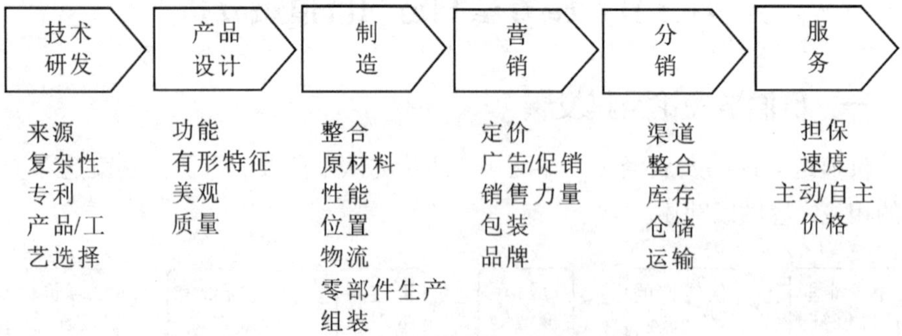

技术研发
产品设计
制造
营销
分销
服务
来源
复杂性
专利
产品/工艺选择
功能
有形特征
美观
质量
整合
原材料
性能
位置
物流
零部件生产
组装
定价
广告/促销
销售力量
包装
品牌
渠道
整合
库存
仓储
运输
担保
速度
主动/自主
价格

图 4–3　麦肯锡公司一般价值链模型

波特价值链和麦肯锡公司一般价值链模型都强调用价值链来鉴别企业的各种经营活动，并用于构建和培育企业的竞争优势，这在企业管理过程中具有重要的指导意义。波特价值链和麦肯锡公司一般价值链模型都是更多地站在企业的角度来思考和研究企业价值创造问题，重点对那些与企业自身价值创造密切相关的活动以及市场竞争环境下的资源争夺问题进行分析，然而现实状况却是价值的创造、增值并非仅受企业自身价值创造活动的影响，还会受到供应商、竞争者、替代者和客户等多种因素的影响，因而这两个理论都忽视了其他合作企业、供应商、中间商和客户对于企业价值创造、企业持续发展的重要性。随着经济社会与技术的发展，在产业间、企业间竞争日趋激烈的同时，其合作也日趋频繁与紧密，随着合作共赢意识的日益增强，彼此间的边界也日益模糊化，波特价值链不能再仅局限于单一企业，还应包括供应商、客户等诸多主体，价值链更应该是一个合作创造价值的动态过程。随着社会分工的进一步细化，很多企业开始大力培育和打造自身的竞争力，而把那些非核心业务外包给专业的机构去做。比如，猪八戒网采用众包的方式汇集诸多平面设计师为企业提供广告创意、logo设计等多种设计服务。通过搭建广泛、高效的社会协作系统，打造无边界组织，实现对价值链的整合与创新，价值链随即进入供应链价值阶段。

（二）供应链的价值链

波特的价值链通常被认为是传统意义上的价值链，更偏重以单个企业为研究对象来分析企业的价值活动、企业与供应商和顾客之间可能的连接，以及企业从中获得的竞争优势。彼特·汉斯（Peter Hines）则在波特价值链的基础上，将价值链定义为“集成物料价值的运输线”。与传统的价值链相比，汉斯价值链的作用方向相反——汉斯所定义的价值链把顾客对产品的需求作为生产过程的终点，把利润作为满足这一目标的副产品；而波特所定义的价值链停留于把利润作为主要目标上。这样就将价值链放到了更为广阔的视域去做更为深入、有意义的探究，从而赋予价值链以新的含义。具体来说，汉斯价值链包含三个方面：从企业内部来看，企业的各项活动相互联系、紧密相关，而且每项活动都在为价值创造作贡献，这里既包括有形价值又包括无形价值；同时，彼特·汉斯还将材料供应商和顾客纳入他的价值链，这意味着价值链上在不同阶段包含不同的成员，有别于波特的价值链只包含那些与生产行为直接相关或者直接影响生产行为的成员[100]。彼特·汉斯价值链的发展具体如图4–4所示。

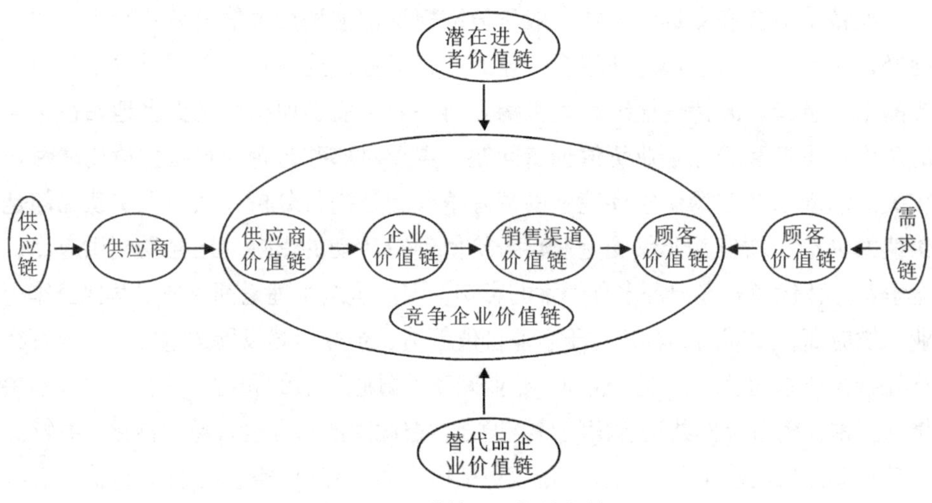

图 4-4 彼特·汉斯价值链

（三）虚拟价值链

约翰·山科（John Shank）和哥恩达拉加（V. Govindarajan）认为，在价值链研究过程中，除了关注企业内部活动外，还应把目光投向整个行业的价值链，要综合考虑到最初的供应商、上游企业、下游企业及最终用户，甚至要充分关注和分析自身的主要竞争对手，并将会计信息置于价值链分析当中，进而制定出切实可行、能够保持和增强企业竞争优势的战略。1995 年，约翰·斯威卡（John J. Sviokla）等学者提出了"虚拟价值链"和"有形价值链"的概念，他们认为，任何一个企业都是在有形资源世界（市场场所）和由信息构成的虚拟世界（市场空间）两个不同的世界中进行价值创造和竞争的。需要企业根据自己的组织目标、组织结构、所处环境及特点和战略观点对这两个过程进行管理，实现观念、技术、管理等方面的改进与创新。在有形资源世界中，企业通过传统意义上的实物价值链进行价值创造，依赖于一系列线性连续的活动；在虚拟世界里，企业通过虚拟价值链进行价值创造，信息成为价值的源泉，互联网平台成为重要的载体，企业需要通过信息的收集、组织、选择、合成与分配等五个环节提升原始信息的价值。主要表现为非线性的、有着潜在输入输出点的、呈矩阵分布的活动。虚拟价值链可以作用于实物价值链的每一个阶段，水平地使价值增值。换言之，企业通过实物价值链与虚拟价值链的有机融合来创造价值或开辟新的市场。

和波特价值链等相比，我们可以将约翰·斯威卡等学者提出的虚拟价值链和有形价值链概括为广义的价值链概念：基于物理空间的实物价值链通过将投入转化为产品及服务的过程实现价值增值，基于虚拟信息空间的虚拟价值链通过信息产品及服务进行价值增值，两个链条相互关联、并行且具有独立性。虚拟价值链是实物价值链的信息化反映，是将实物价值链以信息的形式反映在虚拟的信息世界所形成的信息价值链，是虚拟信息世界对实物价值链的映射，虚拟价值链和实物价值链相互平行。利用虚拟信息的灵活、可复制、无限延展、快速传播等特性作用于物理价值链，可以更为精准地针对客户需求进行优质的个性化服务，以此创造价值增值[101]。与传统价值链相比，虚拟价值链在管理内容、增值过程、信息作用以及中介和客户角色等方面都有明显的差异性（表 4–3）。

表 4–3 传统价值链与虚拟价值链的比较

价值分类	管理内容	增值过程	信息作用	中介	客户角色
传统价值链	实物产品	线性	辅助元素	物质中介	产品接受者
虚拟价值链	数字产品	非线性	价值来源	信息中介为主、物质为辅	参与设计

（四）价值网络理论

随着互联网信息技术的快速发展，大数据、物联网等信息技术广泛应用，部分企业的数字化转型给传统价值链带来了极大的挑战。一些学者开始对这种新型价值链进行了探究。1998 年，Mercer 顾问公司的亚德里安・斯莱沃斯基（Adrian Slywotzky）在其著作《发现利润区》中最早提出了价值网络的概念。他指出，价值网络以客户为中心，以客户需求为导向，开展价值创造活动，价值网络中的成员之间相互联系，共享资源，优势互补，共同完成整个价值的创造、传递活动。随后由大卫・波维特论（David Bovet）对该理论做了进一步的完善与发展。自此，人们对于企业价值创造与实现机制的研究开始从单一线性的、基于竞争思维的价值链理论逐渐转向以网络化与竞合思维为基础的价值网络理论[102]。企业在发展自身价值链的同时，多个企业与企业之间的价值链进行联结，价值链从线性结构演进成为价值网络。

价值网络理论改进和影响着人们对价值的认知，该理论充分强调资源在价值实现过程中的重要作用，认为由于产品或服务的互补性，导致共同创造价值的企业、相关主体之间会形成一个庞大的、复杂的网络，网络中的各成员会不断创造价值，网络特征又对这些不断创造出来的价值进行归纳整理，用户在该网络中则处于中心地位[103]。很大程度上，价值网可以看作是一个价值交换系统，旨在将多个在规模、能力、地域和行业等方面具有差异性和互补性的合作伙伴、利益相关主体有机结合起来，通过专业化分工的生产模式，共同为客户创造价值的动态交易过程。Johnson 等（2013）认为任何一家企业都是更广的价值网络中的一部分，而且企业间的关系具有合作与竞争的双面性，而合作则更利于价值的创造。价值网络理论一方面强调竞争与合作的辩证统一关系，认为竞争的内涵在于如何分配价值，合作则强调各主体如何共同创造价值的问题；另一方面又强调在价值网络中互补者的重要性，互补者将与组织主体、市场竞争主体等多个主体一起为客户提供互补性的产品或服务，在连接企业主体与供应商等方面具有重要的意义[104]。该理论强调价值网络中的各企业主体要以客户为中心，形成协作共存、共创的关系。价值网络具有客户驱动性，是一种以客户为核心的价值创造体系。对于高端装备制造企业的价值网络，陈占夺等（2013）构建了相应的理论模型，认为该网络是一个开放的系统，主要包括产品研发、营销、生产设计、采购、制造和服务等六个环节，而且客户、分包商等均作为价值网络的一员参与其中，共同创造价值[105]。

价值网络，是一种由虚拟企业构成的网络，会动态地改变其形态，或扩大或缩小，或增加或减少，或变换或变形。在价值网中包括所有的成员企业及其合作伙伴，每个虚拟成员企业就是总体价值网络中的一个子价值网，每个子价值网包含了传统价值链的所有元素。价值网的出现加强了各成员间的联系，促使成员间资源（数据、信息和知识）共享以及资源优化配置与充分利用。Prabakar Kathanda raman 和 David T.Wilson 提出的价值链模型（图 4–5），其应用主要集中于顾客价值、核心能力和相互关系等三个方面，三者之间相互联系、相互影响，共同构成了价值链[106]。Gulati 认为价值网络是凭借着专业化的分工，通过一定的价值传递机制，在合理的治理框架下，由相互合作的利益集合体共同为客户创造价值。

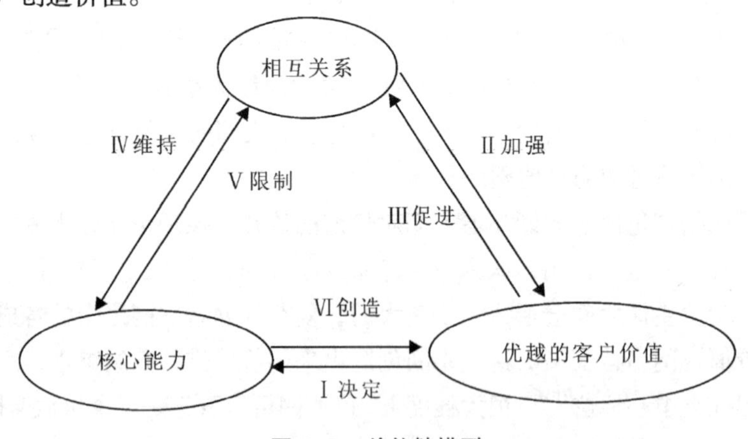

图 4–5　价值链模型

1. 顾客价值

价值网络理论特别强调客户的中心性地位，认为价值网旨在驱动价值的创造与传递，各企业主体通过通力合作、沟通配合以及资源的优化配置，以发挥协同效应，为客户传递价值，更好地满足客户的需求以及进而实现价值的共创、共赢。要想实现资源的优化配置与充分利用的目标，需要企业主体之间的合作，确保合作者之间在资源、知识、能力和经验等方面的共享。通过共享实现价值创造和价值分享，最大程度为客户提供满意的产品与服务，实现企业与客户的价值共创与共赢。

2. 核心能力

传递用户所需的价值是价值共创的重要内容之一，这就需各企业主体培育和形成自身的核心能力。企业的研发设计、生产制造或营销等方面的能力，是企业主体核心能力的直接反映。由此可见，核心能力是组织持续发展的重要能力之一，而补充和培育稀缺的核心能力有利于传递顾客价值[107]。

3. 相互关系

从本质上来讲，价值网络其实就是对关系的管理。这里的关系包含多主体在内的联系状态，在合作过程中各主体间的信任、协调、共享与合作是关系实现与稳固的基础和关键。需要各企业主体以客户为中心，在为客户提供高质量的产品与服务，充分满足客户的需求，并与其在建立长期稳定关系的同时，加强与供应商、中间商等其他主体的联系，并与其建立较为长期、稳定的关系。价值网络中的领袖会通过关系驾驭来管理价值网络，对那些为消费者价值传递、创造作出贡献的企业或主体进行整合，以最大限度地满足客户的需求，提升客户的满意度和忠诚度，实现整个价值网络的价值最大化。因此，在数字经济大背景下，企业所处的环境日益复杂化，需要企业基于现代信息技术，对价值链上的各个环节进行改造升级，形成升级版的价值创造方式，以突破自身内部价值链的限制，实现企业内外价值链的相互关联与协同以及各节点企业之间的竞合互动，打造价值共创、共赢联合体，使得价值链从线性结构发展为价值网络。

（五）创新价值链理论

创新价值链在 20 世纪 90 年代被认为是创新（或知识）生产的过程，将内部研发作为知识产生的唯一来源。随后，有学者分析了在创新系统中外部影响、创新与企业生产力的相互关系。2007 年，Hansen 等提出创新价值链的概念，Roper 等（2008）在对爱尔兰制造业创新活动研究的基础上，对创新价值链的概念进行了完善和补充，认为创新价值链主要包括知识来源、知识转化和知识利用等三个主要环节。

Ganotakis 等（2012）通过对英国高科技公司的研究，梳理总结出高科技公司的创新价值链（图 4–6）[108]。他们认为价值链概念的提出涵盖了企业的所有创新活动。从管理角度来看，创新价值链能够清晰展示出创新过程的每一个环节，能够引导管理者把精力集中在薄弱环节上，重点关注创新过程的各个相互影响的环节，进而帮助管理者做好企业的优化升级。从政策制定角度来看，创新价值链有助于识别创新过程各个阶段中影响企业创新能力的有利和约束因素，让政策制定者有据可循[109]。由此可见，创新价值链无论对于管理者还是对于政策制定者而言，都具有十分重要的意义。

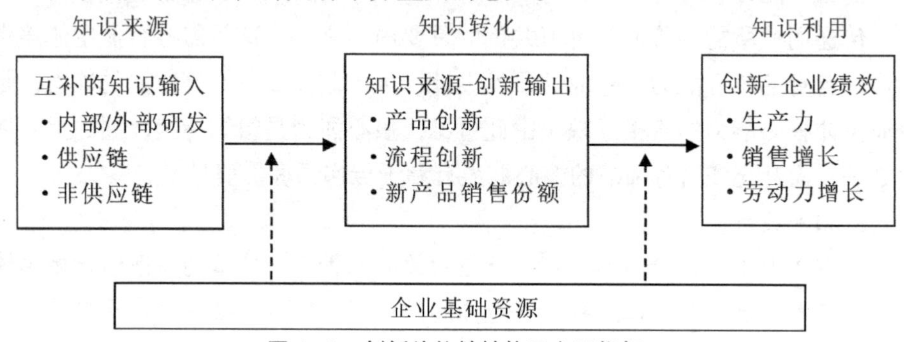

图 4-6　创新价值链结构及主要指标

资料来源：吕芬，朱煜明，罗伯特.数字化背景下的创新价值链国外综述[J].科技管理研究，2020,40(14):1-9.

随着现代信息技术的发展与广泛应用，数字化技术连接性和融合性的特征，为企业获得知识创造了新的途径与机会，使得企业获得知识的方式更为多元高效，从而形成知识网络。Lyytinen 等将这种知识网络分为四种类型：项目网络、族群网络、同盟网络和无政府网络[110]。吕芬等（2020）基于之前学者的研究成果，构建了数字化背景下创新价值链理论模型，模型包括知识来源、知识转化和知识利用等三大部分，如图 4-7 所示。

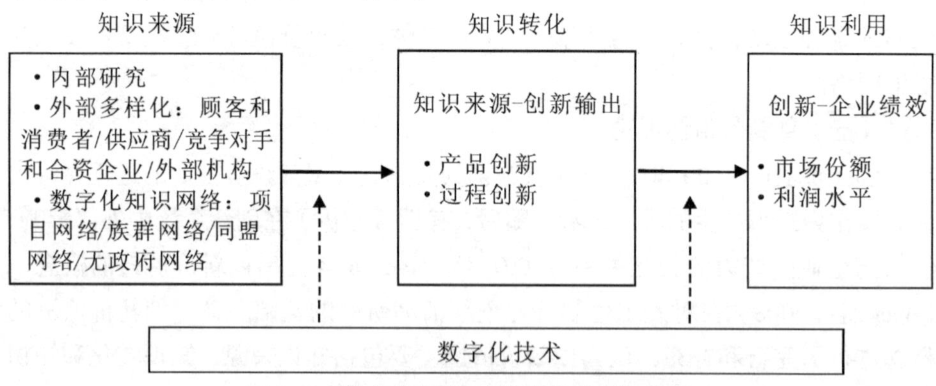

图 4-7　数字化背景下创新价值链理论模型

资料来源：吕芬，朱煜明，罗伯特.数字化背景下的创新价值链国外综述[J].科技管理研究，2020,40(14):1-9.

由图 4–7 可以看出，在数字化转型大背景下，第一个环节：知识来源，主要任务是研究企业如何从外部获得和捕获知识。在动态和创新环境下，知识的重要性日益凸显，Darroch（2005）通过对新西兰 433 家机构的调研，实证研究发现知识获得对创新具有积极影响，急需补充大量有用的外部知识。因此，在组织学习中，知识获取是一项最基本的活动。企业在获取知识过程中除了传统的内部研发、外部多样化（顾客和消费者、供应商和竞争对手、合资企业、外部机构）之外，还需形成数字化知识网络（项目网络 / 族群网络 / 同盟网络 / 无政府网络），以实现知识来源的多元化和高效性。第二个环节：知识转化，是将知识转化为实物的创新活动，从创新输入开始（内部研发或外部合作的成果）到具体的创新输出（新产品或者过程创新 ）。其核心是企业如何将获取的知识转化成为产品和过程创新。第三个环节：通过前两个环节的努力，以提升企业的市场份额与利润水平。同时，通过对整个创新价值链的研究，及时发现链条中的薄弱环节，并对其加以优化，提升企业绩效和社会总福利。

（六）全球价值链理论

随着经济全球化、一体化以及国际贸易与信息技术的发展，使得全球价值链理论应运而生。格里芬（Gereffi）在全球商品链（global commodity chain，gcc）基础上提出了全球价值链（global value chains，GVCs）的概念。全球价值链提供了一种基于网络的、用来分析国际性生产的地理和组织特征的分析方法，揭示了全球产业的动态性特征以及考察价值在哪里、由谁创造和分配。Kaplinsky 和 Morris 指出，GVC 中并不是每一个环节都创造价值，价值链上的战略环节才是最重要的环节。因此，一旦厂商抓住了战略价值环节，也就控制了该产业的 GVC。这一观点在全球价值链研究中具有里程碑意义。

联合国工业发展组织（UNIDO）将全球价值链界定为：在全球范围内为实现商品或服务价值而连接生产、销售、回收处理等过程的全球性跨国企业网络组织，涉及从原料采购和运输、半成品和成品的生产和分销，直至最终消费和回收处理的过程。它包括所有参与者和生产销售等活动的组织及其价值利润分配，并且通过自动化的业务流程和供应商、合作伙伴以及客户的连接，以支持机构的能力和效率。该定义强调不同国家和地区在全球业务活动中的价值链环节间的关联互动和博弈。这一定义的内涵极为丰富，一是指出了全球价值链上各个企业并非孤立存在的，而是被连接在一起的，从而构成了企业组织网络；二是企业进入全球价值链不是自然而然的，而是需要有技术能力迈过门槛，获得初始动力，一旦进入全球价值链，其加速度效应、干中学效应等可能呈现；

三是企业在全球价值链上的改进动力不断增强，通过技术获取和诀窍把控，不断攀升全球价值链，否则就容易被挤出市场[111]。Gereffi 联合 John Humphrey 和 Timothy Sturgeon（2005）正式发起“全球价值链倡议”（GVCI），转而采用全球价值链这一术语，从而强调价值在链上的创造与传递。英国萨塞克斯大学将全球价值链定义为：产品在全球范围内，从概念设计到使用直至报废的整个生命周期中所有创造价值的活动范围。各种活动可以包括在一个企业之内，也可以分散于各个企业之间，可以集聚于某个特定的地理范围之内，也可以散布于全球各地。潘秋晨（2021）将全球价值链界定为：囊括所有参与产品或服务生产、销售活动的组织及在活动过程中的附加值与利润分配，是连接产品或服务的设计、开发、制造、营销、销售、消费及售后服务等一系列环节的全球化网络组织[112]。全球价值链的分析视角从单个企业转移到一群在全球范围内相互联系的企业，既包括纵向的上下游企业间的联系，也包括横向同类企业间的竞争与合作。而且价值链中各企业之间的动态联系，将价值链中各企业整合于一个动态的更大的系统当中，便于各企业在这一系统中适时发掘自身的比较优势，尽快合理定位、调整，从中获得竞争优势。全球价值链理论的演进过程具体见表 4–4。全球价值链理论涉及价值分析、动力机制和全球价值链的制度机制等主要内容。

表 4–4　全球价值链理论的演进过程

价值链理论	代表人物	提出时间	主要观点
企业价值链理论	波特	20 世纪 80 年代中期	企业与企业的竞争，不只是某个环节的竞争，而是整个价值链的竞争，这是全球价值链概念的基础
“片段化”价值链理论	科古特	20 世纪 80 年代中期	生产过程的“片段化”，价值链组成环节在全球空间范围内的配置，对全球价值链观点的形成至关重要
全球商品链理论	格里芬等	20 世纪 90 年代中期	围绕某种产品的生产形成的一种跨国生产组织体系，在全球价值链研究中起到了里程碑的作用
全球价值链理论	UNIDO、英国萨赛克斯大学等	20 世纪 90 年代末	以产品为轴线的全球性跨企业网络组织。着重研究产品的增值环节、价值链内企业关系与利益分配

1. 价值分析

全球价值链价值分析主要是分析价值是如何产生于全球价值链的各环节，这些收益又是如何在各个环节进行分配的。在经济全球化过程中，随着海外分包网络和跨国直接投资等的发展，生产的分散化，价值链的产生由有形转向无形。生产分工逐渐演变为产品内国际分工，使得过去盛行于国与国之间的整体产业分工或转移关系，日益被产品价值链在国际的分段设置和有效组合替代，控制高增值核心环节成为提升产业竞争力的重要手段。一般而言，产品在生产制造环节的增值较小，很多跨国企业日益将精力集中于知识密集的设计、研发、管理、营销、品牌推广等高增值服务环节，这些高增值服务环节所发挥的作用越来越大。

2. 动力机制

全球价值链的动力机制是指在消费者的需求和上下游供应商、分销商的推动下，实现全球价值链中各环节的划分、重组和正常运转。由于技术与营销环节是价值链中的高增值环节，因此，参与这两个环节的企业成为全球价值链中的主要治理者。而位于全球价值链低端的生产环节，多集中于发展中国家，对于这些国家及企业而言，面临的环境则变得越来越复杂与恶劣。

3. 全球价值链的制度机制

制度机制，是指价值链各个环节的运行所处的内在与外在制度环境。全球价值链下，企业所在地区的法律法规与政策会对企业的生产经营产生较大的影响，连带地会对企业在价值链中的位置和升级产生一定的影响。在全球经济一体化的背景下，制度因素已经成为各国政府设置贸易壁垒的主要手段。同时，价值链中形成的规则、制度也会对企业在产业中的改造升级产生一定的影响。

当前，有关全球价值链的理论研究主要集中于全球价值链的治理、升级等问题。世界经济的一体化对于制造业将产生巨大的影响，因此传统制造业的服务型制造转型，将是对价值链的延伸与整合。

二、服务型制造下的价值创造

随着现代制造技术、信息技术的大量出现与应用，以及消费者消费理念、消费行为的转变，中国制造已经从规模化生产向提升产品与服务质量、产品差异化、定制化发展。传统制造企业开始积极探索有效的服务型制造转型之路，以期实现产品与服务的创新升级，提升企业的竞争力。大数据、物联网等现代信息技术的发展，不仅悄然影响和改变着消费者的消费理念、消费心理与行为，而且倒逼着企业在生产经营、销售服务等方面的全面变革与创新。这些对于价值链思想的发展、改进以及服务型制造价值网的形成与价值创造产生了较大影响。

程东全等（2011）从产业层面构建了服务型制造的价值链体系并对其运行机制进行了研究，将服务型制造时代的价值链创造模式概括为“三全”方式，即“全周期服务、全方位参与、全需求满足”[113]。吴安波，孙林岩等（2012）将服务型制造下的价值网界定为，建立在产品服务系统的整个生命周期，包括市场调查、产品服务系统开发设计、生产制造、产品服务系统市场营销、产品服务系统售后服务、产品报废和回收等价值创造活动的基础上，提供产品、服务、支持、自我服务和知识集合体的价值创造网络系统[114]。

与传统制造企业的传统价值链相比，服务型制造下的价值创造所形成的不再是简单的、单纯的价值链，而是更为复杂、更需要各方相互协作、资源优化配置的价值网或者是一个复杂的、动态的价值系统。服务型制造的这一价值系统，集合了大量开展各类生产性服务活动或服务性生产活动的企业，作为每一个参与主体自身，又会有自己的价值链，它们相互交织便形成了一个范围更大、结构更为复杂，成员间相互竞争又相互合作，相互制约又相互依存的价值网络结构。对于服务型制造企业而言，不再需要追求价值链的完整性，而是结合自身的战略目标以及所具备的核心竞争力和拥有的核心资源，做好价值链当中的某些核心环节，充分发挥其优势，并对价值链的其他参与者加以整合、引导。同时，将那些非核心环节的业务外包出去，由专门的服务性生产企业或生产性服务企业承担，从而形成服务型制造网络核心企业、服务性生产企业与生产性服务企业，按照不同的价值链环节分工的格局。因而，在价值网中，一个产品或服务在全球的竞争能力，已远远超出单个企业自身的能力和资源范围，表现为多个节点协同创造价值的特点。

从价值创造过程及内容来看，服务型制造企业在关注产品生产制造环节的价值创造活动的同时，更加关注于产品服务系统的整个生命周期，主要涉及市场调查、产品服务系统开发设计、生产制造、产品服务系统市场营销、产品服务系统售后服务、产品报废和回收。服务在整个生命周期内的作用越来越重要，而且服务所创造的附加值也更高。因此，诞生于知识经济与服务经济背景下的，由不同价值链构成的服务型制造价值网络是服务流、需求流、知识流、价值流协同作用的过程。通过各方的协同，不仅可以为客户创造更大的价值，增强客户的体验感，提升客户的满意度和忠诚度，又可以增加企业利润。在为客户创造价值的同时，及时获取客户最新的反馈，用于产品的研发、生产制造、质量与服务改进，贯穿于产品服务系统的全生命周期，以便更好地挖掘和引导客户的需求，并对其进行精细化、动态化管理。服务型制造价值网与传统制造企业价值链的区别具体见表 4–5。

表 4-5　服务型制造价值网与传统制造企业价值链的区别

比较点	传统制造企业价值链	服务型制造价值网
关注点	利润的增加	客户体验的提升和客户需求的满足为第一目标，利润的增加为第二目标
价值传递过程与价值分配方式	企业价值的实现	客户价值创造与企业价值实现的分离
组织形态	链状、单向	网状，双向
价值产生的原理	投入转化为产出	基于产品服务系统，联系客户
流动内容	产品和技术	产品服务系统和技术
基本活动	内部后勤、生产、外部后勤、市场、服务	研发、生产、采购、市场营销、服务供应
辅助活动	采购、研发与开发、人力资源管理、企业基础设施	企业基础设施、需求管理、人力资源管理
相互作用的主要逻辑关系	连续的	并行且充分交互的
基本活动的相对独立性	拉动的 连续的	拉动的 相互补充的
关键成本驱动因素	规模	规模及定制化动态配置
关键价值驱动因素	生产能力利用率	能力利用
企业价值系统结构	相联系的价值链	表层或相互联系的网络

资料来源：吴安波，孙林岩，杨才君等. 服务型制造战略下中国制造企业研发活动价值创造分析 [J]. 科技进步与对策，2012,29(07):88-93.

三、服务型制造的价值链延伸与整合

基于价值链理论对服务型制造进行全面分析发现，服务型制造企业通过与供应商、中间商以及其他合作伙伴建立良好的合作关系，可以实现各参与主体在知识、技术、能力、经验等多种资源的共享。通过鼓励客户参与到企业产品研发、设计、质量改进和服务创新等领域，及时了解客户需求、市场信息，充分利用客户的冗余知识、技能、经验等聪明才智，促使企业转变观念，树立以客户为中心、以需求为导向的理念，积极推动企业各部门在技术开发、生产制造、采购、物流和市场营销与服务等方面的变革创新、信息资源的共享，最终为客户提供产品服务系统与解决方案，实现服务制造系统中各参与主体的共赢发展。具体如图 4-8 所示，服务型制造转型企业的价值链可以分为供应商价值链、企业价值链和客户价值链等三部分。

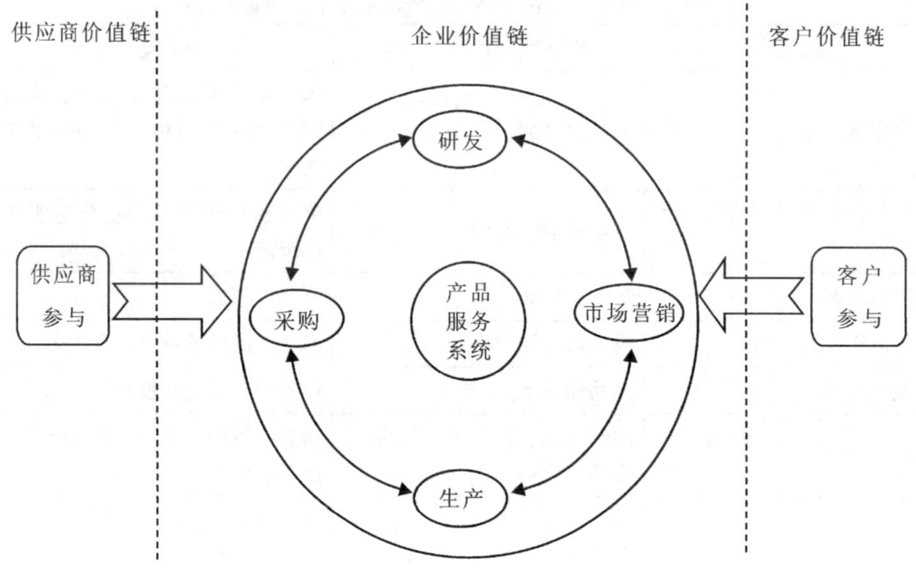

图 4-8　服务型制造企业的价值链

（一）供应商价值链分析

随着市场竞争的日趋激烈，打造高效、稳定的供应链成为企业培育和提升市场竞争力的重要途径之一，而供应商则在整个供应链条上占据重要的地位。因此，如何选择合适的供应商，并与其建立长期稳定的合作关系显得格外重要。供应商的选择会对企业的很多决策产生一定的影响，比如供应商的地理位置会对企业的运输、分销、采购成本等方面产生影响，进而影响供应链的设计与实施。供应商的可靠性、服务能力会直接影响到企业生产经营的正常运营，市场竞争能力的培育和作用的发挥。因此，如何从众多的潜在供应商中选择更为合适的供应商，成为企业供应链管理当中的重要工作。供应商的选择就是对现有的和新开发的供应商的评估与资格认定，传统供应链更多强调合作的稳定性，各供应商会围绕核心企业形成稳定的供应关系（供货联盟），各方利益共享、共担风险，有效降低各类成本与费用。因此，供应商的盈利能力以及降低与控制成本一直是各主体关注的焦点问题。

随着服务型制造模式的出现，更多企业开始尝试着进行服务型制造转型，传统的生产方式和供应链体系难以维系。企业在供应商的选择方面，更加关注供应商的环保绩效、服务能力及质量和成本柔性[115]。企业与供应商之间的关系也发生了诸多变化，企业为了优化生产工艺流程、提升产品质量或者新产品的开发，将供应商纳入产品的研发设计或生产制造当中，由供应商选派相关的研发人员、技术人员或服务人员，与企业的相关部门和人员进行对接，就产品服务系统的设计理念、模型和要解决的关键性问题等方面进行充分沟通，以满足最终客户需求，提升客户满意度为目标，对产品服务系统进行优化升级。通过企业与供应商的通力合作，共同为客户创造价值，实现各方共赢。与传统供应链相比，服务型制造模式下的供应链，基于服务创造价值、合作创造价值的理念，一改以往各自为政的局面，可以有效实现企业与供应商在知识、技能、经验等方面的共享融合，共同开展产品、服务的研发设计、创新、生产制造活动，构建高效、协作的价值创造网络体系。

从知识共享、创造方面来看，Baker（1999）对供应链成员间知识共享的机理、方法以及路径进行实证研究发现，知识共享对于供应链绩效有着较为显著的影响。陈伟等（2015）就供应链中成员之间的信任、关系对知识共享的影响进行实证研究发现，供应链成员间的信任对于显性及隐性知识的共享作用十分明显，而关系只对隐性知识产生作用。实践过程中，在那些拥有相似企业价值观念的合作伙伴之间更容易实现知识共享[116]。因此，价值理念在知识共享过程中具有极其重要的作用，而且合作伙伴之间的知识共享程度很大程度上决定了其关系的紧密程度，合作关系越紧密、越融洽，其关系资产投资的力度越大，反过来又会促进知识共享，进而形成良性的互动关系。从以上学者实证研究结果及实践经验总结来看，服务型制造企业在与供应商关系建立与维护过程中，应树立合作共赢的理念，求同存异，建立互相信任、稳定的关系，实现在知识、技术、能力、经验和理念等方面的共享，在共享的基础上增进关系。

服务型制造企业与生产性服务企业合作过程中，进一步优化价值链，促使生产性服务企业的专业化和高端化，打造先进的技术和健康的产业生态，构建研发设计、产品制造、市场营销、售后服务等价值链环节的“闭环”与“整链”，引领制造业数字化、服务化转型升级，新产品孵化以及新兴行业的培育。依托生产性服务的“主动创造性供给”，将分散于不同主体的服务资源进行联结、协调与匹配，系统集成价值链的不同环节，实现创新链、价值链、产业链的端到端、点到点的精准对接。更好地服务于服务型制造企业生产成本的控制、生产工艺流程的优化和生产效率的提升，提升企业产品与服务的竞争力，充分发挥供应商价值链的作用。

（二）客户价值链分析

客户是服务型制造价值网络当中的起点与终点，客户不仅是价值的接受者，也是价值的共同创造者，价值由客户驱动并决定。企业为了赢得竞争，需要为客户提供优于竞争者的产品与服务或者整体解决方案，因此，客户关系管理成为客户价值链当中非常重要的内容。随着信息技术的广泛使用，在客户价值链方面，服务型制造企业可以有效的将客户纳入到产品的研发、设计、生产制造等活动当中，通过与客户的深度沟通，可以及时从客户那里源源不断获取到诸如产品质量、功能、价格、体验和期望等各类反馈信息，及时捕捉到客户的潜在需求及其需求变化趋势，有利于企业相关产品、服务的持续改进与创新，提升企业对市场需求变化的响应速度，更好地满足客户的需求，提升客户的忠诚度，实现产品全生命周期的价值增值。从知识的共享创造方面来看，可以有效聚集和融合各类客户的异质性资源与能力，客户与企业建立一种利益同享、风险共担的合作关系，有效降低企业的研发、营销风险，在增进企业与客户的关系的同时，提升企业的竞争力。客户的全方位参与，使其变成合作生产者，在为客户创造价值的同时，扩大了企业的盈利空间和范围，即由单一、单环节的服务收入向多层次、复合收入转变。

（三）企业价值链分析

在企业价值链方面，服务型制造企业可以充分利用现代信息技术，实现对客户、合作伙伴和其他资源的动态管理。企业可以在全国甚至全球范围内共享与利用企业的研发设计、加工、营销、软件、信息和知识等各类资源，迅速组建动态联盟，实现对市场、客户需求的快速响应。服务型制造多涉及高端装备产品，这些产品一方面往往涉及多个领域的知识与技术，并且具有内嵌式软件和系统性、层次性的特征。另一方面，这些产品多为单件小批量生产，对技术创新和生产柔性化提出了更高的要求。这些特点使多主体合作、企业价值链延伸成为一种必然，同时对于客户需求的识别、确认与满足，以及对客户所拥有的知识、技术、经验的挖掘与利用日益重要，而创新性产品的研发成功，又会使这些服务型制造企业获得先发优势，形成技术壁垒，获取超额利润。为此，除了需要企业对价值链上外部多种资源的整合、利用外，还需要对内部的研发设计、生产制造、营销、服务等各部门的整合，高效、协同地完成产品服务系统。

在传统制造型企业里，各部门之间的沟通交流较少，一切按照销售订单、生产工艺流程、业务流程进行，以确保生产经营的顺利开展，有效提高了效率，但是随着企业规模的不断扩大、业务日趋复杂，部门间容易形成部门墙、信息孤岛和利益之争。产品服务系统的复杂性、知识密集性，需要企业内部各部门基于企业服务型制造转型战略，以客户为中心，以需求为导向，树立合作、共享、共创和共赢的理念，加强彼此的协同配合与充分交流。通过信息资源共享，设计部门可以从营销、服务和生产等部门及时了解市场客户需求特点及其变化趋势，有针对性地进行产品研发与服务创新。采购、仓储部门可以根据营销、生产与研发部门提供的相关信息，开展科学的采购仓储管理，确保生产、营销的顺利进行，充分满足客户需求。营销服务部门可以通过与技术研发、生产制造、质量管理等部门的沟通交流，更好地了解产品的特性、功能、性能和生产工艺流程等方面的信息，为客户提供更好、更多的服务，提升客户的满意度和忠诚度。

第四节 竞争战略视角下的服务型制造模式分析

一、竞争战略的类型

企业战略具有长期性、指导性、前瞻性和对抗性等特点，当企业的整体战略确定之后，这就需要明确在哪些领域从事经营活动，如何在这些领域竞争，并取得长足发展，这属于企业战略的第二个层次——确定企业的基本竞争战略。基本竞争战略，即无论在什么行业或什么企业都可以采用的竞争性战略。

迈克尔·波特在《竞争战略》一书中，基于产业结构分析的视角，提出了企业竞争战略的基本分析框架和工具，将竞争战略界定为：采取进攻性或防御性行动，在产业中建立起进退有据的地位，成功应对五种基本竞争力量，从而为企业赢得超常的投资收益。为了达到这一目的，波特在该书中提出了三种基本竞争战略，即成本领先战略（cost leadership strategy）、差异化战略（differentiation strategy）和集中化战略（focus strategy），三者的关系如图 4-9 所示。由于这三种基本竞争战略能使企业形成自身的竞争优势，并获得持续健康的发展而被长期采用。

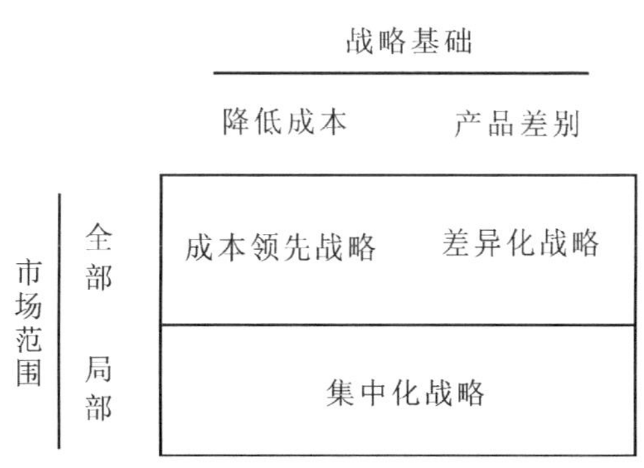

图 4-9 三种基本竞争战略

（一）成本领先战略

成本领先战略又称为成本竞争战略，是指企业通过降低在研发、生产、营销和服务等领域的成本与费用，压缩和优化成本结构，使其成本与费用明显低于整个行业的平均水平或主要的竞争对手，从而获得竞争优势，吸引更多的客户，实现利润的增长。该战略旨在通过低成本获得比较优势和持久的竞争优势。成本领先战略的优势在于，能够有效应对来自竞争对手、替代品和强势买家的竞争和挑战，构筑防御潜在进入者的有效壁垒，能够承受由于原材料涨价的压力，降低采购成本与费用，获得高于行业平均水平的利润。但是成本领先战略仍存在一些潜在的风险：由于技术更新速度加快，使得过去用于扩大再生产规模的投资失效；可能会使高层管理人员更加关注于成本与费用的控制，而忽视了市场的变化和客户需求及其偏好的变化；企业为了实现规模经济，采用大量专业化生产设备，弱化了企业的柔性化水平，企业一旦要退出，难度较大；成本领先战略及相关方法容易被模仿，同时很可能导致品种、服务的单一化、同质化，而且低价不一定总能吸引来客户，更可怕的是当很多企业同时实施成本领先战略时，可能会给整个产业带来毁灭性影响。由于成本领先战略可以给企业带来诸多利益，因而成为很多企业采用的竞争战略。成本领先战略的实施涉及到企业的方方面面，不可能寄希望于企业的某个部门或环节，一般需要全员的参与，并且在企业内部营造一种注重细节、精打细算、持续改进的企业文化。需要有一套科学有效的机制制度作保障，在确保产品与服务质量的同时，通过实行规模经济生产、投入更为先进的机器设备、缩减和降低成本开支与间接费用等一系列措施，方可取得持续性竞争优势。比如小米公司提出的要坚持做“感动人心、价格厚道”的好产品，由此在全球占据了一定市场份额。

（二）差异化战略

差异化战略被界定为企业针对客户的个性化、多元化需求，设计并生产明显区别于竞争对手的差异化、定制化的产品和服务，以赢得客户的消费偏好，增强客户体验感，进而提升客户对企业、产品的满意度，从而获得持续的竞争优势。差异化战略的形式主要包括产品及品牌在形象、功能、外观、服务、技术和分销渠道等方面的差异化与独特性，在竞争中可以凸显其差异性，更好地迎合与满足客户的个性化需求。企业可以通过产品差异化、服务差异化和形象差异化等方式来实现差异化战略。企业实施差异化战略，有利于形成客户对于品牌、企业的忠诚，构筑进入壁垒；差异化的产品与服务，使其具有一定的独特性，有效削弱了客户的议价能力，促使企业利润的提升；实施差异化战略，需要企业具有较强的经济实力、研发与生产制造能力、营销与服务能力，为此可以有效对抗潜在进入者的进入和替代品的威胁。虽然采取差异化战略会给企业带来这么多的好处，但是其风险仍不可小觑，比如，随着信息技术的广泛应用，知识技术的快速共享与应用，势必会有一些竞争者开始模仿甚至超越，使得差异化程度持续减弱；客户需求的变化，对于差异化需求的降低，势必影响该战略的实施；过度差异化，往往会导致企业在研发、生产制造、营销和服务等方面成本费用的增加，出现不盈利现象。因此，实施差异化战略的企业所提供的差异化、定制化产品与服务必须被客户所认可，必须能够给客户创造更大的价值，同时企业必须具备较强的研发能力、营销服务能力、变革能力与营造优秀的企业文化，否则差异化战略很难推进与持久。

（三）集中化战略

集中化战略又被称为聚焦战略，是指企业根据特定客户群体的特殊需求，将目标集中于特定的客户群体或地理区域，在较小的竞争范围内建立独特的竞争优势。集中化战略必须基于成本领先战略与差异化两种战略，通过对市场进行精准的定位，将目标放在某个特定的、相对狭小的领域内，在局部市场争取实现成本领先或者差异化，即形成集中成本领先战略或集中差异化战略，以此建立竞争优势。成本领先战略、差异化战略则着眼于整个市场、整个行业，在更大范围内谋求竞争优势。实施集中化战略有利于企业集中力量和优势资源，更好地服务于特定的目标市场，实现在技术、服务上的创新与规模效应，获得竞争优势，同时有利于企业对整个战略管理过程的控制和动态调整。因此，特别适合那些资源、能力有限的中小型企业。但是，当细分市场的吸引力、利润率较大时，容易引来大量竞争者的进入，更可怕的是当客户需求偏好、市场环境发生改变，可能会给企业带来致命打击。

二、竞争战略的主要因素

企业的持续生存与发展，往往不是某个或某些方面的优秀，而是要将战略目标、企业资源、运营能力、企业文化、市场与产品等多种因素加以整合优化，实现优势互补，充分发挥其协同效应。如果企业的战略目标不够明晰，企业即使拥有再多的资源，再强的运营能力，也不会到达成功的彼岸；反之，如果企业没有丰富的资源与强有力的相关能力，即使战略目标再宏伟、再正确，也可能会搁浅。如果企业空有目标与资源，不能对市场需求及其发展趋势做出准确的判断，并以优良的产品与服务予以满足，那么资源与相关能力就会被白白浪费。因此，只有在对企业内外部环境全面、准确分析的基础上，建立高效协同的组织机构，做好对企业资源、能力和企业文化的整合优化，培育和形成企业的核心竞争力，才能确保企业的持续成功。企业竞争战略主要涉及战略目标、市场与产品、企业文化、企业资源和运营能力等要素。

（一）战略目标

战略目标是指战略主体在一定的战略期内，为谋求发展而精心策划的具有全局性、整体性和方向性重大决策的奋斗目标。战略目标决定了战略的重点、战略阶段与战略对策。企业战略目标往往具有多元性和层次性，在战略目标确定时，应遵循现实与未来相结合；个体与整体目标相结合；局部与全局相结合；短期目标与长期目标相结合；定性与定量目标相结合的基本原则。通过战略目标的确定，使得企业能够进一步明确：未来需要进入哪些市场领域？如何进入？自身是否拥有相应的资源与能力？获得相关能力与优势可以采取哪些途径和方法？同时还需要对战略目标进行进一步的细化分解并对其进行准确描述、宣传与实施。

（二）市场与产品

市场决定了企业的资源配置、战略目标重点和提供的产品与服务。企业可以结合自身资源、能力优势，为目标市场提供优于竞争对手的产品与服务，从而占领市场，获得竞争优势。市场是企业之间竞争的主战场，市场规模大小及其吸引力的不同，其竞争激烈程度也会有所不同。产品与服务则是实施竞争战略的载体，企业往往会基于产品与服务实施成本领先战略、差异化战略或者聚焦化战略，市场与产品综合了客户、竞争者、产品与服务、价格、渠道以及其他多种要素。

（三）企业文化

企业文化是企业在一定的环境下，在长期的生产经营过程中逐渐形成的，被大多数员工所认同和遵循的企业经营宗旨、价值观念、企业哲学及与此相适应的思维方式和行为方式的集合。企业文化具有导向功能、凝聚功能、激励功能和约束功能等，同时会对企业的组织结构、领导方式、业务流程和激励方式等方面产生深远影响。当企业崇尚创新与资源共享，这些思想与行为也会表现在企业的研发、设计、生产制造和营销服务各个环节，更有利于各部门之间的协调沟通与持续创新。当企业营造了一个尊重知识、包容失败、鼓励合作、积极向上的组织氛围，将会大大增强全员学习创新、合作共赢的积极性，进而提升企业对各类资源的获取与整合能力、运营能力和创新能力，更好地服务于企业战略目标。

（四）企业资源

企业资源是实现企业战略目标的基础，是企业能力的来源，企业能力是企业核心竞争力的来源，核心竞争力是竞争优势的基础。一般可以分为有形资源和无形资源。有形资源是那些可见的、能量化的资产，比如机器设备、厂房、原材料和货币资本等。无形资源则是那些根植于企业长期发展过程中，所积累的具有一定独特性、价值性和稀缺性的资产，比如企业的知识、技术、声誉、管理思想和人力资源等，甚至包括那些与其他企业、客户建立起的长期战略联盟关系，都将成为企业的重要资源。与有形资源相比，无形资源具有难以模仿性、替代性等特点，往往需要企业长期的积累与培育，这也成为企业获取竞争优势的重要来源。企业无形资源与有形资源相互影响、相互促进，无形资源的不断增强，是企业有形资源稳定增强的保障。

（五）运营能力

运营能力是战略实施的关键，主要表现为企业资源获取能力、资源转换能力和价值实现能力。服务型制造作为一个开放的系统，对环境存在着较强的资源依赖性，是否能够获取满足战略实施、企业运营所需的资源是战略成功实施的关键保障因素，这里的资源涉及物质资源、人力资源和财务资源等。企业获取和拥有大量的资源，还需要企业具备较强的资源转换能力，主要体现在企业的技术创新能力、新产品开发能力和生产管理能力方面，这些将成为企业整合资源、争取市场机会、取得市场主动权和占据优势地位的重要能力。企业的运营能力的第三个方面，即价值实现能力更多地体现为企业的营销能力、客户关系管理能力和风险管理能力等方面。企业要想在复杂多变的市场环境中取得成功，关键在于以战略目标为指引，培育和充分发挥企业的营销能力、客户关系管理能力，对企业资源、能力和市场进行有效整合与充分利用，为客户创造更大的价值，进而赢得客户、赢得市场，最终形成企业的优势，实现企业战略既定目标。

三、竞争战略与制造企业服务型制造转型

国外对于服务型制造的相关研究起步较早，Vandermerve 和 Rada 等研究表明，服务主要是通过形成有别于竞争对手的差异化优势和相对于竞争者的进入障碍，而成为制造企业获取潜在的、长期差异化竞争优势的有效战略工具。Quinn（1992）在阐明服务对制造业价值创造和保持长期竞争优势，尤其是差异化竞争优势的重要性的同时，认为服务是针对顾客的个性化和多样化需求进行的具有战略深度的价值增值活动。Mareeau 和 Martinez（2002）研究认为，制造企业可以通过为客户提供“产品＋服务”包的整体解决方案，形成自身独特的、难以模仿的差异化竞争优势。由此可见，服务对于传统制造企业的服务型制造转型，制造型企业核心竞争力的培育、形成，差异化战略的有效实施与绩效的提升有着重要意义。

（一）差异化竞争战略与制造企业服务型制造转型

制造型企业的服务型制造转型，其实就是一种差异化的竞争战略，该战略必须以客户为中心，针对客户的实际需求，整合价值链、供应链上各主体在知识、技术、经验和资源等方面的优势，形成独特的产品生产与服务能力，为客

户提供定制化的产品服务系统，包括个性化定制、过程支持、检修与维护、升级与回收、产品全生命周期管理等增值服务，进而实现企业的服务型制造转型。差异化竞争战略的实施是一个循序渐进的过程，从最初仅提供实物产品到逐渐提供相关的产品附加服务，再到为客户提供效用，以满足客户的多元化需求，同时企业的竞争优势的来源也从产品转向服务。因此，企业在服务型制造转型过程中应遵循循序渐进的基本原则，同时需要对企业组织结构、产品、业务流程和企业文化等进行相应的调整优化。企业差异化的竞争战略需要打造差异化的组织形式、形成差异化的能力，以及产出差异化的产品、服务、产品服务系统或整体解决方案来实现。

基于“合作、共享、共创、共赢、共生”的理念，以服务型制造企业为中心，联合价值链中的生产商、供应商、服务商和客户等多个主体，形成一个关系密切、运行高效的组织联盟，进一步打破组织边界，提升组织的敏捷性，使得各主体之间的互动和联系网络化、复杂化、频繁化，实现对各主体资源的整合与充分利用。通过提升客户关系管理水平，及时准确地获取市场信息及客户偏好需求，开发和生产客户所需的产品与服务，有效降低开发与市场的风险。通过对供应商、中间商、服务商的动态化管理，加强彼此之间的互动，共同解决在产品品质、功能优化、新品研发、营销渠道开拓等方面存在的主要问题。通过链条上各主体的深度合作，建立较为稳定的关系，实现信息资源共享和各主体的价值最大化。

如果企业提供的实体产品同质化日趋明显，为了规避残酷的价格竞争，获取持续的竞争优势，需要制造企业的服务型制造转型，实施差异化竞争战略，为客户提供差异化的产品与服务，但是仅靠构建差异化、柔性化的组织形式还远远不够，还需要企业苦练内功，培育和形成自身差异化能力。通过加强学习型组织建设，激发全员学习新观念、新知识、新技能的积极性，实现知识的共享和新知识的创造和应用。企业在与竞争对手、供应商、服务商和客户等外部组织或个人合作过程中，注重对其知识、技术、创意与能力的学习吸收，并结合行业企业特点有所创新，形成自身独特的能力。这些能力有利于提升企业解决在产品服务系统开发、运行、维护和升级等环节遇到的多种问题，有效提升各主体的价值创造与价值增值能力。

传统制造企业的服务型转型，需要在建立差异化、柔性化企业组织架构的基础上，培育和形成企业差异化的能力，进而为客户提供先进的产品服务系统，实现各方的利益最大化，最终实现服务型制造转型。这里的差异化产品服务系统具有明显的针对性、定制化特点，往往以完整的解决方案或者直接提供效用代替以往单一的物理产品和必要的相关服务，通过提供产品全生命周期的服务，为客户创造更大的价值，提升客户在使用、维护、升级甚至报废回收过程中的便捷性，通过差异化的产出较好的与竞争对手区分开来。服务型制造企业在开发、生产制造、服务创新过程中，应围绕客户差异化需求，有的放矢以规避企业在服务型制造转型过程中出现服务化悖论现象，帮助企业获得持续的竞争优势。

从长期来看，当企业与客户建立了长期稳定的关系，彼此关系会更为密切，企业对于客户的了解会更为全面、准确，会积累和形成更为丰富的客户知识和客户管理经验，并将这些知识、经验应用于产品服务系统的开发、生产、交付、维护与升级当中；使企业能够针对客户的需求，想方设法提升自身的资源整合利用能力，提升企业对于市场变化、客户需求的响应速度，为客户以及所有的参与主体创造更大的价值，最终提升企业的绩效及其动态能力，使得企业得以持续健康发展。

（二）成本领先竞争战略与制造企业服务型制造转型

服务型制造企业通过为客户提供定制化的产品解决方案，以产品为载体的产品服务系统融合了产品、服务和客户参与的特性，充分满足了客户的个性化需求，在为客户创造更高价值的同时，有效节约了成本费用，具有明显的低成本优势，具体表现在以下几个方面：

（1）企业为客户提供产品与服务或者整体解决方案，有效降低了产品的单位成本。通过对已交付使用产品实施全生命周期管理，基于物联网等信息技术对其进行实时监测和异常预警处置，有效延长了产品的使用寿命，提升了产品在寿命周期内的效率。比如，一些机床刀具生产企业通过对刀具使用情况的全过程监控，在收集刀具使用相关数据的基础上，对刀具的使用情况进行评估和有序更换，一改以往只要刀具达到额定工时便予以更换的做法，有效延长了刀具使用寿命，为机械加工企业节约了大量成本。同时，可以将这些监测数据用于刀具设计、材质、生产工艺等方面的优化。

（2）信息的不对称容易导致资源的错配与低效，产品服务系统有利于加强企业与客户之间的信息沟通，优化资源配置效率。企业通过为客户提供产品服务系统或者效用，使得产品的所有权掌握在制造商手中，客户只需要为服务支付相应的费用，这样可以大大提升产品的使用效率，在一定程度上降低了产品的研发、生产制造费用，可以实现规模效应。企业可以将更多的精力放到与客户沟通，了解和确认客户需求，实现客户、企业与其他参与主体在信息资源上的共享，有效降低各主体的交易成本与费用，提升客户的满意度和忠诚度，有利于产品与服务创新。

第五章
服务型制造的商业模式

本章首先对商业模式的概念、内涵及其系统结构，制造业商业模式的演化历史进行了阐述；其次，对基于核心产品的服务拓展的商业模式、基于一体化解决方案的商业模式、基于客户共同参与创造的商业模式和基于定制化的商业模式等几类商业模式进行分析；最后，通过商业画布对服务型制造商业模式各因素逐一进行了分析与对比。

第一节 商业模式

一、商业模式的概念

商业模式的概念最早是由 Bellman 和 Clark 于 1957 年在《论多阶段、多局中人商业博弈的构建》一文中提出。Konczal（1975）视商业模型为管理工具，并将它当作系统建模过程中的操作活动。随着信息技术的发展，商业模式逐渐引起商业界和理论界的关注。管理学界对于商业模式的实践研究虽然较长，但是目前尚未形成对商业模式的统一定义。如：德鲁克（Drucker P F）（1994）认为，商业模式的本质是“组织或公司的经营理论”Stewart 等 (2000) 认为，商业模式是企业能够获得并且保持其收益流的逻辑陈述。Rappa（2000）认为商业模式的最根本内涵是企业如何能够得以生存并获得利润；Hawkins（2001）把商业模式看作企业与其产品 / 服务之间的一种商务关系，构造各种成本和收入流的方式，使企业得以生存；Afuah 等（2001）则把商业模式定义为“企业获取并使用资源，为顾客创造更大价值，进而获取更大利润的方法”。Amit 等（2001）认为，商业模式是以网络为中心，通过企业、供应商和用户构成网络体，进行事务运作；原磊（2007）认为，国外商业模式的定义总体上是从经济向运营、战略和整合递进的；魏炜、朱祥武（2008）认为，商业模式就是为实现企业利润最大化而构建的与企业利益相关者的交易结构，这种结构是顾客价值与企业价值的桥梁；ZOTTZ（2010）将商业模式界定为企业与合作伙伴共创价值，并获得相应价值的活动系统，是面向产品、服务和信息流的一种架构[117]。价值主张、价值创造和价值捕获被认为是商业模式的三个不同但又相互关联的组成部分。Osterwalder 等（2015）认为，商业模式是一种建立在许多构成要素及其关系上，用来说明特定企业商业逻辑的概念性工具；杨东等（2021）认为，商业模式是企业为实现企业价值与消费者获取价值的最大化而采取的一种价值创造逻辑，它通过确定企业的价值主张，利用价值创造、传递，来获取企业的价值创造[118]。由此可见，商业模式是一个不断发展的概念，不同学科、实践背景的人对商业模式会有不同的界定。总体来说，对于商业模式概念的界定，可以从利润角度、战略角度和价值角度等不同角度展开讨论。

（一）利润角度

基于利润角度，认为商业模式的本质是企业在获取利润、争取利润最大化时所采用的经济模式或者财务模式，由此可以有效反映企业获取利润的主要途径和来源。因而，从利润角度界定的商业模式，其构成要素主要包括收入来源、定价方法、成本费用构成和最优产出等变量。David W. Stewart，Qin Zhao（2000）从利润角度将商业模式定义为企业获得并保持其利润流的逻辑描述。庞长伟（2016）提出，企业通过获得超额利润进而实现自身利润最大化的过程被称为商业模式[119]。黄涛（2017）认为，商业模式不仅要注重企业利润的获取，更要关注客户价值的最大化。同时需要做好目标客户选择、收益倍增、革命性降低成本、控制力与定价权、可复制性和系统性价值链等方面的工作。

（二）战略角度

基于战略角度，认为商业模式是企业在创造价值过程中所经历的内部流程和所需要的基本构造。Amit and Zott（2001）将商业模式界定为企业在价值创造过程中所涉及的交易内容、交易结构和企业治理架构。魏炜等（2008）将商业模式定义为利益相关者的交易框架，同时需要思考三大问题：谁是你的利益相关者？这些利益相关者有什么“价值”可以交换？如何设计一个共赢的“交易结构”？胡保亮等（2016）将商业模式分为封闭型、开放型和自适应型三种类型，并认为商业模式应当充分发挥利用性价值模块整合和探索性价值模块整合的组合效应[120]。吴玉玲等（2018）认为，商业模式已经成为企业管理、战略、创新等领域重要的研究话题，但是由于理论基础和行业差异等原因，很难构建一套具有一般性、基础性的商业模式结构模型[121]。

（三）价值角度

从价值角度看，商业模式的本质被界定为价值创造。如 Dubosson 和 Osterwalder

等（2002）认为，商业模式是关于消费者群体、营销、价值传递和关系资本的一种描述，其目的是能够为企业和商业伙伴创造可持续的利润流。所以Amitt和Zott（2012）认为，从价值创造视角来认识商业模式，更有利于抓住企业商业模式的本质，使认知过程更具系统性和动态性。原磊（2007）则以价值创造为逻辑，将商业模式划分为价值主张、价值创造、价值传递和价值实现四个价值单元，并据此提出了商业模式的“3-4-8”的构成体系。所谓“3-4-8”构成体系，实质上是一种从“远—中—近”三个层次对商业模式进行全面考察的立体架构[122]。Osterwalder A, Pigneur Y（2010）认为，商业模式是通用的概念和工具，它描述了企业如何创造价值、传递价值和获取价值的基本原理[123]。Teece等（2010）认为，商业模式应当作为一种依据，这种依据可以支撑客户的价值主张、提供实现企业收入结构的数据以及控制企业价值传递的成本。魏江等（2012）将商业模式定义为：描述价值主张、价值创造和价值获取等活动连接的架构，该架构涵盖了企业为满足客户价值主张而创造价值，并获取价值的概念化模式。项国鹏等（2015）基于价值创造视角，建构了PCAA分析框架，该框架具体包括价值主张、价值创造和价值分配与获取三个层面[124]。熊彼特认为，企业间的竞争是一个动态、非均衡、演变的过程，商业模式会随着时间推移而演化，商业模式中各构成要素相互作用的开放性和经营者创业的积极性，决定了商业模式是动态变化的。

综上各观点可以认为，所谓商业模式，即技术与管理的集成，它被看作企业商业逻辑的抽象化，其本质是企业利润实现机制和价值创造机制的融合，同时又是一个随着时间推移而动态演化的运行机制和体系结构。因此，商业模式的构建需要从企业的实际出发。商业模式是由若干要素组成并相互作用的结果，充分体现了企业的战略以及价值创造、价值传递和价值分配的过程及其基本逻辑。对于商业模式的研究，应基于整体观、系统观思想，从企业所处的整个价值链入手，较为全面而深入地阐释企业从发现需求，进而通过向目标客户提供产品与服务，为客户创造价值并从中获得利润的整个过程。对于服务型制造转型企业，应该将先进的管理方法、技术有效地应用于生产、销售和服务的全过程，实现企业资源的合理化配置和充分利用，优化企业业务流程，提高企业综合效益和竞争力。

二、商业模式的内涵

由以上的分析可以看出，不论是利润角度、战略角度还是价值角度，都需要企业明确几个最为核心的问题：（1）企业的客户是谁？他们在哪里？（2）企业到底能为客户提供什么样的价值？（3）企业又以何种形式向客户提供这些价值并从中获得利润，最终实现客户价值的最大化和企业利润最大化，实现企业的战略目标？（4）企业是如何创造、传递和获取价值的？

Osterwaider 在对众多有关商业模式定义分析的基础上认为商业模式描述的是企业如何创造价值、传递价值和获取价值的基本原理，根据该原理他提出了商业模式的一个模块框架，即商业模式画布，这是一种用来描述、可视化、评估以及改变商业模式的通用语言，具体可以分为客户细分、价值主张和分销渠道等九大模块。邱泽国（2013）基于 Osterwaider（2002）、Zotte 等（2011）及龚丽敏（2013）研究成果，以中国制造业为例，将商业模式的构成要素总结为价值主张、消费者目标群体、分销渠道、客户关系、资源配置、核心能力、合作伙伴网络、成本结构和收入模型等九大因素（图 5–1）[125]。由于邱泽国商业模式中的九大要素与 Osterwaider 的九大因素大同小异，故本书仍以 Osterwaider 的九大因素展开分析。

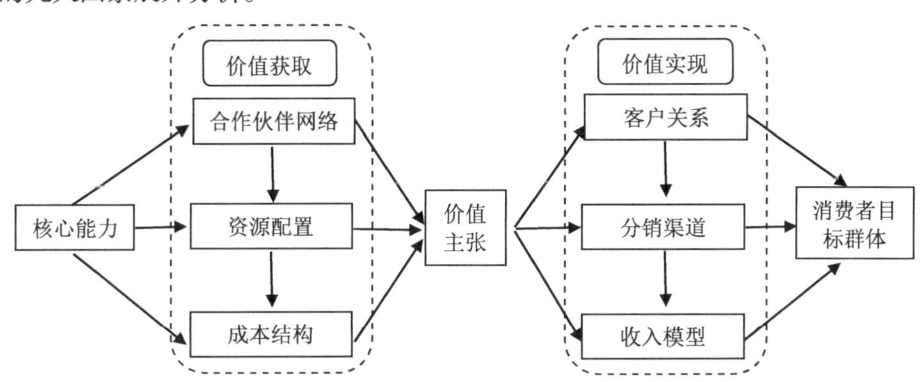

图 5–1 商业模式构成要素图以中国制造业为例

资料来源：邱泽国 . 中国制造业企业管理体系及商业模式研究 [J]. 哈尔滨商业大学学报（社会科学版）,2013(06):96–104.

（一）客户细分

客户细分是指企业在明确的战略目标、业务模式和专注市场基础上，结合客户的需求、偏好和购买能力等综合因素对客户进行分类，并针对不同的客户群体，提供相应的产品、服务和营销模式，即企业最想或最可能服务或接触的群体或组织。通过客户细分，企业必须明确正在或准备为谁创造价值或提供服务；对客户进行评价分类，明确哪些是企业的核心客户，进而采取不同的渠道为客户提供不同的产品或服务。不论是传统的制造业还是基于现代信息技术的服务型制造企业都要重视客户细分与客户关系管理，以实现对客户的精准营销、精准服务，在为客户创造价值的同时，实现企业的盈利与发展。

（二）价值主张

价值主张，即在客户细分的基础上，通过向特定客户提供相关产品或服务，为客户提供和创造价值。为此，企业必须重点解决以下问题：企业应该向客户传递什么样的价值？正在帮助客户解决哪些难题？正在满足哪些客户的需求？需要为客户提供哪些产品和服务？等等。在传统制造业与服务业的商业模式中，企业一般会通过向客户提供相关的产品或服务，在满足客户需求的同时实现销售和获取利润；而价值主张则将效益、特征、产品体验、风险和客户需求联系在一起，效益是企业产品或服务的价值主张的本质，效益来源于产品或服务的特征。价值主张是企业商业模式的核心，它以客户为中心，以需求为导向，为客户提供个性化、定制化的产品与服务甚至解决方案，尽可能地降低客户的搜寻成本和交易成本，以提升客户的体验效果和满意度，进而实现企业与客户的共赢。

（三）分销渠道

分销渠道，是产品从制造商向最终客户转移过程中所经历的所有环节，是传递价值主张的过程。分销渠道集物流、商流、信息流和资金流等于一体，重点解决企业商业模式中的以下问题：企业可以通过哪些渠道接触到目标客户细分群体？企业通过什么方式才能接触到它们？企业应如何对现有的渠道进行整合？现有的哪些渠道最有效？哪些渠道的成本效益最好？企业应如何将渠道与客户加以整合？分销渠道的顺畅，需要设计科学有效的组织结构，进而充分发挥分销渠道的市场调研、促销、订货、物流、谈判、融资、风险承担、付款和服务等功能。

（四）客户关系

客户关系是企业为了达成其经营目标与价值主张，主动与客户建立起的某种联系。建立良好的客户关系，有利于企业与客户建立密切的关系，便于彼此的沟通交流，提高交易效率，减少企业营销成本与费用。客户关系可以被简化为“建立关系——维持关系——增进关系”或者“吸引客户——留住客户——升级客户”。客户关系旨在解决以下几个问题：目标客户希望与企业建立和保持什么样的关系？企业已经建立了哪些关系？这些关系的成本费用如何？客户关系如何为价值主张、商业模式服务，实现客户与企业的共赢？由于企业提供产品与服务特征的不同，与客户建立的关系也会有所不同。如果企业以提供消费品为主，企业与客户之间建立的往往是一种以产品为驱动的交易性关系；如果企业属于装备制造行业，为客户提供的是技术复杂、价值较高的机器设备等产品，企业与客户之间建立的往往是一种长期合作共赢的伙伴关系。智能制造时代的转型，在客户购买产品、开始建立消费关系的同时，产品使用过程中会产生大量的延伸服务需求，为企业与客户之间建立长期的伙伴关系奠定了基础，因而具有重要意义。

（五）收入来源

收入来源，即企业获取收入的主要途径，旨在明确以下几个问题：为客户提供什么样的产品与服务，创造什么样的价值，能让客户愿意付费？客户付费买什么？客户是如何支付费用的？客户更愿意如何支付费用？哪些客户的付费成为企业收入的主要来源？每个收入来源占总收入的比例如何？制造型企业如何准确掌握企业的收入来源，抓住重要的收入来源和主要客户，并且开发新的收入来源，就显得尤为重要。

（六）核心能力

Prahalad， Hamel（1990）研究指出，核心能力是企业持续竞争优势之源，企业核心能力的主要目标是以最大限度满足用户现实与潜在需求为最高准则，以企业家为核心的高层管理团队，依靠以知识工作者为主体的公司员工的共同参与，通过战略规划的制定、实施、监测、反馈和调整，最终获得持续竞争优势。有关核心能力的研究，学者们的观点各异，主要涉及整合观（Peteraf，1993）、网络观（倪渊，2019；Klein，et al. 1998）、协调观（郑胜华和池仁勇，2017）、知识载体观（刘冀生和吴金希，2002；Kuei，et al. 2020）、元件—架构观（Henderson 和 Cockburn，1994）、系统观（金碚，2001）等，每种观点的侧重点各不相同，有的关注对企业不同技能的整合（彭新敏等，2021），有的关注各种资产与技能的协调配置（周翔等，2018），有的关注对产品平台的作用（吴画斌等，2019）[126]。

核心能力是确保企业商业模式运营的主要能力，一般竞争对手很难模仿，或者竞争对手在培育和形成该核心能力时需要付出巨大的代价，具有不经济性，同时核心能力又具有价值性，可以为企业带来价值，使企业在竞争过程中处于优势地位。核心能力的表现形式，主要体现为企业内部对相关知识、技术、技能、营销和人力资源等要素的整合，实现各要素之间的协同效应以及组合要素与企业之间的协同，使得企业在研发、营销等一个或多个领域具备核心竞争力，由此获取超额利润。这里的核心能力，一般是竞争对手很难模仿和替代的，能够充分体现企业的价值主张，为客户创造更大的价值，提升客户的满意度和忠诚度，使企业在竞争中处于优势地位。由于核心能力具有一定的持久性和刚性，而后有学者又提出企业的动态能力，更强调其灵活性和价值性。总之，研究企业核心能力，旨在明确以下主要问题：企业的价值主张、分销渠道、客户关系和收入来源等需要什么样的核心能力？这些能力企业是否拥有？哪些能力还需培育和提升？如何获取？

（七）关键业务

关键业务，就是那些确保商业模式顺利运营，实现企业价值主张，确保企业收入的重要业务与事项。需要企业明确和解决好以下问题：企业的价值主张需要哪些关键业务？企业的分销渠道需要哪些关键业务？企业的客户关系需要哪些关键业务？

（八）重要合作

重要合作，是指为了确保商业模式有效运作，企业与其他企业之间为了有效提供价值并实现其商业化而形成合作关系网络。当今社会是一个讲求合作、共创、共赢和共享的时代，任何企业都不可能凭一己之力获得市场，求得生存与发展，企业必须树立合作共赢的理念，和其他合作伙伴建立供应链网络、渠道网络和生产价值链等合作网络，通过分工协作赢得市场。比如，制造型企业，为了向客户提供产品与服务，必须与相关的研发企业、供应商、中间商、物流企业和客户建立长期稳定的合作关系，以确保企业的持续生存与发展。重要合作模块需要重点解决以下问题：谁是企业的合作伙伴？哪些是企业的重要合作伙伴？谁是企业的重要供应商？谁是企业的重要中间商？这些合作伙伴负责哪些关键业务？企业从这些合作单位可以获取哪些核心资源与能力？合作基础是什么？

（九）成本结构

成本结构，是对企业在生产制造产品或提供服务过程中所耗费的成本费用的结构化描述。成本结构与企业提供的产品与服务、资源能力分布、业务流程和技术等息息相关。常用的成本结构包括固定成本、变动成本、交易成本、沉没成本和边际成本等，成本结构是否合理，充分体现了企业的成本管控水平，会直接影响企业的盈利能力和利润的创造。对成本结构的分析通常需要回答如下问题：什么是企业商业模式中最重要的固定成本？哪些核心资源花费最多？哪些关键业务花费最多？企业不同类型的业务，哪些是成本驱动的，哪些是价值驱动的？通过成本结构分析，可以发现不足，结合企业发展目标做好资源配置以及财务政策、市场政策和业务流程的调整优化，以提升企业效益。

三、商业模式的系统架构

通过对商业模式画布九大要素的分析发现，商业模式的本质，是企业价值创造机制和利润实现机制的系统性安排，是商业模式 9 大要素相互融合、相互作用的系统架构。这九大要素是影响商业模式成败的关键性因素，决定商业模式好坏最重要的一点是对要素的把握。在内部资源（企业内部的人、财、物）及其组织结构、企业文化和外部环境共同作用下，以资源整合利用为基础，以价值创造为主线，对企业资源进行优化配置，实现组织结构、供应链结构和业务流程的最优化和高效性，实现营销的精准化以及客户满意度和忠诚度的提升。每一种商业模式都是由企业主体、目标客户和合作伙伴等几大主体所构成，各个主体在价值创造过程中分别扮演着不同的角色，发挥着不同的作用，但都是不可或缺的，他们都将围绕着发现价值、价值锁定、价值交换、价值回收和价值分配等环节有序开展工作，共同创造价值，并通过建立科学的机制确保价值分配具有公平性、科学性和激励性[125]。同时，张晓玲等（2012）利用创业板和中小企业板中处于各行业且经营业务模式较单一的 214 家公司的观测数据，对商业模式基本构成要素间的匹配对绩效的影响进行了验证性因素分析。研究结果表明，商业模式构成要素间的高度匹配能够促进企业实现业务增长、提升盈利水平和改善竞争地位[127]。以价值获取、价值实现为主线，可以将商业模式的九个构成要素归纳总结为价值主张、价值配置与核心能力、盈利模式等三大基本要素，其中价值主张和盈利模式分别对客户价值和企业价值进行了阐释，而价值配置和核心能力将会对价值的创造、实现过程进行全面、详细的说明。

（一）价值主张

价值主张，又被称为顾客价值主张（CVP），是对客户真实需求的深度描述，探索什么对于客户而言才是有意义的。近年来频繁出现在营销学、战略学和商业模式等学科文献当中，并且从以产品定位、企业与顾客的关系、战略导向为焦点三个维度进行了有益探索与研究。价值主张包括三大元素：目标客户、客户利益（能够为客户解决哪些问题，为其带来什么样的价值），以及提供物（提供的产品或者服务以及销售的内容与方式）。企业需要做好客户的调查，获取客户信息并对其进行挖掘，进而确定目标客户，对目标客户的数量、结构、所处区域和具体需求有一个更为明确的认识。目标客户的特点、需求以及所处的情境，将会直接影响到企业产品与服务的设计、制造、营销、渠道及其具体表现形式，尤其是在客户需求多元化的今天更是如此。同时，需要企业结合客户的需求，优化客户产品与服务的组合方式等。服务型制造转型过程中，更加强调以客户为中心，凸显企业间的差异性以及产品与服务的独特性。

（二）价值配置与核心能力

价值配置与核心能力主要包括核心能力、价值配置、分销渠道、客户关系以及合作伙伴网络等要素，这些要素的有机结合，有助于实现企业对目标客户的价值承诺。核心能力是企业持续竞争优势之源，其目标在于最大限度满足用户现实与潜在需求，对于核心能力的考察更侧重于企业如何培育、形成和保持企业的核心竞争力，拥有独占性、关键性资源及资源组合，这些资源自身具有价值性并为企业带来价值；对于价值配置的考察，侧重于价值的创造以及所需资源和能力的系统性，以确保这些资源之间优势互补，并实现协同效应；对于分销渠道的考察，在关注渠道广度、深度及其覆盖范围等方面的同时，注重分销渠道的效率及其成本费用的有效控制，注重分销渠道各主体间的协同性、合作共赢；在客户关系方面，服务型制造企业应更加关注与客户间建立起密切的、长期有效的合作关系，通过关系的建立以及彼此的充分沟通，共同创造价值；在合作伙伴网络方面，服务型制造企业应更加关注企业与其合作伙伴间是如何构建科学、有效的价值创造网络——这一价值创造网络的广度、深度如何，以及如何使其在高效运转、创造更大价值的同时具有一定的灵活性。分销渠道、客户关系以及合作伙伴网络，通过合理的价值配置，形成企业的核心能力。

（三）盈利模式

盈利模式一般包括收入模式和成本结构。盈利模式的背后是一组相互嵌套的经济模型，经济模型为企业赚取利润提供不竭的动力。不同的企业在成本与价格上各有不同，源于各企业运营活动的差异性。关于收入模式，首先，应考虑企业在提供物方面能够控制和支配的利润收入的高低水平，即企业获利的价值边际；其次，需要考虑企业的定价策略与定价策略组合，要对采取不同定价策略或定价策略组合下的销量空间及其利润空间进行测算，选择最佳定价策略；再次，在明确企业主要收入来源及形式的基础上，对收入结构及形式进行优化，确保收入的稳定性并保证有一定的增长；最后，为了确保收入的稳定性与持续性，必须有相关的资源、能力作支撑，对于那些资源依赖性的企业更为重要。企业必须考虑公司对原料、核心配件的获取能力，以及如何提升原料与产品存货的周转速度，以便减少由于周转速度慢而导致资金积压、资金链紧张和市场风险等现象的出现，并在既定的时间内创造更大的价值，获取丰厚的利润。成本结构是指一家企业在生产、构造和制造产品或提供服务时必须考虑的固定和可变成本。固定成本与可变成本构成了企业的总成本。固定成本与可变成本之比构成了成本结构的框架，该框架在一定程度上取决于是以固定成本为主导还是由变动成本来驱动。收入模式与成本结构相互结合，共同影响着企业的获利能力和获利水平。

经济社会的发展，现代信息技术的广泛应用，客户消费理念、行为的变化，都促使着商业模式的创新。企业在产品与服务的开发、生产制造、营销与服务过程中，需要不断优化业务流程，整合、优化企业内外部资源，提升价值创造能力与优化价值配置，做好对企业收入模式与成本结构的动态管理。传统制造型企业的服务型制造转型，需要企业适时转变盈利方式，从传统的以产品为中心向以服务为中心转变，即从以产品的生产与销售为核心的盈利方式，转向基于制造以服务为核心的盈利方式，此时企业的收入构成与成本构成也应该从以产品为中心转向以服务为中心的轨道上来。以客户为中心，以需求为导向，重视并满足客户的需求，为客户提供解决方案或效用，在为客户创造价值的同时提升企业的获利能力，同时加强与供应商、中间商、物流服务商等合作伙伴之间的关系，构建长期、稳定、共赢的价值网络体系。

通过以上的分析，可以发现在商业模式中，提供物、价值配置和核心能力以及收入模式和成本结构是商业模式的核心。

第二节　制造业商业模式的演化历史

一、手工与单件生产方式

在第一次工业革命之前以及早期的机械生产中，制造业的组织形式以手工作坊为主，工匠们依靠掌握的手工技能，根据客户的具体要求，为其提供定制化的产品。这些产品从原料到成品，始终由手工作坊主或工匠单独完成。在产品的整个生产过程中，基本上由工匠一人完成，没有专业分工。工匠可以根据客户的个性化需要，独立完成产品的设计和制造，产品的数量和质量很大程度上取决于个人的技能。手工生产方式主要有以下几大特点：

（1）以手工方式为主，根据客户的个性化需求进行生产；

（2）产品标准化程度低，很难保证产品的可靠性和一致性，产品质量更多地取决于工匠的技术技能水平，生产过程中往往没有明确的专业分工；

（3）生产效率和产量较低，无法实现规模经济，生产成本费用较高；

（4）生产组织结构及其管理简单，手工生产者往往既是手工作坊的业主又是雇员。虽然手工生产方式存在成本较高、生产效率低、专业分工不明确、产品质量参差不齐等问题，但却能够较好地满足客户的定制化需求。手工生产方式要求从业者掌握产品设计、生产加工、装配和营销等多方面的专有知识和技能，从业者要掌握这些知识、技能和经验则需要经过多年的学习、实践和积累[128]。

在手工作坊时代，手工作坊的价值主张，以满足少数的、具有一定支付能力的客户的个性化需求为主。由于手工生产的生产效率较低，远远不能达到规模经济，导致生产效率和生产量较低，生产成本费用较高，但是成本费用并非他们考虑的首要因素。因此，手工作坊往往以那些能够支付较高费用的客户为主，客户规模较小，产品的销售一般依赖于客户的口碑传播，与现代意义的营销和分销渠道相距甚远。在客户关系建立与维护方面，手工作坊与客户之间的关系往往取决于工匠的技术技能水平，当工匠的技术技能娴熟精湛，设计生产的产品品质精良，往往能提高客户的满意度和忠诚度。由于生产能力限制，导致手工作坊很难顾及更多潜在的客户，无法为更多的潜在客户提供更多的产品与服务。由于手工生产方式的生产规模、客户规模小，导致手工作坊的收入来源非常单一和有限。手工生产方式时期，手工作坊生产规模的扩大、产品品种的多元化，取决于手工作坊主和工匠个人的知识、技能、经验和能力，当他们能力较弱时，将会严重影响手工作坊的发展。从核心能力上来看，更多地取决于工匠的生产技艺与实践经验，但是这些技艺与经验往往又属于隐性知识，很难实现显性化，使得这些关键技艺与经验很难在短期内得到传播和传承，因此往往会形成自身的竞争优势。在资源配置方面，将会主要围绕手工作坊的生产工艺流程、关键设备设施、工具、关键技艺与经验展开，而生产作坊的成本费用支出则以原材料费用支出和工匠薪酬支出为主。在合作网络方面，由于手工作坊生产缺乏专业分工，每个工匠都是全能，因此与外界的合作非常少。

二、大批量生产方式

20 世纪初，随着“互换性”“大批量生产”“科学管理”思想与理论的提出，传送带引入生产系统，以及发动机、电动机和内燃机的发明和应用，改变了机器的结构，福特汽车开创的汽车装配生产流水线，促使制造业由手工与单件生产方式向大批量生产方式转换，从而有力地推动了工业化的进程，促进了市场经济的高速发展。大批量生产方式，企业基于对市场需求的预测，以大批量生产为特征，采用标准化的生产制造工艺与流程，生产出标准化、互换性强的零部件，通过高效率的机械化、自动化作业，提升生产效率与产品质量，实现规模经济，进而降低产品的成本与费用，快速创造和积累了大量的社会财富，到 20 世纪 50 年代，大批量生产方式达到顶峰。大批量生产方式具有以下特点：

（1）实现了从产品设计、生产制造到管理的标准化、专业化；

（2）广泛采用移动式的装配线和高效的专用设备，有效地提升了生产效率和降低了成本费用；

（3）实行纵向一体化制度，科层制组织的出现，实行统一指挥，把一切与最终产品相关的工作都归并到厂内自治，提升了企业管理效率和效益。

20世纪初大批量生产方式的出现，源于当时生产能力不足导致的供不应求。市场供不应求，使得企业把更多的精力放到了如何提升生产效率和降低生产成本费用方面。此时，企业往往将客户看作需求同质化的客户，为客户提供更多标准化、同质化的产品。因此，大批量生产方式产生于产品短缺时代，旨在提高生产效率，降低生产成本费用，为客户提供更多的同质化、标准化、可靠的和质量有保障的产品，以解决客户对物质产品的需求。在市场的选择方面，采取大批量生产方式的企业很少进行市场调查与市场细分，只是向市场提供同质化的产品。只有当市场处于饱和状态，客户需求出现多样化趋势，市场竞争日趋激烈时，一些厂商才开始关注市场的差异化需求，开始注重目标市场的调查与细分，为不同的市场区域提供差异化的产品与服务。此时的企业，可以说更多关注的是不同区域之间所提供产品与服务的差异化，而很少关注市场区域内部不同客户的个性化需求。

在产品销售和分销渠道方面，采取大批量生产方式的企业以产品为中心，旨在追求利润最大化，因此非常重视市场的开拓和分销渠道的建设，并通过适当的产品、价格、渠道和促销及其组合，为目标市场提供大量同质化的产品，一些客户的特殊需求并不能引起企业的关注。在整个价值链、供应链当中，厂商往往处于主导地位，客户则处于从属地位，只能接受厂商生产的产品和提供的服务，很难充分表达自身的诉求，并得以满足。因此，在大批量生产方式下，厂商与客户之间更多的是一种买卖关系，关系较为松散，彼此无法形成长期、稳定、合作共赢的关系。在收入方面，企业的主要收入源于产品的销售，企业一般会通过控制成本费用、提高生产效率、扩大规模等手段，提升生产经营效益，很少关注与产品相关的服务。在资本投入与成本费用方面，主要涉及机器设备、生产线、厂房建造等资本投入以及由产品生产制造、销售所产生的相关成本与费用。这一时期，由于分工的进一步细化，价值链上各企业之间的合作增加，彼此的依存度显著提升，关系更为密切。

三、大规模定制

斯坦·戴维斯（Stan Davis）在其《未来理想》一书中首先提出了大规模定制这一概念。随后约瑟夫·派恩二世（Joseph PineII）对大规模定制做了系统的研究与阐释，他认为大规模定制是指以满足顾客个性化需求为目标，以顾客愿意支付的价格，并以能够获得一定利润的成本，高效率地进行定制，从而提高企业适应市场需求变化的灵活性和快速响应能力的先进生产方式。大规模定制能够在确保企业经济效益的前提下满足客户个性化、多元化的需求，培育和形成企业的核心竞争优势和动态能力。大规模定制将成为21世纪的主流生产方式。丰田汽车公司、摩托罗拉和戴尔公司等跨国企业通过实施大规模定制，获得了强劲的竞争优势。

大规模定制生产方式，一般可以分为合作型定制、透明型定制、装饰型定制和适应型定制等四种类型。大规模定制生产方式，对顾客而言，每一种产品都具有定制化、个性化的特点。对于生产企业而言，这些产品则是主要通过大批量生产方式生产、制造出来的。大规模定制生产方式旨在通过对产品维和过程维的优化，通过大数据技术、传感技术、智能制造等现代信息技术、先进制造技术和管理方法的应用，把产品的定制生产全部或部分地转化为批量生产，从而不仅可以降低产品生产的成本费用，提升生产效率，而且可以为客户提供大量个性化、定制化的产品与服务。但是大规模定制生产方式当中的"大规模"与"定制化"无疑又是对立的，如何实现两者的协调统一，需要采取设计与制造的模块化以及定制的延迟化两种策略。在产品设计中，通过采用标准化的模块和零件，来减少定制的模块和零件数量。在生产过程中，采取定制的延迟化策略，即尽可能地把定制点推迟到生产过程的下游环节。比如，海尔集团互联工厂通过 U+ 智慧生活平台，提供整体解决服务方案，并通过个性化定制、电子商务、协同研发、模块采购、智能工厂、智慧物流、智联服务等七大并联平台，将业务模式由大规模制造颠覆为大规模定制，达到产销合一的目标。

通过对大规模定制生产方式的分析发现，大规模定制生产方式是以用户需求为导向，以大数据、云计算、物联网等现代信息技术与智能制造等柔性制造技术为支撑，以提升产品生产的效率、质量和效益。在研发设计方面，以模块化设计、零部件标准化为基础，大大减少了企业的定制部分，提高了生产效率。在生产过程中，以敏捷制造、智能制造为标志；在价值链管理方面，企业与供应链中的上下游供应商、中间商往往会建立起一种合作共赢的关系，企业运营及管理具有高度的灵活性。

随着大规模定制的出现与盛行，为了更好地了解客户的需求并对市场变化趋势作出准确的预测，企业分销渠道在结构、管理等方面正进行着变革。更多的企业在渠道管理方面不断压缩渠道层级，渠道扁平化日趋明显，制造型企业与客户建立起高效、长期稳定的伙伴关系，以期能够快速、准确地获取市场与客户的个性化需求信息，进而应用于产品的研发设计、生产制造与营销服务等多个环节。在客户关系管理方面，客户不再是独立于企业产品研发设计、生产制造的局外人，而是逐渐成为参与产品需求确认、产品研发设计、质量改进、营销服务创新等环节的重要力量，贡献着自己的聪明才智，与企业共同创造价值，在满足自身生产生活需求的同时，实现与企业的合作共赢。

从企业的收入模式来看，企业已经从注重生产成本费用的控制以获取利润的模式，转向通过为客户提供产品的同时提供全生命周期的服务，以获得持续性的收益。随着信息技术在企业的数字化转型升级以及服务型制造转型当中的作用日益凸显，也导致企业的成本结构发生了明显的变化。企业为了给客户提供个性化的产品与服务，企业生产服务过程中的柔性化水平就亟须提升，与此同时，客户对产品生产制造的智能化、数字化水平以及先进设备的一线操作者也提出了更高的要求，由此需要企业支付更高的设备购置费用以及一线操作人员的培训费用和薪酬。

在企业服务型制造转型过程中，对于企业客户的获取、维护与挖潜能力，柔性化生产能力，供应链管理能力以及价值链上各主体间的合作协调能力，冲突管理能力都提出了更高的要求，亟须企业重塑、优化自身的核心竞争力。在大规模定制生产模式下，客户成为价值创造网络中重要的组成部分，需要价值链中各主体之间，尤其是企业与客户之间建立起长期的、稳定的合作伙伴关系。大规模生产、大规模定制和 C2B 模式之间的对比，见表 5–1。

表 5–1　制造业商业模式对比

内容	大规模生产	大规模定制	C2B 模式
起始时间	20 世纪初成熟	20 世纪 90 年代成熟	近年来开始出现
管理导向	产品生产导向	用户需求导向	用户需求导向，合作共享、共赢
市场环境	需求稳定、供不应求	需求多变、供过于求	个性化需求兴起
企业战略	成本领先战略	差异化战略	动态能力
生产驱动模式	推动式生产，先预测市场需求再进行生产	拉动式生产，先获取用户需求，再进行生产	合作式生产，客户与企业深度合作，相互融合，实时获取客户需求信息进行生产与营销服务
产品特征	产品种类单一，研发与生命周期较长，流水线设备专用，调整周期长，调整费用高	产品种类多样，研发和生命周期较短，流水线设备具有柔性，调整周期短，调整费用低	产品多样性，生产更为智能化、数字化
代表性企业	福特汽车	戴尔电脑	快速发展中
市场形态	同质化的统一市场	碎片化、个性化的细分市场	市场即合作对话

续表

内容	大规模生产	大规模定制	C2B 模式
代表性的商业基础设施	公用电厂	通信网络 + 现代物流网络	云计算中心
价值载体与交付方式	企业向消费者交付产品	企业向消费者交付服务或者解决方案	以体验为载体，企业与消费者共创价值
消费者角色	孤立、被动、少知，基本上没有参与	部分参与设计与生产	见多识广、互相联系、积极主动、深度参与
产销格局	推动式	部分拉动式	互动式
主流的供应链形态	线性供应链	具有价值链属性的供应链	可实现大规模协作的在线价值网络平台
企业协作形态	零和竞争	具有一定的共赢特性	生态化协作，追求共赢
竞争基点	成本与质量	成本、质量、速度的平衡	体验为王
支撑体系	大规模营销、流水线生产、部分物流外包	大规模营销、一定程度的柔性化生产和社会化物流	个性化营销、柔性化生产、社会化物流
经济实质	少品种、大批量的规模经济	规模经济基础上的范围经济	多品种、小批量的范围经济
应用范围	市场需求稳定且需求量较大的统一市场	市场需求变化快且需求量较小的离散市场	市场需求变化快、需求量较小、产品差异化大的离散市场

四、制造业商业模式演进趋势

（一）价值主张的个性化与绿色化

传统制造业以产品生产为导向，旨在通过实施成本领先战略，采取大规模生产模式，实现规模经济。随着客户消费理念的转变和消费的升级，如何满足客户多元化、个性化需求，成为企业获得持续竞争优势的关键。企业充分意识到客户在产品研发设计、生产制造和服务创新中的重要性，企业在为客户提供个性化产品与服务的同时，做好对产品与服务的全生命周期的管理，鼓励客户参与到企业的生产经营当中，及时获取客户的动态需求信息，更好地了解、确认和满足客户的潜在需求，为客户与企业创造更大的价值，实现资源的共享、价值共创与合作共赢。由此，传统制造业开始从以产品为中心的经营模式，向以客户为中心，以定制化的“产品 + 服务”或者整体解决方案为载体的经营模式转变。

随着客户环境保护意识的增强，尤其是党的十八届五中全会提出“创新、协调、绿色、开放、共享”新发展理念以来，客户更加注重产品与服务在研发设计、生产制造、使用过程和报废处理等产品生命周期各阶段的低碳化和绿色化。因此，对于制造企业而言，应以绿色发展理念为指导，大力发展绿色制造。绿色制造是一个综合考虑环境影响和资源消耗的现代制造模式，其目标是使得产品从设计、制造、包装、运输、使用到报废处理的整个生命周期中，对环境负面影响最小，资源利用率最高，并不断协调优化企业的经济效益和社会效益。2011 年，海尔集团创造性地提出“绿色设计、绿色制造、绿色经营、绿色回收”理念，将绿色理念、企业社会责任融入产品设计、制造、营销服务和供应链等各环节，引导客户树立绿色消费理念。

（二）服务化与生态化

云计算、大数据技术、物联网技术和工业互联网等现代信息技术广泛用于制造业，使得制造企业可以基于大数据分析和人工智能算法优化，为用户提供个性化定制产品与服务，信息技术的进步使得制造企业逐渐从传统的纵向一体化价值链，向跨界融合设计、生产集成和服务增值等高附加值制造模式转型。通过价值链的延伸，研发设计、咨询、金融、物流和技术升级等服务越来越成为价值增值的重要来源。因此，面向服务的制造业和面向制造的服务业将成为价值传递的主要路径，将有力地推进制造业与服务业的两业融合。

孙林岩等认为，服务型制造是为了实现制造价值链中各利益相关者的价值增值，通过产品和服务的融合、客户全程参与、企业相互提供生产性服务和服务性生产，实现分散化制造资源的整合和各自核心竞争力的高度协同，达到高效创新的一种制造模式。由此可见，服务型制造是一种基于信息技术，各主体合作共赢的生态体系。信息技术的进步与新商业模式、新业态的出现，将全球的相关研发设计机构、金融机构、生产制造企业和营销服务企业整合在一个更大的产业链网络，即全球产业链网络当中，各个企业机构基于信息技术，协同完成相关产品的研发设计、生产制造、营销、物流等业务，实现各主体间的资源共享、优势互补和价值增值，最终形成动态、高效、合作共赢的生态系统。以 IT 产品制造业为例，早在 2000 年苹果公司就成功地整合了“硬件 + 软件 + 服务”的价值传递过程，通过对上千家产品制造商、零配件生产供应商以及数十万家软件商的整合，打造出硬件即服务的生态模式，形成了庞大的电子信息消费生态圈。这一模式的出现，加速了亚马逊、微软、谷歌等信息服务巨头的变革，它们纷纷推出各自的实体硬件产品，进而掀起整个行业的转型升级，形成企业间分工合作更为密切的产业生态系统。

（三）生产的数字化、集成化与智能化

生产设备的自动化、数字化和智能化，进一步推进了生产过程与价值创造的数字化、集成化、智能化和高效率。企业将客户个性化的需求与现代信息技术、制造技术相结合，全面进入以客户为中心的定制化时代。20 世纪 70 年代的计算机集成制造系统（CIMS）的出现，实现了对产品设计、工艺设计、生产、销售以及对整个生产组织的管理和操作所有方面的计算机集成。该系统主要包括经营管理信息分系统、产品与工程设计自动化分系统、制造自动化或柔性制造分系统和质量保证分系统等四个分系统以及计算机网络分系统和数据库分系统两个支撑分系统。通过该系统的使用，可以有效提升由于产品设计修改和市场需求变化的响应能力，充分利用材料、机械设备和人员等各类资源，优化库存管理和做好生产控制与管理工作。同时，将计算机集成制造系统与准时生产、精益制造、虚拟制造技术相融合，有效提升企业柔性化、模块化生产水平。

进入 21 世纪以来，大数据技术、物联网技术、移动互联网技术等现代信息技术的快速发展，并与生产设备、工艺流程、过程控制、质量改进相融合，很多工作被机器所代替，逐渐实现生产的数字化、集成化与智能化。随着信息技术、智能技术的应用，制造型企业正朝着技术密集型、知识密集型方向发展。中国一汽集团、东风汽车集团、沈阳机床集团等制造型企业广泛使用上下料机器人、喷涂机器人、焊接机器人和搬运机器人，大大提升了企业的生产效率和生产的智能化、数字化水平。生产的数字化、集成化与智能化，增进了价值链上各企业、供应商、客户间的关系，提升了彼此沟通协调能力，但也导致企业在短时间内机器设备等资本投入激增，对于企业的信息化管理、人员知识技能更新提出了更高的要求，企业要根据自身发展目标与现状，做好转型规划，有步骤地加以推进。

第三节　制造业商业模式创新分析

传统制造企业的服务型制造转型基于价值结构，其价值结构由价值的创造、传达和捕获机制和互补性组成，这被认为是企业的商业模式创新。因此，许多研究者把商业模式创新作为制造业企业服务型制造转型研究的主攻方向，认为商业模式创新是实现服务化转型的重要方式。陈信宏等（2008）提出了台湾制造业服务化的三大可能发展模式：产品延伸服务、产品功能性服务和整合性解决方案。不同的制造企业，因其发展阶段不同、能力与条件有所差异，因此实现服务型制造转型的路径和方法也不可能完全相同。简兆权等（2011）将制造业企业服务化不同阶段的商业模式创新分为挖掘型商业模式、开拓型商业模式和全新型商业模式创新[348]。挖掘型商业模式是挖掘当前模式的潜力以及关键问题，此阶段的服务化程度较低，服务更多的是作为产品质量的弥补者而存在。开拓型商业模式关注服务理念的转变，从传统的售后服务转向新的服务营销，收入渠道和来源不再仅仅来自出售产品，还来自服务营销。全新型商业模式以服务为核心，该阶段制造业企业所进行的服务化程度最高，为顾客提供整体解决方案，服务成为企业的独立业务，也成为企业收入和利润的重要来源。李靖华等（2019）从资源基础观的角度探讨了制造业企业服务化的商业模式创新机理，提出服务化的外在表现是企业价值主张、业务流程、盈利模式与外部关系的重构，而内在动力是企业关键资源与能力的重新整合[130]。

一、基于核心产品的服务拓展的商业模式创新分析

传统制造业是以生产制造为导向，关注于生产效率的提升与成本费用的控制，以获取更多的利润，为客户提供的相关服务较少，而且这些服务更多是必须提供的，否则会影响到产品正常运行或者功能的实现。随着经济社会的发展以及客户消费观念、消费诉求的变化，客户对于产品与服务的质量要求越来越高，传统的生产经营理念、商业模式已经不能满足客户的多元化、个性化需求，需要企业基于核心产品进行服务拓展与服务创新，以更好地满足客户需求。产品复杂性增加、消费升级、新一代信息技术发展、制造业对成长的追求是服务型制造发展的主要动因[131]。常见的基于核心产品的服务主要包括运营维护服务、信息服务、物流服务、金融服务等。

这类增值服务是建立在制造企业关于产品研发设计、生产组织、加工制造等能力基础之上的服务。比如，制造企业对产品的架构有着深入理解，掌握产品开发设计的知识和能力，了解生产产品的原材料、零部件的性能和主要供应来源，生产线上各个装备的最优工作参数等。因此，企业可以根据这些能力向用户提供创新设计、个性化定制、在线监测、总集成总承包、全生命周期管理等服务，使产品最大限度发挥使用价值乃至增加新的价值。同时，企业可以围绕核心产品打造品牌，以优质的产品配合多手段的体验式营销、完善体贴的售后服务，提高企业的获利空间。

（一）运营维护服务

随着产品技术水平的不断提升，技术复杂性越来越强，客户在使用产品过程中的维护、维修、升级难度加大，成本费用持续提高。市场需要企业提供基于产品的运营维护服务，运营维护服务因此成为企业从传统的“纯产品中心”

模式向“产品+服务”模式转型的最为常见的一种方式，也成为企业获取利润、创造客户价值的重要途径。制造业企业通过实施产品全生命周期管理，加强产品运营维护服务管理及其质量的提升与服务创新，统筹优化产品服务，将运营维护服务贯穿于从需求分析到淘汰报废或回收再处置的产品全部生命历程，综合平衡好产品、用户以及环境利益，实现产品经济价值和社会生态价值最大化。基于产品为客户提供专业化安装、调试、人员培训等交付服务；以保障产品质量和安全生产为导向，基于信息化技术为客户开展远程在线检测、诊断、远程维护、健康状况分析、异常预警和故障处置等质保服务。在绿色环保服务方面，为客户提供产品回收、再制造、再利用等服务。鼓励企业与客户密切合作，共同研发、应用互联网服务平台与系统软件，获取产品从设计到使用全过程的数据资料，进而为客户提供协同管理、资源管理与数据服务等功能服务，为客户创造更大的价值。

张瑞敏将海尔集团的发展路径归结为两个转型：其一，企业从传统商业模式向人单合一双赢模式转型；其二，企业从传统制造业向服务型制造转型。进入20世纪90年代，海尔意识到产品与服务结合的重要性，由此而制定星级服务标准，为客户提供详尽周到的产品咨询服务、安装、调试、维修等星级运营维护服务，使得海尔集团在1995—1998短短三年内，营业额增长22.93亿元。20世纪80年代，英国著名的发动机公司——罗尔斯·罗伊斯（Rolls-Royce）根据全球航空发动机产业的发展趋势和竞争态势，开始探索服务化转型的路径。从1995年开始，该公司在发动机销售过程中加大折扣力度的同时，不断提升和改进服务质量与服务能力，独创出绩效保证式合同（PBC）供货这一新的商业模式。其核心在于：由航空企业与罗尔斯·罗伊斯公司共同确定航空发动机的单位飞行小时数，并向罗尔斯·罗伊斯公司支付相应的费用，由罗尔斯·罗伊斯公司为航空企业客户的发动机提供相关的维护、在线监控、运行状态分析、故障诊断与处理等服务，以及优化解决方案的设计与实施。这一改变给合作各方均带来了巨大的商业利润，使得罗尔斯·罗伊斯公司在全球航空发动机市场的份额从20世纪70年代的不到5%迅速提升到40%左右。金风科技智慧水务精益化运营解决方案包括电气自控系统、W-DAS精确曝气系统、智能加药等工艺优化系统及W-SES智慧运营云平台，提供集设计、施工、运维于一体的一站式服务，综合解决在环保政策高标准高要求下污水处理企业高成本运营管理问题，全方位助力用户建设低碳型数字化水厂。

（二）信息服务

制造型企业基于产品为客户提供全面、准确、透明和及时的信息服务，以实现企业与客户之间在产品信息、运营信息等多种信息的共享，更好地解决交易主体间由于信息不对称、不完全而导致的低效性和较高的交易成本问题。通过提供更为全面、透明的信息，为企业和客户创造价值。比如，通用汽车通过对卫星定位系统和无线通信技术的整合，为广大司机提供在线支持服务，使得汽车行驶线路更为优化，从而大大节约了等待时间以及燃油费用，由此开启了企业在线支持服务、信息服务的先河。近年来，共享汽车在中国快速发展，中国一汽集团、东风汽车、长安汽车等企业联合腾讯、阿里等众多知名企业，共同成立 T3 出行公司，稳步拓展衍生业务，构建出行生态，为车辆运营人员与乘客提供精准的供需匹配信息，解决老百姓的出行难问题 。陕汽集团通过构建车联网为货车司机提供综合性产品服务，以解决商用载货车在行车安全、行车路线规划、货源信息、车辆保险以及燃油和轮胎更换等方面存在的问题，有效地降低了车辆的运营成本，为客户与企业创造了更大的价值。

（三）金融服务

客户在购买、使用、升级维护、维修产品过程中往往需要支付一定的货币成本与费用，尤其是那些技术复杂、价格昂贵的仪器设备的使用客户，将面临着资金的筹措和科学使用问题。如果企业能够发现并满足客户在资金方面的需求，将会扩大产品的销售及其市场占有率，在为客户创造价值的同时，为企业创造长期的利润。陕鼓集团在服务型制造转型过程中，通过不断地探索和创新，已与近 60 家金融机构合作，参股信托和租赁公司并与金融业联手，共获得 37 家金融机构的授信，授信额度近 440 亿元，为客户提供个性化的金融解决方案。陕鼓集团与银行携手打造融资服务新模式，为缺乏资金的用户提供融资服务，实现用户、企业和银行三方共赢。在汽车工业领域，随着新技术出的现和工艺流程的优化，使得汽车制造企业之间的竞争焦点由品牌、质量、价格和营销等方面向交易过程中的金融服务、产品全生命周期管理与服务方面扩展。这一趋势在欧美汽车工业中表现得尤其明显，但是在我国还是新生事物。2004 年，由上汽集团财务有限责任公司、General Motors Financial Company, Inc. 和上汽通用汽车有限公司合资组建的上汽通用汽车金融有限责任公司（SAIC-GMAC），是全国第一家汽车金融公司。公司结合国内市场特点，为购买上汽集团旗下的上汽通用、上汽通用五菱以及其他整车企业生产和销售的乘用车的个人客户或者企业客户提供购车分期信贷、抵押融资、保险等相关金融服务。公司已与全国超过 300 座城市中的 8 000 多家汽车经销商建立了良好的零售信贷业务合作关系，截至 2020 年年末，公司已累计帮助超过 740 万零售客户实现了金融购车梦想，还有效地拓展了汽车制造企业、金融机构的业务与利润来源。中联重科专门成立中联融资公司，依据客户过往的资产状况、经营能力和经营现金流，为客户设计提供更具匹配度的融资方案。

（四）物流服务

制造型企业服务型制造转型，旨在基于制造产品为客户提供全生命周期的管理与服务，物流服务、供应链管理已经成为传统制造企业服务型转型的重要利润来源之一，因而对企业的物流服务能力提出了更高的要求。陕鼓集团在服务型制造转型过程中，紧抓供应链行业发展趋势，整合各方优势资源，成立西安联易得供应链股份有限公司，全新打造互联网商务综合平台——链易得供应链服务平台，平台包括工业电商、物流运输、供应链金融、研发众包四大板块，以钢材、煤炭、有色金属、化工产品、木材等大宗货物为主要经营产品，聚焦于各类基建和制造业客户的物资和资金等供应链需求痛点，融合公司“链易得”信息化平台，协同整合社会仓储、运输及加工资源，为大宗商品供应链客户提供端到端的产销衔接、库存管理、智慧物流、套期保值、线上供应链金融等全链条集成化管理和一站式服务。通过物流运输板块，合作伙伴可以便利地在平台上进行发货操作，承运方可获取更多的运输需求，货主可通过平台实时查询车辆位置，了解运输进度。

卡特彼勒公司（Caterpillar，CAT）是世界上最大的工程机械和矿山设备生产厂家、燃气发动机和工业用燃气轮机生产厂家之一，也是世界上最大的柴油机厂家之一，是建筑机械、矿用设备、柴油和天然气发动机以及工业用燃气轮机领域的技术领导者和全球领先制造商。1983 年，该公司业务扩展，开始为全球客户提供设备金融服务、多项融资解决方案和产品推广项目，使客户顺利地获得全新或二手的 Cat 设备、零部件以及其他产品和服务。20 世纪 80 年代中期，卡特彼勒公司意识到工程机械产品售后零配件和服务业务市场规模将会日益扩大，开始注重企业供应链体系的构建，于 1987 成立了卡特彼勒物流公司，开始为其客户开展物流配送服务，后来随着卡特彼勒公司业务的发展，在整合资源的基础上构建全球性物流体系，并成为全球最具竞争力的专业物流企业。到目前为止，该公司在全球遍布 500 多个制造、营销、物流、服务、研发（R&D，research and development）和相关工厂，以及代理商网点。这些进一步促进了企业物流业务的发展，物流服务涵盖汽车工业、耐用消费品、电子产品和制造业物流等多个行业，并为其提供运输管理、配送中心管理、库存优化、信息管理、物流预测、网络咨询及生产物流服务等物流解决方案和服务，取得了巨大成功。

二、基于一体化解决方案的商业模式创新分析

随着现代信息技术、智能制造技术和供应链技术的应用，以及产品生命周期的缩短，客户需求的多元化和定制化，导致制造业产业竞争加剧，促使制造业以客户为中心，以需求为导向，结合客户个性化需求，优化产品服务结构，为客户提供一体化、系统化、智能化和集成性的一体化解决方案（该方案不仅包括客户需求的了解与确认、产品的研发设计、生产制造等环节，为客户提供相关的产品，而且还包括市场营销、物流配送、安装调试、运营维护与维修等服务，实现客户与企业的利益最大化）。从国家层面而言，国务院适时提出了建设制造强国，建设高端化、智能化、绿色化、服务化的总体发展方向，制造业服务化已成为我国产业结构优化升级、制造业转型发展的重要方向。整体解决方案模式是以满足客户需求、解决客户特定问题为目的，对产品和服务进行系统整合。企业借助不断集成的优势资源，逐步由产品制造商转为整体解决方案提供商，从而陆续向客户提供需求诊断、开发设计、设备集成、专业维修等全价值链的总集成、承包服务。在这一背景下，制造型企业日益认识到为客户提供一体化解决方案的重要性，纷纷进行了有益的尝试，取得了较好的成绩。

杭州中恒电气股份有限公司多年来聚焦电力电子与能源互联网两大产业板块，一方面持续为电网、发电（含新能源）与工业企业的“自动化、信息化、智能化”建设与运营提供整体性解决方案；另一方面专注为客户提供通信电源、高压直流电源（HVDC）、电力操作电源、新能源电动汽车充换电系统、智慧照明、储能等产品及电源一体化解决方案。通过核心技术跨界融合快速提升综合服务能力与推进商业模式升级，打造行业领先的电力物联网解决方案、智慧充电整体解决方案、微电网光储充系统解决方案等。以专业化定制产品与服务，为客户创造卓越的价值，使其成为多个细分行业的领军企业，成为国家电网、南方电网、中国移动、中国电信、中国铁塔、腾讯、阿里巴巴、百度、戴尔等知名客户的核心供应商。西门子与云安全技术领导者——Zscaler 有限公司（NASDAQ: ZS）合作开发零信任安全接入解决方案，帮助客户能够在工作地点远程安全接入生产网络（OT）相关业务系统，并赋予用户远程管理、控制质量以及远程问题诊断分析能力。

上海和科设备制造有限公司是一家以汽车热交换器为主导、管路及相关设备为配套的设备制造企业，在制造业转型升级和制造业服务化方面具有一定代表性。首先，企业建立自主研发数据中心。通过 Site Manager 远程终端，直接

连接设备 PLC，远程采集设备数据到 SCADA，通过对这些数据的整理生成相应的报表，据此提出维护保养、维修等维护方案与建议。大数据技术、物联网技术的应用提高了售后服务的效率，收集的大量设备运行数据，为后续的产品改进、服务提升提供了数据支撑。其次，为客户提供“一站式”服务。结合客户需求为客户提供定制化的产品与服务，涵盖产品服务构思、设计、制造、组装、调试、检查维护等环节的整套方案。针对部分客户无法自主完成产品分析的实际情况，企业自主研发了 F & TA 无损 CT 检测装置，针对翅片及扁管等小尺寸样件，通过 X 射线扫描成三维建模立体图像，对产品内部进行全面检测，为客户提供免费的无损探伤及检测服务和最准确的产品信息。再次，提供独特高效的远程服务。为了及时、高效地解决客户问题，提高企业售后响应速度，企业通过搭建 Cloud 服务器，在每台新出厂的设备上搭载 SEC-OMEA 远程调试模块，实现远程解锁设备获得设备信息，诊断 PLC 设备并协助客户现场解决问题。远程专家中心为客户提供了在线监测、故障诊断、远程维护等售后保障服务，极大地提高了售后响应速度。企业依托分散化的资源集成，建立属于自己的智能“一站式”服务模型，实现了企业产品模式从简单的物理产品向具有丰富服务内涵的产品服务系统的转变，完成了从普通的产品制造商向整体解决方案提供商的转变。

米其林公司为专业物流运输公司车辆提供轮胎管理、PPK（每公里价格）合约，通过车辆上的传感器和设备采集里程数、油耗、温度和轮压等数据信息，实时掌握轮胎的使用情况，并及时反馈给客户，在设计上以需求为导向，在生产制造方面精益求精，开发包括外包轮胎管理、车辆生产率和燃料效率等新的解决方案[132]；金风科技建立在线运营平台控制和风电场管理系统，为客户提供完整的风电解决方案，包括风力发电场选择、风资源精确监控和评估、规划和设计、施工管理、资本管理、智能设备诊断等服务。在信息与知识服务方面，企业为客户提供风电机组的运行与维护知识、新产品信息等。企业通过电话、短信、邮件、数字化服务平台等多种方式向客户提供有关新产品的信息、原有产品的新信息、原有产品潜在的问题及其解决方案、风电机组的运行与维护知识、风电场运营管理知识等，使风电机组更好地发挥作用[133]。在能效管理方面，以智慧能效管理平台为依托，通过工业大数据分析技术实现对各类能源的可视化管理和动态监测，并提供综合节能解决方案，提升企业能耗管理水平、提高能源利用效率。陕鼓集团自2001年起，开始实施服务型制造转型，通过多年发展，逐渐从传统制造型企业转型为主要面向冶金、石化、军工等行业用户提供全方位动力设备系统问题的解决方案商和系统服务商。陕鼓集团以客户为中心，以客户需求为导向，通过对企业组织架构、业务流程、企业文化的变革，推进企业商业模式的改造升级。陕鼓集团通过提供基于产品全生命周期的工程成套服务、工业气体服务、备品备件管理服务、设备远程诊断服务、专业化的维修服务以及金融服务，逐渐实现企业的脱胎换骨，从最初的“卖产品”到“卖服务”再到“卖效用”的华丽转型，不仅拓展了企业业务范围，拓宽了企业利润来源，而且创新了商业模式，有效地提升了企业竞争力。

飞利浦每年投资 20 多亿欧元，以超过营业额 8% 的比例进行各项新技术研究。依靠卓越的设计和研发能力，飞利浦医疗保健实现了“微笑曲线”产业链的上下游服务化融合，以“全程关护”的网络化服务理念，实现由医疗器械制造商向医疗器械全程服务提供商的转变，取得显著成效。2009 年金融危机中，飞利浦医疗保健依然保持了强劲的增长势头，医疗保健业务销售额达到了 110 亿美元，占到飞利浦全年销售额的 33%，成为飞利浦全球第二大销售创收部门。

传统制造型企业在服务型制造转型过程中，基于一体化解决方案的商业模式创新，需要制造业企业前期做好对客户需求的充分了解与确认，并且打造和拥有一支结构合理、创新意识与创新能力强的专业技术人才队伍和服务队伍，需要有较为强大的资金支持，同时具备较强的承担研发、设计以及市场开拓失败风险的能力，具备将研发设计等能力转化为向第三方提供服务的能力。

三、基于客户共同参与创造的商业模式创新分析

Acar 等（2016）从组织行为学角度对赋能进行拓展，提出了“顾客赋能”的概念，其定义为一种通过教育或传递相关信息等手段，赋予顾客生产、竞争和创新的能力（Patrizia 等，2017）[134]。在大数据时代背景下，随着数据知识资源的不断扩充和新技术、新工具、新手段的出现，赋能也被赋予了新的内涵。赋能的核心也从赋权转向以提升企业核心价值为导向的创新活动，即企业通过赋予相应主体一定的环境基础及技术手段，为企业、员工、客户赋予生产、竞争和创新能力[135]，以最大限度发挥组织与个人才智和潜能，快速感知客户需求，创造性地实现产品升级和服务提升。郝金磊等（2018）通过对赋能相关研究成果的梳理，将赋能与价值共创理论相结合，构建赋能理论的简易分析框架，主张通过对各类资源的有效整合，为主体赋予生产、竞争和创新能力，并营造合适的氛围和技术环境，创造性地实现产品升级和服务的提升，进而实现企业价值的提升[136]。

企业和顾客之间的依存关系是价值共创的基础，双方共同投入资源，通过移情对话、增进理解等方式建立共创关系。基于客户共同参与创造的商业模式

创新，旨在持续了解客户需求信息和市场信息，整合客户在知识、经验、技术和创意上的各类资源，实现客户知识与企业内部知识的融合、学习、应用与创新。随着信息技术与智能制造技术等新技术的应用，制造企业有形资产的优势日益弱化，而以数据、知识与技术为代表的无形资产的作用日益凸显，促使企业寻求从传统制造型企业向服务型制造企业战略转型。为此，企业除需要全员从思想上予以高度重视外，还应采取多种措施鼓励客户全方位参与到价值共创当中，以实现合作各方的价值共识、价值共创、价值共享与价值共赢[137]。正如Prahalad等人所认为，价值共创是企业与顾客通过互动共创顾客体验的过程，价值镶嵌在顾客个性化体验中，顾客在使用产品和服务的过程中共创价值。而且，在价值共创过程中，彼此的互动水平越高，企业整合客户资源的能力也会越强，共创价值的效果也会更好，由此将给企业带来长期稳定的利润。

海尔集团创立于1984年，近40年来，海尔集团始终以用户体验为中心，通过品牌战略、多元化战略、国际化战略、生态品牌战略等的实施，已经成长成为一家全球领先的美好生活解决方案服务商。尤其是2012年进入网络化战略阶段以来，海尔集团致力于从制造型企业向服务型企业转型，通过搭建开放式创新平台，为客户提供个性化的产品服务系统。海尔集团充分发挥自身在冰箱、洗衣机、空调等家电产品的生产制造、营销渠道和品牌的优势，逐渐致力于携手全球一流生态合作方，持续建设高端品牌、场景品牌与生态品牌，构建衣食住行康养医教等物联网生态圈，为全球用户定制个性化的智慧生活。探索实践与发展整体厨房、成套家电和家居装饰三位一体的集成模式，形成家居集成产业链，为客户提供全过程、一体化集成服务。物联网时代，用户追求的是情景感知的个性化体验迭代，海尔提出了“触点网络”的概念，触点网络能从根本上解决电商平台盲目开发和诚信缺失的问题。创造真正与用户零距离，并达成持续有温度的用户交互的物联网生态圈。物联网生态圈，以触点网络与用户不断交互，用户既是产品和服务的体验者，也是创造产品和服务的参与者。用户从设计、研发、生产、销售、售后、服务、迭代等流程全方位参与其中，与相关方迭代交互。为了适应市场与客户需求，海尔集团适时提出网络化战略，通过打造平台化组织，聚焦用户体验，建立“人单合一”模式，促使员工和用户融为一体，围绕用户创造价值。每个员工都直接面对用户需求，在为用户创造价值中实现自己的价值分享。在开发天樽空调过程中，海尔集团基于开放式创新平台，吸引了67万名客户的广泛参与和持续互动，以及全球多家顶尖研发团队和多家供应商协调配合，经过多次的实验改进，该款空调成为客户价值最大化和资源利益最大化的典范，将健康匀风技术、智能Wi-Fi物联技术、四季智能感应风环以及智能检测、提醒、去除 PM0.3 和 PMV 升级等技术与功能有机融合，大获全胜。

在客户价值上，华为始终坚持“以客户需求为导向”的理念，并将这一理念作为企业创新的基本战略指导，构建企业信息平台。2011 年，华为通过构建大数据智能系统，汇集大量用户数据，对用户的基本信息、使用习惯、购买习惯、购买频率与强度等数据进行收集、整理、分析与应用。为了进一步扩充和实时获取客户的反馈数据信息，2012 年，华为建立了用户线上互动社区——花粉俱乐部，通过 UCG 内容实现数据库共建，为企业与客户共创产品奠定了基础，从知识管理源头进行了有效扩充，为后来华为以大数据为基础的战略生态系统的构建、知识的获取、共享、应用与创新以及企业与客户的价值共创奠定了技术基础 [138]。

四、基于定制化的商业模式创新分析

随着信息技术与智能制造、敏捷制造技术的发展与应用，数据赋能驱动制造业快速发展，从而实现了大规模、标准化生产，有效地满足了客户对于各类工业品的需求。但是，随着电商产业的发展，移动互联网与移动支付的广泛应用悄然影响着客户的消费观念与消费行为，客户个性化、多元化的需求，使得传统生产出现了产品服务同质化和相对过剩。在新的市场竞争环境下，需要制造型企业针对客户个性化、定制化产品与服务需求，为客户提供个性化的产品与全生命周期的产品服务，通过与客户的持续沟通，实现价值共创与合作共赢。在家具、服装、汽车和家电等行业，一些企业在定制化设计、生产与服务方面进行了有益探索与实践，实现了企业的服务型制造转型，取得了较好的效果。

青岛酷特智能股份有限公司成立于 1995 年，是一家传统的服装生产企业。随着改革开放的不断深入和中国加入 WTO，我国服装制造业进入低迷期，加之电子商务产业的发展也给服装制造业带来了颠覆性的挑战，使得服装制造业举步维艰。2003 年，该公司踏上了大规模定制的探索之路，通过对企业的信息化改造，技术引进、吸收与自主创新，促成企业管理方式和生产模式转变，从而重新定义了服装制造业企业对数据的应用，实现了数据驱动流线定制的生产模式 [139]。2011 年，公司确定并实施 C2M 战略，2016 年开始输出解决方案，2020 年成功上市，经过多年发展，在大规模个性化智能定制领域探索出了一条自主创新的发展道路。酷特智能专注实践“互联网 + 工业”，形成了以“大规模个性化定制”为核心的酷特智能模式及酷特 C2M 产业互联网生态系统。通过十余年的企业转型，使得企业在设计、生产、营销阶段发生了巨大变化。

（一）产品设计阶段

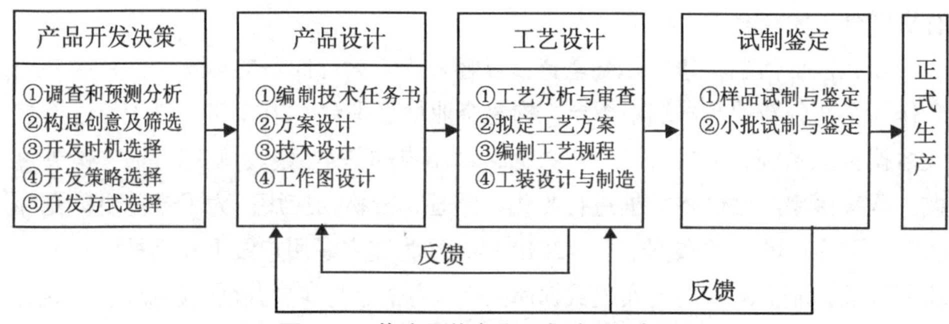

图 5-2 传统服装企业研发过程示意图

传统服装企业研发过程如图 5-2 所示，由图 5-2 可以看到传统服装研发过程过于繁杂，整个过程具有耗时、耗力、耗财、开发风险大和客户参与度低等特点。基于此，酷特智能对产品设计过程进行了颠覆性创新：一方面通过与意大利服装工艺师 Mr. Franco、阿玛尼首席设计师 Ivano Cattarin 等世界知名设计师签约，转变企业产品基样的设计理念，同时将设计结果数据化，实现基样的标准化；另一方面，企业通过众包模式，充分利用公众的冗余知识、技术、技能、经验与创意，有效完成了相关产品创意、设计任务，解决了许多设计难题。通过这两项措施，迅速完成了产品的基样设计，再由计算机对这些基样进行整合优化形成基样库（集），客户可以通过客户端 APP，基于基样集进行个性化设计组合，选择自己喜欢的衣服款式（包括版型、领型、袖型、胸袋样式等）。与此同时，企业也可以对客户的潜在需求进行可视化和具象化转化，并对客户设计结果进行数据化处理，整个过程简单、快捷，不仅有效地激发了客户参与研发设计的积极性，使企业与客户建立起密切的联系，而且能够迅速、准确地了解客户与市场的需求，实时调整企业的生产制造方式和营销模式，从而在充分满足客户的个性化需求的前提下，使客户订单信息流能够快速进入生产系统，有效提升企业的资源整合能力和整合效率。

（二）产品生产阶段

当客户订单信息流进入酷特智能生产系统，生产部门即核对相关信息，并录入电子标签，然后安排人员进行生产，整个过程最快可以在 7 天内完成。首先，客户通过在线量体、酷特智能城市魔幻大巴的即时量体服务或者在线预约上门量体服务等形式，实现客户身体数据等相关需求数据的采集入库，形成拥有海量客户信息的数据库，为挖掘、确认客户需求，优化设计，完善基样库提供数据支撑。由于所有的定制和服务均由客户数据驱动，所以通过数据化改造即可实现数据的实时共享，以及企业、客户、供应商、物流商和市场之间的实时对话。

其次，订单驱动优化原材料库存管理。一旦形成订单，订单数据就会进入自主研发的版型数据库、工艺数据库、款式数据库和原料数据库，实现数据的共享。原料供应商可以随时掌握原料库存情况，实现对库存的动态化管理和对原材料未来需求的准确预测，在确保生产正常运行的基础上实现库存资金占用最小、成本费用最低。最后，在生产制造方面，通过数据驱动实现生产设备的联网化，如法国 Lectra CAD 系统，实现了设计、放码、排版的自动化以及裁剪的零误差。一线操作工人只需通过在显示器上刷衣服上的电子卡片便可以得到具体的操作指令，明确在这个环节需要做什么，标准是什么。通过设备联网化和市场操作联网，实现系统间的信息沟通，消除信息延迟和因缺货而导致的生产等待。后期成品衣物进入自动分拣设备，成套产品会被分拣到一起然后出库，单件产品则可以直接出库。

数据驱动下的生产流水线，实现了数据共享、机器设备互联互通、人机互联互通以及价值链各节点的互联互通，企业管理人员可以随时了解服装生产各个环节的工时消耗，进而设置合理的工时定额，优化生产工艺流程，减少员工劳动时间的浪费。酷特智能通过数据驱动流程优化，实现了对生产流程的持续优化，不同岗位、不同程度的裁员在 5% ～ 95% ，每年因之而节省员工薪酬几千万，从而在产品研发、现有员工待遇改善等方面形成一个良性循环。目前，该系统可确保与用户和市场间实时对话，进行跨国界、零距离、多语言的同步交互。

（三）营销阶段

酷特智能营销，一改传统销售模式，绕开多级代理商，在大规模流水线定制模式基础上，分拣出库后直接对接物流商快递，合作的快递企业在收到产品信息后 8 小时内进行提货发货，消除了成品长期占用和积压问题。受客户数据驱动，酷特智能还为广大客户提供了大规模定制化的产品与服务。直接面对广大客户，一方面降低了产品研发设计和销售风险，另一方面跳过了众多的中间商环节，其节省的大量渠道成本费用可以让利于客户，以提升客户的满意度与忠诚度。总之，酷特智能大规模定制，通过即时发货、去中间商等措施，有效地降低了营销成本与费用，使企业订单处理错误率降低到 3% 以内，利润率则提高了 100%，从而有效提升了产品与企业的竞争力。

综上分析，可以将酷特智能的定制化模式、敏捷制造过程简单概括为基于数据驱动的大规模定制、营销过程，其主要包括研发、生产和营销三大阶段。具体如图 5-3 所示。

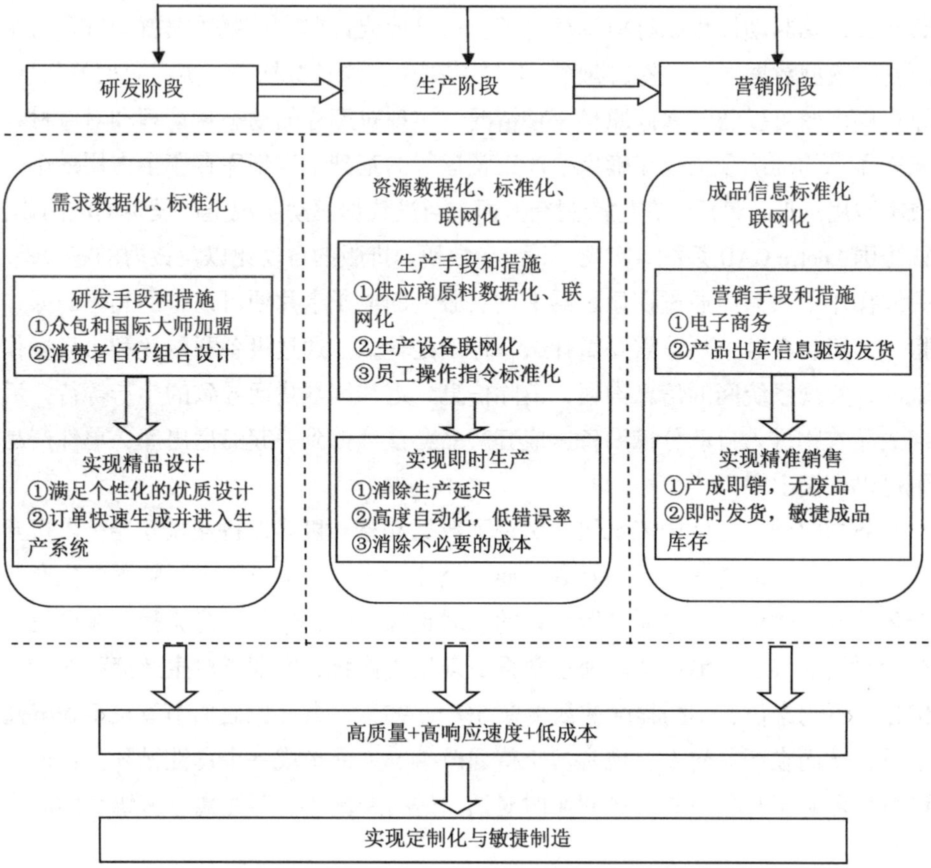

研发阶段
生产阶段
营销阶段

需求数据化、标准化

研发手段和措施
①众包和国际大师加盟
②消费者自行组合设计

实现精品设计
①满足个性化的优质设计
②订单快速生成并进入生产系统

资源数据化、标准化、联网化

生产手段和措施
①供应商原料数据化、联网化
②生产设备联网化
③员工操作指令标准化

实现即时生产
①消除生产延迟
②高度自动化，低错误率
③消除不必要的成本

成品信息标准化联网化

营销手段和措施
①电子商务
②产品出库信息驱动发货

实现精准销售
①产成即销，无废品
②即时发货，敏捷成品库存

高质量+高响应速度+低成本

实现定制化与敏捷制造

图 5–3　酷特智能定制化生产、敏捷制造过程示意图

资料来源：孙新波，苏钟海．数据赋能驱动制造业企业实现敏捷制造案例研究 [J]. 管理科学，2018,31(05):117–130.

第四节　服务型制造的商业模式

服务型制造商业模式的出现，得益于大数据技术、物联网技术和移动互联等现代信息技术的发展与应用。服务型制造的商业模式实现了企业与客户、企业与企业、产业与产业之间广泛的互联互通，从而促使企业能够形成以客户为中心、以客户需求为导向，为客户提供全面解决方案，与客户实现价值共创。

一、价值主张

在价值主张方面，服务型制造企业始终坚持和践行“以客户为中心，以客户需求为导向”，强调通过企业与客户的持续互动，为客户提供个性化、定制化的产品与服务或整体解决方案，为客户创造更大的价值。企业为客户创造价值时，注重客户价值的创造与相关成本费用的控制，最终实现客户收入的增加，创造价值的最大化。成立于 1968 年的陕鼓集团，是一家分布式能源领域系统解决方案商和系统服务商。集团的节能环保产品和智慧绿色系统解决方案及系统服务，广泛应用于石油、化工、能源、冶金、空分等国民经济重要支柱产业领域。为了帮助冶金行业用户降低成本，提升能源利用率和智能化水平，陕鼓集团基于在分布式能源领域多年的技术积累，通过对全球资源的有效整合和关键技术的突破，形成了“专业化＋一体化”的核心竞争能力，为钢铁企业搬迁和升级改造进行整体规划和系统布局。在冶金分布式能源领域，为用户提供“冶金流程＋能源互联”的冶金行业分布式能源系统解决方案。陕鼓集团通过对冶金行业钢铁制造流程的深入理解，为客户提供高炉高效鼓风系统技术、烧结余热回收及 SHRT 同轴拖动技术、热回收型焦炉高参数余热发电技术、干熄焦及余热发电技术、转炉及轧钢加热炉余热发电技术和高参数煤气发电技术及工业废水回用零排放等先进节能技术。对冶金企业焦化工序、烧结工序、高炉工序及空分制氧、煤气发电、污水处理等能源供辅系统进行优化。陕鼓集团为冶金领域的客户提供交钥匙工程——冶金领域 EPC 总包方案，凭借自身在工业流程领域、节能环保等工程的大型能量转换装备及其流程技术的科研开发、工程设计、技术咨询、能效分析、技术支持和工程总承包等方面雄厚的技术服务能力，确保一流技术、一流服务、一流质量、合适的费用和最短的工期。陕鼓集团通过为客户提供冶金全流程系统解决方案，有效提升了冶金企业的生产效率，降低了企业的生产运营成本与费用，密切了集团与客户之间的关系。

二、目标客户

服务型制造商业模式与传统制造业商业模式相比，很重要的一点在于目标客户的细分、识别与确定。在服务型制造商业模式下，企业通过与客户的充分沟通，深入了解客户需要解决的痛点问题，并为其提供定制化的产品与服务或者整体解决方案，与客户一道实现价值共创。传统制造企业则更多地着眼于客户的共性需求，为客户提供标准化、同质化的产品，更多关注企业成本费用的控制和市场的开拓，而很少关注客户的差异化需求。在市场需求稳定、技术发展缓慢、供不应求的市场环境下，这些企业还能得以生存与发展，但是当技术快速发展、需求趋于多样化、市场竞争进入白热化阶段，这些企业在经营上往往举步维艰。因此，服务型制造转型企业正是提前洞察到客户、市场需求以及技术发展的趋势，以客户为中心，以需求为导向，深入挖掘客户需求，尤其是个性化的需求，进而为客户提供个性化的产品服务或一体化解决方案，实现价值链上各主体的合作共赢。服务型制造企业应在目标客户细分、确定和需求满足方面做好以下工作。

（一）各利益主体价值最大化，延伸价值链空间

服务型制造企业应主动出击，主动接触、了解和关注客户需求，在为客户提供产品服务系统或定制化解决方案时，应关注价值链主体的利益诉求，延伸价值链空间，实现各主体的合作共赢。作为钢铁高炉鼓风系统制造商的陕鼓集团，在服务型制造转型之前只是给钢铁生产企业提供高炉鼓风机，而要实现为高炉输送氧气，钢铁生产企业还需要与配套电站以及变速箱、管道、仪表和阀门等生产企业进行洽谈，签订相关购销合同，然后联系建筑设计施工单位进行气体工厂的设计与建造，但是钢铁生产企业的资源有限，如果涉及企业生产运营的所有业务都由企业来负责完成，不仅效率低而且不经济，其中系统集成是钢铁企业面临的现实问题。陕鼓集团正是看到客户这一巨大的潜在需求，适时将业务拓展到工程承包领域。陕鼓集团通过工程总承包的方式，将其他相关设备生产企业、建造企业、安装企业、物流企业、设计企业甚至金融机构和高炉气体的使用单位连接在一起，通过谈判协商、密切合作，有效地解决了钢铁生产企业系统集成难、成本费用高等问题，确保了钢铁生产企业生产经营的顺利高效运转。

同处西安的陕汽集团是我国商用车行业服务型制造的积极倡导者，在转型前只聚焦于商用汽车的销售，而忽视了对商用汽车全生命周期、客户经营全过程的关注。企业通过对购车客户全面、深入地调研发现，客户不仅有购车的需求，而且对于货源寻找、汽车燃油费用的降低、汽车保险与维修、行车路线的规划等方面的需求巨大，汽车购置费用只占汽车全生命周期运营过程中总成本的很小一部分（不足10%）。此后，陕汽集团开始关注产品全生命周期，关注客户经营全过程，开展了融资租赁、保险经纪、二手车置换、车联网数据服务（天行健）、TCO托管服务等一系列增值服务业务，打造了国内大型的商用车全生命周期服务平台，实现了对汽车制造企业、燃油生产销售企业、保险机构、轮胎生产商和客户资源的整合，不仅为客户提供了源源不断的配载货源，而且有效降低了燃油购置、轮胎更换等运营成本费用，提高了客户的收益。陕汽集团通过为客户提供商用汽车和个性化的相关服务，有效拓展了企业客户范围和价值创造空间。

（二）关注小众客户的个性化需求

产生于大规模生产背景下的“二八定律”对于企业生产、客户关系管理与经营理念产生了巨大影响，使得企业更多地关注于那些为企业创造 80% 甚至更多价值的少数客户或产品。企业往往会基于资源现状，在市场细分、客户开发过程中，更多关注优质市场与客户，而很少顾及小众客户个性化的需求。信息技术与生产能力的发展，使得客户的需求呈现出多元化与个性化，企业如果不能适时调整经营战略，另辟蹊径，关注大量小众的、个性化的需求，则可能深陷竞争红海当中。

随着经济、技术的快速发展和经济的多元化，许多新的经济思想随之产生，克里斯·安德森（Chris Anderson）在对美国互联网商店调研分析的基础上提出了长尾理论，该理论认为，传统需求曲线的头部所代表的“畅销产品”竞争过于激烈，市场已趋于饱和；而代表“冷门产品”、经常被企业遗忘的长尾市场是企业的未来所在。无数的冷门产品汇聚起来，可能得到比一个畅销产品大得多的利基市场。在互联网技术变革和商业模式变革高度融合的基础上，长尾理论适用于各行各业。长尾理论可谓蓝海战略之后又一个有着独特创新的思维。从某种程度而言，长尾理论并非一种真正意义上的创造，只是将我们以前经常忽视的小市场推到了新的舞台。

在物质极其丰富，客户需求多元化、个性化的当下，大量的个性化的需求很难出现在所谓的“头部”，亟需企业开始将更多的注意力和资源投向个性化需求的“尾部”，通过满足更多处于“尾部”客户的个性化需求，以期赢得市场的认可和提升企业的市场竞争力。因此，按照长尾理论的观点，在客户需求个性化、定制化大背景下，企业应从传统的“二八定律”向长尾模式演进。对于服务型制造企业而言更是如此，在维护好核心客户、重要客户的同时，通过与客户深入、充分的沟通，识别和确认客户需求，进而通过定制化的产品、服务或整体解决方案予以满足。虽然这些产品或服务的研发投入成本费用较高，而且风险较大，但是随着社交互联网、物联网等现代信息技术的应用和新的商业模式、新业态的出现，可以抵消掉很大一部分的成本费用。同时，这些现代信息技术会使得客户的消费心理、行为与偏好等方面变得更为透明化，企业可以对客户进行准确的画像，识别和明确客户的各类需求及其消费特点，从而更便于企业开展有针对性的产品研发与服务创新。共享经济的快速发展，使得企业之间、企业与供应商之间、企业与中间商之间、企业与客户之间的沟通合作变得更为高效 、透明，彼此在信息、技术、资源等方面的共享、协同成为可能，使得各自的搜索成本、洽谈等成本费用显著下降，由此大大降低由于信息不对称而导致的违约风险，这些都为供需双方的精准匹配，更好地满足客户个性化的需求奠定了基础，使各合作主体之间实现了合作共赢。因此，服务型制造企业可以通过对大量个性化需求的识别、关注与满足，牢牢抓住长尾市场，实现企业的服务型制造转型，增强企业的核心竞争力。

（三）异质性需求与共性需求的辩证统一

服务型制造转型企业在充分关注客户个性化、定制化需求的同时，要关注诸多个性化需求之间的共性需求。如果企业仅仅去满足一家或者少数几家客户的个性化需求，为其提供定制化的产品与服务，那么研发、制造、市场等各个环节的成本费用、风险将会直线上升。因此，企业要善于在众多客户的众多个性化需求中找出其共性需求并加以满足，这样成本费用问题、降低和规避风险的问题将会迎刃而解。此时，需要企业在理念、产品设计、技术、工艺流程、制造和营销等方面的持续改进与创新，通过重要零部件的模块化、标准化、快速迭代较好地满足客户的个性化需求。通过对客户共性需求的个性化展现，为客户提供定制化的产品服务或集成解决方案，这样不仅可以较好地满足客户需求，还能提高企业的利润水平和在市场上的地位。

平衡客户的异质性与共性需求，需要企业能够准确识别客户本质的个性化需求与非本质的个性化需求，只有本质性的需求才直接关系到企业核心利益的实现。为此，企业应针对那些本质性的需求开发、设计相应的产品服务和解决方案，否则客户的核心利益一旦未能实现，其满意度与忠诚度将会大打折扣。比如，陕鼓集团透平机械工业服务云平台，可实现监测诊断、故障预知、及时交互、进度跟踪、客户管理、智能统计等功能，实现预知维修，缩短非计划停机时间 60% 以上，平台目前共向 1 500 余家用户，6 800 余台压缩机、电机、汽轮机等设备提供全生命周期健康管理服务。由此，提高了客户设备运维效率，降低了客户设备运维成本，充分满足了客户本质的个性化需求，有效提升了企业的行业地位与经济效益。而对于客户那些非本质的个性化需求，企业应通过持续沟通、引导、教育的方式转变客户的需求理念，将注意力放到满足企业核心利益需求上，以提升企业价值创造能力。

三、分销渠道

随着电子商务和现代信息技术的快速发展与应用，越来越多的制造商在保留传统零售渠道的同时，尝试开通线上网络渠道销售产品。IBM、Nike、惠普和苹果等跨国制造企业开始采取传统零售渠道与线上网络渠道相结合的双渠道经营模式。在服务型制造模式下，服务型制造企业需要通过合适的渠道将优质、先进的产品与服务传递给客户。为了满足客户个性化、定制化的诸多需求，需要企业基于战略目标、营销战略设计科学、有效的分销渠道，并确保其顺畅运营。

（1）在渠道模式选择方面，企业应根据客户、产品与服务特点，设计能够快速满足不同客户需求的分销渠道模式。传统制造企业在产品销售与服务过程中，往往通过中间渠道识别客户，并将产品销售给客户。该渠道模式的环节较多，信息传递速度慢，由于市场信息不对称，限制了市场和利润的拓展，增加了交易双方的时间与经济成本。大量利润不仅被中间商拿走，而且加大了制造企业对于中间商的管控难度，渠道成本较高。

随着互联网、物联网和社交网络等现代信息技术的发展，传统消费模式和营销渠道正在发生根本性改变。数字化技术的广泛应用，通过数字赋能实现了对传统供应链、生产与营销网络的改造，极大地削弱了信息的不对称性，通过线上线下的多渠道交互，实现供需两端的精准高效对接，重构传统消费业态，实现全渠道、交互式、精准化营销。有效拓展了渠道的时空范围，大大提升了制造、物流和销售的实时监控和信息反馈的效率、效果，降低了彼此的交易成本。服务型制造企业应顺应技术发展的趋势，结合自身渠道管理现状，基于现代信息技术，构建线上线下相结合的营销渠道，实现与客户的全方位、全时空的接触。渠道的转型升级不仅需要企业持续提升自身的响应能力和供应链管理能力，而且需要做好传统渠道与新兴渠道的平衡、互动与协同。

（2）服务型制造企业在分销渠道选择与设计过程中应综合考虑客户在渠道、购买方式、支付方式和服务方式等方面的偏好，以及企业渠道管理现状与渠道创新能力、运营管理能力、资源状况等多种因素，进而采取不同的渠道策略和多元化的渠道组合。信息技术的发展和渠道形式的多元化，使得客户的选择趋于多元化。受消费心理、消费习惯和消费经历的影响，一些客户更倾向于传统渠道；而对于那些互联网原住民的客户，更倾向于线上渠道。传统渠道与线上渠道各有利弊，传统渠道有利于提升客户的体验感，有利于客户与企业或中间商进行面对面的深入沟通，从中获得较为准确的产品服务信息。而线上渠道可以大大提升客户获取产品服务等基本信息的效率，降低信息搜集与比较的成本，具有很强的便捷性与精准性，为企业在识别客户需求以及改进产品设计与质量等方面提供了便捷的信息收集渠道和更多的销售机会。当然，由于线上直销渠道缺乏实物体验，消费者经常会因收到的产品与其需求不匹配而退货，从而造成线上较高的退货率；同样，线下零售商由于订货时难以准确预测市场需求，因而时常因备货不足而导致缺货问题[140]。线上网络渠道，不仅能够节约定制成本，还能吸引更多有个性化需求的消费者，进一步扩大市场份额，增强企业竞争力。部分客户还会通过线上渠道获取大量产品服务信息后再通过传统渠道实现交易，从而既提升了交易的效率，又可以确保消费具有较好的体验感。因此，服务型制造企业应针对不同的客户，采取差异化渠道和多元化渠道相结合的策略。

设计实施全渠道分销模式。现代信息技术的快速发展与广泛应用，正在全面影响着企业的生产经营与客户的消费行为与方式。O2O 合作不仅能够满足消费者线上线下无缝衔接的购物体验，同时也能够弥补不同渠道的劣势进而提高运营效率，这是当前市场环境下企业实现全渠道运营并保持竞争力的关键[141]。所谓全渠道模式，就是企业在原有线上直销渠道和线下传统渠道的基础上，通过渠道间的合作开辟“线下体验、线上购买”的 O2O 渠道[142]。全渠道模式是互联网技术和消费者消费行为、购买习惯变化的结果。这里的全渠道可以用全程、全线和全面来加以阐释。全程，即企业与客户之间，在需求识别、购买意向确定、信息搜寻比较、购买和售后服务等各个环节，始终保持全程零距离的接触和有效的沟通，企业与客户的充分互动，使企业能够更准确地识别客户的需求，并且对产品设计、生产制造和销售服务等环节进行持续的改进优化，这是全渠道模式的核心。全线，即服务型制造企业通过线上线下、传统的、现代的各类方式与手段，为其客户提供产品和服务，以实现需求、设计研发、营销、库存物流和售后服务的有机融合，这是实现全渠道模式的途径和方法。全面，就是企业通过与顾客的充分互动，改变原有的企业经营理念、价值创造和传递方式，全面提升顾客的消费体验，这是全渠道模式期望的结果[143]。

通过全渠道模式的实施，渠道的多元化及其优化组合，打破以往的时空限制，更好地满足消费者在各类渠道内进行低成本的无缝隙转换，进行高效、精准的搜寻、选择、购买、消费、传播、评价与反馈，给客户提供一体化的信息搜寻、比较选择、购买服务、支付和售后服务，进而提升客户的体验、满意度和忠诚度。客户在搜寻、购买、体验、评价与反馈的过程，其实也是与厂商、其他客户沟通交流的过程，也是实现自我学习与认知提升的过程。通过全渠道模式的运营实践，各类信息变得更为透明化，使得客户消费更为便捷、高效、安全，服务与体验更为舒适。例如，酒易酩庄以 T+Cloud 系统开展全渠道零售，将产品、订单和客户信息录入系统，通过互联网随时审核、更新和调取，实现了“人”“财”“货”“客”一体化，从生产、订单、财务到客户全云化，提升了工作效率，降低了企业成本。仅 3 个月，酒易酩庄的下单、审批、发货等环节，整体效率提高了 47% 以上。

（3）服务型制造企业在分销渠道的设计与选择上，除了要注意各类分销渠道的多元化组合，还需要注重对各类渠道资源的有效整合，实现其协同效应。通过对渠道的整合，充分发挥社交互联网、物联网等现代信息技术，获取客户需求信息及其消费行为与偏好，准确识别与评价客户需求，对其开展精准化营销。企业通过对客户的画像，开展有针对性的产品研发设计与营销推广，创造和引导客户需求，并为其提供符合客户需要的产品服务或整体解决方案，为客户创造更大价值的同时，实现企业的发展。比如，福建纺织服装企业纷纷利用各大电商平台获取后台大数据和各大网站信息，及时掌握当下消费趋势和潮流，准确定位消费者的需求和偏好，为产品设计提供依据。九牧王携手百胜创建了自己的线上购物平台“E 商城”，消费者不仅可以随时随地在线挑选产品，了解产品促销信息并下单，还可以直接去线下实体店试穿、购买。通过线上与线下的结合，顾客不但享受了“逛店”的乐趣，同时享受了便捷的 O2O 服务场景。全渠道模式进一步密切了企业与客户之间的关系，实现了彼此在任何时间、任何地点的广泛沟通与交易，实现了彼此之间个性化、便捷化的无缝连接。

服务型制造企业从传统渠道向全渠道模式的转型，是一个漫长、渐变的过程，需要企业在对客户诉求、消费习惯、消费水平等维度调查细分的基础上，通过多渠道布局，优化创新产品服务，以满足客户多方面的需求。企业在实施全渠道模式时，需要以信息化建设为基础，利用微信、APP 社交媒体和移动工具，整合不同渠道的竞争优势，实现各类渠道的协同效应，通过生产系统与供应链的配合，构建一体化的全渠道供应链管理模式。比如，广汽传祺以“金三角战略”为起点，秉承“以客户为中心”的服务理念，对其服务品牌进行升级，以数字化为核心，打造包含一键掌控、一键直联、一键趣享的传祺数字化特色服务体系；依托智能互联 APP、微信“广汽传祺客户服务”平台、车机互联、人机交互打通线上线下服务，打造直服直连模式，提供 70+ 项线上服务，全面覆盖买车、养车、修车、用车、出行等服务场景，以及售前—售中—售后全生命周期，形成“全场景、全周期”的服务特色，让车主的用车生活更无忧、更安心、更经济、更便捷。一些新能源汽车开始探索打造体验式线下创新渠道的形态模式，运用“多级体验，组合运维”思路，根据销售规模和城市区域分成三级：体验运营中心、体验展厅以及体验点，并将其分别设立于繁华商业中心、人流集中街区、传统汽车销售商圈以及充电桩集中区域，从而有效整合了经销商和充电桩单位的资源，打造“车、桩、出行”生态链，通过分时租赁模式串联起各个服务触点。

四、客户关系

按照企业所提供的产品类型及其客户特征的不同，可以将制造企业分为以生产消费品为主和以提供装备产品为主两大类。消费品制造商与消费者之间的关系，更多的是临时性、交易性关系，而以装备研发制造为主的企业则需要与客户、供应商、服务商等建立长期稳定的关系。消费品生产企业主要向客户提供标准化、大规模的产品，与客户之间的关系更多属于交易型关系，制造企业生产什么样的产品，客户就需要被动地接受相应的产品，彼此之间的沟通交流较少，客户的选择余地非常有限，由此导致彼此间的关系更为松散，但有利于将维持彼此关系的成本费用降到最低。在渠道结构设计方面，制造商往往会通过长渠道结构、宽渠道结构及多级分销实现产品快速进入和占领市场，层级的增加不仅导致制造企业利润的降低，而且导致制造企业与客户之间的关系更为疏远和松散，不能及时了解客户的需求及其发展变化。

Kristensson 等（2002）研究表明，顾客参与是促进企业服务创新最终成功的重要因素，企业需要构建有效的顾客参与机制，积极引导顾客参与服务创新和开发的各个阶段。Ordanini 和 Parasuraman（2011）认为顾客参与能够有效提升企业生成新服务理念的能力，实证研究结果显示，顾客参与对企业服务创新的数量有显著的正向影响。在服务型制造模式下，企业与客户之间的关系不再是交易型关系，企业不仅仅为客户提供产品、解决方案，更多的是一种客户需求驱动的合作共赢关系。在该模式下，需要企业深入、全面、准确地获取、理解和确认客户的需求，并且鼓励客户参与到需求识别、确认和满足的整个过程当中，参与到新产品研发、设计、制造当中，从客户需求出发，以价值创造为驱动，既满足客户的显性和隐性的需求，密切彼此的关系，又降低企业的开发风险、市场风险，使得彼此之间形成协同共赢、价值共创的利益共同体。

传统制造型企业在向服务型制造企业转型过程当中，在客户关系方面，应逐渐从交易型关系、松散型关系向长期稳定的、合作共赢关系甚至战略联盟关系转型。企业应树立以客户为中心的理念，与客户就客户需求，产品研发理念，产品质量改进，售后服务的智能化、数字化与创新等方面进行充分的沟通、交流，深入挖掘客户需求，进而通过产品与服务创新，为客户提供有效的解决方案，更好地引导和满足客户需求，在彼此沟通和需求满足的过程中，实现彼此在信息、知识、技术和资源等方面的共享和创新，此时情感因素的作用日趋明显，使彼此之间的分工协作更为密切，彼此的业务相互嵌套，价值网络的耦合程度和融合程度大大加强，进而形成偏好依赖。更为重要的是理念上的趋同与认可，使彼此在目标、价值创造和行动上趋于一致，彼此更多关注的是价值的共创，任何一方离开对方即造成成本激增，从而促使双方建立长期稳定的战略联盟关系。Cusumano 等人基于服务和产品的关联性角度，将服务区分为平滑服务、调整服务和替代服务三种类型，这三种类型的服务化、数字化水平越高，企业与客户间的关系就会越密切，各类知识、技术、资源的共享水平也就会更高。在数字化转型驱动下，企业的数字技术、能力和资源有机结合，为客户提供新的增值服务，从而增强了商业服务化企业对客户、供应商的整合力度，进而创造出新的组织间的价值[144]。

五、收入模式

传统制造企业往往以产品销售及后期运营维护维修等为主要收入来源，收入来源较为单一，而且企业与客户间的关系较为松散，那些提供标准化、同质化产品的制造企业尤为明显。企业为了获得持续的销售收入，一般会通过开拓市场和对产品的升级改造，以期开发新客户和留住老客户，但是此时的主动权掌握在客户手中，客户对于企业产品及其服务创新是否有需求，需求的意愿如何，对于产品升级、服务创新所带来的预期收益的判定，以及为此付出的成本费用的承受能力等都是不可控的。加之，装备制造企业所生产、销售的产品具有价值大、产品生命周期长、更新速度缓慢等特点，使得在经济新常态下的传统制造企业经受着巨大的市场竞争压力。

在服务型制造模式下，制造企业不仅为客户提供物理产品，而且以客户为中心，更多着眼于产品全生命周期管理，不断完善与创新专业化服务体系，开展从研发设计、生产制造、安装调试、交付使用到状态预警、故障诊断、维护检修、回收利用等全链条服务，从而有效地延伸了企业价值创造链条，确保制造企业有一个较为稳定的收入，而且可以有效提升企业的利润空间与行业竞争力，提升客户的价值创造能力。比如，中化化肥通过集成农业大数据，实施肥料的测—配—产—供—施及农业综合服务的智能一体化，整合生产流通环节，满足农业生产的个性化需求；改变传统农资流通方式，直接服务农民，降低农业生产成本，保障农资品质安全；整合金融、农化服务等跨界资源，为农业生产提供综合解决方案；减少农业面源污染，在粮食安全基础上推动生态安全。虽然装备制造企业会受到经济周期波动的影响，客户对于产品的购买需求在短时间内很难出现，但是客户对于产品运营、在线监测、故障诊断等方面的需求受经济周期的影响却较小，即使经济发展陷入低谷，客户及其购买量大幅减少，甚至停止采购，企业也可以通过提供全生命周期的各项服务获取较为稳定的收入来源，使企业顺利渡过难关，甚至得以发展，从而大大降低企业的经营风险。浙江陀曼精密机械有限公司基于对本地轴承制造集群广大中小型企业需求的深刻了解，在出售设备的同时，提供设备改造服务，为 160 多家公司提供了定制化方案系统，依托系统采用物联网技术改造 12 753 套设备，并联合当地政府建立了资助计划对进行技术改造的 160 多家企业进行补贴，通过减少人工成本核算的方式付费 [145]。陕汽集团通过服务型制造转型，为客户提供基于第四方物流的车货配载服务、汽车维修、燃油团购、保险以及车队管理等服务，不仅拓宽了企业的收入来源，而且进一步增强了企业的抗风险能力。因此，制造型企业在服务型制造转型过程中，可以根据自身资源优势和客户需求，围绕提升研发设计、生产制造、维护检修水平，拓展售后支持、在线监测、数据融合分析处理和产品升级服务。逐渐建设贯穿产品全生命周期的数字化平台、产品数字孪生体等，提高产品生产数据分析能力，提升全生命周期服务水平。

六、核心能力

核心能力实际上是隐含在公司核心产品或服务里面的知识和技能，或者是知识和技能的集合体。对于服务型制造企业而言，是稀缺的、有价值的，可以为企业带来竞争优势，但是这些核心能力又是很难被模仿和替代的。这里的核心能力可以体现为在为客户提供定制化的解决方案过程中所隐含的研发能力、制造能力、营销渠道、供应链管理能力等能力中的一种或几种，也可以是几种能力的综合。另外，企业通过对客户、供应商等外部组织整合能力的发挥，实现对客户、供应商在信息、技术、经验等资源的整合，通过彼此的分工协作实现价值的创造。在服务型制造模式当中，知识的作用日益凸显，研究发现，服务型制造转型有利于强化制造业核心业务和服务效应，实现市场的开拓和提升企业核心技术的研发能力。服务型制造在流程上更有利于提升和形成企业在设计研发和售后服务方面的核心能力 [146]。同时，有利于实现对信息、知识和技术等资源上的整合，促进产品创新能力的提升以及知识的溢出和技术的扩散，促进整个制造业的进步 [147]。

在服务型制造系统中，产业链上不同环节的企业，扮演和承担着不同的角色与责任：位于产业链、价值链的上游企业主要向客户提供定制化的产品服务系统，因此需要企业能够快速发现、理解和确认客户的需求，具备开展相关产品、服务或整体解决方案的设计、生产制造、交付、安装调整与培训的能力，其核心是发现客户需求，整合分散化资源，创新产品与服务，在为客户创造服务价值的过程中提升企业核心能力；而位于产业链、价值链终端的企业，则需要具有较强的制造服务能力，为客户提供高效、低成本的制造服务，因而对资源配置、加工制造、流程优化、质量控制与改进等方面的知识能力提出了更高的要求。

七、价值配置

服务型制造企业的价值配置主要以企业的价值主张为依据，以客户为中心，以客户需求为导向，通过对客户需求的充分、深入挖掘，准确识别与确认客户需求，并通过产品系统的研发设计、整体解决方案，较好地解决客户关注的价值创造、成本控制、生产经营的数字化与智能化等问题，以提升客户的价值创造能力和满意度。在价值配置方面，企业需做好人财物、知识、技术、业务流程、品牌、企业文化和组织等方面的协同，以实现其协同效应。服务型制造企业的价值配置，需要基于客户的个性化需求，搭建网络化的设计协同平台，开展众创、众包、众设等模式的应用推广，充分发挥共享经济优势，提升工业设计服务水平。综合利用5G技术、物联网、大数据、云计算、人工智能和工业互联网等新一代信息技术，建立数字化设计与虚拟仿真系统，发展个性化设计、用户参与设计、交互设计，进而实现零件标准化、配件精细化、部件模块化和产品个性化重组，加速企业生产制造系统的智能化、柔性化改造，以增强定制设计和柔性制造能力，提升企业的动态能力。能够随着客户需求和市场环境的变化，实施动态调整，为客户提供更多的个性化定制服务。为此，传统制造型企业在服务型制造转型过程中，应从以产品为中心，向以客户需求为中心、以服务为导向转变，对企业的组织结构、业务流程和企业文化进行改造，提升企业对各类资源的整合能力，以便更好地适应市场的变化，提升企业的动态能力和自适应能力。

八、成本结构

在传统制造模式下，企业更多关注生产成本的控制，往往会通过大规模批量生产实现规模经济，将产品的价格与单位成本降到最低。服务型制造模式作为“制造＋服务”的创新制造模式，不断扩大制造产品中以服务形态存在的外延，提升企业创新能力，从而实现其在产业链各个环节上的利益增值。服务型制造之所以能够取得成功，对于整个制造产业产生巨大的影响，其中节约制造成本是关键的影响因素之一。服务型制造企业往往从价值创造的视角出发，围绕客户需求满足和价值创造等核心环节，在有针对性地投入各类资源的同时，将会产生相应的成本费用。在服务型制造模式下，企业通过延伸价值创造链条的长度和为客户提供产品与服务的组合以及整体解决方案或者效能，有效拓展了价值创造的空间和利润来源渠道，并与客户、供应商等多主体建立起长期稳定的合作关系，从而大大地降低了交易成本。同时，生产性服务业的快速发展提高了制造业生产专业化和社会分工程度，制造企业通过外包服务，可以有效降低自身服务成本，从而实现生产成本的降低和生产效率的提高。有实证研究表明，服务型制造企业通过制造外包，使企业从非核心业务的价值活动中脱离出来，并将优势资源投入到最有价值的核心业务上，不仅获得了最大的投资回报，又节约了企业生产成本。因此，服务型制造有利于促进企业的技术创新和制造成本与交易成本的降低。与传统制造企业相比，服务型制造企业在成本结构上存在明显差异，具体体现在以下几个方面。

（1）传统制造模式的收入与利润主要来源于产品的销售，企业更多关注的是采购成本与费用、产品的制造成本、销售成本与费用以及销售价格，当企业的销售价格越高，各类成本与费用越低，其利润空间就会越大。而服务型制造模式下的企业收入与利润，则更多地来源于整体解决方案或者基于产品的服务，此时企业的主要成本费用，已不再是产品的制造成本，而是由于定制化研发设计、生产制造、服务创新所产生的服务成本。

（2）在传统制造模式下，企业习惯于通过大规模生产实现规模经济，以降低产品的制造成本，将单位成本降到最低。在服务型制造模式下，企业以客户为中心，以需求为导向，更多关注于客户需求的满足。通过与客户的充分沟通及客户的参与，进一步了解、确认客户的需求，并为客户提供定制化的产品与服务、整体解决方案或者价值创造方案，对企业的产品研发能力、技术能力、生产制造能力和服务能力提出了更高的要求，需要企业拥有多种资源并对其进行优化、整合以及利用，企业为此需要耗费更多的成本与费用，导致服务型制造模式下的企业成本结构有别于传统制造模式下的成本结构。

（3）在销售成本方面，在服务型制造模式下，企业以客户为中心，以需求为导向，注重客户个性化需求的满足和价值的创造，并且鼓励客户参与到产品服务系统的全生命周期当中，企业与客户之间建立的长期稳定、合作共赢的关系，有利于彼此形成利益共同体，不仅可以实现彼此在信息、知识和技术的共享、创新和业务上的高效协同，而且会使企业对客户的锁定变得更为容易与低成本。

（4）在企业营销定价模式方面，由于服务型制造企业注重对产品的全生命周期管理，注重与客户建立长期稳定的合作关系，寻求企业与客户的长远利益与价值创造，在定价模式方面有别于传统的制造企业定价模式。服务型制造企业的通行做法是：对其提供的物理性产品采取低价策略甚至免费的模式，以吸引客户并与其建立起长久的合作关系，进而通过为客户提供持续的运营维护、技术升级或者智能化、数字化改造等服务，获取持续的价值来源和较高的利润。在合作初期，虽然企业需要付出一定的成本，但从长远来看，不仅有利于企业获取长期稳定的利润，而且有利于客户价值的创造和成长，是一个“双赢”的过程。

（5）在企业服务能力建设方面，传统制造企业在服务型制造转型初期，需要企业投入大量的人力、物力用于企业服务能力的建设，由于企业转型初期的业务量很难预估，为了应对客户需求激增带来的企业服务能力不足，企业往往会假定客户需求会持续增加，并在转型初期增强自身的服务能力，但现实却是需求激增情况并未在短期内出现，加之服务能力的不可储存性，因此造成企业服务能力的闲置与浪费。为了避免此类现象发生，需要企业对市场需求做出较为准确的判断，并采取合理的收益管理策略，以实现服务能力与客户需求的匹配以及成本与费用的平衡。

（6）在企业动态能力方面，企业为了与客户建立长期稳定的合作关系并获取源源不断的收入，需要企业根据市场需求的变化，适时做出调整，不断培育自身的动态能力。企业通过对客户的动态跟踪、深入了解，更好地了解客户需求，并为其提供相关的产品服务系统、整体解决方案，切实解决客户的痛点问题。为此，需要企业具有较强的资源获取与整合能力以及流程优化能力，以提升企业业务流程效率和响应速度。当然，这些能力的获取又需要企业投入较大的成本，这也成为成本结构当中重要的构成之一。

九、合作伙伴网络

在服务型制造模式下，需要企业结合客户个性化需求进行相关产品服务系统的研发设计、生产制造、营销与服务，产品服务系统的生产、运行与服务不仅涉及企业与客户，还会涉及供应商、中间商和服务商等主体，这些主体共同构成了服务型制造模式下的合作伙伴网络，为了实现各方的合作共赢与持续合作，需要企业对这些主体及其所拥有的资源进行整合与协调。因此，服务型制造模式下的合作伙伴网络明显有别于传统制造商的合作伙伴网络。具体不同体现在以下几个方面。

（1）与传统制造企业合作伙伴网络相比，服务型制造企业的合作伙伴网络参与主体更多，协同更为复杂。服务型制造企业的合作伙伴网络集聚了众多从事产品服务系统开发、生产与营销服务的各类生产性服务供应商，使得网络中的节点大幅度增加，各节点企业之间的协调沟通变得更为复杂。另外，传统制造模式中的企业与客户往往是相互独立的，客户不会参与到企业产品的研发设计与生产各环节。服务型制造企业则不然，为了给客户提供定制化的产品服务系统、整体解决方案，必须采取多种措施，吸引客户参与到需求确认、产品服务系统与整体解决方案的研发设计、生产制造、营销与后期服务当中，从而使得服务型制造合作网络的运行、管理变得更为复杂。为了确保网络高效、协调运转，在建立健全沟通协作机制基础上，必须充分发挥现代信息技术的优势，建立支持实体网络运作的虚拟网络，为流程与各主体的协同赋能，将服务型制造企业、服务企业和客户有机连接在一起，实现彼此在信息资源方面的共享，并提升供应商、生产性服务商和制造商对需求的响应速度。

（2）与传统制造企业合作伙伴网络相比，服务型制造企业的合作伙伴网络结构与运行更为复杂。服务型制造网络使得网络中的各节点企业和客户数量激增，各节点之间虽然是基于合作共赢的目标集聚在一起，但是各自在经营理念、价值观念、生产运作方式、组织管理方式、人力资源结构及其能力等方面仍然存在着一定的差异，从而使得彼此之间的合作协调变得更为复杂。另外，客户全程参与定制化产品服务系统、整体解决方案的研发设计、生产制造等环节，使得彼此之间的沟通互动变得更为频繁，在密切彼此关系、降低开发风险和市场风险的同时，也使得彼此的沟通协调成本以及定制化研发、生产制造成本的持续上升，结果可能会出现服务化悖论的现象。

第六章
服务型制造的企业变革

本章在对战略管理SCP范式的内涵、演进和服务型战略分析的基础上，对服务型制造的产品服务系统、管理模式变革、技术变革、服务型制造企业的演进路径等内容进行了研究。

第一节　战略管理的SCP范式

一、SCP范式的内涵

SCP（structure-conduct-performance，结构—行为—绩效）理论是由美国哈佛大学产业经济学权威贝恩（Bain）、谢勒（Scherer）等人建立的产业组织分析理论，是产业组织理论中的经典范式。哈佛学派以新古典学派的价格理论为基础，以实证研究为手段，按照结构（structure）、行为（conduct）、绩效（performance）对产业进行分析，构建了市场结构—市场行为—市场绩效的产业分析框架，即SCP框架。该理论对于研究产业内部市场结构、主体市场行为与整个产业的市场机制具有较强的指导意义。SCP框架凸显了市场结构的主导作用，认为市场结构对市场行为、市场绩效具有决定性的影响力。市场结构影响企业的市场行为，企业的市场行为又会影响企业的市场绩效。因此，要改善市场绩效，就需要通过制定与调整产业政策来调整市场结构。

（一）市场结构

SCP范式认为，市场结构是影响市场行为与市场绩效的重要因素。市场结构是指市场中相互竞争的厂商之间在数量、规模、市场份额上的关系及其竞争或垄断的关系和形式的总和，体现了产业市场的竞争和垄断的程度。市场结构是决定产业组织的竞争性质的基本因素，影响市场结构的主要因素有市场特征、市场集中度、产品差异化程度和市场进退壁垒等因素。

（二）市场行为

市场行为是指企业在市场上为实现其目标（如获得更多的利润、更高的市场占有率等）而采取的战略行为，一般包括价格战略、产品战略、销售战略、投资战略、研究与开发战略等。市场行为是 SCP 逻辑框架中连接市场结构和市场绩效的中介。

（三）市场绩效

市场绩效是指在一定的市场结构下，通过一定的市场行为使某一产业在价格、产量、费用、利润、产品的质量和品种，以及在技术进步等方面所达到的现实状态。市场绩效是度量市场运行效率的概念，它是度量一个市场为消费者提供利益所取得成效的重要指标。一般包括资源配置的效率如何、市场供求是否保持均衡、产业的企业规模结构是否合理、产业的技术水平是否提高、产业是否有助于社会公平等。

传统的产业组织理论认为，市场结构、市场行为与市场绩效三者之间的相互逻辑关系表现为：市场结构决定企业的市场行为，企业市场行为又决定市场绩效，它们之间是一种单向的因果关系。SCP 范式的主要指标及其内涵如表 6–1 所示。

表 6–1　SCP 范式的主要指标及其内涵

	相关指标	内　涵
市场结构	市场特征、市场集中度、产品差异化程度和市场进退壁垒等因素	主要考察市场中现有卖方之间、买方之间以及买方和卖方之间，现有卖方和潜在进入者之间所形成的基本市场结构；市场结构是决定市场行为的决定性因素
市场行为	卖方的产品决策；卖方的价格决策；卖方的产量决策；卖方的销售成本费用决策；卖方的渠道决策 卖方的促销决策；卖方的掠夺性行为和排他性行为；投资策略；研发策略；企业作为买方的市场行为	结合市场结构所采取的市场行为；市场行为是决定市场绩效的决定性因素
市场绩效	资源配置效率；企业内部效率；技术进步；市场供求平衡；经济发展与社会公平	企业行为的最终结果

二、SCP 范式的演进

作为产业组织力量的核心内容，SCP 范式认为，企业行为会受到其所在的市场结构的影响，而企业行为又会对其绩效表现产生决定性的作用[148]（图

6–1）。该范式对于深入研究某一产业的市场结构、市场行为及其市场绩效具有很强的现实指导意义，也成为产业经济学中的经典理论之一。尽管有学者对SCP范式提出质疑，但由于其阐释现实问题的逻辑性、透彻性以及广大应用空间，因此学者们更多的是对SCP范式的补充和完善。对于现代产业组织学派而言，三者之间的相互关系及影响因素是其研究的重点。

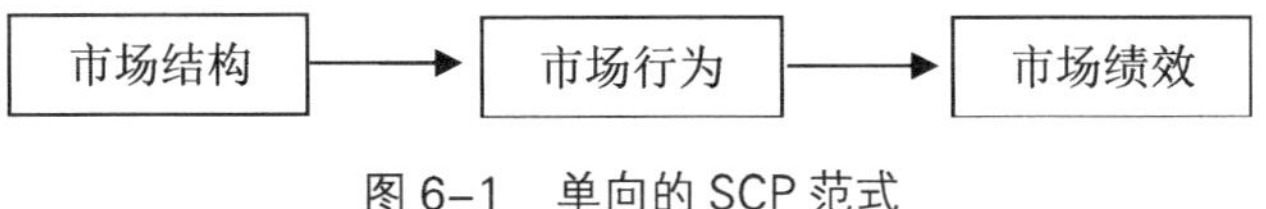

图 6–1　单向的 SCP 范式

随着研究的不断深入，SCP 范式的研究重点从关注市场结构研究向侧重于企业行为研究转变。在对单向的 SCP 范式肯定的基础上，将研究重点转移到市场结构、市场行为和市场绩效三者之间的内在联系及其影响因素方面，形成了动态互动的研究理论，即修正的 SCP 范式，如图 6–2 所示。

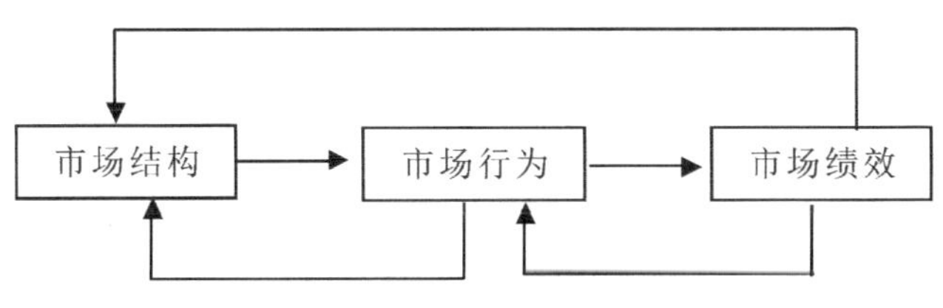

图 6–2　修正的 SCP 范式

在修正的 SCP 范式下，市场结构仍然会影响市场行为，市场行为仍然会影响市场绩效，同时，市场绩效又会反作用于市场行为，市场行为又会反作用于市场结构，市场绩效又会反作用于市场结构，三者之间并非孤立单向的关系，而是相互影响、相互作用的动态关系。寇宗来等（2013）研究发现，企业规模和市场集中度与研发强度之间存在显著的倒“U”型关系，在一定范围内规模的增长和竞争的加剧是有利于创新的。企业的市场份额越大，其研发积极性也越高，因而具有一定的规模。市场绩效会对企业的研发强度产生影响，企业的利润积累能促进研发支出。研发支出的增加，有可能对企业的市场份额与市场集中度产生影响[149]。

一些学者基于修正的 SCP 范式，结合具体的产业对 SCP 范式进行了发展完善。刘广生等（2011）基于修正的 SCP 框架系统，对中国电信业基础运营市场的整体状况进行分析时增加了对产业环境因素的分析，同时关注政府政策对产业环境宏观调控和对企业行为规制的影响，据此构建了 E–SCP 模型（图 6–3）[150]。由此可见，产业环境变迁不仅对企业的生存与发展产生较大的影响，同时对政府的政策制定与调整也会产生一定的影响。

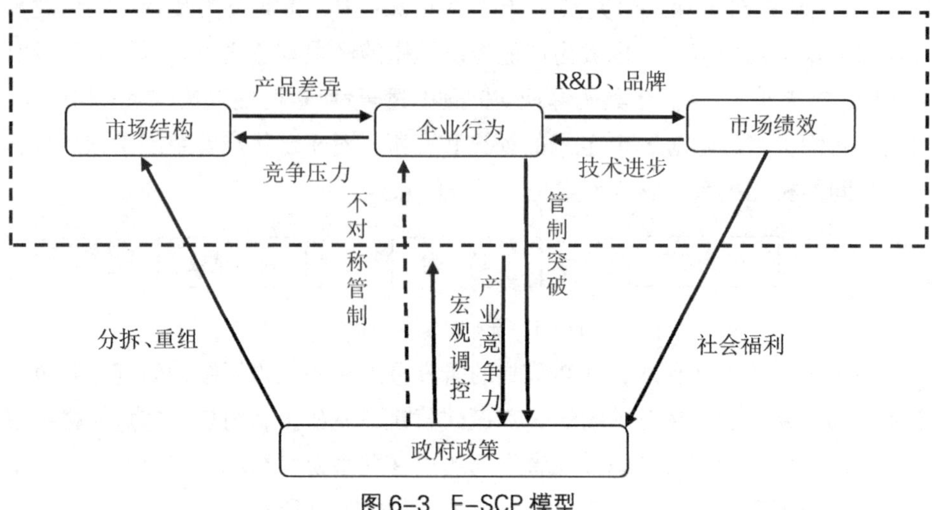

图 6–3 E–SCP 模型

资料来源：刘广生，吴启亮 . 基于 ESCP 范式的中国电信业基础运营市场分析 [J]. 中国软科学，2011(04):33–43，32.

三、服务型战略

随着全球制造业的发展，制造型企业之间的竞争日趋激烈，传统的企业战略已不能维系和推动企业发展。制造型企业为了提升市场竞争力与市场绩效，必须结合行业、客户特点和企业实际，基于现代信息技术，逐步由传统制造型企业向服务型制造企业转型。以客户需求为驱动，从企业角度思考问题转向从消费者角度思考问题，从注重产品生产过程转向注重产品的使用过程，从注重产品质量转向更重视服务质量，从强调技术创新转向更注重设计创新和服务创新，从劳动和资本密集型制造企业向技术和服务密集型制造企业转型，从低附加值的生产制造环节向高附加值的研发、设计和销售服务环节发展，促进制造企业由提供产品向提供“产品 + 服务”转变，逐步实现传统制造业向服务型制造业的转型。服务型制造转型可以有力地推动先进制造业和现代服务业的深度融合与协同发展，制造企业日益向研发设计和销售服务延伸，追求研发设计和销售服务的利润，开辟新的收入来源。根据关注点的不同，服务型制造企业可分为研发服务型制造企业和销售服务型制造企业。

（一）研发服务型制造企业

研发服务型制造企业更加强调技术、工艺流程和产品设计等方面的创新。制造强国战略、创新驱动发展战略和“中国制造 2025”的提出，我国制造业从技术引进已逐渐向技术模仿、创造性模仿、改进型创新和二次创新过渡，并最终实现包括原始性创新和集成创新在内的自主创新。研发服务型制造更多地依赖于增长的人力资本和显性或隐性知识的科学技术，其附加值远高于生产环节的附加值。但是研发设计具有前期投入大、风险大、收益周期长等特点，一定程度上挫伤了企业技术创新、管理创新和服务型制造转型的积极性。

（二）销售服务型制造企业

与研发服务型制造企业不同，销售服务型制造更强调产品全生命周期内的服务质量。除了传统意义上的运输、安装、调试、维护、培训和技术指导外，很多制造企业开始大量采用大数据技术、物联网技术、传感技术、远程信息传输技术和非接触检测技术等现代信息技术，为客户提供产品运营过程中的全程服务。一些企业基于产品，为客户提供相关技术集成和工程承包服务，比如：提供成套设备、自动化生产线定制、租赁、融资、监测、商务、供应链、工程承包、回收再制造等，或者提供整体解决方案以及相关咨询，为客户提供工程总包和“交钥匙”工程服务。

福建龙马环卫装备股份有限公司是一家集城乡环境卫生系统规划设计、环卫装备研发制造销售、环卫运营、投资为一体的环境卫生整体解决方案提供商。通过“环卫装备制造 + 环卫产业服务 + 固废分类处理”的协同发展战略，已形成环卫清洁、垃圾收运、新能源环卫装备三大核心产品体系，是工信部“服务型制造”示范企业。2014 年前后，针对环卫装备市场已趋于饱和的状况，公司意识到单纯依靠销售装备是很难支撑企业的可持续发展。2015 年，公司开启“装备 + 服务”双轮驱动的模式，截至目前，公司环卫服务总承包的订单遍布全国 19 个省、市，近 80 个县区，服务人口逾 6 500 万，总合同标的超 300 亿元。2020 年，公司环卫服务收入超 30 亿元，占主营业务收入的 56%，首次超过装备制造。究其原因，则得益于环卫服务收入的增加。其中，公司净利润同比增长 63.71%[151]。

为了有效推进传统制造企业向服务型制造战略转型，需要企业构建相应的实施框架，并且在技术、组织结构、业务流程和企业文化等方面进行变革，实现各要素的协同。通过服务型制造转型战略的实施，实现了制造业与生产性服务业的深度融合以及制造业与现代信息技术的深度融合，制造业由资本、劳动力投入为主转向知识资本投入为主，只有那些拥有更多的行业核心技术、专利等自主知识产权的企业，其服务产值在企业产值中所占比例才会持续上升，服务型制造企业在行业中的占比进一步增加，制造服务业在服务业中的占比、增加值逐步提升，实现制造强国的“四化”，即优质化、智能化，服务化和绿色化战略，在全球制造产业链中地位持续提升。服务型制造战略实施框架如图 6–4 所示。

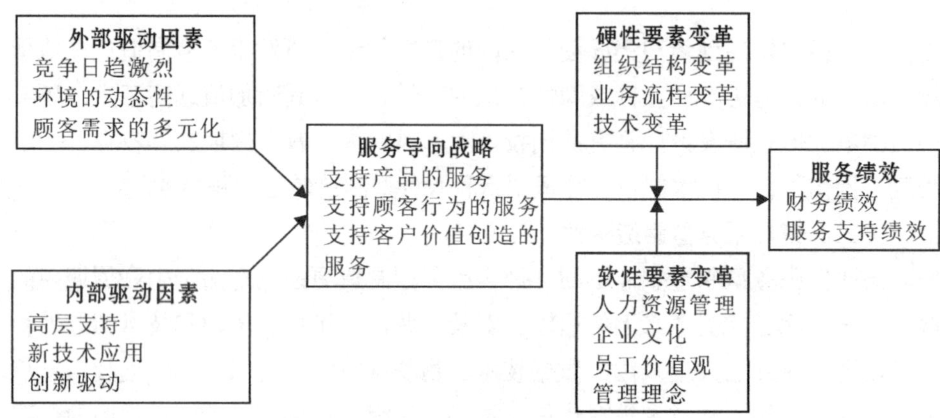

图 6-4 服务型制造战略实施框架图

资料来源：李刚，汪应洛．服务型制造——基于“互联网＋”的模式创新 [M]. 北京：清华大学出版社，2017.

第二节 服务型制造的产品服务系统

一、服务型制造的服务类型

服务型制造是制造型企业基于自身研发、设计、制造能力，向客户提供的系列增值服务。制造型企业的价值创造过程一般包括：产品的研发设计、原材料与半成品以及零部件采购、装配和总装、营销、零售、售后服务和产品的回收处理，以及相关辅助性活动，构成制造企业的价值链，如图 6-5 所示 [131]。

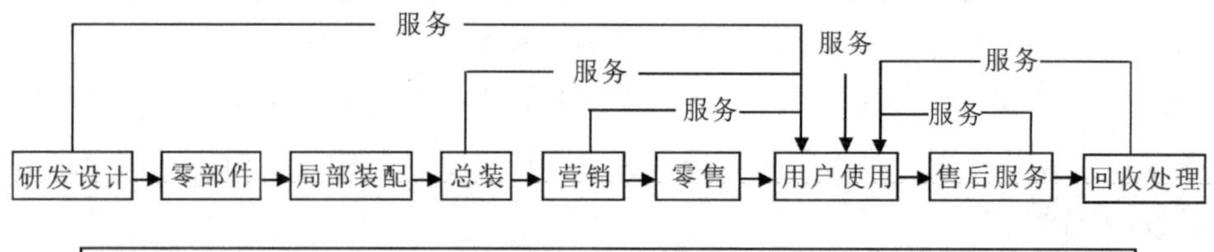

图 6-5 制造业价值链与服务型制造模式示意图

资料来源：李晓华，刘尚文．服务型制造内涵与发展动因探析 [J]. 开发研究，2019(02):94–101.

从图 6-5 可以看出，制造业价值链上的每一个环节，都凝结着相关的专业知识与技术，都在以相应的形式为客户创造着价值，以各种形式服务于企业的生产制造、客户服务，且贯穿于产品的整个生命周期。在价值链的各个环节，企业与客户进行着有效、持续的沟通，以实现双方在资源、信息等方面的共享共赢。这里的服务可分为基础服务、中级服务和高级服务等三类，三类服务并无明显的界限，级别越低越趋向于以产品为导向，更多的是一些支持产品的服务，而服务级别越高越趋向于以客户需求为导向，更多的是一些支持客户的服务。因此，从基础服务到高级服务，企业的预期产出从简单地提供产品转向提供一种能力，从支持产品的服务转向支持客户的服务（表 6–2）。

表 6–2　制造商提供的服务类型

类型	提供服务的主要内容	关注的焦点
基础服务	产品与零部件	聚焦于产品及有限服务的提供
中级服务	产品的定期保养、维修、彻底检修、安装、运行状态监测、现场服务与技术指导、操作人员的技术培训、认证和产品技术升级等	聚焦于产品的维护保养，使产品保持良好的运行状态
高级服务	客户支持协议、风险分担和收益分享计划、基于使用量的收费方案、租赁协议、技术服务咨询、整体解决方案的实施等	与客户形成战略合作伙伴关系，聚焦于为客户提供高附加值的增值服务和整体解决方案

（一）基础服务

制造企业产品服务系统中的基础服务，基于企业提供的产品与零部件，聚焦于产品以及与产品相关的必要服务的提供，客户与企业之间的关系较为松散，更多聚焦于交易的产品，与制造企业的生产能力、技术水平与质量管理等方面息息相关，其目的在于确保产品的正常使用与运行，这些服务是发挥产品基本功能、为客户创造价值的基础。

（二）中级服务

中级服务，在向客户提供产品的基础上，提供产品的定期维护保养、维修、运行状态监测、故障预警、现场服务与技术指导、操作人员的技术培训、产品技术升级等服务。聚焦于产品状态的保持，通过一系列的服务确保产品的有效运行，使产品处于理想的状态，为客户创造更大的价值。服务质量的好坏与制造企业对于客户需求的理解、确认有很大关系。

（三）高级服务

高级服务，不仅要确保为客户提供的产品处于理想的状态，而且更加关注产品性能的展现。企业在对客户需求深入、全面、准确理解的基础上，通过客户支持协议、风险分担和收益分享计划、基于使用量的收费方案、租赁协议、技术服务咨询、整体解决方案的实施等一系列的增值服务，为客户创造更大的价值，并与客户建立战略合作伙伴关系，进而实现企业与客户的风险共担以及利益的共创、共赢与共享。由于服务型制造企业在经营理念方面能够以客户为中心，以客户需求为导向，鼓励客户参与到产品的研发、设计、生产制造、质量改进以及营销与售后服务全过程，因此更能深入理解客户的需求，并通过产品和增值延伸服务加以满足，充分发挥产品的作用，在为客户创造更大的价值的同时，有利于拓展企业的利润来源，延伸企业的价值链。制造企业为客户提供的高级服务属于增值服务，目前有关服务型制造企业为客户提供的基于自家生产产品的增值服务，可以划分为以下两种类型。

第一类增值服务，即以 Baines 和 Lightfoot 为代表所认为的，企业为客户提供的增值服务，是基于企业目前有关产品研发设计、生产组织、加工制造、销售和人力资源等能力基础上的服务。亦即企业在实物产品基础上衍生出的一系列附加服务，通过延伸服务体系实现创新增值的服务方式，它有利于实现企业与客户间的共赢。制造企业经过多年的生产经营，对市场特点、客户需求与产品架构有了更为深入的理解，拥有相关产品的研发设计知识、能力和经验的储备，对于产品主要原材料、核心零部件的性能特点积累了大量的基础数据，有着较为稳定的供应渠道，拥有一批技术过硬、作风优良的生产技术人员，在生产过程中积累了大量的一线生产质量、技术、设备基础数据，培养了一大批营销、服务人员，同时与企业文化相融合，形成了企业的核心能力。基于此，企业向客户开展定制化的产品研发设计、技术攻关、在线监测、风险预警、运维服务、技术升级甚至提供整体解决方案和全生命周期管理等服务，充分发挥产品的使用价值，为客户创造更大的价值，是水到渠成的事。第一类增值服务可以说是服务型制造的核心与基础，制造企业的服务型制造转型需要企业转变观念，苦练内功，持续提升企业的核心能力。

第二类增值服务，是为了核心层增值服务的开展所需要提供的服务。比如，制造企业为客户提供全生命周期管理时，把一次性的产品销售收入转变为长期的服务收入，在有效拓展企业收入来源的同时，也会对企业的现金流产生重大影响，为此就要求必须有融资服务支持全生命周期管理活动的开展。制造型企业可以在综合考虑企业战略目标、业务发展布局和自身资源等因素的基础上，既可以选择与银行、信托公司等金融机构合作获取金融服务，也可以选择自己做融资业务。如果企业选择了后者，虽然确实能为客户提供增值服务，但是未能充分利用企业的现有资源与能力，所以只能称之为服务型制造的扩展层。况且企业在开展这些业务过程中还有可能出现由于各业务之间争夺资源导致的内耗现象，以及各业务部门间的相互补贴现象。同时，服务型制造企业更多基于自家产品向客户提供相关服务，可能无法实现规模效应，从而造成企业服务资源的浪费，而这些都将不利于企业的持续发展。

制造型企业的服务化水平会随着产业技术、信息技术的发展与推广，以及数字化与智能化水平的提高而提高。数据是企业服务型制造转型的核心驱动力，企业设备产品的在线监测、信息增值服务、全生命周期管理以及了解和确认客户需求、管理决策等，都需要准确、实时的数据支撑。个性化、定制化等服务型制造模式对制造企业的生产、供应链的柔性化、绿色化提出了更高的要求，其基础是制造业的数字化、网络化、智能化。企业在服务型制造的过程中，将会衍生出多种个性化的增值服务。因此，服务型制造是基于制造的服务，是为了服务的制造；以服务提升制造，以制造促进服务，最终实现制造业与服务业的良性互动和协调发展。

二、产品服务系统的概念

随着用户需求的多样化，市场竞争日趋激烈，与此同时，低端产能过剩、高端能力不足、企业利润空间压缩、产业增值缓慢和环境污染严重等也严重制约着我国制造业的发展，传统生产型制造企业亟须向服务型制造转型。Goedkoop 等（1999）认为，服务型制造的产品服务系统是一个包含产品、服务、网络、支持设施的系统。为了保持竞争力、满足客户需求并且比传统的商业模式有较低的环境影响，制造企业通过产品服务增值来提升产品实体的盈利水平，或提供整合的产品后市场服务的盈利模式，即形成闭环产品服务系统（closed-loop Product Service System，CL-PSS）。CL-PSS 系统不仅注重传统的产品实体生产和销售的前市场服务，同时将服务延伸到产品的后续使用、升级服务当中，从而获取持续收入，实现企业与客户的共赢。

信息技术的发展，加快了相关技术、知识的传播与共享，有效地打破了技术间的壁垒，使得企业间的竞争日趋激烈，产品的同质化和企业销售利润的下降是企业面临的最大困境，为了摆脱这一困境，企业纷纷将产品制造与产品服务有机地结合起来，整合各方资源开始实施差异化竞争战略，开展产品服务系统的商业实践活动。从 PSS（product service system,PSS）提出至今，虽然经过了近 30 年的发展，但是到目前为止还没有一个统一的定义。20 世纪 90 年代中后期，联合国环境规划署认为，PSS 是企业提供给消费者的是产品的功能或结果，用户可以不拥有或购买物质形态的产品。Baines 等较早地提出了完整的产品服务系统的概念：消费者通过非购买的形式获得和使用产品和服务，并支付费用。该理论揭示出当企业的利润来源从销售产品的数量转化成为客户提供价值更高的多元化服务时，将会降低企业的成本费用，企业会主动选择为客户提供高质量产品，并鼓励客户购买更少产品、强化和重复使用产品[152]。Maussang 等（2007）认为，PSS 是一个以满足用户需求为目标，以面向生命周期的产品和服务的组合，它能够实现价值的延伸。Goed koop 等人认为，PSS 是指通过有形产品与无形服务的集成，提供客户所需的全面解决方案，其实质是功能性产品与增值性服务的组合。林文进等（2018）认为，产品服务系统是指产品和服务按照顾客的生命周期为导向进行的整合，产品服务系统的产品和服务要素必须进行集成设计。

制造企业根据客户的个性化需求，对产品要素与服务要素等进行优化配置与系统集成，充分满足客户需求，并且与客户建立起长期共赢的关系[153]。上述定义分别从 PSS 的目的、功能、构成和实施等方面对 PSS 进行了界定，虽然侧重点有所不同，表述不尽相同，但是都具有以下几个特点：

（1）PSS 可归结为企业一项持续性的创新战略。这一创新战略需要企业从战略层面做好 PSS 系统的规划工作，包括体系构建、工具和实施方法与手段等，并赋予一定的人、财、物和信息等资源的支持——支持企业的产品创新、生产流程创新与服务创新，并将其贯穿于整个价值链当中。

（2）PSS 的目的明确，其一，以客户为中心，充分满足顾客需求，创造新的产品价值；其二，企业持续生存与发展，培育和形成自身的核心竞争力。

（3）PSS 是对产品与服务的系统化整合。PSS 不是纯粹的产品和纯粹的服务，而是两者的有机结合，在 PSS 中既有有形的物质流，又有无形的服务流。PSS 并不着眼于某个环节的资源优化，而是更多着眼于整个系统的资源优化。Manzini 认为 PSS 应具有潜在的生态功效，它将离散的资源优化转变到单个产品生命周期内资源的优化，再到更广泛的系统资源优化。

三、产品服务系统的分类

国内外学者在对 PSS 的概念进行深入研究和完善的同时，还就 PSS 的分类进行了深入的研究与探讨。Manzini 将 PSS 分为结果导向、使用导向两种类型。Goed koop 等人认为 PSS 系统主要包括产品、服务、支持网络和基础设施等要素，并根据产品和服务分别所占比重将产品服务系统分为面向产品的产品服务系统、面向使用的产品服务系统和面向结果的产品服务系统等三种类型[154]。Roy 将 PSS 按照目的分为结果导向、分享功效导向、以产品生命延伸为导向和以减少需求为导向等类型。Tukker 等将 PSS 分为产品租赁或共享、产品共用、单位使用费、功能功效等四种。孙林岩等人则根据服务化程度和产品所有权把 PSS 分为面向产品、应用和效用等类型。但是最具代表性的当属 Goed koop 等人关于 PSS 的分类，即产品导向 PSS、使用导向 PSS 和结果导向 PSS。

（1）面向产品的产品服务系统（product-oriented PSS），又称“产品导向 PSS”，是指顾客购买产品，企业在出售产品的同时，提供附加于产品功能上的服务，从而在一定时间内保障产品的效用。这些服务主要体现在制造企业对产品的维护和回收利用方面。比如，客户向制造商或服务供应商租赁一台工程机械车，根据租赁时间付费，制造商或服务提供商负责该设备日常维护保养和异常检测，确保该设备的正常运行。

（2）面向使用的产品服务系统（use-oriented PSS），又称“使用导向PSS”，是指顾客无须购买产品，而是购买产品的使用权或者服务。服务所占比重要高于产品导向 PSS。GE 包括诸如发动机租赁服务在内的工程实践，为产品服务系统理念的落地提供了坚实的依据。随着信息技术的发展，数据信息日趋透明，使用导向 PSS 旨在通过共享所需产品的方式，提升产品的使用率，减少成本费用，减少浪费。比如，几家企业可以共享一个会议室、产品研发实验室、设备与设施，以达到共享实验室、设备设施的目的，而不需要每家企业都建立相关的实验室，购置相应的设备、设施，体现出的是一种“不求为我所有，但求为我所用”的共享共赢理念。

（3）面向结果的产品服务系统（result-oriented PSS），又称为结果导向PSS，是指顾客购买的不是产品，也不是产品的使用权，而是直接面向产品的使用结果。在三种分类当中，结果导向 PSS 的服务所占比重最大，旨在通过卖“结果”来代替卖产品的方式减少物质需求，更大限度地满足客户多元化、个性化和定制化的需求。

通过以上分析可以看出，三种类型虽各有特点，但由于它们处于 PSS 系统当中的不同阶段，它们当中的服务占比不断增加，面向使用导向 PSS 和结果导向 PSS 将会逐渐取代产品导向 PSS。用服务取代产品，可以有效减少物质流，更好地节约资源，从而提升客户的满意度。

当然，产品服务系统的概念不是一成不变的，而是一个不断演化、发展的概念，早期研究大多从资源节约和生态效率的角度，将有形的产品和无形的服务联系起来，旨在从系统论的角度出发，借助无形服务，减少经济活动对物质的消耗和解决环境问题。这一概念为从单独的生产循环转变到集成化的生产和消费循环创造了机会。产品服务系统改变了传统的生产和消费模式，使社会经济朝着更为可持续的方向发展，将对整个经济、社会和环境等方面产生积极的意义。产品服务系统将服务有机融入产品当中，可以较好地满足客户个性化、定制化需求，提升客户的消费体验和满意度，有效延伸产品的价值，从而有利于提升产品与产业在产业链当中的地位。随着产品市场竞争的日趋激烈，企业生产盈利能力急剧下降，迫使企业不得不进行服务型制造转型——从生产制造向提供多元化服务延伸：不仅包括传统的运输、交付、安装、调试、备品备件的更换等服务，还包括产品运营过程的维护、远程监控预警、技术指导、技术升级改造、客户技术培训、产品租赁、物流和融资服务等。企业通过为客户提供运作服务、商业咨询和金融服务等总体解决方案来大幅度提高客户的满意度，以此提升企业的盈利能力，进而培育和形成企业的核心竞争力。

四、产品服务系统的结构体系、支撑技术与关键技术

（一）产品服务系统的结构体系

通过 PSS 将成千上万的用户、产品制造商和服务供应商连接在一起，对各类资源加以整合，形成了一个庞大、复杂而又彼此联系的系统，企业通过合理的调度和配置，从而实现系统资源的优化，并充分发挥其协同效应。从工程科学的层面看，PSS 是一个基于知识信息，同时又融合了产品和服务的系统，它综合利用 Web、多媒体、协同理论、数据处理与交换等多项技术，对产品进行全生命周期管理，为用户提供量身定做的解决方案[155]。因此，服务型制造企业构建科学有效的 PSS 结构体系显得尤为重要。

为了更好地满足客户的多元化需求，在 PSS 模式下，需要制造商或服务商在明确和理解客户需求的基础上，加强对产品的研发设计、生产制造、运行维护和管理。从产品研发设计开始，如何做到产品生产、使用、维护保养、回收利用等环节的节能环保，成本费用的可控性，功能的多样性，产品质量的持续改进和使用寿命的科学合理性，基于产品寿命周期进行系统考虑，实现整体最优。从工程科学的角度来分析 PSS 的结构体系，可将 PSS 划分为配置系统、调度系统以及服务支撑系统（图 6-6）。

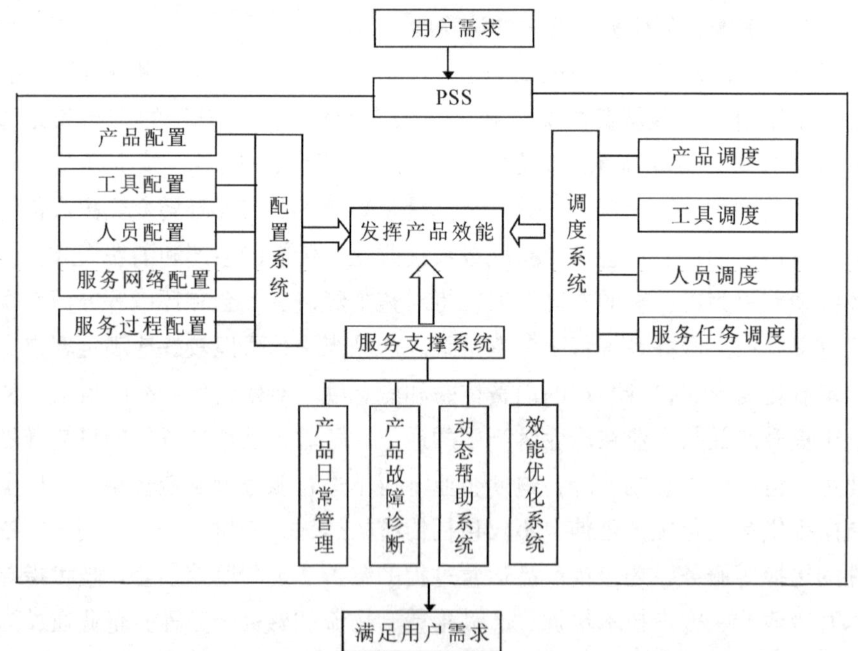

图 6-6　PSS 结构体系示意图

资料来源：江平宇，朱琦琦 . 产品服务系统及其研究进展 [J]. 制造业自动化 ,2008,30(12):10-17.

1. 配置系统

配置系统是企业根据客户需求，安排相应的人员，使用相关产品与工具，为客户提供相应的服务。配置系统主要包括产品配置、工具配置、人员配置、服务网络配置和服务过程配置等内容。在 PSS 执行过程中，根据产品特点、工况条件、工具的状态、设计信息和以往产品运行数据进行服务过程配置，比如对于一些关键设备、零部件进行全过程实时异常监测预警，对于部分易损件进行定期的检查、评估和更换等。再如，制造商为城市写字楼办公区提供文印设备，建立复印设备共享中心，以减少各公司购置、维护设备的成本费用，就需要根据业务量大小，对文印设备、运营维护保养的工具、产品操作与维护人员进行合理的规划与配置，进而形成资源共享、共赢的服务网络等。当然，要实现 PSS 的有效运行，还需要对产品的服务过程进行有效配置。

2. 调度系统

为了确保 PSS 的执行，需要基于现代信息技术，结合以往的系统运行数据，对任务进行精准预测与合理调度，以便节约时间和成本。通过大数据技术、物联网技术和红外线传感技术等可实现对任务、产品以及现场管理人员、运维人员的调度处理，实现对 PSS 的控制。在 PSS 模式下，主要由产品制造商或服务商对产品进行操作和维护，为了确保服务任务的高效完美执行，必须对所有的服务任务进行科学调度管理，实现资源的有效利用以及人和人之间、人和物之间、系统与系统之间的协同。

3. 服务支撑系统

为确保产品的顺利运行，将故障降到最低，保障产品服役效能，充分发挥产品功能，需要构建服务支撑系统。服务支撑系统是一个由用户、制造商（或服务商）、产品管理人员参与的协同工作系统，一般包括产品日常管理、产品故障管理、动态帮助系统和效能优化系统等子系统。一般而言，服务支撑系统不仅要能够确保产品性能的稳定和功能的发挥，而且还需对产品使用者进行必要的培训，以及及时、高效的指导与帮助。同时，通过该服务系统的运行，源源不断地收集、处理客户的意见和建议，并及时反馈给制造商，为产品的研发设计、质量改进和营销推广提供决策依据。还是以上述城市写字楼办公区复印设备共享中心为例，为了充分发挥复印设备共享中心的效能，需要建立起与之匹配的服务支撑系统，包括产品的日常维护保养管理、故障的监测与异常处理、运行维护管理人员的培训，以提升整个系统的效率和效益。一般而言，服务支撑系统会涉及以下主要内容。

（1）日常管理。一线操作人员与现场管理人员在使用过程中，全程、翔实地记录产品运行的各类数据，并对运行状态加以客观评估，以便及时发现和解决产品运行过程中存在的问题。关于该项管理，目前在制造企业普遍建立设备台账管理制度。

（2）故障预测。通过物联网技术、红外传感技术等现代信息技术，对产品运行状态进行实时监测，智能异常预警、诊断与处置，确保产品的高效运行，这对降低运维成本具有重要意义。

（3）动态帮助。为保障产品运维人员、管理人员能够以最佳方式进行操作，花费更少的时间、成本与费用对产品进行维修保养，生产制造商（或服务商）需要对产品操作人员进行相关培训指导和动态帮助。动态帮助系统是一种基于信息知识的服务手册，需要随着技术进步和知识创新进行动态调整。

（4）效能优化。随着智能制造、云制造技术的推广应用，效能优化是发挥产品效能最直接的手段。比如，超高速切削、超精密加工等技术的应用，对数控机床的数控系统、伺服性能、主轴驱动、机床结构等提出了更高的性能指标。数控铣床装备，可根据设备参数、材料、加工精度等来设置加工参数；通过遗传算法、蚁群算法等智能算法实现对切削参数和刀具路径的优化，以提高机床设备的可靠性以及自适应控制能力。

（二）产品服务系统的支撑技术

PSS 的技术体系主要包括服务平台、产品生命周期管理与数据集成等（图 6-7）。

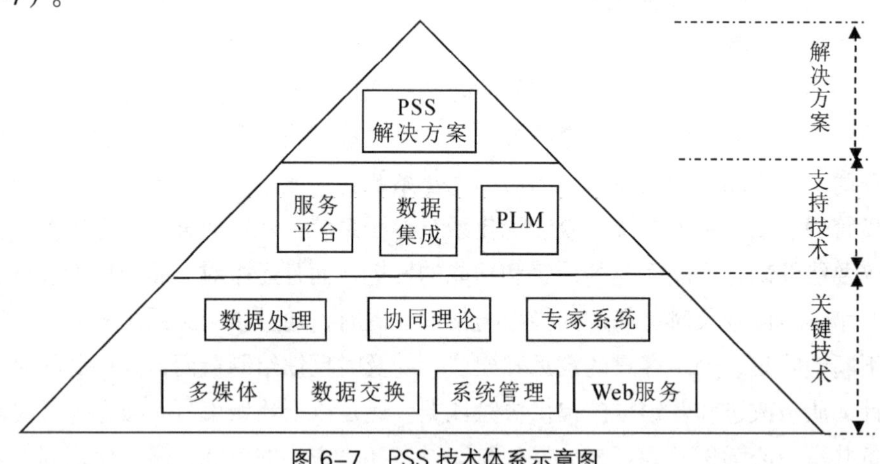

图 6-7　PSS 技术体系示意图

资料来源：江平宇，朱琦琦．产品服务系统及其研究进展 [J]. 制造业自动化，2008,30(12): 10–17.

1. 服务平台

PSS 技术体系中的服务平台主要包括面向用户的服务、面向操作者的服务和面向设备的服务等三大服务。

（1）面向用户的服务。面向用户的服务，相当于一个供需信息的集合与匹配中心，客户可以通过该平台发布各自的需求，明确具体的设计理念、功能、性能、外观、成本与费用和需要解决的实际问题等。制造商或制造服务商可以根据自身的研发设计、生产制造、服务能力做出决策，同时可以将拟定的解决方案、设计的产品与生产工艺流程等发布在服务平台上。由此，客户与制造商或制造服务商便建立起了合作关系，双方就产品、服务或解决方案进行深度沟通，充分利用客户的创意，鼓励客户提出相关的意见和建议，通过沟通不断明晰客户需求和要求，并对产品、服务或解决方案进行不断的完善，直到客户需求得以满足为止，最终实现合作各方的共赢。

（2）面向操作者的服务。操作者可能在产品的操作、使用或维护保养过程中会遇到这样或者那样的问题，因此需要服务平台向操作者提供及时、高效、动态的支持，比如，基本操作规程、演示短片、常见故障及其处置、产品日常维护保养等，使操作者能够快速掌握最佳的操作方式，能够用最短的时间、最好的方法对产品进行维护和维修，充分发挥产品的功能。同时，充分发挥现代信息技术优势，实现操作者与制造商、服务商的持续在线沟通交流，实现在线指导、在线诊断和在线处置问题，有效提升产品运行效率和效益，大幅度降低客户、制造商和服务商的成本费用。

（3）面向设备的服务。在特定的工况条件下，设备的性能、功能会随着时间而变化，设备的结构组成和功能也会因为维修维护、改装等而出现变更，因此需要建立相关数据模型，收集设备运行数据、性能参数，并对设备进行跟踪管理。面向设备的服务，主要是指基于大数据技术、物联网技术等现代信息技术，对设备的运行进行日常监测、异常预警、诊断处置、维护、管理和调度，并指派相关人员对设备进行维修。

2. 产品生命周期管理

1966年，哈佛大学的雷蒙德·弗农（Raymond Vernon）教授首次提出产品生命周期（Product Life—Cycle Management，PLM）的概念。20世纪80年代以后，随着自动化、计算机和网络技术的广泛应用，企业的制造能力得以大幅度提升，同时伴随着市场竞争的日趋激烈，市场需求多元化趋势，因而促使企业在追求产量的同时，日益注重产品开发的上市时间 、质量、成本、服务 、产品创新和环境等指标，并将现代信息技术、管理技术和制造技术应用于企业产品全生命周期的各个阶段，实现对产品全生命周期各阶段数据信息、流程和资源的有效管理，实现物流、信息流、价值流的集成和优化运行，以提高企业的核心竞争力。

产品生命周期理念经历了从工具时代、综合应用时代、协同平台时代和PLM时代的演化过程。但是，就产品生命周期管理的概念界定而言，目前并没有一个公认的定义。黄双喜等（2004）认为，PLM是一项企业信息化战略，它描述和规定了产品生命周期过程中产品信息的创建、管理、分发和使用的过程与方法，给出了一个信息基础框架，来集成和管理相关的技术与应用系统，使用户可以在产品生命周期过程中协同地开发、制造和管理产品[156]。徐建成等（2016）认为PLM是在系统思想的指导下，利用计算机技术、管理技术、自动化技术和现代制造技术等手段，对产品全生命周期内与产品相关的数据、过程、资源和环境进行集成管理。通过实施PLM，实现企业各部门员工、最终用户和合作伙伴的高效协同，使产品达到综合最优。PLM是一种先进的企业信息化思想，促使人们思考如何在激烈的市场竞争中，用最有效的方式和手段来为企业增加收入和降低成本。CIM Data咨询公司认为，任何工业企业的产品生命周期，都由产品定义生命周期、产品生产生命周期和运作支持生命周期三大生命周期构成，它们相互交织、相互影响。沈国华等（2020）将产品生命周期管理定义为：一种应用于企业内部，以及在产品研发领域具有协作关系的企业之间的，支持产品全生命周期的信息创建、管理、分发和应用的一系列应用解决方案，它能够集成与产品相关的人力资源、流程、应用系统和信息。PLM专注于数据、信息和知识以及如何正确使用它们服务于公司的业务和产品开发，并为客户创造价值。对于制造业而言，数据、信息和知识（简称D-I-K）的内容主要集中在机器设备上[157]。

PLM将产品的寿命划分为研发、制造、服务、报废四个基本阶段，这一划分为企业理解与运作产品的各个阶段提供了基本的方法。PLM中蕴含的“精益思想”对企业节省资源、持续改进方面起着非常重要的作用，能够帮助企业进一步缩短产品研发周期，优化制造流程，节约制造成本费用，提高企业内外价值链上各节点的协同效率，有利于持续改良质量，提升产品质量和利润，进而提升企业的整体竞争力。在现代信息技术快速发展的当下，制造型企业如何基于数字化大背景，进行产品生命周期管理，需要做到快速、弹性化、智能化和互联[158]。

（1）快速。谁抢占先机，谁就会获得竞争优势与超额利润。对此，需要企业各部门的快速响应。一些企业通过社交网络或者众包等渠道快速准确地感知和理解客户需求，准确感知和应对市场的变化，通过与客户的充分沟通，实现快速设计、研发、试制和推出新产品，最终赢得市场。先进技术的应用会大大提升企业的响应速度，比如3D打印技术的应用，大大缩短了无人机生产商

Aerialtronics 从订货到交货的周期，并将研发时间缩短了一半，同时还开创了定制化无人机系统。凭借 3D 打印技术，意大利摩托车生产商杜卡迪（Ducati）将发动机设计时长从 28 个月缩短至 8 个月。

（2）弹性化。数字化背景下的产品生命周期的弹性化，主要体现在企业既能迅速发现需求并加以满足，又能在需求减少时，以最低损失做出相应的收缩。同时，企业能够以较低的成本提升产品服务的效率。GE 通过数字化产品生命周期管理，以众包的方式设计出的喷气发动机支架，极大地减轻了重量。对于新产品，企业应连续开展概念化、设计、测试和制造等一连串环节，确保产品能为持续、灵活的软件更新和新服务主张充当平台和载体。比如，汽车制造商和工业设备制造商正利用高性能计算来评估大量的变速器设计方案，与此同时减少实体样机的数量。在确保产品生命周期弹性化的过程中，企业内部甚至整个价值链各节点的数据信息共享是基础。通过数据信息的共享，使企业各部门变得更为灵活、迅捷、敏感，能够感知并适应不断变化的客户需求，为客户与各合作伙伴创造更大的价值。部门将会变得更为开放与灵活，在整个产品生命周期内，客户、开发伙伴、中间商和供应商都会对企业策略、企业产品服务创新等方面产生持续的影响。企业的数字化，会使企业变得更为灵活高效、开放包容，更具弹性，有利于降低研发成本，提升开发的效率。据估计，产品生命周期管理的弹性化可使企业的产品管理成本降低 30%～70%。

（3）智能化。产品生命周期管理的智能化，需要采用强大的分析工具和智能化的软件，智能化为永续再造、重构、超个性化以及实时自适应用户体验创造了条件。高度互连且智能化的产品生命周期管理能够使企业从其他合作伙伴那里获得相关知识、创意和服务，并将其融入产品的研发设计、生产制造和服务当中，以延长产品寿命。

（4）互联。整个产品生命周期管理方案都应实现互联互通。产品生命周期管理包含多个阶段——从创意、概念、设计、样机、验证、制造、实际使用和支持，以及最终的产品报废，这些阶段最好由统一、顺畅、完整的信息和数据流来相互连接。企业最终会与外部供应商、合作伙伴、中间商和客户等一起并入更大的价值链和生态环境当中。要想实现各方利益的最大化，使各方建立起必要的数据交换机制，开发和构建数字化的数据模型，实现各方的互联是必需的。通过构建实体产品的数字孪生模型，提升产品的运行效率，在整个产品生命周期内助力制造和服务系统，提供远程监测、预测性维护、修理和设计改良等。

通过以上分析可以看出，产品生命周期管理的对象是产品信息，这些信息不仅包括产品生命周期的定义数据，而且对产品是如何设计、制造和进行服务的进行了描述，其目的是通过信息技术来实现产品生命周期过程中协同的产品定义、制造和管理。通过 PLM 系统将客户服务信息传递给相关的设计、生产和制造等部门，并将相应的处理和解决方案反馈给服务部门和客户，实现企业资源的充分利用，以提高企业服务质量和效率。

3. 数据集成

数据集成是服务平台和 PLM 之间的桥梁和纽带，数据集成技术实现服务平台和 PLM 之间的数据传输与交换，以便充分发挥两者的性能。具体表现为以下两个方面。

（1）协同工作。单纯从 PSS 内部看，PSS 的参与者有制造商、供应商、服务合作伙伴和用户等，前三者是 PSS 的组织者，而用户则是 PSS 的接受者，数据集成使 PSS 参与者之间的在线沟通交流、协同工作成为可能。从更广泛的角度来看，PSS 除了涉及上述的参与者之外，还涉及产品零部件的供应商、中间商、物流运输商和废弃物处理商等，各主体之间数据信息的共享、深度沟通交流，促使各方能够随时发现需求，并予以满足，对产品与服务进行改进与创新，在创新的过程中实现新知识的创造与应用。

（2）信息资源的再利用。数据集成使得在 PLM 环境下的产品零部件信息能够实时传送到服务平台，并且可以在服务平台中直接使用。例如，产品 CAD 模型可以作为产品维护和培训的多媒体素材。此外，通过对产品用户、操作者使用情况等信息的实时收集，并共享在服务平台当中，为数据集成创造了必要的环境，有利于产品的研发设计者、生产制造者和销售服务者及时改善产品设计、质量与服务。用户可以在服务平台中提出自己对产品服务在设计理念、外观设计、功能与性能等方面的基本要求，产品设计者、制造与服务者可以与客户在充分沟通中，深刻理解和明晰客户的需求，最终实现各方的共赢。

（三）关键技术

正如图 6–7 所示，数据处理、协同理论、专家系统等关键技术，是确保 PSS 中服务平台、PLM 和数据集成实现的基础和关键。

1. 数据处理

对相关数据的去伪存真、整理与挖掘分析，为产品研发设计、生产制造、质量改进、销售服务、使用和回收提供数据支持。

2. 协同理论

实现人与人之间、人与物之间、物与物之间、部门与部门之间、组织与组织之间的协同，不同学科知识间的融合。

3. 专家系统

向操作者、用户提供决策支持服务，对产品进行运行实时监测、异常预警、故障诊断并作出判断，甚至提供智能处置方案。

4. 多媒体技术

向操作者、用户提供便于理解、操作的支持和帮助。

5. 数据交换

涉及产品生命周期各阶段的数据交换、共享，以及不同设计平台之间的数据交换。

6. 系统管理

负责系统运行参数的配置及运行状态的监控，具体功能包括数据库和网络设置、权限管理、用户授权、数据备份和安全以及数据存档等内容。

7.Web 服务

Web服务是一种新型的Web应用程序，具有自包含、自解释、模块化的特点，可以发布在 Web 上，并被发现和调用。Web 服务技术能使 PSS 的信息流更加畅通。

随着制造型企业的服务型制造转型战略的实施与推进，企业将由传统的以提供物理产品为主逐渐转向为客户提供产品服务系统为主。产品服务系统也会由产品导向 PSS 朝使用导向 PSS 和结果导向 PSS 发展，最终使传统的制造型企业向基于产品的服务型制造企业转型，为客户提供基于产品的全生命周期服务，实现企业与各利益相关者的共赢。比如，刀具生产企业通过工业产品服务系统（iPSS）将无形切削服务与物理切削刀具相结合，以满足客户的切削需求。消费者只需支付切削时间而不拥有物理切削刀具，刀具制造商则负责监控刀具的状况并确保切削时间，实现双赢。刀具制造商通过对刀具磨损状态监测服务可以使用户在刀具达到磨钝标准前更换刀具，保证加工的安全性；使用户能够更加充分地使用刀具，减少浪费，通过减少换刀次数间接提高加工效率，以便提升刀具用户的经济效益。对于刀具制造商而言，积累了大量的切削数据，对于新品研发设计、质量改进、延伸刀具的价值链，提升刀具制造商的盈利能力和竞争力意义非凡。

第三节　服务型制造管理模式的变革

传统制造企业的服务型制造转型，意味着在运营模式上，需要企业从传统的研发、生产、销售产品向创新、销售、传递服务转变。IBM、通用电气、阿尔斯通公司（Alston）、海尔集团和陕鼓集团等国内外知名企业纷纷进行了服务型转型，不仅为企业创造了大量的经济收益，而且提升了企业的核心竞争力和客户满意度，取得了较好的效果。随着客户需求的日益多元化与市场竞争的日益激烈，越来越多的制造企业开始实施服务型制造转型战略，但是在实施过程中却面临着经营理念落后、企业文化惰性、组织变革阻力大和服务化悖论等诸多挑战，这些挑战能否得以顺利解决，直接影响到企业的服务型制造转型的成效。为了推进企业服务型制造转型战略的实施，有效应对服务化悖论等管理挑战，需要企业变革现行的管理模式，主要包括：由传统的以产品为导向的价值观向以需求为导向、以客户为中心转变；转变经营理念，增强和提升全员的服务意识和服务质量；需要赋予一线服务员工更大的权限；对现有的企业文化、组织结构进行优化改革，以及业务流程的变革；需要企业全员理解一致、目标一致和行为一致，以更好地服务于企业服务型制造转型[159]。

互联网、物联网和大数据等信息技术的快速发展与广泛应用，正在影响着整个社会、经济发展进程，也对商业模式、消费心理与行为产生着潜移默化的影响。海量的数据、信息和知识将成千上万的供应商、制造商、中间商、服务商和消费者连接在一起，数据信息变得更为廉价、透明，各主体之间的沟通变得更为高效、便捷，使得整个经济社会朝着创新驱动的知识经济发展。2012 年底召开的党的十八大明确提出："科技创新是提高社会生产力和综合国力的战略支撑，必须摆在国家发展全局的核心位置。"强调要坚持走中国特色自主创新道路，实施创新驱动发展战略。2015 年 3 月，中共中央、国务院出台文件《中共中央 国务院关于深化体制机制改革加快实施创新驱动发展战略的若干意见》，提出深化体制机制改革加快实施创新驱动发展战略。同年 3 月，国务院总理李克强在政府工作报告中首次提出制定"互联网 +"行动计划。7 月，《国务院关于积极推进"互联网 +"行动的指导意见》正式发布。这些政策、文件的出台，旨在将互联网、物联网和大数据等先进信息技术与传统行业相结合，充分发挥信息技术优势，实现传统行业的改造升级。其中"互联网 + 制造"，就是旨在提升制造业的数字化、智能化水平，提升我国制造业在产业链当中的地位。信息技术时代，不仅要对企业的管理模式进行变革，还需充分发挥先进技术优势，为服务型制造服务，通过"互联网 +"提升产品设计研发、生产制造、销售服务和客户之间的沟通效率与效果，通过产品运行过程监测与相关数据收集，为产品研发、质量改进提供数据支撑。

通过对"互联网 +"、数字化背景下服务型制造企业变革的研究发现，早期有关服务型制造的研究多集中于服务型制造绩效表现问题的研究，服务型制造绩效表现得好坏受行业、企业实力、企业总体战略、企业文化、人力资源等多种因素的影响；而对有关“互联网 +”、数字化背景下的技术创新与变革对于服务型制造带来的影响研究则不足。目前有关企业变革相关研究更多的是基于资源基础观、权变理论和组织理论等管理学视角，实际上，也可以尝试着基于知识视角对服务型制造企业变革、服务型制造转型及其绩效表现进行研究，并将其应用于服务型制造企业变革实践探索当中。

一、服务型制造企业变革的含义

对制造企业服务导向战略的相关研究始于 20 世纪 70 年代，Vandermerwe（1988）等人提出了“制造业服务化”的概念，并将其定义为：以客户为中心，提供包含产品、服务、相关支持、自助服务和知识的市场组合包。随后，一些学者从多个角度将“制造业服务化”模式归纳为混合产品、整体解决方案、从产品到服务的转变、系统销售以及产品服务系统等多种模式，其本质是基于产品的服务增值过程。国内学者对于服务型制造的研究较晚，随着市场竞争的日趋激烈，倒逼中国制造企业的服务型转型和产业升级，服务型制造逐渐成为国内学者研究的焦点之一。2007 年，汪应洛院士认为，较传统制造模式，服务型制造模式具有整合、增值和创新等新特点。自 2005 年 Gebauer 等人发现服务化悖论现象以来，其就成为学者研究的焦点，学者们就组织原理、结构、企业文化等保障机制进行了深入的研究，并一致认为企业变革是解决服务化悖论问题的关键。

企业在实施服务型制造战略过程中，不仅延伸了价值链，对企业研发设计、生产制造、营销服务等方面提出了更高的要求，而且加大了价值链当中各主体间沟通互动的难度，增加了各方沟通、协调的成本和资源消耗，结果很可能会出现服务化悖论现象。为此，企业需要适时进行变革，为企业服务型制造转型创造良好的环境，充分满足服务型制造各项需求。然而，无论是学术界还是实业界人士，虽然已经意识到企业变革在服务型制造战略实施过程中的重要性，但是目前仍然没有一个明确的有关对于企业变革的成熟的方案。通过梳理以往企业变革方面的研究发现，企业改革研究大多数集中于管理模式变革。Homburg 等人（2003）将企业变革的要素分为软性和硬性变革要素，其中企业文化与人力资源属于软性变革要素，组织结构与信息系统属于硬性变革要素，而且软性变革要素对企业绩效具有正向影响。Neu 等（2005）提出，企业在管理模式变革过程中，可以在人力资源、流程（战略形成过程）、员工评价与薪酬、结构等四个方面展开。Gebauer 等人（2010）提出，通过变革企业文化、人力资源和组织结构（产品和服务业务的组织独立性、顾客亲密度）等对企业的管理模式进行变革。由于服务型制造、服务型制造企业变革相关研究与实践仍然处于初级阶段，技术创新、技术变革并没有广泛应用于企业的生产经营与企业变革，加之学者们对于企业管理模式变革研究的理论视角、行业企业、情境具有较大的差异性，因而很难形成统一的服务型制造企业变革的概念界定。简兆权等（2017）将服务型制造企业管理变革要素分为企业组织结构、服务岗位设置(职责、权限、任职要求)、服务业务的评价与薪酬、企业文化四个方面，并指出已有研究缺少对当前互联网环境和多主体价值共创实践的关注[160]。

现代新兴信息技术的发展与广泛应用，尤其是大数据技术、3D 打印技术、“互联网 +”为制造业等传统行业的升级创造了更多的发展契机，也为服务型制造企业变革赋予了新的内涵。通过信息技术的应用，促进制造业与服务业的融合与协同发展，提升制造业与服务业的效率与创新能力，在服务型制造企业变革过程中融入“跨界、连接、透明、智能、共享、协同、创新”元素，提升变革的效率和效益。比如，基于现代信息技术，可以有效提升服务型制造产业链上各主体之间在知识、技术等方面的共享水平，实现产品需求挖掘、研发、生产与销售服务各环节的无缝对接和流程重塑。关于数字化背景下的服务型制造企业的变革，闫开宁等（2018）将企业变革划分为管理模式变革和技术变革两类。在组织结构变革与人力资源变革的基础上增加了业务流程变革和企业文化变革因素[161]。同样，技术变革也是企业变革中的重要内容之一，究其原因在于一些学者研究发现技术变革是企业内部变革的重要因素之一，尤其是在互联网、物联网和大数据等现代信息技术大发展、广泛应用的大背景下，为制造业的服务化转型，制造业与服务业的两业融合创造了机会。

本书将数字化背景下的服务型制造企业变革定义为：制造企业为顺利实施服务型制造战略，有效应对服务化悖论，在新兴信息技术、制造技术的驱动和支持下，综合考虑所处行业市场环境、政治环境、文化环境、自身资源禀赋和能力，对企业内部管理模式进行重新审视、定位、设计与优化，其中主要包括组织结构、人力资源管理、业务流程、企业文化以及技术变革等五个方面（表 6–3）。并从组织结构、业务流程、人力资源管理、企业文化和技术变革等方面展开讨论。

表 6–3　企业变革要素及其维度

类型	硬性要素	软性要素
管理模式变革要素	组织结构、业务流程	人力资源管理、企业文化
技术变革要素	技术变革	

资料来源：闫开宁，李刚．“互联网 +”背景下的服务型制造企业变革 [J]. 中国机械工程，2018,29(18):2238–2249.

二、组织结构变革

Lavy 和 Merry（1988）指出，制造企业的服务型转型是企业为了谋求生存，在构面上发生重大变化，包括组织使命、目标、结构以及企业文化等，是多重构面、多层次、不连续、跳跃式的组织变革[162]。制造企业的服务型转型，需要从战略层面对组织结构进行变革，以适应企业战略的调整。传统制造企业组织结构主要属于科层制组织结构，基于较为清晰的职能分工设置相应的职能部门，各部门只需要按其职责保质保量完成相关工作即可。科层制组织结构源于工业时代，旨在通过专业化的分工提升部门运作的效率，实现规模经济，降低企业的成本费用。这种分工建立在部门间业务、职能分工清晰的基础之上，适用于传统的产品制造型企业。与传统的制造型企业相比，服务型制造中的产品制造与服务更为复杂，原因在于服务的固有特性——无形性、生产与消费的不可分性、品质的差异性和易逝性——给服务的研发设计、营销与实施以及产品与服务的融合带来了挑战。另外，由于客户需求的多元化与个性化，很难对服务的内容、形式进行清晰、精准的描述（需要多次的确认）。因此，服务型制造企业很难对每个部门、岗位的具体职责进行清晰的界定，往往需要各部门的通力合作，以便为客户提供更好的产品与服务。制造企业的服务型制造转型过程中，企业组织结构问题是组织设计的首要问题，也是保障企业服务化转型成功的关键问题。

（一）关于服务组织分离还是整合的争论

Oliva & Kallenberg（2003）研究发现，制造业服务转型成功的关键在于需要设立一个独立的服务机构，配备专门的销售人员、技术人员、信息系统、度量标准、控制系统，设计科学的激励机制，明确盈亏责任，即使在企业转型的早期，也作为独立的利润中心[163]；Neu & Brown（2005）则认为，授予高度自治权的分离结构不能支持高度复杂市场下的服务战略，管理者需要整合跨多个业务单元、多个价值链活动的责任来提供产品服务整合物；Gebauer 等（2005）、Gebauer & Fleisch（2007）都支持独立服务组织的观点；Oliva 等（2012）通过大样本实证研究验证了独立服务组织对企业财务绩效有显著的正向调节作用；Neu & Brown（2008）、Martinez 等（2010）则支持产品与服务整合的观点，认为服务化企业应进行内部协作，以高效提供产品—服务整合物，充分满足客户的多元化需求。

对有关服务型制造企业组织结构的研究梳理发现，目前对于服务组织分离还是整合的争论已逐渐达成共识：企业应根据自身的总体战略、服务战略或服务属性进行灵活的设计，且具有较强的权变性，但是随着现代信息技术的快速发展与广泛应用，企业与外部市场主体、客户的联系与协作显得越来越重要，基于传统的工业情境已不复存在，之前强调企业内部的业务部门化、分权与授权这样的结构要素的重要性不断下降。Baines 等（2017）在综述服务化研究的基础上认为，未来应加强对服务化所引起的组织间关系变化的研究。从企业实践来看，通过对服务型制造联盟成员企业、部分 2017 年和 2018 年服务型制造示范企业与示范项目参评企业的调研发现，有 51.2% 的企业将战略规划部作为总体负责服务型制造的部门，这表明大部分企业将服务型制造看作关系公司发展全局的战略方向。此外，总体负责服务型制造的部门，设在技术研发部、市场营销部、信息技术部和售后服务部的分别占 18.3%、7.3%、7.3% 和 6.1%，设在生产管理部和计划财务部的均为 1.2%，还有 7.3% 的企业选择其他，但没有设在物流管理部的[164]。因此，服务型制造企业应基于互联网环境，建立企业服务战略与组织结构的匹配关系，以推进企业服务型制造转型，进而实现企业绩效的提升和各方的共赢。不过需要售后服务部门、产品的研发部门、制造部门、物料采购、供应部门在知识、技能、经验和信息等方面的共享、协作，形成强大的协同网络，以促进企业服务型制造转型。

（二）典型服务型制造转型企业组织结构变革

1. 海尔组织结构变革

从 20 世纪 90 年代中后期开始，随着家电市场竞争的日趋激烈，开始从卖方市场转向买方市场，客户的需求日趋多元化和个性化，为了应对市场的变化，海尔集团于 1998—2004 年进行了以市场链为核心的流程与组织再造，增强服务意识，注重服务创新和提升服务质量，以期保持企业在行业的引领地位。之后，随着制造企业劳动力成本、原材料成本费用的持续上涨和绿色低碳生产的需求，使我国家电生产企业竞争趋于白热化。加之客户消费需求日益多元化、个性化，更加关注价值体验，因此要求企业必须转变观念，以客户需求为导向，从原来的卖产品向卖服务转变，从大规模生产制造向大规模定制化研发设计生产转变，从规模取胜向个性化、速度取胜转变，从注重产品向基于产品的服务化转变。敏锐的市场嗅觉和持续追求卓越的理念，使得海尔集团于 2007 年率先在家电行业向服务型制造企业全面转型，开始探索实行“人单合一”模式 1.0 版本，基于客户多元化、个性化需求，对产品与服务进行持续创新，除了为顾客提供优质的安装、配送、维修维护等基本的售后服务外，还提供个性化设计、整体解决方案等高级服务，在组织结构变革方面，2010 年海尔集团将传统的科层制组织结构变革为基于自主经营体的倒三角组织结构[165]，如图 6–8 所示。

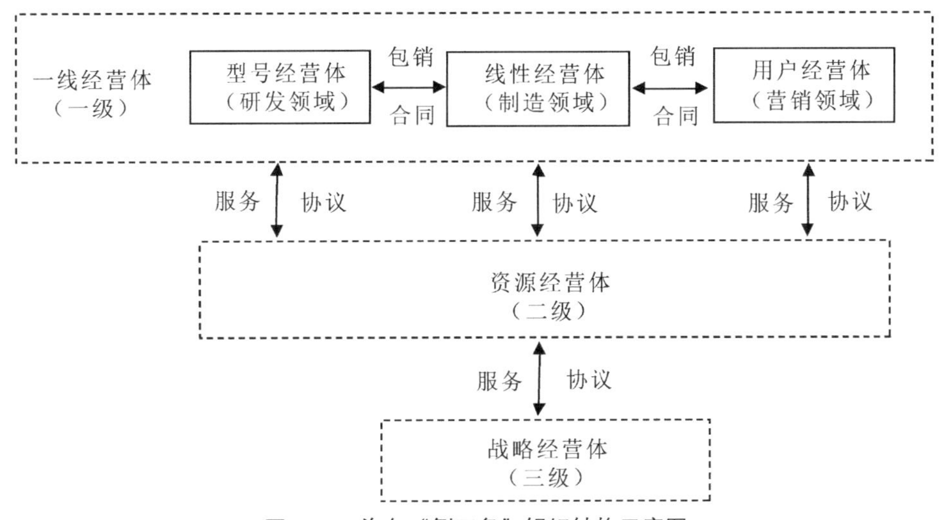

图 6-8 海尔“倒三角”组织结构示意图

资料来源：韩沐野 . 传统科层制组织向平台型组织转型的演进路径研究——以海尔平台化变革为案例 [J]. 中国人力资源开发 ,2017(03):114–120.

海尔集团将传统的科层制重构为一个包含 2 000 多个自主经营体的“倒三角”结构，基于包销合同将一线经营体（型号经营体、线性经营体与用户经营体）连接在一起，基于各类服务协议将一线经营体、资源经营体和战略经营体连接在一起，实现各主体的信息、技术、资源共享与利益共赢。其中，一级经营体直接面对市场用户，承担用户责任，需要与客户进行持续充分的沟通，进一步了解、确认客户的需求，通过新品研发设计、制造和销售服务，更好地满足客户需求，实现与市场的无缝对接；二级经营体（资源经营体）为一级经营体提供专业服务和资源，管理者成为资源提供者和服务者，由此原有的中层管理人员大量分流，许多成为一线经营人员，一部分离开企业；三级经营体（战略经营体）则致力于企业战略、机制、制度的设计和开展，保障“倒三角”结构的高效运行。值得注意的是，各经营主体被赋予了较大的决策权、用人权和分配权，并且通过“抢单”“官兵互选”“鲶鱼”等机制促进资源的优化配置，有效提升了海尔集团对于市场反应的敏捷度，推动了企业的服务型制造转型。

通过“倒三角”组织结构的设计运行，2007 年至 2012 年，海尔的净利润复合增长率高达 38%，利润增幅为同期销售额增幅 2.5 倍以上，运营与创新能力远超行业平均水平，连续四年蝉联全球白色家电第一品牌。但当时的服务提供主要限于企业与顾客之间，供应商、物流商、金融机构等其他主体很少直接参与其中，服务范围也主要集中于家电制造领域。因此，在这 5 年里海尔的服务战略具有高深度、低宽度和二元性，而原组织结构则具有封闭的边界和高分层特征 [81]。

随着互联网技术、物联网和大数据技术等现代信息技术的发展与应用，智能制造、3D 打印技术等先进生产技术的出现与应用，正在挑战着传统的流水线生产及组织结构。同时，“大众创业，万众创新”系列政策的出台，鼓励个体独立创业、企业开设众创空间，并给予政策上的扶持和优惠，从而为海尔进入“人单合一”模式 2.0 版本，通过众创平台为用户提供个性化定制服务和全流程体验奠定了技术与政策基础。加之，海尔“倒三角”组织结构运营过程中存在“纵横”契约繁琐、运行错乱等问题，于是，2013 年初，海尔开始探索利益共同体模式，由原来的一线经营体面向市场转向一线、资源、战略三级自主经营体一起面向用户，实现全流程融入，将原来的“串联式”组织结构转变为“并联式”组织结构[166]（图 6-9）。其主要特征体现为：由研发设计、制造和市场等一线经营主体经营资源，人力资源、财务、信息等职能部门支撑平台，使企业内部各经营主体、服务支撑的职能部门之间形成高效协同关系，进而与供应商、物流商、金融机构等外部客户建立密切的合作关系，使用户参与到产品服务的需求调查、确认、研发设计、制造、销售配送等各个环节。

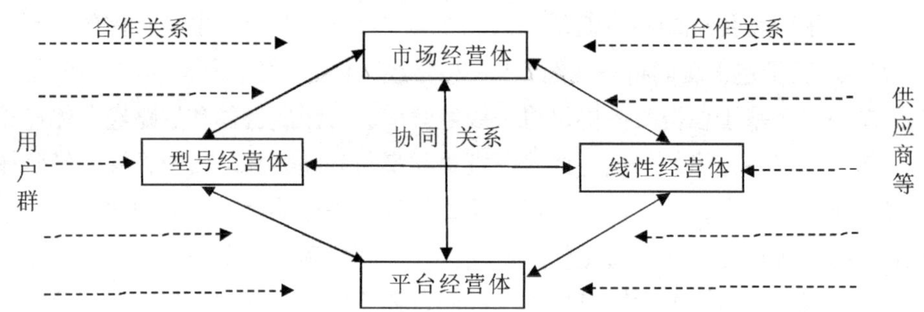

图 6-9 海尔利益共同体阶段的“并联式”结构示意图

资料来源：章凯，李朋波，罗文豪等 . 组织—员工目标融合的策略——基于海尔自主经营体管理的案例研究 [J]. 管理世界，2014(04):124-145.

2014 年底，海尔在不断的实践探索中逐渐形成了小微平台组织形式。在海尔大平台上聚集着大量的小微企业，创客们可以在平台上组建自己的创业团队，并且从平台上获取相关资源，进行独立运营与自负盈亏，享有独立的决策权、用人权和分配权，通过为企业、创业团队、员工赋能实现共赢。这些小微企业与平台之间完全颠覆了传统企业组织结构，打破了传统科层制组织里的等级权力指挥链，形成全新的关系，从而有利于充分发挥每个参与者的积极性与创造性，对平台内外的各类资源进行有效整合。

在与客户、供应商、物流商和金融机构等利益相关者合作过程中，能够有效实现全流程体验：第一，基于现代信息技术与共享经济大背景，可以实现线上线下资源的有效整合与利用。第二，可以有效实现用户的充分参与，尤其是在客户需求挖掘、确认、产品与服务创意、研发设计与改进过程中，与客户的充分沟通，大大提高了研发的针对性，降低了研发与销售风险。第三，在生产制造、销售服务、配送等环节，可以借助海尔的平台整合企业内外的各类资源，为客户提供基于生态圈的最佳体验。比如，海尔推出的海尔馨厨互联网冰箱，将传统的冰箱变成一个智能交互的网器。除了人脸识别等智能技术外，通过对海量资源的高效配置，让海尔馨厨互联网冰箱与用户的交互更加“得心应手”。其独有的“屏＋生态”模式，整合了爱奇艺、蜻蜓 FM、闪电购、1 号店等超过 30 家资源方的智慧厨房联盟。海尔馨厨互联网冰箱以冰箱作为介质，承载了基于厨房生活这一场景产生的购物、娱乐等商务行为，可以实现互联网冰箱生鲜配送，当用户在做饭时，发现冰箱屏幕上“鸡蛋还剩 3 个，只够吃 1 天”的提醒，然后在易果生鲜或闪电购其他商家上一键采购鸡蛋，1 ～ 2 天之内食材就会配送到用户家中。 同时，通过大数据分析、记录食材采购习惯后，向用户再次推荐，促成购买行为。第四，在事后能够实现闭环优化，为客户提供配送、安装、维修维护、产品升级、回收再利用等服务。同时，海尔实施多元化战略，涉及金融、物流、地产、互联工厂等多个领域，为客户提供多元化的产品运营与服务。这些业务最先面向丁企业内部各市场主体或业务单位，随后才允许外部市场主体的加入，成为服务业务的供给方和需求方。因此，海尔在互联网环境下的服务战略由高深度、高宽度、二元性逐渐过渡为高深度、高宽度、多主体共创。

从海尔的组织结构演化过程来看，首先，由传统的科层制结构向基于自主经营体的“倒三角”组织结构演变；其次，再由“倒三角”组织结构向利益共同体阶段的“并联式”结构演变；再次，利益共同体阶段的“并联式”结构向平台型企业转型。海尔的组织结构变得更为开放、包容，企业边界也变得日趋模糊。现有平台主要包括投资孵化平台、白电转型平台、金融控股平台、地产产业平台和文化产业平台五大创新平台。海尔的员工或外部创客可以通过在开放的投资孵化平台（海创汇、海立方等平台）上注册，提交创业项目，从而有机会获得相关的融资、生产制造、销售等服务，进而成为小微企业。平台中又包括平台主、小微主和创客三类人员。其中，平台主为小微企业提供研发、设计、制造、销售、信息化系统及金融等支持；小微主即小微企业的负责人，通过多种途径寻找机会创业，在经营上具有独立的决策权、人事权和分配权；创客寻找客户并为客户提供产品与服务，为客户创造更大的价值。海尔通过组织结构变革，探索出了自主经营体、利益共同体、小微公司、生态链小微群等组织创新形式，有效推动了企业的“企业平台化、员工创客化、用户个性化”，打破和拓展企业边界，创新价值创造模式，突破生命周期，使企业变得更为开放、包容。将不同的主体、角色和零散的业态，以生态的形式实现网状协同，形成有机整体，实现了产业链、价值链上各主体资源的共享、共创与共赢[167]。因此，在 2013 年以后，海尔的组织结构日趋开放，企业边界日趋模糊。数字化背景下的海尔适时进行服务型制造战略转型和组织结构调整，取得了骄人的业绩，2016 年海尔全球营业额高达 2 016 亿元，同比增长 6.8%，利润实现 203 亿元，同比增长 12.8%，利润增速是收入增速的 1.8 倍；2017 年海尔集团实现全球营业额 2 419 亿元，同比增长 20%；全球利税总额首次突破 300 亿元，其中经营利润同比增长 41%。2018 年海尔集团全球营业额 2 661 亿元，同比增加 10%；全球利税总额突破 331 亿元，同比增长 10%。

2. 华为组织结构变革

创立于 1987 年的华为，是全球领先的 ICT（信息与通信）基础设施和智能终端提供商，业务遍及 170 多个国家和地区，服务全球 30 多亿人口。华为致力于把数字世界带入每个人、每个家庭、每个组织，构建万物互联的智能世界：让无处不在的联接成为人人平等的权利，成为智能世界的前提和基础；为世界提供最强算力，让云无处不在，让智能无所不及；所有的行业和组织，因强大的数字平台而变得敏捷、高效、生机勃勃；通过 AI 重新定义体验，让消费者在家居、出行、办公、影音娱乐、运动健康等全场景获得极致的个性化智慧体验。随着移动互联网、云计算、大数据等技术的发展与广泛应用，企业用户在网络维护、云计算、运营维护管理等方面需求激增并且对其提出了更高的要求。市场需求方面，传统的电信业务逐渐饱和，用户体验日益重要。华为充分意识到服务的重要性，从 2007 年起，华为逐渐实施服务型制造转型，逐渐向信息与通信解决方案提供商转型，在电信网络、企业网络和消费者业务和云计算等领域构筑端到端的解决方案，提供包括 IT（信息技术）战略规划咨询等咨询服务，企业网络、通信等专业服务，设备健康检查等支持服务，培训、认证、轨道交通服务解决方案等多项服务，建立敏捷网络架构和敏捷物联解决方案，推出 Ascend 系列、荣耀系列等中高端智能手机。此阶段，可以说，华为企业的业务范围广泛，与外部企业的合作广泛而深入。

为了充分满足客户多元化、定制化的需求，为客户提供全方位的解决方案，服务战略的调整，华为需要做好内外部资源的整合以及组织结构的变革。于是，华为针对部门各自为政，相互之间沟通不畅、信息不共享，各部门对客户的承诺不一致等问题，以客户为中心打通相关业务和部门间的流程，聚焦一线，简化管理，提高沟通效率，实现决策前移和风险可控，于2007年开始探索“铁三角”模式，即在企业成立由客户经理、解决方案专家和交付专家组成的工作小组，以支持市场的可持续发展，提升客户全生命周期体验，实现企业的高效运营和增强企业盈利能力[168]。2009年初，华为开始大力推行“铁三角”模式，一改以往客户经理单兵作战的局面，“让听得见炮声的人来呼唤炮火”成为组织变革的流行语，使企业冲破旧的结构与功能的束缚，有效提升企业的自适应性和效率。在当时全球通信行业普遍低迷的情况下，华为仍然实现了销售收入19%的增长，凸显了组织变革的重要性。“铁三角”这种小团队作战模式是企业适应环境变化的需要，小团队的高效运行需要新的组织机制制度的保障，尤其是“放权”的重要性。华为项目铁三角运作团队在公司授予的权限和预算范围以内，拥有经营管理、奖金分配、资源调度、相关重大问题决策、成员绩效目标承诺和关键绩效指标制定等重要权利，从而确保了“铁三角”制度的有效落实以及效力发挥。通过放权赋能给一线的“班长们”，使得各团队能够根据情境做出科学决策，从而保障“将在外”的主动决策权，实现决策中心的前移，提升企业的响应速度和执行力。各作战小团队并不是孤立作战，企业各部门通过线上线下多种途径，在研发设计、概算、生产制造、投标交付等环节给予小团队大力的支持，小团队的高效运转，离不开强大后台的支持，最终形成让前方组织有责、有权，后方组织赋能、监管的协同合作模式。

“铁三角”模式以客户为中心，对相关业务和部门间的流程加以整合、优化，以期提高沟通效率，实现决策前移和风险可控，包含基于项目的铁三角团队、基于系统部的铁三角组织和代表处 / 地区部平台（图 6–10）。其中，基于项目的铁三角团队是代表华为直接面向客户的最基本组织，是一线的经营作战单元，也是华为“铁三角”模式的核心组成部分；系统部铁三角组织是项目铁三角各角色资源的来源以及项目铁三角业务能力的建设平台；代表处 / 地区部平台则直接支持系统部的铁三角组织，间接支持项目的铁三角团队运作。

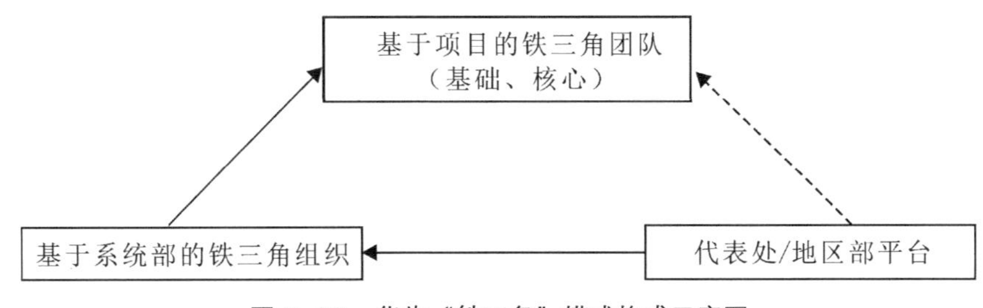

图 6–10　华为“铁三角”模式构成示意图

（1）华为项目铁三角团队。华为项目铁三角团队，是在以客户为中心的经营理念指引下，基于客户 / 项目（群）组建的跨功能、跨部门的，具有较高独立性的、高效运转的核心管理团队。它是华为与客户的统一接触界面，通过承担从线索管理到合同履行的端到端职责，提升客户全生命周期体验和客户满意度，实现 LTC 运作的高效率和项目的高赢利性。项目铁三角团队作为聚焦客户需求的一线共同作战单元，主要由核心成员、项目扩展角色成员和支撑性功能岗位成员组成，其主要职责见表 6–4。

表 6–4 华为项目铁三角团队成员角色职责一览表

成员分类		主要职责
核心成员	AR（Account Responsibility，客户经理 / 系统部部长）	AR 是相关客户 / 项目（群）铁三角运作、整体规划、客户平台建设、整体客户满意度、经营指标的达成、市场竞争的第一责任人，其主要职责是： 1. 系统部经营管理者或者客户经理，是面向客户的“铁三角”的领导者，也是全项目流程运作的责任主体，对客户 / 项目的经营结果（格局、增长、盈利、现金流等）负总责 2. 作为客户群规划的制定和执行者，需要做好市场洞察、目标和策略制定、规划执行和调整、品牌建设等工作 3. 作为销售项目的领导者，需要做好组建团队、目标和策略制定、监控和执行、竞争管理等工作 4. 作为全流程交易质量的责任者，需要做好线索管理、机会点管理、客户群风险识别、合同签订质量把关、合同履行质量监控、项目工程交付、项目收入和回款等工作 5. 作为客户关系平台的建立和管理者，需要做好客户关系规划、客户关系拓展、客户关系管理等工作
	SR（Solution Responsibility，产品 / 服务解决方案经理）	SR 是客户 / 项目（群）整体产品品牌和解决方案的第一责任人，从解决方案角度来帮助客户实现商业成功，对客户群解决方案的业务目标负责。其主要职责为： 1. 通过与客户的沟通，挖掘机会点，促成机会点向项目的转变，实现市场突破 2. 理解和管理客户需求，制定客户化解决方案，引导解决方案开发 3. 组织制定客户化解决方案并推广，保障解决方案的竞争力 4. 在针对 CXO 及关键技术层的对话中，提供解决方案层面的支持，创造客户价值，获得客户的信任

续表

成员分类		主要职责
核心成员	FR （Fulfill Responsibility，交付管理和订单履行经理）	FR 是客户 / 项目（群）整体交付与服务的第一责任人。其主要职责为： 1. 对项目前期销售工作提供支持；对整体交付与服务客户满意度负责；对交付与服务的经营指标负责；负责搭建交付与服务侧客户关系平台，以承载代表处各项业务的落地 2. 作为交付管理客户满意度的责任人，为客户提供及时、准确、优质、低成本交付，对项目交付满意度承担第一责任 3. 作为交付经营目标的责任人，对项目交付经营目标（收入、交付成本率、ITO、超长期未开票）负责 4. 作为契约化交付责任人，通过合同关键条款控制、合同谈判、合同交接、合同履行和变更、开票等全流程合同管理业务，提升项目契约质量和履约质量，促进对客户的契约化交付 5. 作为交付项目管理者，对交付项目的监控与问题升级、预警，提升交付项目的运作水平和网络运行质量以及交付项目的客户满意度和交付成功负责 6. 作为交付资源管理者，负责项目交付资源管理，承担项目业务量预测和交付资源需求预测、规划、调配等交付资源日常管理业务
项目扩展角色成员	包括项目主谈判人、商务负责人、业务财务控制人、融资负责人、交易协调人、投标责任人、产品负责人、服务解决方案负责人、合同负责人、交付项目经理、供应链负责人、项目采购负责人、项目财务控制人以及公司内部的项目赞助人等	主要为 AR、SR 和 FR 服务，有效推进项目，提升客户在全生命周期的满意度
支撑性功能岗位成员	包括资金经理（信用经理）、应收专员、开票专员、税务经理、网规经理、法务专员、公共关系（PR）专员、研发经理、营销经理、物流专员、采购履行专员、合同/PO 专员、综合评审人等	主要为 AR、SR 和 FR 服务，有效推进项目，提升客户在全生命周期的满意度

资料来源：胡左浩 . 华为铁三角——聚焦客户需求的一线共同作战单元 [J]. 清华管理评论 ,2015(11):84–91.

（2）基于系统部的铁三角组织。系统部铁三角组织是项目铁三角的支撑平台，负责为项目（群）铁三角提供支撑，是项目（群）铁三角各角色资源的来源以及业务能力的建设平台，系统部“铁三角”的资源和能力建设的责任主体是系统部平台以及地区部和代表处平台。系统部铁三角组织主要由销售业务部、解决方案部和交付与服务部构成。系统部铁三角组织作为服务客户的部门，基于项目而设立，具有任务性和阶段性的特点，但是相对比较稳定。系统部的铁三角组织主要负责公司系统部整体经营指标达成、客户群市场规划和客户关系平台建设和维护；负责公司系统部机会点挖掘，并组织资源实施项目，对项目成功及盈利负责；负责公司系统部交易质量改善、客户满意度提升和内部竞争目标达成等。

“铁三角”模式的推行，是为了更好地使企业由“以功能为中心”向“以项目为中心”转变，而项目的核心在于客户，因此，归根结底，“铁三角”是一个面向客户的作战单元，这样就使企业变得更为开放包容，通过几年的变革发展，使华为与全球400多个运营商建立伙伴关系，从而大大地提高了企业对内外部资源的整合利用能力，有效地推动了企业服务型制造的转型。而要实现华为“铁三角”模式的高效运转，仅仅通过组织结构的变革、充分放权是远远不够的，同时还需要从人力资源、文化制度、流程等方面作出调整。比如，华为实施的全员持股与利益共享计划，充分激发员工的工作积极性、主动性和创造性；强调“终身学习”“全员学习”“全过程学习”和“团队学习”，创建企业学习型文化；同时以流程作保障，通过固化的流程，实现制度化、程序化和规范化，由此确保了工作过程的统一、工作资源的一致以及工作结果的稳定性。

随着云计算、大数据、物联网、SDN（软件定义网络）等新ICT（信息通信技术）的发展，以及数字经济下商业模式的创新，华为于2016年10月提出构建包括客户、技术伙伴、服务伙伴、咨询伙伴和渠道伙伴在内的合作伙伴网络，成为产业级平台企业，构建万物互联的智能世界，为世界提供最强算力，让云无处不在，让智能无所不及，让消费者在家居、出行、办公、影音娱乐、运动健康等全场景获得极致的个性化智慧体验，从而进一步推动了企业的服务化转型。

三、流程变革

企业服务型制造转型、组织结构的变革，势必会影响到企业的业务流程，因此企业需要适时对原有的业务流程进行变革。传统制造企业往往采取的是科层制组织结构，基于部门、职能分工，将各类业务、员工和资源整合在垂直的组织结构当中，各部门各岗位各司其职，并建立起各部门之间的协作网络流程，共同完成产品的研发设计、生产制造、销售交付与服务。服务型制造企业则以独立的服务部门或者项目团队，对企业整个生产经营、资源进行宏观的管理与整合，将会与企业内外的各合作主体、部门、员工和客户形成更为复杂、高效的流程网络。

（一）流程变革的基本原则

服务型制造转型过程中的流程变革，可能会造成企业内部混乱，以及企业供应商、中间商、客户等外部合作者对企业评价与满意度的降低。因此，在流程变革过程中应坚持以客户需求为中心，树立系统观以及与各方合作、共享、共创、共赢和共生的思想，坚持快速、正确、经济和容易的原则。

（1）快速。在竞争日趋激烈的今天，顾客希望在最短的时间内获得高质量的产品与服务，以满足他们的个性化、定制化需求，这就要求企业在允许的范围内，提高流程运行效率，以合理的速度向客户交付相关的产品或服务。

（2）正确。企业所提供的产品、服务应是客户所希望的，能够满足客户生产生活所需，而且应该以承诺的时间、地点、质量为客户提供产品及后续的各项服务，实现客户的利益最大化。

（3）经济。客户总希望能够以最小的成本费用获得保质保量、满足需求的产品与服务。因此，在流程变革中应最大限度地减少流程本身的非增值环节，减少支持流程运作的配套设施、设备的投入。

（4）容易。在流程变革过程中，要尽量实现流程各环节参与者之间的沟通更为顺畅，所花费的精力、时间、金钱更少。比如优化客户订货处理流程，实现销售部门、服务部门、设计生产部门和物流部门的信息共享、资源共享等，以提升企业的响应速度和客户满意度。

（二）以服务为中心，以客户需求为导向的流程变革

制造企业的服务化转型，需要以服务为中心，以客户需求为导向对原有流程进行变革，流程变革的目标在于增加产品服务价值，以最少资源投入获得产品服务的最大增值，全方位地满足顾客需求，提升客户的满意度，并进一步培育和形成企业的竞争优势。

（1）顾客是企业的生命和利润来源，因此企业的业务流程变革也应该以客户需求为导向，站在客户的角度进行流程分析，明确流程各环节的客户是谁、客户的利益诉求是什么、流程的目的是什么等核心问题，进而为客户提供更快、更好、更经济的服务。

（2）企业流程与组织结构相互影响，企业在对各业务流程全面梳理的基础上，理顺优化企业组织结构，进一步明确研发设计部门、生产制造部门、销售服务部门在流程中的分工、作用、负责人及其职责，为客户服务负责，切实解决客户遇到的各类问题，同时确保部门、团队和个人的职责明确，避免流程、职责上的重叠与空白，确保流程的有效、顺畅运行。

（3）企业流程的变革，需要善于将生产经营、产品运行和客户管理的相关知识、技能、经验和数据加以集成凝练，积累例外事件的处理数据与经验，将其发展和固化成企业流程，实现制度化、程序化和规范化，由此确保处理客户需求问题相关知识经验的积累，并对其进行持续实践改进，确保工作过程的统一、工作资源的一致以及工作结果的稳定性。鼓励客户的积极参与，使客户成为企业的生产合作者，全程参与到产品与服务的研发生产、改良和企业业务流程优化当中，同企业互惠互利，实现价值增值。

（4）制造企业服务型转型，由于环境与服务流程的复杂性，流程不可能覆盖和解决客户在产品使用、需求满足方面的所有问题，总会有例外情况的出现和新的需求的产生，要及时解决新问题，较好地满足客户的新需求，就需要给予一线员工更大的工作独立性并充分授权，并针对新问题对一线营销服务人员进行相关知识、技能、能力和政策的培训，提高一线人员应对和解决突发情况的能力，提升服务质量。

（5）变革后的流程，虽然需要发挥其制度化、程序化和规范化的作用，但是在确保流程的稳定性的同时，需要流程具有一定的弹性，在流程变革与管理中要做好流程的规范性与灵活性的平衡，以便更好地应对环境的多变性、客户需求的多样性，确保流程的有效性。

（6）服务型制造转型过程中的流程变革，势必会对企业原有的经营理念、部门职责、协作方式和工作方法等方面带来一定的影响。为了进一步提升企业内外各部门的信息、资源共享水平、协作与绩效水平，需要结合企业发展战略、业务流程，建立起支撑流程高效运转的信息系统，提升各类资源的整合利用水平，更好地服务于多元化的客户。

（7）流程设计应具有系统观、整体最优意识。企业业务的多样性和复杂性决定了业务流程的多样性和复杂性。因此，在流程设计过程中既要确保各个流程之间的相互配合相得益彰，又要确保管理流程和业务流程的相互配合，使各项业务顺利开展并有序管理，更好地服务于客户。同时，流程设计应具有一定的弹性，要在实践当中及时收集客户、企业管理人员、一线人员的反馈信息，对流程进行持续优化。

（8）服务型制造企业流程体系的构建，在很大程度上需要企业高层管理者的全面支持以及广大员工、合作伙伴和客户的广泛参与。需要企业全员转变观念，对于企业高层管理者而言，要有战略眼光和强烈的流程变革、组织结构变革愿望，以及有效推进改革的统筹协调能力，通过变革企业文化、组织结构、绩效管理机制制度、薪酬分配机制制度，激发员工变革的积极性，推进变革并分享变革成果，确保改革的顺利推进，并取得预期效果。

（三）服务型制造业务流程的基本构成

服务型制造的业务流程主要包括四大部分：前期开发、生产制造、后期维护、即时服务。其中，每个部分包括的基本内容如图 6–11 所示。在实践中，服务型制造业务流程表现为以下三种基本构成形式：

（1）生产制造与前端的研发设计等环节相结合；

（2）生产制造与后端的售后服务等环节相结合；

（3）生产制造同时与前后端的生产性服务环节相结合。

在服务型制造业务流程当中，顾客全程参与其中，成为企业的“生产合作者”，也成为制造企业服务化转型、服务型制造企业流程变革的重要推动者，为企业的产品服务创新、技术创新与管理创新贡献力量，并最终实现共赢。

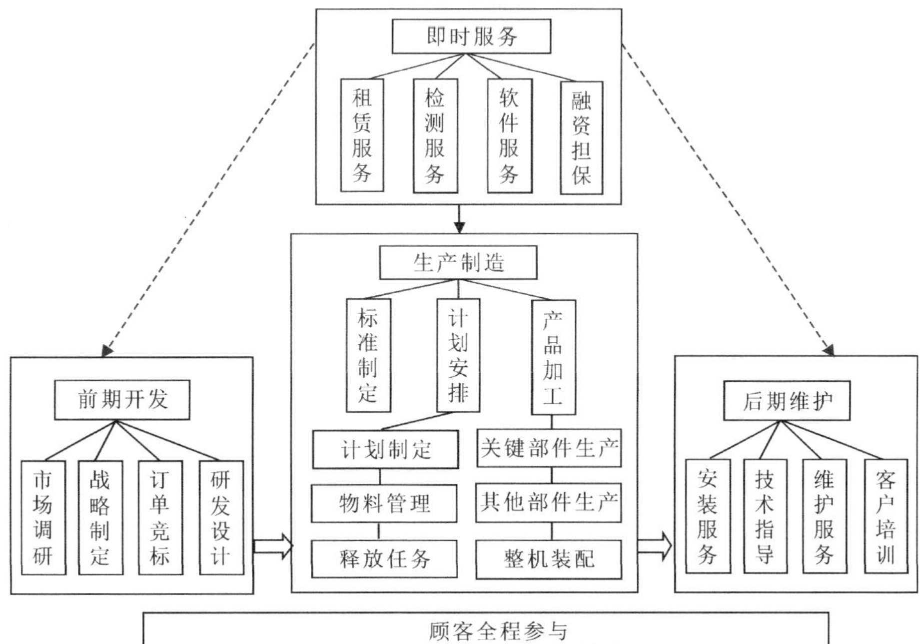

图 6–11　服务型制造业务流程的基本构成

资料来源：张青山，吴国秋．具有竞争优势期望的服务型制造业务流程优化研究 [J]. 预测，2014,33(02):59–65.

（四）服务型制造业务流程变革的基本思路与程序

1. 服务型制造业务流程变革的基本思路

根据业务流程优化的目标要求，坚持以客户需求为中心及过程导向的原则，通过市场调研、以往数据信息的整理挖掘等方式，全面识别和深入挖掘、确认客户需求，在准确把握客户需求以及市场竞争状况和未来潜在威胁的基础上，明确企业的竞争战略、服务战略和运营需求，确定企业核心价值要素和关键流程环节，同时将客户对产品服务的需求信息、改进优化信息、服务质量要求信息、保障能力要求信息等应用于整个业务流程当中，明确流程各环节顺利运行必须采取的相关技术、保障措施和应具备的能力，通过业务流程变革获取企业竞争优势，使各流程环节端到端之间形成目的（目标要求）—手段（实现方式）关系，实现各流程之间的相互协同和流程活动之间的相互协同。通过业务流程变革，提升顾客满意度和企业运营能力，寻求与供应商、物流商、中间商和客户建立起长期稳定的合作关系，实现合作各方的合作共赢，有效推进企业流程变革与服务型制造转型。

2. 服务型制造业务流程变革的基本程序

服务型制造业务流程变革的基本程序主要包括：顾客需求识别、竞争战略制定、业务流程优化设计、组织功能调整和组织结构匹配等环节，具体如图 6–12 所示。

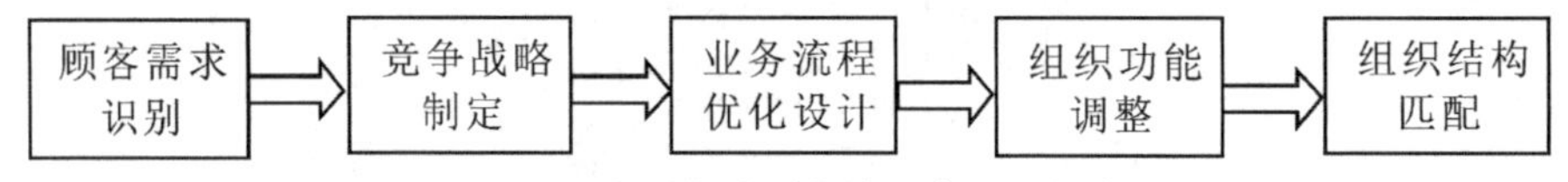

图 6–12　服务型制造业务流程变革的基本程序

（1）顾客需求识别。服务型制造转型需要企业从以产品为中心转向以客户需求为中心，关注客户需求，从客户需求出发便成为实现服务型制造价值增值创造和价值增值的根本点。为此，可以从以下三个方面来识别、了解和确认客户需求：①识别满足顾客需求的资格要素，明确产品服务能够满足客户的基本需要，企业立足市场持续生存发展的基本要求。②识别产品服务那些能够满足顾客需求的赢得要素，明确能够持续提升客户满意度、忠诚度，获得客户持续订单的比较优势及其特征要素。③识别挖掘增值环节，通过对产品全生命周期和产品服务化的各个环节的梳理，挖掘目前客户还有哪些利益需求仍未得到满足，而且这些需求对于客户而言又是非常重要的，那么这些需求往往就是可挖掘的增值服务机会。

（2）竞争战略制定。制定竞争战略的关键在于明确企业产品服务的竞争优势取向、竞争优势强度及对形成竞争优势的保障。在确定企业产品服务优势取向时，应结合企业战略目标综合考虑企业内外部环境及自身的技术、生产制造、服务和资源整合能力，可以考虑走差异化之路，为客户提供差异化的产品与增值服务或者产品和服务的优化组合。比如，通过产品服务创新、业务模式创新，实现产品和服务在质量、时间、成本、环保、个性化、便捷性等方面的差异化，在满足客户个性化需求的同时，培育和形成企业核心竞争力。优势强度是产品服务具有的比较优势的大小，如在产品服务化取向上强化服务功能，凸显服务的某些性能指标，对客户提供有效的精准化服务，以形成自身的优势与特色。优势保障是指通过对流程的构成业务单元、资源、能力做出的一系列决策和任务规定，使流程具有保障产品、服务实现赢得要素和形成竞争优势的能力。优势保障能力重点在于围绕核心价值要素和关键环节，培育流程的核心专长和能力，增强流程对于环境变化的反应能力。

（3）业务流程优化设计。业务流程优化设计旨在提升产品服务的价值创造能力，同时力求以更少的资源投入，创造更大的价值，最大限度地满足客户多元化、个性化的需求，进而提升客户的满意度和忠诚度，并且建立起长期稳定、合作共赢的关系。首先，需要以客户需求为导向，以提升客户满意度为出发点，在全面了解、深入理解客户需求及其发展趋势的基础上，结合企业战略目标，将产品、服务分为不同的等级，并将其融入业务流程优化设计当中，确保流程各环节、流程与流程之间、流程与组织功能之间的协调统一。其次，改变以往按照传统组织理论将职位和部门等“实体”作为流程基本构建的做法，转而以必需的可增值的业务、活动或事件作为流程的基本构建，进行流程优化设计，进而形成业务活动有机衔接、价值链增值、优势特色明显的业务流程体系。

（4）组织功能调整。组织系统是业务流程有效运转的载体，组织系统可以是一家企业，也可以是一个多家企业的联盟；联盟可以是松散，也可以是联系紧密的联盟。优化设计后的业务流程必须有与之相匹配的组织功能和结构，一般需要对组织架构、组织功能做相应的调整。具体应关注以下几个问题：第一，组织功能，要适应企业由传统生产型制造向服务型制造转变的需要，要能够充分满足顾客需求、竞争战略与服务战略调整方面的功能需要，比如组织在柔性与灵活性、质量保证、低成本、交货期、绿色环保、个性化服务、信誉和协调沟通等方面的功能表现。第二，组织功能目标水平。组织功能要与竞争优势的培育形成，打造特色，塑造品牌，提升客户满意度、忠诚度相结合。第三，组织功能目标优先级的确定。当各功能目标之间存在制约或互斥关系时，应优先确保实现与赢得要素和优势特征要素密切相关的功能目标，这样才能确保变革后的业务流程的高效运行和有效推进企业服务型制造的转型。

（5）组织结构匹配。要确保变革后的流程高效运转，组织结构、组织功能和流程设计之间的相互匹配至关重要，在组织结构匹配方面应注意以下几点：第一，通过对组织构成要素及其结合关系的分析，要能更好地服务于业务流程的高效运转和企业的服务化转型，要具有较强的系统性和集成性，要通过对企业结构的优化和资源的整合，剔除多余要素、价值创造低的要素，拆除部门墙，打通信息孤岛，形成信息资源共享、协同高效、整体最优的流程型有机组织。第二，凸显资源配置，重点围绕增强服务功能、产品服务核心价值要素、关键流程环节、组织功能优先目标、提升核心能力和优势保障能力等，凸显资源配置，确保组织结构的高效性，为客户提供更好的产品服务。第三，结构化要素与非结构化要素并重，设施、设备、工艺流程等结构化“硬件要素”与相关机制、制度、知识、企业文化等“软件要素”之间的高效匹配。

四、人力资源变革

与传统制造相比，服务型制造不仅仅是由原来纯粹的产品制造商向服务提供商转变，而是更加关注客户需求的识别与满足，企业与客户的合作模式也由基于交易的模式向基于关系的模式转变，合作也由一次性的合作转向长期稳定的合作，追求企业与客户的共赢，而员工的服务意识、服务知识、技能、能力和经验则是做好制造与服务的基础性因素。虽然服务具有差异性，服务型制造中的服务业务质量如何，客户的满意度如何，会受到多种因素的影响，但其中最为关键的一条便是提升企业一线人员的服务水平，因为服务过程中需要一线人员与客户进行频繁的密切的接触，这些一线员工很大程度上代表着企业，代表着企业的管理理念、综合实力，而这些都对服务型制造转型企业的人力资源管理提出了更高的要求，因此，服务型制造转型，必须做好人力资源的变革，具体而言，主要做好以下几个方面的工作。

（一）加强对企业员工服务理念与服务业务方面的培训力度

很多企业在服务型制造转型过程中，除了外部招聘外，将重点放在挖掘企业潜力，加强对现有员工在理念与业务方面的培训上。通过对服务型制造联盟成员企业、部分 2017 年和 2018 年示范企业和示范项目参评企业调研发现，47.6% 的企业认为服务型制造是制造业企业提供基于自家产品的增值服务，半数以上的企业对服务型制造的认识存在偏差，其中 20.7% 选择“制造企业跨行业融合发展”、18.3% 选择“制造企业进入生产性服务业领域”、13.4% 选择“制造企业开展服务性质的活动”[164]；而那些大量未参与或未入选的制造业企业对于服务型制造、服务理念和服务导向的企业文化的认识就更加模糊。同时，有68.3% 的受访企业期待政府在服务型制造发展方面提供“人才培训”支持。通过对部分传统制造企业的员工的调研发现，他们往往认为制造相关工作属于自身的本职工作，各部门、岗位的员工各司其职，产品服务工作主要由销售服务部门负责，与自己的关系不大。

服务型制造转型意味着企业将由以产品为中心向以客户为中心转移，未来的服务业务所占比例将会大大增加，这就要求员工必须转变观念，增强服务意识，在熟悉产品设计、生产制造、维护等相关工作的同时，自觉学习一些有关产品服务的相关知识、技能。为此，人力资源管理部门就要根据企业发展战略、服务型制造转型和培训需求等方面的需要，制定服务理念、业务方面的培训规划以及翔实的培训计划。培训在追求实效的同时，必须具有一定的差异性，应结合不同部门、岗位的部门职责和岗位说明书，制定不同的培训计划，设计不同的培训内容，采取不同的培训方式，设置不同的目标和要求。对于需要与客户频繁接触的一线销售服务人员，必须熟悉产品性能、功能、常见问题处理、合同洽谈签订与后期跟进、销售服务技巧等业务知识、技能，对他们的培训频率就会更高，培训内容更为全面，培训要求更高。对于研发设计人员，则需要熟悉各类服务，并能够掌握市场、客户、竞争对手的最新动态，进而设计出能够满足客户多元化、个性化需求的产品、服务或产品服务系统。因此，对于研发设计人员的培训应侧重于服务理念、研发设计技术前沿和客户需求确认技巧等方面的培训。而对于生产制造人员，则要以服务意识、质量意识、质量改进、技术创新等方面的相关知识、技能的培训为主。在培训模式上，可以采取理论、实践相结合的模式，原则上，新入职员工必须在生产、营销服务等一线部门进行为期 1 ～ 2 年的工作锻炼，以掌握扎实的生产、营销服务等相关知识与技能和更全面地了解企业生产经营等实际情况、行业市场、用户需求等信息，为以后的工作奠定基础。同时，为了提高培训的效果，需要将部门与个人的培训表现纳入绩效考核当中。

在加强对企业员工有关服务型制造、服务理念与服务业务方面的培训的同时，还需要各级政府、行业主管部门、行业协会、专家学者、媒体等的积极推动，如通过媒体对服务型制造理念、先进企业及其经验的报道，全国性服务型制造示范企业的评选、服务型制造示范城市的评选活动，学界与行业企业联动举办服务型制造发展论坛，政府主要领导对服务型制造典型企业的参观走访调研等活动予以推动。另外，还需适时出台促进服务型制造的相关发展纲要、政策，有力地宣传和推广服务型制造及其经营理念等，使更多的企业、组织和员工参与到服务型制造的转型发展和推广中来。

（二）加大服务型制造转型人才的引进力度

由于传统制造企业的员工以传统制造为主，服务理念的树立并融入员工日常生产制造、管理行为中需要较长的时间，服务业务相关知识、技能的学习也需要时间，因此，鉴于企业的服务型转型的势在必行，为了快速切实适时地推动转型，还需要企业通过多种途径从企业外部招聘部分熟悉服务型制造转型和服务相关业务的人员加入到推动企业转型的队伍中来。外部人员的聘用不仅包括应届高校毕业生，还包括那些具有丰富服务经验、较强服务技能的人员；不仅包括一线的销售服务人员、生产制造人员，还包括具有战略眼光、丰富变革管理经验的高级人才，这样不仅可以优化员工结构，还可以有力推进企业的服务型制造转型。同时可以通过校企政行深度合作，采取“订单式”和“学徒制”人才培养模式来共同进行人才培养和再培训，促进产业、行业、企业、职业和专业“五业”联动，加速引进培养既懂技术又懂管理、既懂制造又懂服务、既懂产品又懂运营，适应服务型制造发展的创新型、复合型人才，解决服务型制造转型人才、服务人才和高技能人才不足的问题。

（三）给员工充分授权，为员工赋能

服务型制造中的服务项目的服务地点往往在客户所在地，服务现场的情况复杂、差异性较大，为了提高服务质量，缩短服务的时间，减少服务的成本与费用，提高客户的满意度，就需要给一线服务人员充分授权，为员工赋能，真正做到像华为所倡导的那样“让听得见炮声的人呼唤炮火”。在服务型制造模式下，客户对企业及其产品与服务的感知很大程度上取决于其所体验到的服务质量，比如服务时间的长短、服务技术水平的高低、服务所产生的成本费用的多寡等，如果一线服务人员能够根据服务现场的实际情况，独立决策并开展差异化的服务，在更短的时间内，以更少的成本费用支出满足客户的需求，独立解决客户异议，不仅可以有效提升客户的满意度和忠诚度，而且有利于一线服务人员服务技能的提升和个人的成长。

（四）注重对员工的激励与绩效管理

为激发员工树立服务意识，掌握服务的相关知识、技能，提升服务质量，应注重对员工的激励。这里的激励应以正向激励为主、负向激励为辅，应以物质激励为基础，物质激励与精神激励相结合。由于传统制造企业的绩效考核体系主要以新产品开发数量、生产制造过程中成本费用控制、产品质量、生产效率、销售数量、销售回款率和销售利润率等为主，为了提高员工的服务意识和服务能力，使其熟练掌握服务的相关技能，在加强对员工相关理念、业务培训并给予员工充分授权以外，将部门、员工的服务绩效表现纳入绩效考核体系当中。在明确各部门、岗位主要职责的基础上，梳理和确定服务方面的绩效指标、权重与标准，进一步完善绩效考核指标体系。比如，陕汽集团在服务型制造转型过程中，对研发部门及其技术人员服务考核时，以技术人员对产品全生命周期和客户经营全过程中的用户需求满足程度及效率为主；对营销部门的考核，不是千篇一律地与销量目标挂钩，而是将营销部门的人员分为直接面向客户的一线营销人员、管理人员、后台支持人员等类型，进行分类考核。一线营销服务人员以客户拜访量、成交额、回款率和客户满意度等作为考核的重点，管理及后台支持人员则以解决市场一线反馈的问题数量、解决的效率为考核重点。在考核过程中，注重相关服务绩效数据的收集，及时发现和解决企业在产品服务过程中存在的主要问题，并且不断加以总结形成流程规范。除了对部门与员工的考核，还需要加强与相关部门（尤其是研发部门和一线销售服务部门）及其员工的绩效沟通，做好全过程的辅导，以期实现个人、部门、企业服务绩效的提升和共同发展。加强对服务绩效结果的反馈与应用，对服务质量好、客户评价高、服务态度好、技术精湛、服务时间短、成本费用低和善于服务创新的部门和个人进行物质与精神方面的奖励，对于那些服务意识淡薄、服务态度差、客户评价不好、服务技术有待提升以及不能完成服务任务的部门和员工予以相应的惩罚，并分析其原因，采取培训、转岗和辞退等方式，推进企业的服务提升和服务型制造转型。

（五）加强企业内部员工的流动

为了推进传统制造企业的服务型制造转型，应加强内部员工的流动。通过加大企业内部销售服务部门、运营管理部门和生产制造部门等部门人员的交叉任职力度（并形成制度），促使一线员工进一步完善和掌握产品、制造、质量、营销和服务等方面的知识、技能，促使中层管理人员转变观念并树立以客户为中心、以客户需求为导向的服务理念，积累产品全生命周期管理经验，实现管理与市场的有效衔接。企业内部试行员工定期轮岗制度，根据员工职业发展、工作多样性的要求和业务关系特点，每隔 3 ～ 5 年，员工需要在业务链上下游之间进行岗位调整，以提升员工的业务素质，推进企业服务型制造转型。

五、企业文化变革

企业在服务型制造转型过程中，除了要对企业组织结构、业务流程和人力资源等方面进行变革外，企业文化变革同样至关重要，这很大程度上关系着企业服务型制造转型的成败。

（一）企业文化的内涵及作用

文化是一种经过主观创造而达到客观存在的人类活动过程，是历史传统和习惯的沉淀，其核心是价值观，而价值观是指一个人对周围客观事物的是非曲直、好坏善恶的评价标准。人们对各种事物都有自己的评价标准，在心目中都有好坏、轻重、主次之分。这种轻重、主次的排列构成了个人的价值观体系。随着经济社会的发展，企业文化应运而生，在企业的生存经营与发展过程中显得日益重要。

1. 企业文化的定义

企业文化一词出现于20世纪80年代初，国内外学者与企业界管理者对其做了大量的研究与实践探索。由于企业文化研究学者学科背景、研究侧重点和研究企业所处国家、行业的不同，他们对于企业文化的定义多达180多种。其中，斯蒂芬·罗宾斯（Stephen P. Robbins）在《管理学》一书中将企业文化定义为："企业文化是组织成员共有的价值和信念体系，这一体系在很大程度上决定了组织成员的行为。"这里的"价值"即价值观，是组织成员在成长过程中所形成的；"信念"往往是后天受环境影响而形成的。成员对企业价值观的认可程度越高，越容易融入企业文化。我国学者魏杰认为，企业文化就是企业信奉并付诸实践的价值理念，即企业信奉和倡导并在实践中真正实行的价值理念。本书将企业文化定义为：企业在长期的生产经营、管理实践过程中形成的，被企业员工普遍认可、遵守和奉行的价值观念、基本信条和行为准则。价值观是企业文化的核心，是企业及其成员在从事生产经营过程中所持有的价值观念，决定了企业的产品与服务提供的标准与质量，也决定了企业对待客户等合作伙伴及其员工的行为方式，并且直接或者间接地影响着企业战略的制定及执行。企业文化一般被分为表层的物质文化、中层的制度文化和深层的精神文化三个层次，深层的精神文化是企业的精神支柱和精髓。

2. 企业文化的内涵

通过对企业文化定义的梳理分析，其内涵主要包括以下五个方面：

（1）企业文化属于思想与精神范畴的概念，是一种内在的价值理念，它是企业在长期的生产经营过程中所形成的，由此可以充分了解企业在信奉什么、提倡什么、鼓励什么、追求什么和反对什么。

（2）企业文化源于社会文化，会受到社会文化的影响，由于企业的目标和性质的特殊性，又会有别于社会文化，每家企业的企业文化又具有差异性。

（3）企业文化是一种管理文化，一般由企业高层管理者提出、倡导，具有一定的目的性。从管理学视角来看，企业文化是以文化为手段，为员工构建一套明确的价值观和行为规范，以期发挥企业文化的引导、激励和约束作用，进而提升企业管理水平和竞争能力，为企业的生产经营服务。

（4）企业文化的存在依附于企业组织，是一种组织文化，有与之相适应的组织目标、群体意识、价值观、组织架构和制度。

（5）企业文化既属于企业信奉和倡导的价值理念，又是必须付诸实践的价值理念，如果企业文化未能付诸实践，就失去了其应有的作用。

3. 企业文化的作用

我国著名经济学家于光远先生曾经说过："国家富强靠经济，经济繁荣靠企业，企业兴旺靠管理，管理关键在文化。"可见，企业文化对于企业的生存、发展具有重要的作用。有研究表明，企业文化建设对于数字化、服务化转型企业的绩效表现、转型能否成功具有重要的影响。战略变革理论认为，战略变革必须有与之相适应的企业文化作支撑，在企业的数字化和服务化转型期间，如果企业或组织缺乏与数字化和服务化相匹配的文化，那么将严重阻碍其数字化和服务化转型能力[169]。Meyer 和 Starbuck 认为数字化转型的失败是因为组织无法改变其背后的思想和文化导致的。谢卫红等（2010）指出，企业通过构建学习型文化可以塑造企业数字化能力，进而建立企业的核心竞争力。Fliess（2019）指出，企业文化对制造企业服务化的影响至关重要，学习型企业文化是制造企业服务化转型的重要保障[170]。杨志波等（2021）通过对制造企业数字化、服务化与企业绩效关系研究发现，制造企业的数字化、服务化转型要取得较好的绩效，需要打破思维惰性，在企业内部营造浓厚的全员终身学习氛围，构建学习型企业文化，改变员工固有并阻碍企业发展的心智模式，将学习贯穿于计划、控制、反馈和执行的各个环节，积极主动调整自己的行为来适应环境变化[171]。李慧等（2021）在对企业环境文化对财务绩效的影响研究中发现，企业环境文化对资产收益率（ROA）和净资产收益率（ROE）具有显著的正向影响作用[172]。基于组织行为学研究视角，Vigolo 等（2016）研究发现，服务导向型的企业文化能够通过提高员工的满意度和积极性来提高企业绩效。Man 等（2011）指出，道德文化对企业管理者的工作参与行为和职业表现有显著正向影响[173]。Kaptein（2011）研究发现，企业文化有助于提高员工的守法意识，进而提升员工行为的合法性。Sugita 和 Takahashi（2015）以日本企业为研究样本实证发现，企业文化显著正向影响环境管理绩效或企业可持续发展管理。

从以上研究发现，企业文化在企业生存与持续发展，企业的数字化、服务化转型和取得较高企业绩效表现等方面发挥着重要的作用。因此，传统制造企业在服务型制造转型过程中应高度重视企业文化建设，适时对原有不适应转型发展的企业文化进行变革。

（二）服务型制造转型背景下的企业文化变革

传统制造企业的经营理念中更关注于成本、效率、质量和规模经济，并且普遍认为生产经营成本低，会扩大企业利润空间，质量好，就会有更多的客户来购买；企业实施和提供多元化、差异化和弹性的经营战略、产品与服务是在消耗资源。所以企业将更多的精力用于如何降低原材料采购价格，如何进行工艺流程和质量改进，如何提高企业运营效率和降低成本与费用上。对于企业员工而言，他们普遍认为只要干好本职工作，在各种定额要求内生产出更多高质量的产品，个人与企业将取得较好的绩效。企业上下始终围绕着产品的研发设计、生产和销售等业务展开，存在忽略客户需求或者对客户需求关注不够的问题，由此可见，传统的企业文化属于典型的产品文化、生产文化，在产品文化指导下的员工很大程度上并非不愿意去做与服务创新、增强与提升服务意识与能力的相关工作，只是在日常的工作中缺乏以客户需求为导向的理念和服务意识。服务导向价值观更多关注于客户需求的满足，专注于产品服务创新、个性化定制，认为弹性、差异化、多样性会给企业与客户创造更大的价值。因此，传统制造企业的服务型制造转型面临着产品文化与服务文化的冲突，需要企业营造浓厚的关注服务、关注创新和利他的文化氛围，适时变革企业文化，建设与企业战略、服务型制造转型相适应的企业文化。

信息技术的广泛应用，使得企业、产品相关信息更加透明，特别是随着消费者消费观念的变化和消费升级速度的加快，使得整个制造产业竞争日趋激烈。为了提升企业的竞争能力，需要企业转变观念，挖掘优势整合资源实施服务型制造转型，这一认识目前已得到越来越多的企业的认可并付诸实践。但是从麦肯锡 2018 年 9 月对全球 1 773 家企业高管进行的调查数据表明：1 773 家企业中有 80% 以上的企业在过去 5 年都进行过数字化转型，但是仅有 14% 的企业取得了持续的绩效改善和 3% 的企业取得了持续变革的全面成功[171]。究其原因，很大程度上在于企业经营理念、企业文化以及具体实践行为与数字化、服务化转型的理念、目标不匹配。

很多传统制造企业在开展服务型转型后，虽然管理者与员工已经充分认识到了企业服务型制造转型的重要性、必要性，但是原有的产品文化、生产文化依然根深蒂固，具有较强的惯性，很多人甚至包括一些中高层管理者的思想行为依然停留在产品经济时代，对于服务创新、如何发展服务型制造认识较为模糊。还有一些企业在实施服务型转型过程中，还停留在理念、文件和口号层面，未能引起全员在观念、行为层面质的变化，主要表现在企业营销服务部门与其他部门的协调、资源分配和绩效管理等方面，这些都直接或间接影响到企业战略的制定与执行，以及服务型转型的推进。

营销服务部门与研发制造等部门协调配合方面，时常会在观念与行为方面产生分歧与冲突，研发生产部门认为产品服务是营销服务部门的事情、与他们的关系不大，而营销服务部门则认为服务型制造转型是每个部门、每个员工的事情，已不再是传统的产品制造和基础性售后服务，维持产品正常功能发挥那么简单了，各部门应通力合作，关注产品的全生命周期和客户运营的全过程，提升问题的解决水平，为客户提供全方位、高效的解决方案。在资源分配方面，一些企业在宣传方面一再强调服务创新、服务型制造转型的重要性，但在每年经费预算分配时，往往又会以各种理由向研发、生产部门倾斜，导致一些服务创新项目无法顺利开展，一些高端服务人才难以加盟，对于客户的一些承诺无法兑现，服务人员知识、技能的提升流于形式，很大程度上挫伤了营销服务部门员工的积极性。在绩效管理方面，虽然对绩效管理制度、绩效考核指标与标准做了一些优化，但在实际考核过程中，主要围绕产品生产制造与销售方面展开，更加关注生产过程中的成本控制，产量、产值和优良率，销售量、销售额和利润率等指标，对于服务创新、服务意识、服务质量、服务相关知识及技能能力考核却很少，难以引起管理者与员工在思想观念和行为上的转变，导致很难提升服务质量和效率。这些问题的存在，可能是对麦肯锡调研结果原因的最好回应，也是导致服务化悖论现象的主要原因。那么企业该如何结合行业企业特点和企业资源禀赋与传统进行企业文化变革——建设服务为主导的企业文化——实现企业由生产文化向服务文化的转变，对于确保企业持续发展，成功转型并规避服务化悖论显得非常重要。为此，服务型制造企业文化应着重从以下几方面进行变革：

第一，凸显服务导向和体现服务的价值观。“微笑曲线”的中间是制造，左边是研发，属于全球的竞争，右边是营销、品牌与服务，主要是当地性的竞争。“微笑曲线”表明在产业链中附加值更多地体现在两端——设计和销售，制造处于中间环节，其附加值最低。当前，制造产生的利润低，并且进入过剩时代，而处于两端的研发、营销、品牌与服务不仅附加值高，而且发展潜力较大，因此产业应朝着微笑曲线两端发展，在左边加强创新、研发投入，以需求为导向，以创新为驱动，创造智慧财产权；在右边加强以客户为中心，以服务为导向的营销与服务，实施制造业服务化转型，通过营销与服务创新，创造更大价值。

有研究表明，生产与服务分别所创造的价值及带来的收益是不对等的。就价值创造本身而言，通常服务所创造的价值是生产创造价值的 2 倍；就产品的全生命周期而言，产品的生产过程只有服务过程的近 1/10，由此可见，生产在产品生命周期总时间中只占极小的一部分。从生产与服务对顾客的吸引程度来看，注重客户需求满足，为客户提供差异化、定制化服务的企业会拥有更高的顾客满意度和顾客忠诚度。较高的顾客满意度和忠诚度，又可以帮助企业获取较高的市场占有率，带来更高的销售量和利润，进而会激发企业更好地研究客户需求、市场变化，投入更大的精力用于产品研发、服务创新，确保企业的持续发展。企业高层管理者必须充分意识到发展服务型制造、创新和拓展服务业务的巨大经济潜力，致力于凸显服务导向和体现服务价值观的企业文化的建设。要一改以往把服务当作“附属品”的理念，重新认识服务并将其作为企业“增值”的活动，作为产品的战略性互补品。从价值链的“微笑曲线”看，价值链两端是附加值高的研发设计和营销物流等服务活动，制造企业在进入到某一产品全球价值链中的生产制造环节后，通过经验、资金、社会资本的积累和对技术的学习探索，将研发设计、物流营销、管理咨询、数据挖掘等知识密集型服务价值融入产品中，向价值链高端延伸，有利于本国制造业产品向价值链上游的攀升和企业效益的增加 [174]。

陕汽集团在服务型制造转型之前的主要业务涉及产品制造和基础售后服务，目的是确保产品功能、性能的正常发挥，但在国内市场竞争日趋激烈后，集团适时提出了服务型制造的转型，坚持以客户为中心，基于产品制造，开始关注产品的全生命周期和客户经营的全过程，为客户提供经营全过程解决方案，创新开展融资租赁、保险经济、二手车置换、车联网数据服务（天行健）、TCO 托管服务等一系列增值服务业务，从而打造了国内大型商用车全生命周期服务平台。企业愿景也由原来的“为用户生产一流汽车”调整为“成为国内一流的商用车综合服务解决方案提供商”，提出了“贴近市场、心系用户、换位思考、真诚服务”的服务理念，在新的愿景与服务理念指引下，企业与用户之间的关系发生了深刻的变化，企业除了向客户提供高品质的汽车产品外，还全面、深入地介入用户的整个产品使用过程，为客户提供与产品相关的一切可能的服务，企业与客户之间的关系也由原来的一次性交易转变为现在的多次交易，企业也从原来的以产品为中心转为以客户需求为中心，从而有效推进了企业服务文化变革、产品服务创新和服务型制造转型。

第二，凸显客户主导地位。相对于物理产品而言，服务具有生产与消费的不可分性，这就要求企业与客户进行更为频繁与紧密的沟通、接触——这有助于企业与客户之间建立起长期稳定的关系，但与此同时又给服务提出了一个更高的要求，如果企业不能较好地满足客户多样化、差异化的需求，就会带来一定的营销风险，因此需要企业持续关注客户需求及其变化趋势，不仅要满足客户的现实需求，还需要想方设法发现和满足客户潜在的需求，进而引导客户消费，掌握市场主动权。传统的企业与客户的关系往往是基于产品建立的一次性交易，并为客户提供一些必要的服务，确保产品正常使用和功能的发挥，而服务型制造企业更关注如何与客户建立长期稳定共赢的客户关系，鼓励供应商、中间商、客户多主体的广泛参与，全面了解、确认客户需求，为客户生产经营设计研发定制化的产品，提供针对性的服务，在合作过程中创新服务，以提升客户的满意度和忠诚度，而这些都需要通过企业文化变革实施：注入服务文化相关理念、价值观，营造客户至上的企业文化氛围，并体现在企业的具体生产经营和员工的日常生产服务当中。

第三，凸显对各类资源的整合、共享与创新。互联网 +、数字化背景下的服务型制造，是经营理念的转变、技术的升级、产业边界模糊化以及技术与商业模式创新的具体体现，它进一步促进了产业间、企业间信息与资源的共享和协同融合。服务型制造的企业文化更注重对各类资源的整合，跨界资源整合融合日趋明显。服务型制造转型，除了物联网、大数据、3D 打印技术和智慧工厂的建设等现代信息技术、生产技术的应用，更为重要的是知识资本与人力资本的获取、积累和作用的发挥。在企业内部营造浓厚的全员终身学习氛围，构建学习型企业文化，提升员工的学习能力，更新和提升员工的知识、技能，改变员工固有的并阻碍企业服务型制造转型发展的心智模式。在企业营造“合作、共享、共创、共赢、共生”的氛围，实现企业内部各类知识、技能、信息、经验等资源的共享，实现知识、技能的共享、创新，更好地服务于企业服务型制造转型。在企业服务型制造转型过程中，自身资源往往不能满足发展的需要，势必要通过多种途径获取必需的资源，这就需要企业对供应商、中间商、物流商和客户等整个价值链上各主体的知识、信息和资源予以整合，兼容并蓄、博采众长，形成独特的企业文化氛围，更好地服务于企业的服务型制造转型。

第四，凸显企业文化的激励与约束功能。企业文化的理论研究与实践都证明，企业文化具有多元功能和重要的社会价值，企业文化正通过其特有的功能发挥着越来越重要的作用。一般而言，企业文化具有导向功能、凝聚功能、激励功能、约束功能和辐射功能。传统制造企业的服务型制造转型意味着企业由原来的以产品生产制造为主导转向以服务为主导，这不仅需要员工从思想上、心智模式上有所转变，而且需要员工从行为上有所改变。服务型制造的转型，使得企业不仅要做好产品的研发设计、制造和销售，更需要做好产品售后的安装调试、维护维修、人员培训、技术指导、技术升级甚至金融服务等服务工作，还需要根据客户的个性化需求，进行技术服务创新，提供定制化服务等，对企业和员工提出了更高的要求。因此，企业应充分发挥文化的激励功能和辐射功能，建立健全企业的服务激励约束机制，对于那些服务意识强、服务质量高、客户满意度高的部门和员工要予以及时有效的激励，对于那些服务意识、技能和能力有待提高，客户评价较差的部门和员工予以惩罚，在企业内部树立“关注客户、重视客户需求、真诚服务”的服务理念，引导全员自觉自发地增强自身的服务意识，提升服务的技能、服务质量与服务效率，助推企业服务型制造的转型。

总之，服务型制造转型的企业文化变革是一次思想上的变革，需要由原来的产品文化转为服务文化，但这种转化不是用服务文化替代产品文化，而是要建立两者的协同共生关系。对此，Kastalli & Looy（2013）指出，服务化制造企业的产品和服务销售能够相互促进，整合的产品服务模式能创造产品服务间的互惠溢出效应；Ulaga & Reinartz（2011）认为，从纯工业产品移向产品服务混合型产品通常是渐进的，因此，企业要创建产品文化与服务文化的不稳定共生关系，平衡效率和弹性，建立起有差别但协同的产品文化和服务文化（Bowen 等，1989； Gebauer 等，2005；Story 等，2017）。服务型制造转型需要建立服务文化与产品文化的非替代、协同共生关系，意味着服务经济将与商品经济长期共存、并行。在企业服务型制造转型过程中，存在着服务导向价值观和产品导向价值观之间的冲突，也是企业在文化变革中需要重点关注和解决的。学者们普遍认为，采取渐进式比革命式更能较好地解决两种文化导向的冲突，如果企业一味通过强制性的制度、政策等强制力量来转变员工惯有的产品导向性思维方式与行为，可能会起到反作用。因此，服务型制造转型的文化变革更应和风细雨，让企业文化对员工的心智模式、行为产生潜移默化的影响。

中国石油济柴动力有限公司成都压缩机分公司是一家集油气田开发用压缩机研发设计、制造、售后服务于一体的服务型制造企业。企业着力管理创新与企业文化创新，以为用户提供全生命周期管理，为用户创造价值为核心，探索服务型制造转型之路，形成了“贴近现场精准服务、集中储备代储代销、国产替代降本增效、远程监测预知维修、运维总包一体服务、租赁总包创新服务”六种后市场服务模式，有效延伸了产品价值链。在销售模式上大胆创新，加强与外企、民企的合作，实现对相关知识、技术、资源的整合，促使企业从“机组销售”向“主机销售”变革，为拓展产品市场、带动配件销售服务奠定了基础。企业积极探索推行员工自主管理模式，在企业营造尊重人、尊重人的价值的文化氛围，激发员工的自主性和主人翁责任感，挖掘人的创造潜质，在企业内部形成一种强烈的价值认同感和巨大凝聚力，有效地激发了员工工作学习的积极性、创造性，推动了企业的服务型制造转型，取得了骄人的成绩。

第四节　服务型制造的技术变革

传统制造企业的服务型制造转型，需要企业从关注产品生产制造、成本控制和效率的产品导向，转向以客户为中心，以客户需求为导向，为客户提供多元化、差异化的产品服务，以提升客户满意度和体验感的服务导向，使企业从单纯出售产品向出售“产品＋服务”转变，由提供产品向提供产品全生命周期管理服务转变，由提供设备向提供系统解决方案转变，在有效满足市场需求的同时，提升产品服务价值和附加价值，培育和形成企业的核心竞争力。根据波士顿咨询公司 2019 年 1 月发布的《为中国互联网下一阶段做好准备》，仅有 25% 的中国制造企业提出将建造智慧工厂，而美国与德国则分别有 54% 和 46% 的制造企业开始进行转型，中国制造企业在智慧连接、数据整合、智慧决策、人机协作四个方面的表现，也落后于美国与德国的同类企业[175]。企业除了需要通过产品服务创新，向利润空间更大的服务领域延伸，在技术方面需要企业由大规模制造，追求规模效应和低成本，向物联网、大数据等现代信息技术和智能制造、3D 打印和柔性化生产等先进制造技术转型，实现服务型制造的技术变革，适应和满足客户定制化需求，促使企业的技术、服务升级，有效推进工业化与信息化的融合发展，最终实现“中国制造 2025”各项目标，提升我国制造业的整体水平和世界竞争力。

一、制造技术的变革：智能制造

《中华人民共和国国民经济和社会发展第十四个五年规划和 2035 年远景目标纲要》（简称《规划纲要》）提出，要“深入实施智能制造和绿色制造工程，发展服务型制造新模式，推动制造业高端化、智能化、绿色化”“建设智能制造示范工厂，完善智能制造标准体系”。发展服务型制造、智能制造已经被提升到国家战略层面，可见发展服务型制造和智能制造具有极其重要的作用。智能制造一词最早出现在 1988 年美国学者怀特（P · K · Wright）和布恩（D · A · Boure）教授所著的《智能制造》一书中。21 世纪以来，随着大数据、云技术、物联网等现代信息技术在制造业中的作用日趋明显，赋予了智能制造新的内涵，通过实现“大制造”环境下的人—物互联、人—人互联和物—物互联，以及设计、生产、管理、营销和服务等各个环节的集成与优化，实现制造服务的优化和升级，以适应供应网络和客户需求的不断变化。目前，美国智能制造研究部门认为传感器技术、测试技术、信息技术、数控技术、数据库技术、互联网技术、人工智能技术、生产管理等相关技术共同构成了智能制造的主要技术内涵。智能制造是指利用信息物理系统，依托于传感器、工业软件、网络通信系统、新型人机交互方式，实现人、设备、产品等制造要素和资源的相互识别、实时连通、有效交流，从而促使制造业研发、生产、管理、服务与互联网紧密结合，推动生产方式向定制化、柔性化、绿色化、网络化发展，并不断充实、提升、再造制造业的全球竞争新优势。由此可见，与传统制造模式相比，智能制造具有实时感知、自我学习、计算预测、分析决策、优化调整等特点。智能制造是基于新一代信息技术和人工智能技术，通过获取全面、准确的有关需求、生产制造、产品应用与服务等全过程的实时数据，实现更科学的生产决策和更柔性化的过程管理，有效延伸产业链条直至服务端，以更好地满足客户多样化、个性化的需求。

市场需求的多元化、个性化和定制化，决定了制造企业的生产环境已经发生了前所未有的变化，从传统的单一品种向多品种转变，生产上从大批量向小批量甚至单件定制转变，企业订单呈现碎片化、个性化定制的特点。需要制造企业转变经营理念，拥抱互联网、拥抱新技术，直面错综复杂的市场环境和技术环境，实现快速响应和柔性化生产，实现资源的优化配置。对于智能制造，要求在产品全生命周期的每个阶段实现高度的数字化、智能化和网络化，以实现产品数字化设计、智能装备的互联与数据的互通、人机的交互以及实时的监测、判断与决策。大量先进的工业软件的出现与广泛应用，是实现智能制造的核心与基础，目前常见的软件有计算机辅助设计（CAD）、计算机辅助制造（CAM）、计算机辅助工艺（CAPP）、企业资源管理（ERP）、制造执行系统（MES）和产品生命周期管理（PLM）等。

通过智能工厂建设，充分发挥大数据和智能技术在生产调度规划、决策与持续改进、资源优化配置过程中的重要作用，实现企业生产经营过程中的智能调度和规划、过程参数优化、智能物流管理和控制、产品质量分析和改进、预防性维护、生产成本分析和估算、能耗监控和智能配置、生产流程和程序的监控，以及整个生产圈的综合车间绩效分析和评估。通过建立工厂运行控制中心和智能调度系统，有效推进企业云制造模式，实现企业和生产的智能管理。通过构建自主智能制造单位范式，使用先进的技术和产品，如基于先进的自主无人系统的智能制造分销和规划、在线检测、在线监控、零件识别和定位、事故报警等，促使制造企业朝着更加智能、灵活、个性、柔性、节能、低碳模式发展。

智能制造、数字孪生技术将为企业的技术变革、数字化、服务化转型提供技术支持。数字孪生技术是智能制造发展的新趋势和重要抓手。数字孪生是以产品及其生命周期各环节，以及其关联为物理映射对象，以构建状态感知、数据采集、分析推理、精准执行的实时闭环链路为支撑，以物理对象的数字化虚拟建模与决策分析为重点，实现产品研发及其服役使用的改善与优化[176]。生产环节是数字孪生技术的重要应用场景，陶飞等人（2017）设计了数字孪生车间的参考系统架构，并从物理车间、虚拟车间、车间孪生数据、车间服务系统的角度出发，建立了涵盖物理车间、虚拟车间、车间孪生数据、车间服务系统等的数字孪生车间模型，从物理融合、模型融合、数据融合和服务融合四个维度，系统地探讨了实现数字孪生车间信息物理融合的基础理论与关键技术，为数字孪生技术在智能制造、智慧车间的实践应用提供了参考[177]。

通过数字孪生技术的应用，确保对生产过程的全面感知、科学决策、异常预警和生产的有效执行。生产环境的复杂性与不确定性，需要企业通过智能生产系统应对这些不确定性带来的冲击，对生产全过程进行全面感知和过程监测，包括任务的执行以及资源的配置与运行，及时发现异常并予以预警，提出智能解决方案。企业生产现场复杂多变，面向生产异常的分析推理决策，需要生产系统能够第一时间感知到异常和潜在的故障（比如生产计划、工艺调整、物料缺位、质量异常等），并对其进行异常分析预警、纠偏或优化，确保生产的顺利进行，降低由于生产异常导致的停工、产品质量问题等。这将涉及生产系统的快速响应调整决策分析，旨在实时掌握生产现场资源的使用情况和作业计划的执行情况，通过对生产作业计划的实时监测与动态调整，确保生产计划与生产现场的实际执行状况保持一致，对来自于生产计划任务、生产工艺、物料资源、生产执行等方面的生产扰动做出快速反应。智能生产系统具有软硬件系统有机集成的特点，需要软硬件系统的相互协调及数据信息流的畅通与共享。

通过以上分析可以发现，智能工厂的建设、自主智能制造单位范式的构建和数字孪生技术的应用，对于制造企业的技术升级，企业的数字化、智能化、柔性化、灵活性和低碳、节能化具有重要意义，也将会有效推进企业的服务型制造转型。

大数据、云计算、互联网和物联网等现代信息技术的快速发展和广泛应用，对于推进工业化与信息化的深度融合以及制造型企业服务型制造转型具有重要意义。现代信息为智能制造和企业服务型制造提供了重要的信息技术支持。在客户信息获取方面，除了可以采取传统的市场调研、数据整理、统计分析和预测外，还可以采用大数据技术，对目标客户群体的基础信息以及消费偏好、潜在需求、品牌忠诚度等数据信息进行深入分析和用户画像，进而实施精准营销与个性化服务，从而不仅可以起到资源优化的作用，而且可以大大提升客户的满意度。在制造过程中，通过物联网技术的应用和智慧工厂的建设，可以对物料管理、生产工艺流程、产品质量、生产计划、生产成本、能耗和设备运行状态等进行实时监控、异常预警和及时处置，实现生产的数字化、智能化和柔性化。在产品营销服务方面，技术的进步突破了时空的限制，使得跨国、跨区域的设计研发、生产外包和服务协同成为可能，使得沟通变得更为顺畅，服务资源的搜寻、整合变得更为高效和便捷。在客户关系管理过程中，通过搭建即时性、互动性、高效的客户服务平台，不仅可以及时获取客户的需求信息，察觉客户需求变化趋势，及时解决客户异议，而且能够为客户提供及时、高效、有针对性的服务，吸引更多的客户参与到企业新产品研发设计、质量改进和服务创新活动当中，将客户变成为企业提供新知识、新技能、新创意和利润的源泉。

《中国制造 2025》明确提出，要“推进信息化与工业化深度融合”“加快推动新一代信息技术与制造技术融合发展，把智能制造作为两化深度融合的主攻方向，着力发展智能装备和智能产品，推进生产过程智能化，培育新型生产方式，全面提升企业研发、生产、管理和服务的智能化水平”。“全面推行绿色制造；积极发展服务型制造和生产性服务业”。为了实现这些战略目标，需要做好以下几个方面的工作。

第一，实现智能制造的工业基础是智能装备与智能产品。研发和使用具有深度感知、智慧决策、自动执行功能的高档数控机床、工业机器人、增材制造装备等智能制造装备以及智能化生产线，构建智能化的装备与生产设施；同时突破新型传感器、智能测量仪表、工业控制系统、伺服电机及驱动器和减速器等智能核心装置，推动现代信息技术对传统生产线、传统产品的改造升级，实现产品的数字化和智能化，有效推进制造过程的智能化。

第二，推进制造过程的智能化。企业通过智能工厂、数字化车间的建设，加快人机智能交互、工业机器人、智能物流管理、增材制造等技术和装备在生产过程中的应用，促进制造工艺的仿真优化、数字化控制、状态信息实时监测和自适应控制。同时，企业需要加快产品全生命周期管理、客户关系管理以及供应链管理系统的推广应用，促进集团管控设计与制造、产供销一体、业务和财务衔接等关键环节集成，实现智能管控。

第三，由于互联网技术具有开放性、共享性、高效性等特点，企业应充分发挥互联网信息技术在制造业改造升级、服务型转型过程中的作用，发展基于互联网技术的个性化定制业务、云制造和一对一营销，采取众包模式开展新产品的研发设计活动，推动形成基于消费需求动态感知的研发设计、制造和产业组织方式，提升企业对市场需求的全面感知和快速反应，提升企业对市场需求的响应速度。推动基于互联网的合作研发、智能制造和协同服务，形成合作共赢、优势互补、高效共生的生态体系。

第四，通过搭建工业云服务和工业大数据平台，推动软件与服务、设计与制造资源、关键技术与标准的开放共享，提升企业的研发效率和能力，实现对生产过程的全过程、数字化的管理与控制，创新和优化服务，提升企业对产品运行的智能监测、远程诊断、故障处置能力，促进服务型制造转型。

第五，加强互联网基础设施建设。加强工业互联网基础设施建设规划与布局，建设低时延、高可靠、广覆盖的工业互联网。加快制造业集聚区光纤网、移动通信网和无线局域网的部署和建设，实现信息网络宽带升级，提高企业宽带接入能力。针对信息物理系统网络研发及应用需求，组织开发智能控制系统、工业应用软件、故障诊断软件和相关工具、传感和通信系统协议，实现人、设备与产品的实时联通、精确识别、有效交互与智能控制。

第六，在服务型制造转型与智能制造过程中，应加大先进节能环保技术、工艺和装备的研发和利用力度，对企业实施能效提升、清洁生产、节水治污、循环利用等专项技术改造。在企业推行低碳化、循环化和集约化生产，提高资源的利用率。强化对产品全生命周期的绿色管理，构建高效、清洁、低碳、循环的绿色制造体系。

二、运作支持技术（系统）的升级变革：智能连接与智能感知

企业制造技术的变革，在向数字化、智能化、柔性化逐渐升级的同时，企业运作支持技术（系统）的升级刻不容缓，服务型制造需要企业根据市场需求以及企业的资源优势，适当地向两端延伸业务链条，随着业务范围的扩大，可大大增强协作的广度与深度，从而使得企业内外的合作网络变得更为复杂，对企业组织架构、业务流程、管理水平、合作机制与制度等也提出了更高的要求。与此同时，注重统一指挥、集权，服务于大规模生产的传统的锥形组织结构将受到前所未有的挑战。在客户需求日趋多元化、个性化和定制化的今天，在确保产品质量的前提下，企业的服务理念、服务质量的重要性日益凸显。很多企业开始

实施精准营销、一对一个性化服务，但当客户数量激增，则势必会对服务造成巨大的压力，因此要基于互联网信息技术，对运作支持技术（系统）予以升级，使其不仅要满足产品服务系统的定制化研发设计以及柔性化、低碳化生产制造的需要，还要能够满足企业和客户间即时互动的要求。

针对客户的个性化需求，企业应围绕产品服务系统开展个性化研发与生产制造，当下服务于大规模生产的MRP/ERP模式，应适时顺应市场的变化，向个性化、定制化、柔性化生产转型，即向C2M（customer to manufacture，顾客对工厂）转型，促使企业生产工艺流程的优化，生产设备、设施的智能化，生产过程中的智能感知和全过程监测。技术的发展有效提高了数据的透明化与可获得性，不论是企业还是客户，都可以结合这些全面、客观、可靠的数据做出相应的决策。由此，企业与客户之间建立起密切的互联互通，客户可以通过网络系统就产品与服务、新的需求随时随地向企业提出需求，企业也可以通过IT支持系统及时作出响应，这一过程也将促使企业生产系统的改造升级，生产装备、设施的智能化，进而实现对各类生产资源的整合与优化配置以及产品的数字化和智能化。基于物联网、社交网络技术，企业与客户、企业与供应商、物流商、金融机构等合作伙伴，以及企业内部成员之间可以建立起密切的合作关系，实现信息的共享，进而为客户研发设计出更能满足客户需求的产品，创新服务和提升服务质量，倒逼企业运作支持技术（系统）的升级。

三、客户支持技术（系统）的升级变革：主动响应

在产品服务系统的应用方面，服务型制造要求企业能够更多地关注客户在产品运行过程中的需求，在为客户提供安装、调试、维护保养、维修和技术指导等基本服务的基础上，加强对产品运行的智能感知——全过程监测、异常预警和快速处置，提升企业的响应能力。企业通过构建智能产品服务系统，在产品中嵌入大量功能各异的传感器，实现对产品运行的全过程、实时智能化监测，企业可以通过产品远程服务平台，为客户提供产品运行监测、远程技术指导、故障预警与排除等服务。比如，神东集团补连塔煤矿引进的风泵智能排水系统，该系统由光纤光栅传感器分析仪、压力传感器、光分路器、后台监控管理软件及服务器等部件组成。风泵远程监测系统的上线运行，可以根据水位情况自动控制风泵启停，并实现对风泵健康状况实时监测、自动预警，有效降低员工劳动强度，能耗方面也在原有基础上降低40%。通用电气通过航空大数据分析系统（event measurement system EMS），对航空公司飞机进行智能监测，获取发

动机运行的实时数据；另外还可以对飞机前方飞行路线的天气情况进行预测，进而优化飞行路线，从而大大提升了飞行的安全性并降低了燃油消耗。GE 通过该系统为我国东航、中国商飞、昂际航电、长龙航空、厦门航空 5 家客户提供飞行风险、运营效率和维护等方面的专业分析服务，通过强大的分析引擎，为航空公司客户提供有价值的见解。

服务型制造企业除了对出售或租赁出去的产品予以实时监测、异常预警和处置等主动响应外，还收集大量的产品运行及与客户服务相关的数据，不仅可以增强企业与客户的关系，还可以通过对产品运行、服务数据以及客户行为数据的分析、挖掘，帮助企业更好地了解、确认客户的需求，为客户提供个性化、智能化的服务，对于产品的改进、新产品的开发、质量改进、服务创新等方面具有重要意义。陕鼓集团创新开发的“能源互联岛”技术和系统解决方案，根据用户侧精准需求及资源禀赋，通过互联网及大数据分析，将用户侧需求的冷、热、电、风、水、废、消防、安防、环境监测等九大系统，通过集团自主研发的智能管控平台进行有机耦合，按时、按需、按质向用户端提供低碳、安全、高效、智慧的分布式清洁能源综合一体化系统解决方案，实现土地集约、设备集约、供能集约、运营集约。对客户平台运行数据进行挖掘，结合客户实际对“能源互联岛”技术进行改进完善，为后续的研发设计、技术服务改进提供数据支撑。

第五节　服务型制造企业的发展演进

服务型制造转型，意味着传统的制造企业在组织结构、产品模式、生产运营、商业模式、企业文化等方面都将发生较大的变革，具有涉及领域广、持续时间长的特点。因此，传统制造企业的转型将是一个循序渐进的过程，有其发展演进的基本路径。

一、企业产品模式的发展演进

产品模式是指企业提供什么样的产品，给什么样的用户，为用户解决了什么问题，创造了什么价值。与传统制造企业相比，服务型制造以客户为中心，以客户需求为导向，不仅为客户提供共性的产品，而且会基于客户的个性化需求，提供定制化产品与附加的服务，将产品与服务有机地融合在一起，不仅能为企业带来大量的客户和源源不断的收入，促进企业持续生存与发展，而且能为客户创造更大的价值，实现各方的共赢。因此，传统制造企业向服务型制造企业的转型，在产品提供过程中一般会经历以下几个阶段（图6–13）：

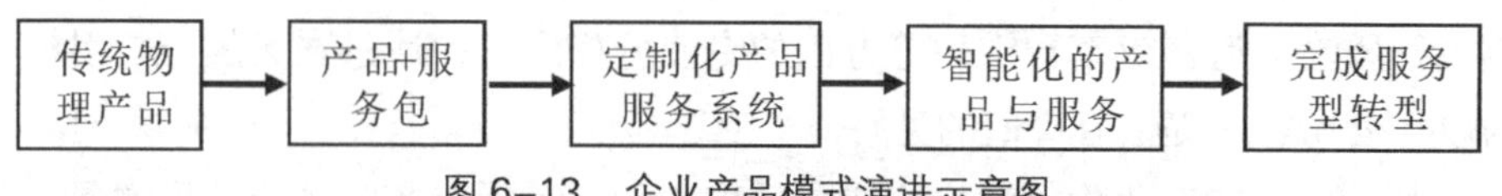

图 6–13　企业产品模式演进示意图

从图 6–13 可以看出，第一步，企业提供的产品由传统共性的产品向“产品 + 服务”包转变，提升客户使用产品的便捷性，这一做法已经成为制造企业普遍的必选动作，否则会导致客户的抱怨和流失。第二步，在充分了解客户需求的基础上，为客户提供个性化、定制化的产品服务系统，并且与客户建立起良好的关系。第三步，与客户深度合作，通过数据信息资源的共享以及即时互动沟通，鼓励客户参与到企业的产品研发设计、生产制造等生产经营活动中，实现双方资源的共享，进而更好地了解和确认客户的需求，实现价值共创，为客户提供更加智能、便捷的智能化产品与服务。第四步，当以上几个步骤能够顺利开展，并且在实践过程中能够得以持续改进完善，此时的服务便不再是产品的附属品，而是能让企业从中获取较高利润，那么企业就实现了由传统制造企业向服务型制造企业的转型。服务型制造企业的产品模式演变是一个循序渐进的过程，一般包括四个阶段，各阶段的特点各异，把握住了各阶段的特点及主要任务，企业在服务型制造转型过程中就成功了一半。

第一个阶段：“产品 + 服务”组合包阶段

制造企业通过市场调研、现有客户需求反馈、客户投诉与异议处理等途径获取翔实、明确的客户需求，研发设计相应的产品，为客户提供创新性的服务，形成优势互补的“产品 + 服务”包。企业在向客户销售产品的同时，为客户提供相应的服务，比如售后的安装、调试、维护维修、产品的回收处理等，以确保产品的效用和提高产品的可用性。因此，这里的服务更多地属于基础性服务，换言之，即保健型服务，“产品 + 服务”组合包模式已经成为制造型企业的普遍模式。如果这些服务做不好，将会引致客户的抱怨和流失，严重影响到企业的生存与发展。比如，华帝公司为客户提供的是抽油烟机、燃气灶具、燃气热水器和电热水器等产品的安装、调试和保修等服务，而且即使超过保修期，华帝仍能为客户提供延期维修服务。由此可见，这些服务都属于基础性服务，如果服务到位，不见得会提升客户的满意度和忠诚度，但是如果相关服务项目缺失或者服务质量差，将会引起客户的不满和大量的投诉，因此这些服务将成为企业的规定动作。

第二个阶段：定制化产品服务系统阶段

在这一阶段，企业向客户提供的产品服务，开始从标准化的产品服务向个性化、定制化产品服务系统转变。企业在经历了第一阶段的摸爬滚打，承受着激烈的行业竞争、技术的快速进步和客户需求日益多元化与个性化的多重压力，需要重新审视未来的走向。企业在长期的经营过程中，在日常的客户关系管理过程中也会获取大量的有关市场、客户和技术的相关数据信息，有利于更好地了解客户的需求及其发展趋势；在研发设计、制造方面，将会积累大量的相关数据信息，培养一定数量的专业设计研发骨干和生产制造骨干；在客户需求满足方面，也会积累一些满足客户需求的解决方案和成功案例，形成企业内部的知识资本，等等。一旦企业能够充分利用这些资源和资本，对企业组织架构、业务流程进行优化，做好人员的授权与激励，根据客户的个性化需求，为客户开发设计相关的产品，创新产品服务，由此企业进入为客户提供定制化产品服务系统阶段。

处于定制化产品服务系统阶段的企业将针对客户的个性化需求，为客户开展定制化的产品研发设计、运行、实施与管理成套解决方案，除了为客户提供基础性服务外，还会提供产品运行在线服务、金融服务、物流服务和员工技术培训等高级服务等。比如，陕鼓集团在工程总包业务方面，充分发挥工程设计研究院和工程技术分公司在工程设计和管理方面的人才优势、技术优势，依托能源互联岛、分布式能源技术，为用户提供石油化工、煤化工、冶金、医药、食品、造纸、市政和环保等领域的工程项目总承包、机电设备安装、能量转换系统技术开发及技术服务、节能项目诊断评估和能效分析、能量转换系统及节能环保工程设计及工程造价等业务，以 PC、EPC、PMC、BOO、BOT 等多种服务模式，为用户提供一站式工程总承包服务、交钥匙工程。在智能化业务方面，将自动化、智能化、信息化技术充分融合，全力打造产品智能化、过程智能化、服务智能化，通过智能化控制，数字化仿真、监测、评估、远程诊断和流程优化等，为客户提供智能化、数字化的全生命周期智能制造系统解决方案。此时，企业通过为客户提供整套的解决方案，不仅满足了客户的个性化、智能化方面的需求，而且使企业赢得了市场，实现客户与企业的双赢。

第三个阶段：智能化产品与服务阶段

在定制化产品服务系统阶段，企业主要为客户提供的是个性化、定制化的解决方案，通过为客户解决实际生产运营问题，使企业与客户之间的关系变得更为紧密、融洽，彼此的互动频率和强度也大大增强，双方基于互联网、物联网和社交网等现代信息技术，可进行更为全面、深入的沟通，在及时、便捷地获取客户需求信息的基础上，企业可以针对客户的生产经营需要，适时介入客户的产品运营、解决方案实施或生产经营领域，深入了解和发现客户的需求，进而整合企业内外有关研发、技术、制造和服务等方面的资源，从产品研发、质量改进、价格政策调整和服务创新等方面做出实时、快速的响应，此时企业将逐渐从向客户提供解决方案阶段，转向为客户提供智能化的产品与服务阶段。如陕鼓集团，面向钢铁企业客户提供安全环保、节能降本、创新创效、数字智能的系统服务解决方案，包括安装调试、检维修、逆向设计、备件服务管家、专业维保、供应链管理、智能服务、绿色智能再制造、远程互联服务等，尤其是对风机运行系统进行远程实时监测、异常识别与报警，为客户提供相应的智能解决方案，从而保证了客户企业动力装备及其工艺系统的安全、高效、长周期、低成本运行。

第四个阶段：成功转型为服务型企业阶段

通过二、三阶段的努力，企业与客户间将会逐步建立起一种利益共享、风险共担的战略合作关系，实现数据、信息等资源的充分共享，企业在掌握了客户经营所需的关键性技术、知识、技能和经验后，将结合客户企业战略目标和业务发展，为客户提供智能化的产品与服务，为其创造更大的价值，实现产品的完全服务化，即实现了服务型企业的成功转型。

企业产品模式的演进，尤其是进入智能化的产品与服务阶段和成功转型为服务型企业后，不仅可以有效降低企业相关机器、设备等固定资产的投资风险，减少相关运维人员的人力成本与费用，而且可以有效延伸制造企业的产业链，延长企业与客户之间的合作周期，增加彼此交易的频率。同时，还可以有效降低双方的搜寻成本、协商谈判成本，降低彼此的违约风险和道德风险，有效增强彼此的黏性，提升制造企业抗击经济发展周期性波动风险的能力。如复印机制造企业，通过为大学、图书馆、大型社区等人口密集区免费提供复印和打印设备，以及复印、打印服务，从服务与提供耗材等方面获取利润。洗衣机生产企业，基于互联网技术开设智能化洗衣店，通过客户自助洗衣及向洗衣机生产企业支付一定的费用来获利，制造企业基于互联网、人工智能等信息技术为客户提供最终效用，不仅满足了客户的需求，而且为客户降低了购置成本，减少了资金占用，在未改变企业产品所有权的前提下，极大地提高了产品的使用效率和效能，增加了企业的收益。这一模式正逐渐在那些需要客户前期投资较高的大型试验设备、医疗设备和工程车辆等领域推广，已取得较好的效果。总之，该类服务业务既可以由设备制造商自己来开展，也可以委托第三方服务机构来开展，只要能够充分发挥各自的优势，并为客户创造更大的价值即可。

二、企业组织模式的发展演进

在服务型制造转型过程中，产品模式的演进需要企业组织模式的演进，以更好地适应企业生产经营的需要。对于传统制造企业而言，产品的研发设计、生产制造和营销服务等环节往往由企业自身独立完成，客户与相关合作单位参与得很少。对于服务型制造模式下的企业和客户而言，由于产品生产制造的智能化、柔性化以及产品运营服务系统的复杂性，需要企业内部各部门、企业与企业、企业与研发机构、企业与服务型企业、企业与客户间的充分沟通与协调，协作生产与服务，更好地完成产品的生产、交付与服务工作。通过高质量的服务，提升客户的满意度与忠诚度，拉近企业与客户的距离，鼓励客户参与到需求挖掘、确认、产品研发、生产制造和优化服务等环节当中，将客户的知识、技能、创意和经验，有机融入产品生命周期的各个环节，基于企业与客户互动，实现企业与客户的价值共创（图 6–14）。

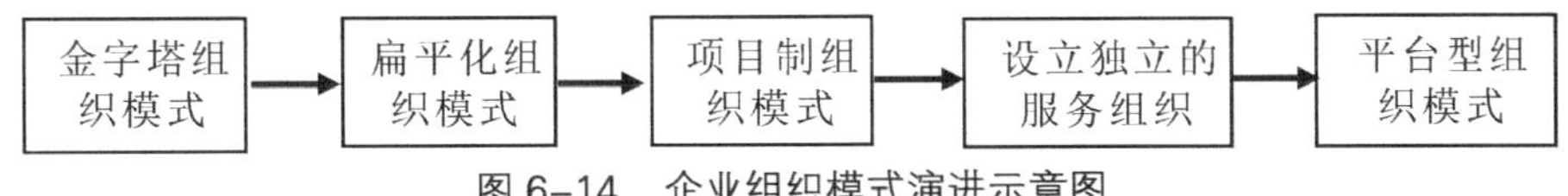

图 6–14　企业组织模式演进示意图

从图 6–14 可以看出，传统制造企业向服务型制造企业转型会经历以下四个阶段。第一阶段，传统制造企业结合业务、产品模式演进的需要，从传统的金字塔组织模式向扁平化组织模式转变，使企业与客户、企业与合作伙伴之间建立起直接的联系，通过沟通协调，使企业更好地感知与响应客户的需求。第二阶段，针对客户需求多元化、个性化和定制化的挑战，亟须提升企业的响应速度，从职能制向矩阵制、项目制架构演进，以项目为驱动，实现跨部门高效协同，为客户提供个性化、定制化的产品和解决方案就成为必需的选择。第三阶段，客户定制化的需求更加突出，企业基于互联网、物联网等信息技术，适时介入客户生产经营、价值创造过程，全面感知和快速响应客户的需求，为客户提供全面的智能化、个性化服务，这一应对方式的转变迫使企业必须转变思路和生产、服务模式，通过设置独立的服务组织，统一负责沟通、服务事宜。第四阶段，完成服务型制造转型的企业，基于互联网、物联网技术，对客户与企业资源加以整合，对于客户业务的共性部分，可以建立统一的业务平台，提高资源的共享性和利用率；对于客户个性化部分单独进行对接，当个性部分日益成熟时，将其转化为共性部分，纳入统一的业务平台。传统制造企业在服务型制造转型过程中，其组织模式也会随着产品模式的演化，进行动态调整和演化。

第一阶段：扁平化组织模式阶段

在企业进入扁平化组织模式阶段之前，企业更加关注如何能够提高生产效率和效益，降低成本与费用，在管理上如何实现统一指挥和权力高度集中，企业一般会采取职能制、直线职能制的组织结构。在该阶段企业与客户的沟通较少，主要是一种买与卖的关系，彼此相互独立，市场一般处于供不应求阶段。当企业进入扁平化组织模式阶段后，主要为客户提供“产品+服务”包，增强了企业与客户、企业与合作单位以及企业内部部门间的联系与沟通，有利于企业及时发现客户的需求及其变化趋势，进而对企业的组织结构、业务流程、生产工艺、服务流程和资源进行优化，开发和提供相关的产品与服务，提升客户的满意度。

第二阶段：项目制组织模式阶段

随着产品模式进入定制化产品服务系统阶段，对于企业的研发设计、生产制造和营销服务等环节的柔性化、智能化提出了更高的要求，企业与客户的互动更为频繁、深入和全面，企业自身的技术与知识储备、生产制造能力、人力资源等已经无法满足定制化产品服务系统的要求，企业必须与众多的制造企业、研发机构、服务公司和中间商建立错综复杂的合作关系，并且需要通过一定的机制、制度确保关系具有一定的稳定性，实现各方的共赢，这些都需要企业适时对组织结构、业务流程作出调整，以提高企业对客户需求的响应速度和对外部合作伙伴的管理能力，逐步进入项目制组织模式阶段，实现对企业内外各类资源的整合与充分利用。

第三阶段，设立独立的服务组织阶段

随着企业产品模式进入智能化的产品与服务阶段，企业与客户间逐步建立起一种密切的合作关系，彼此间的交易频率、交易金额进一步增加，为了进一步延长双方合作的时间，为建立战略联盟客户关系打下坚实的基础，需要双方在充分沟通的基础上实现彼此的相互融入，以及在数据信息、知识、技术等方面的共享，此时的项目制组织模式在运行过程中很难满足客户对服务持续性、实时性的需求，项目小组成员个人成长和个人归属感较低等弊端日益凸显，亟须企业及时对组织模式进行调整，针对客户个性化需求设立专门的服务机构，全权负责与客户、企业内部各部门以及合作单位的业务对接与沟通协调工作，为客户提供定制化的产品服务系统，以提升对客户需求的响应速度。当为客户提供的定制化产品服务系统运行一段时间，积累了大量的数据资料和经验之后，再对各产品服务系统的共性部分进行梳理，搭建公共服务平台，以提升企业服务的效率和质量，同时也可以有效降低企业的各类成本。随着业务的扩展，这一公共服务平台的服务能力也将大大加强，因此在设计过程中一定要预留出较大的空间，以满足后续平台扩容升级的需要。例如，香港利丰公司为全球数千家客户提供供应链管理过程服务及为每一个客户建立专属的服务团队或部门，专门负责面向具体客户的个性化的供应链管理，同时利丰集团建立了不同供应链共享的资金平台，提供高效率的资金管理服务。这种企业内部组织结构的变化通常被称为组织分离，即企业建立专属的服务部门，由其统一协调企业内部的资源配置、部门与流程，为客户提供端到端的服务。

第四阶段：平台型组织模式阶段

当传统制造型企业完成服务型制造转型，并不是意味着制造业务就不重要了，它对于企业核心竞争力的培养和形成，客户满意度与忠诚度的提升依然起着基础性的作用。企业应在第三阶段的基础上，提升企业对内外部资源、能力的整合能力。继续扩大和完善公共服务平台，在做好客户个性化服务业务的同时，注重对各业务之间在资源、技术、知识等方面的共享、协同，并形成合力，将企业打造成一个具有较强资源集聚、整合、优化能力与服务能力，运营高效的平台型组织。

三、企业运营模式的发展演进

传统制造型企业在服务型制造转型过程中，基于信息技术和新的制造技术，针对客户的多元化、个性化需求，企业产品模式、组织模式的演进，要求企业的运营理念、运营模式也应该适时做出调整，企业运营模式的演进同样可以总结为四个阶段（图 6–15）。

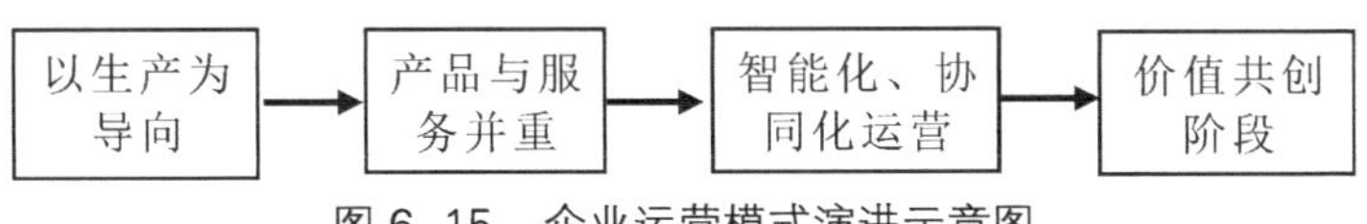

图 6–15　企业运营模式演进示意图

第一阶段：以传统生产为主导，服务是产品的配角

随着传统制造向服务型制造转型，企业逐渐开始为客户提供个性化、定制化的产品服务，从而拉开了产品在研发设计、生产制造、营销服务等环节变革的序幕，产品的生命周期在缩短，生产柔性化变得更为重要，与此同时也导致了产品线的增多。该阶段企业迫于竞争压力，开始关注生产以外的服务——为客户提供必要的、标准化的服务，但仍然是以传统生产为主，服务的主要目的在于确保产品功能、性能的正常发挥，倾听和搜集客户对于产品服务的相关意见和建议，并对其进行整理分析，为企业研发、生产和服务等部门提供决策过程中的数据信息支持，做好各部门的协调沟通，为客户提供更多、更好的服务，提升客户的满意度，增加产品的销售量。

第二阶段：产品与服务并重阶段

随着企业产品模式进入定制化服务系统阶段，企业主要采取项目制组织模式，企业与外部合作单位、客户以及企业内部各部门、各岗位间的联系、沟通更为频繁密切。服务在提升客户满意度、忠诚度以及增加销量和价值创造中的作用日益凸显，在运营过程中，产品生产制造的重要性虽有所下降，但是依然处于重要地位，由此企业的运营模式进入产品与服务并重阶段。企业开始注重服务的提供与创新，开始营造服务导向的企业文化氛围，基于项目制组织模式和定制化产品服务系统优化企业服务流程与相关机制、制度，注重对项目制团队的激励与考核，持续提升服务的创新能力和市场响应速度，力争为客户提供个性化、定制化的产品服务系统。为客户提供定制化的产品服务系统，意味着对企业资源整合能力提出了更高的要求，因此，企业应结合发展战略目标和市场发展趋势，聚焦企业核心优势，树立“不为所有，但为所用”“有所为有所不为”的理念，加强与相关企业、组织的合作，实现彼此的资源共享、优势互补和共同成长，进而提升资源配置效率，降低生产经营环节的成本，提升服务质量和效率。其中，业务外包成为很多企业惯用的做法，这些企业为了确保企业核心能力的持续竞争优势，往往会为其投入更多的人、财、物、信息等各类资源及政策倾斜，而将那些非核心业务外包给那些效率更高、效益更好的企业，外包服务种类可以涵盖研发、设计、配送、安装、维护等多种业务。外包模式不仅可以形成庞大、高效的协作网络，有效提升产业内的资源配置利用效率，实现各方的优势互补和规模效应，又能提升制造企业的生产、服务运营的能力与效率，助推服务型制造转型。在制造业服务型制造转型过程中，通过外包模式取得骄人业绩的典型代表企业及其外包主要措施如表 6–5 所示。

表 6–5　制造企业服务外包的主要措施

制造企业典型代表	服务外包主要措施
思科公司	将大量生产业务外包，专注于为客户提供网络解决方案
爱立信	将手机生产业务交给伟创力 (FLEXTRONICS) 公司代工生产，专注于为客户提供端到端全面通信解决方案以及专业服务
海尔集团	通过 COSMOPlat 平台将设计及售后服务等部分业务外包给第三方企业
陕鼓集团	自 2001 年实施服务型制造战略，将附加值低、技术含量低、自身生产能力不足的零部件以及非核心服务外包，强化核心制造与效用的服务，聚焦于市场的开拓和核心技术的研发
通用汽车、福特汽车	甩掉自己的汽车零部件生产，实施全球采购

在发展服务型制造过程中，需要服务型制造企业及其生产性服务企业的协调发展，各自在聚焦发展其核心资源、核心能力的同时，加强彼此间的深度合作，形成高效、协同发展的服务型制造网络体系，其中包括中心型与协作型两种主要模式。中心型，是那些实力雄厚、具有较强竞争力的制造型企业，凭借其核心技术、知识、品牌、渠道和人力资源等优势，在与其他企业组织合作过程中发挥较强的资源整合优势，成为整个合作网络的中心。协作型，则是那些实力较弱、不具备系统整合能力，只是在某些领域具有一定的竞争优势，这类企业通过与其他相关企业建立起战略联盟关系，成为联盟核心成员企业资源、价值整合的一部分，处于从属地位。在服务型制造中，服务外包成为合作各方关注的焦点之一。服务外包是由服务型制造企业、多服务提供商和离散客户构成的复杂网络，其服务流对于价值共创的作用较为明显。三方合作是否长久、愉快，取决于三方在实现价值共创与共赢过程中能否实现利益均衡分配。服务型制造企业如何决策服务生产量与外包量，服务承包商如何提供服务水平，客户如何参与获得最大效用，将成为合作的关键问题[178]。

第三阶段：智能化、协同化运营阶段

随着企业进入向客户提供智能化价值创造解决方案阶段，企业与客户间建立起一种相互信赖的、稳固的价值共创的合作关系。服务企业已逐渐融入客户的生产经营、价值创造过程中，并且基于互联网、物联网等技术，与相关制造企业和生产服务型企业建立起一种深度融合，协同共创、共赢的关系，服务成为价值创造的主体，企业运营模式进入智能化、协同化运营阶段。此阶段，服务型制造企业应结合产品模式和组织模式特点，充分利用现代信息技术，提升服务运营的智能化、协同化水平，做好以下基础性工作：

第一，互联网、物联网、大数据技术等现代信息技术增强了企业与企业、企业与客户间联系的广度与深度，彼此在产品研发设计、生产制造和服务创新等诸环节互动频繁、联系紧密。企业基于现代信息技术实现对客户需求的自动感知、智能分析，通过与客户的持续沟通，加深对客户需求的理解确认，完成对客户价值创造方案的系统化设计，依托智能化、协同化制造网络，对人、财、物各类资源进行优化配置，实施智能化生产制造与服务，极大地提升了企业对客户需求的响应速度。因此，此阶段信息技术为企业实时、全面感知客户需求，通过相关需求数据信息分析和预测、双方即时的互动沟通和需求的再确认，以及解决方案的设计、产品的研发设计、生产制造与服务创新奠定了基础。

第二，服务型制造企业运营是一个复杂的过程，除了企业与客户间持续的互动与协同外，还需要双方间的密切合作。当企业明确并确认了客户的需求后，就需要及时设计出定制化的解决方案，在合作网络中快速寻找到成本费用较低、效率较高、合作时间较长、合作愉快的协作单位，共同完成客户价值创造方案的生产与交付。为此，服务型制造企业在日常的生产经营过程中就要与众多的外部企业组织建立广泛的联系，积累大量合作伙伴所具有的知识、技术、技能和经验，培养自身较强的资源聚合、整合能力和动态匹配能力。与此同时，在服务型制造企业内部还需构建各类机器设备、设施、物料、流程的数字化感知体系，该感知体系应具有较强的兼容性，基于互联网、物联网等信息技术与合作企业组织的机器设备、设施、物料、流程的数字化感知体系形成更大的感知体系，即合作企业间的数字神经网络。该网络的有效运营，又会积累大量的运营数据，通过创新数据挖掘技术，建立统一的运营数据标准，建立相应的数据分享机制、制度，实现合作企业间各类数据、信息和资源的动态匹配。在此基础上，营造“合作、共创、共赢、共享、共生”的跨企业文化氛围，实现文化与技术的完美结合。

第四阶段：价值共创阶段

当传统制造企业全面转型为服务型制造企业时，与客户间就要建立一种长期、稳定的合作关系，持续提升客户的满意度和忠诚度。在合作过程中实现彼此在数据信息、知识、技术、创意、经验等方面的共享，增进彼此在业务、情感上的关系，最终形成价值共创、利益共享、风险共担的战略联盟关系。

四、服务型制造的发展演进

通过对传统制造型企业转型过程中所涉及的产品模式、组织模式和运营模式演进的分析发现，转型是一个长期的、循序渐进的过程。通过转型实现企业产品模式、组织模式和运营模式的演进，进而促使企业的经营理念转变，生产经营基础设施设备升级，企业管理机制制度创新，企业文化建设和员工思想、行为转变，企业与客户、合作企业组织之间的关系更为紧密。由传统制造企业迈向服务型制造模式的过程，依据实践经验，仍然可划分为四个阶段（图6–16）。

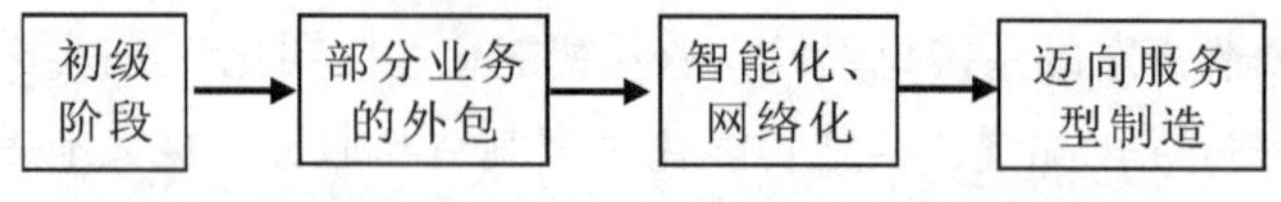

图 6–16　企业迈向服务型制造模式演进示意图

第一阶段：初级阶段

在企业迈向服务型制造模式过程中，企业结合自身战略目标（愿景与使命），通过对现有资源能力的全面分析，明确企业拥有的核心资源、核心能力——这些核心竞争力对于企业未来的生存与发展具有重要意义，因此需要明确企业存在的潜在问题以及解决对策，企业当前的产品有哪些，各自有什么样的优势（技术、生产、质量、品牌和服务等），是否形成了优势互补、结构合理的产品组合，初步形成基于客户需求的解决方案，以提升客户黏性。基于产品拓展企业向客户提供的服务项目和服务量，结合客户生产经营所需，提供相应的支持，进而提升服务在企业收入和利润方面的比重。为此，企业与客户间就必须搭建起一个顺畅的沟通交流平台，用于彼此沟通交流以及客户信息的收集、整理、挖掘和反馈。在企业文化建设方面，要营造“以客户为中心，以需求为导向”“用心沟通、用心服务”的服务文化氛围，引导员工，激励员工，约束员工。在产品生产制造方面，则须初步实现对生产设施设备全过程运营的监测，建立起设备设施运营的数据库，以提升其数字化水平，实现生产制造、质量控制等方面的可视化、智能化。

第二阶段：部分业务外包阶段

在该阶段，企业主要基于客户需求，向客户提供定制化、个性化的解决方案。企业开始把部分非核心资源、产品和服务外包给第三方，以集中精力做好主业，充分发挥其核心资源、核心能力优势。为客户提供整体解决方案，不仅减少了在客户在询价、磋商、合同后期执行等方面遇到的麻烦，而且使企业服务收入比重不断提高，在产品后期维护、维修以及零配件服务销售方面的利润大幅增加。客户关系管理方面，企业与客户间建立起一种高效的数据信息采集、反馈和共享的沟通平台，对客户与企业知识进行有效管理，实现知识的获取、吸收和创造。同时，对企业业务流程持续优化，加强对生产经营设备设施的运营效率以及安全性、可靠性管理，建立起初步的企业服务质量标准体系，并根据技术、业务的发展做出动态调整。

第三阶段：智能化、网络化阶段

该阶段企业与客户、合作单位开始建立起相应的服务型制造网络，接入该网络的各节点企业与客户之间可以实现信息、技术和知识的共享，从而极大地提升了企业的响应速度。通过互联网、物联网和大数据技术，可以实现对客户需求信息的采集和准确预测。企业基于自身核心优势，将原来的服务平台外部化，不仅服务于自己的客户，还服务于其他企业客户，成为代理运营商。企业往往也会设立多个服务运营中心，比如，京东物流最早只是服务于自身的客户，随着业务的发展，目前京东物流有 19 万多家供应商客户，除了 4 万多家是一体化供应链客户，其余均为外部客户。该阶段企业的服务项目及其标准、服务流程等进一步规范，具有更强的指导性。在企业文化建设方面已经形成了面向服务的新型企业文化，并开始发挥作用。在设备设施运营管理方面，可靠性、安全性、智能化水平进一步提高。

第四阶段：迈向服务型制造阶段

当企业进入服务型制造阶段，企业的服务型制造网络更为完善，功能更为强大，智能化水平更高。网络当中各节点企业、客户间的联系更为紧密，可以充分实现信息共享，各节点企业可以基于自身的资源能力及在整个网络中扮演的角色，实现资源的优化配置和优势互补。此阶段，几乎所有的资源都是围绕着核心业务创造利润，企业构建的个性化客户服务路径、流程科学有效，并针对客户需求变化适时做出调整，具有较强的柔性。企业在为客户提供各类服务的同时，能够及时获取大量的客户需求信息，并对需求趋势进行科学预测，以提升企业对市场预测的准确性，并给予科学可行的解决方案。该阶段，企业的主要利润来源于为客户提供解决方案和后续代为运营等业务，企业内部的信息、知识共享、共创能力持续增强，人工智能信息技术大大提升了企业运营、服务效率。企业设备设施的智能化水平、安全性和可靠性进一步提升和增强，服务质量体系日臻完善，客户的满意度、忠诚度进一步提升。由此，传统的制造型企业就转型为基于产品的服务提供商。

第七章 服务型制造的产品模式

本章在对产品概念及其层次、智能产品介绍的基础上，以客户需求、价值创造为中心，对物理产品 + 售后服务模式创新、产品服务系统集成模式创新和产品服务系统效用服务模式创新等多种产品服务系统模式进行理论分析。

第一节　产品相关概念

一、产品的概念及其层次

在市场营销中，产品被界定为：劳动者经过劳动生产出来的能够满足使用者某种程度特定需求的任何有形物品或无形服务。这里的产品既有物理产品的属性，强调产品的实体形式，也有无形的组织、服务、观念等。从客户的视角来看产品，产品则是能够提供给市场并能够满足人们需求和欲望的各种有价值的物品和服务，客户通过购买产品获得某种价值或利益，以期满足其需求。从经济学的视角来看，产品是由企业生产、制造出来的制成品，是满足客户需求、企业获取利润的重要载体。因此，产品必须具有一定的市场价值，被客户所购买与使用，能够满足客户某方面的需求，亦即产品具有交换价值，否则就会影响到企业成本费回收和利润获取。

传统的产品概念包括核心产品、形式产品和附加产品三个层次。菲利普·科特勒（Philip Kotler）将其延伸为五个层次，增加了期望产品和潜在产品两个层次，从而较为全面、深刻、准确地描述了产品的概念属性。其中，核心产品是客户真正需要的最为基本的效用或利益；形式产品是产品核心利益得以实现的外在形式，企业必须将客户所需的最基本的效用与利益转化为形式产品，形成产品的基本形式和形态，即产品的结构、成分、品质、式样、包装和品牌等；附加产品，即延伸产品，是产品为客户提供的超越其期望的附加服务和利益，主要包括质量保证、运输、安装、维修、技术指导或培训等；期望产品是客户在购买某产品时期望得到的与产品密切相关的特性；潜在产品则是指现有产品在未来可能进行的改进和变革。随着生产技术的快速发展，客户的需求呈现出多元化，不同企业的产品在核心功能、形式产品、期望产品方面的同质化日趋明显，企业要赢得顾客，拥有持续的竞争优势，就需要投入大量资源，做好附加产品，为客户提供差异化的服务。

在传统商业模式下，制造企业与客户之间的关系往往是松散的、临时性的，当企业将产品销售给客户，随着产品所有权的转移，企业除了为客户提供必要的诸如一些安装、调试、维修与维护服务之外，彼此间关系再无延伸，因此属于一次性交易模式。在该模式下，客户与企业间彼此是独立的，企业更多关注的是产品所有权转移之前的各个环节，而对于诸如客户使用、维护等环节关注很少，导致客户的体验感较差；客户则更多关注于产品的品质与价格。随着社会经济的发展，客户需求日益多元化，客户开始越来越关注于产品的设计理念、生产制造的品质、产品交付后的持续服务及其创新，更多关注于产品在整个生命周期内为其创造的价值和带来的综合效应。客户需求的悄然变化，需要企业从关注产品的研发设计、生产制造和成本控制，向关注产品或整体解决方案的全生命周期转变，通过对客户需求的关注及客户的参与，在产品生命周期内为客户创造更大的价值，同时与客户形成紧密的联盟关系，由原来的一次性交易模式向多次重复交易的模式转变，在提升客户价值创造能力的同时，使企业获得源源不断的收入与利润。

二、智能产品

大数据、物联网等现代信息技术的快速发展与应用，推动了企业生产制造的智能化。借助于物联网、传感技术等现代信息技术，在制造企业与供应商、中间商以及客户之间实现着快速的、跨时空的沟通，完成着彼此信息的高效传递和准确感知，以及产品运营的实时监测、预警与处置，有效推进企业乃至整个制造行业的智能化水平。智能产品，则是随着信息技术、智能制造技术等先进技术的不断发展应运而生的，智能产品具有良好的人机交互性，能够通过人机对话更好地理解人的意图，并且对于外界环境具有较强的感知与自动调适的能力。企业通过数字信息技术将生产制造工艺、机器设备相连接，并对产生的大量数据信息进行挖掘、分析及应用，以实现人、机器设备和产品的有机协同，实现生产制造和产品的智能化、数字化。

服务型制造模式关注于客户价值的创造及其需求的满足，致力于为客户提供个性化的产品、服务或者整体解决方案。企业通过对客户需求的挖掘，研发设计，柔性化生产制造及数据信息的获取、处理、应用，将客户的个性化需求转化成具体的设计、生产、营销和服务的信息模型。具体而言，就是在客户个性化需求挖掘分析方面，充分发挥互联网信息技术，做好对客户需求信息的收集和挖掘分析，为个性化产品服务系统的研发设计、制造与营销服务提供决策支持。在设计方面，综合利用5G技术、物联网、大数据、云计算、人工智能、工业互联网等现代信息技术，构建和实施数字化设计与虚拟仿真系统，提高企业个性化设计与交互设计的效率，实现个性化产品零部件的标准化、模块化。在生产制造方面，通过现代信息技术将诸如产品的主要功能、型号、技术标准、材料来源及其规格、加工工艺和质量控制等数据信息即时传递给智能化的生产设备，实现生产过程中采购、材料准备、生产加工、质量控制和仓储管理的数字化与智能化，进而提升企业大批量个性化定制服务的能力。在产品营销服务方面，通过对客户大数据、产品运营大数据进行分析，实现产品与服务的完善与创新。总之，在服务型制造模式下，实现个性化智能产品在需求挖掘分析、生产制造、营销服务过程中的智能化。

当智能产品进入使用、运营与维护环节，可以通过嵌入其中的各类传感设备设施，实时感知所处的环境状态，以提升其自适应性，充分发挥其自我诊断、自我调适功能，实现对产品的全生命周期管理。现代智能型生产设备，能够通过传感设备实时获取设备运行状态的相关数据信息，并对设备的运行健康状况进行全面、实时的监测与评估，通过异常预警和提供智能化的维修维护方案，提升设备运行维护的智能化、数字化水平，以降低产品的运营维护成本。陕鼓集团透平机械工业服务云平台，可实现监测诊断、故障预知、及时交互、进度跟踪、客户管理、智能统计等功能；实现预知维修，缩短非计划停机时间60%以上，平台目前共向1 500余家用户，6 800余台压缩机、电机、汽轮机等设备提供全生命周期健康管理服务，有效提升了客户设备运维效率和企业价值创造能力，降低了客户设备的运维成本。

通过以上分析可以发现，智能产品正在倒逼企业的数字化与服务型制造转型，进一步促进制造与服务的有机融合，提升产品的智能化、服务化水平。对于智能产品的研究与实践，应基于产品全生命周期管理的视角，关注智能产品的研发设计、生产制造、营销与服务等环节的智能化与数字化，进而为客户提供更为智能化的产品服务系统，为客户创造更大的价值。

智能产品是现代制造技术与信息技术相互融合的产物，智能制造与智能产品的发展，加速了制造业与服务业的深度融合。

第一，信息物理系统（CPS）功不可没，通过CPS将计算资源与物理资源紧密融合与协同，使得系统的适应性、自治力、效率、功能、可靠性、安全性和可用性远超过当前的系统。作为物联网的升华形式，它将改变人与物理世界的交互方式，使得生产制造更具智能化、定制化、个性化和柔性化，有效推进制造业的全面升级[179]。

第二，智能工厂与智能设备设施的建设与运行，实现了从物品开发、筹划、出产和执行等一系列行为的高效运行，所有的生产都在一个平台中进行，节省了部门间的协调时间，并且在智慧系统的调配下，各个环节紧密协调配合，改变了传统的生产方式，实现了数字和物质两个系统的有机融合以及对生产流程各环节的智能监控。

第三，催生新的商业模式。制造业与服务业的深度融合、信息资源与物理资源的相互融合，催生了新的商业模式，使得企业在推进企业数字化、服务化转型的同时，更加关注客户的需求，并与客户建立密切的联系，价值链中各合作主体间的协作、互动更为频繁。

第二节　基于客户价值创造的网络

一、客户价值创造网络图

产品服务系统旨在以客户为中心、以客户价值创造为目标，通过技术与服务创新，基于定制化的产品与服务，为客户创造更大的价值，提升客户的生产效率，增加收入与降低成本。因此，作为服务型制造企业必须持续关注客户价值创造的全过程，由过去关注自身价值链模式、关注自身利益最大化转向关注客户的价值链模式，增强企业与客户的互动协作，及时发现客户在需求上的变化以及未能很好满足的隐性需求，进而通过信息知识共享，为客户提供定制化的产品服务或者整体解决方案，最终为客户创造更大的价值。在构建客户价值创造网络过程中，企业应不断提升其发现客户潜在需求和价值缝隙的能力。

第一，在客户价值创造过程中，客户存在哪些价值创造障碍？这些障碍对于客户而言重要性如何？企业能否通过自身的技术、渠道或者对于企业内外各类资源的整合，帮助客户创造更大价值或者获取更大效益？对于诸如此类的问题，在服务型制造转型过程中，陕汽集团给予了很好的回答。陕汽集团充分认识到客户是否有充足的货源是影响其购买商用货车的重要因素，也是影响客户价值创造的关键因素。为此，陕汽集团以这一要素为突破口，把服务拓展的方向转向如何为客户带来源源不断的货源，使客户购车后有货拉、有钱赚。从表面上看，企业为商用货车客户寻找稳定货源与汽车制造的主要业务、利润增加并无太大的关系，但是正是企业开始关注客户需求，关注客户价值链和关注客户价值创造，才发现除了汽车本身的价格外，货源的多寡及其稳定性，是影响客户购买商用货车的关键因素之一。对于企业而言，要解决这两大问题，一方面，陕汽集团和银行等金融机构合作，为购车客户提供相应的分期付款金融服务，以减轻客户购车的资金压力；另一方面，陕汽集团通过与自己有业务往来的供应企业、有货运需求的单位和物流企业进行洽谈，为客户寻找大量的货运信息，随着信息技术和货运业务量的发展，企业对其进行数字化升级，搭建货运信息平台，实现货运需求的精准匹配，当这一平台的用户足够多，其集聚效应就会越来越大，从而不仅可以解决陕汽集团商用货车货源问题，还可以解决更多非陕汽客户的货源问题，实现商用货车与货源的智能化精准匹配。另外，陕汽集团还借助该平台，为客户提供汽车修理、轮胎更换、加油、保险、二手车交易等各类与车有关的服务，不仅密切了企业与客户的关系，同时为客户与企业创造了更大的价值，实现了企业对产品的全生命周期管理。

第二，客户在购买产品时不仅需要支付相应的费用，而且在产品使用过程中可能会产生大量的使用成本与费用。服务型制造转型，需要企业不仅关注产品销售之前客户需求的了解与确认、研发设计与制造，还应该关注产品销售后的营销、运维与服务。产品在交付使用后，哪些环节会给客户带来较大的费用支出？如果服务型制造企业能够通过产品与服务创新或者产品服务组合创新，能够帮助客户有效地控制与降低产品使用成本，为客户创造更大的价值，必然有利于提升客户的满意度与忠诚度。还是以陕汽集团为例，企业通过分期付款、车联网服务系统有效解决了客户的购车资金和货源问题，货车在运营过程中，哪些费用是其重要的成本支出呢？毫无疑问是燃油费用支出，行车耗油天经地义，作为汽车生产企业如何解决客户行车耗油问题，除了减轻汽车自重和改进发动机以降低耗油量外，好像别无选择，而且这两项改进的空间是非常有限的。这些只是基于汽车生产角度的思考，如果跳出生产性思维就会发现，除了在技术上的突破，还可以通过对外部资源的整合来降低燃油的购买成本。如企业拥有大量的客户并形成了一个庞大的燃油需求群体，此时，汽车制造企业就可以与燃油供应企业进行谈判协商，为广大客户搭建一个燃油采购社群，使进入该社群的客户都可以享受到较低的燃油团购价格，从而不仅可以降低客户的燃油成本，又可以为燃油供应企业提供源源不断的客户，实现对各方资源的整合及达到多方的共赢。

总之，服务型制造转型，亟须企业持续关注客户的需求以及对客户资源与货运资源、油料供应企业、汽车维修企业等主体资源的整合，实现合作各方的共赢，有效提升客户的价值创造能力，降低客户货车运营过程中的成本支出，不仅可以为客户创造更大的价值，而且有助于产品销售及利润增加，增强行业竞争力。企业也可以基于平台运营，与客户、油料提供商等主体共享收益，收取一定的货源信息服务费、燃油采购节约费，实现企业收入来源的多元化，优化企业收入模式。

陕汽集团的做法对其他相关企业的服务型制造转型和理念、思路的创新具有重要的借鉴意义。其中，准确识别和确认客户价值，准确挖掘影响客户收益增加或者运营成本控制与降低是服务型制造转型的关键所在，因此，企业要从先前关注产品研发、生产与营销等环节转向关注客户的整个价值链上来，通过与客户协同对价值链进行优化重构，以提升客户的价值创造能力。W. 钱·金（W. Chan Kim）和莫博涅（Mauborgne）两位教授在《蓝海战略》里提出，企业可以从价值感知的层面去重塑战略，让差异化和成本领先兼得。基于客户的视角，为客户创造更多的价值，将成为企业的终极目标。依据《蓝海战略》提出的顾客效应图，李刚等人将其扩展为客户价值创造网络图，以便企业能够站在顾客价值链的视角来看待与分析问题（图 7–1）。

图 7–1　客户价值创造网络图

客户价值创造网络图将客户的价值创造过程分为购买、配送、使用、修配、维护和抛弃等六个阶段，涵盖了客户从购买到废弃等产品销售之后的全过程；将客户价值 / 效应来源分为效能、效率、简单、方便、风险、环保和成本等七个层面，帮助企业梳理、评价其在 42 个维度为客户创造的价值大小，挖掘可能存在的价值缝隙[5]。服务型制造企业需要对客户价值创造过程进行解构，识别在每一个阶段，客户在七个价值 / 效应的来源上存在哪些障碍，通过产品服务创新或提供整体解决方案，为客户扫除这些障碍以发现价值创造的机会。在每一阶段，管理者可以通过头脑风暴法罗列出一系列影响客户价值创造的障碍问题，明确在扫平这些障碍过程中的机会。面向客户价值创造过程的价值创新检查如表 7–1 所示。

表 7–1 面向客户价值创造过程的价值创新检查表

阶段	客户价值创造过程的检查问题	价值创新方向
购买	需要花费多长时间才能找到所需的理想产品？	降低客户搜索产品的成本。例如，为客户提供导购顾问服务；或者提供一站式机票、酒店搜索比较门户，方便客户找到满意的旅行方案
	客户配置、选择产品有障碍吗？	帮助客户选择、配置产品，提供定制服务。例如，汽车销售商设立专门的咨询顾问，帮助客户选择汽车的型号
	购买地点是否有吸引力？是否容易到达？	提供便捷的购买场所，或者提供便捷的交通服务，方便客户购买。例如，沃尔玛提供班车服务，接送远距离顾客来沃尔玛购物；处于远郊区的 4S 店，在商业区开设展厅，或开设网上展厅，提供详细的汽车技术参数和客户评论
	交易环境是否安全？	提供安全支付方式，降低客户的不安全感。例如，银行卡、支付宝、微信支付等，提供了非现金支付及网络支付的便利
	客户是否存在支付困难？	降低客户的支付门槛。例如，汽车制造商设立融资租赁公司，为客户提供购车金融服务
	客户做出购买的决定是否足够迅速？	方便客户做出购买决策，降低购买的不确定性。例如，Amazon.com 提供简洁的产品展示页面，以及 15 日内随意退货保障
配送	需要花费多长时间才能获得公司交付的产品？	缩短产品的配送时间。例如亚马逊为客户提供 7 日到达的免费配送服务，以及 1 日到达的收费配送服务
	客户自己运输货物吗？如果是，运输成本和运输难度如何？	提供产品的配送服务。例如，陕鼓集团为客户提供大型汽轮机的专业化配送服务
	拆开并安装这些新产品是否有难度？是否需要专门的工具？	提供专业化产品安装及部署服务。例如，陕鼓集团为客户提供汽轮机的安装、调试，以及试运行服务
	学习使用这些新产品是否需要专门的人员或技能？	提供专业化产品使用培训服务，降低客户学习成本。例如，GE 为客户提供工业汽轮机使用的专门培训服务
使用	是否需要其他产品或服务的配合才能使用该产品？	将其他产品或服务和本产品打包成为整体解决方案出售给客户。比如，GE 提供飞机发动机的维护、保养、检测等服务，来保证发动机的安全运行
	产品的使用需要经过训练或来自专家的帮助吗？	为客户提供专业化的产品使用培训或者专家咨询服务。例如，陕鼓集团为工业汽轮机用户提供培训服务及在线远程诊断；陕汽集团为客户提供重型卡车的节油管理服务

续表

阶段	客户价值创造过程的检查问题	价值创新方向
使用	产品的特征和功能的有效性如何？	提升产品的功能特性和情感特性。例如，陕汽集团降低重型卡车自重，使得卡车可以承载更多的货物；提供重型卡车司机俱乐部服务，增加司机的归属感
	产品或服务是否达到了客户的预期？是否提供了更多的功能和有更多的选择性？	超越用户的期望。例如，陕汽集团为用户提供中型卡车的售前融资租赁、燃油团购，以及货运信息匹配服务，超越用户对商用汽车的需求，为用户提供价值创造方案
	当产品不需要使用时是否能够妥善收藏？	为客户提供产品的保管服务。例如，在冬季游艇不能使用时，游艇俱乐部为游艇拥有者提供游艇保管服务
修配	是否需要匹配其他产品和服务才能正常工作？	提供产品修配用的工具或保管服务。例如，在出售产品的时候，将产品和维修工具一起打包出售；或者为产品附带修配服务
	如果是，其他产品的成本是多少？	帮助用户降低修配成本。例如，陕鼓集团为炼钢企业提供高炉鼓风机的专业化维修服务，以及远程诊断服务，降低用户自己成立维修保养团队的成本
	它们是否带来更多的烦恼？	为客户提供稳定可靠的修配服务，降低用户担心。例如，沃尔沃为卡车用户提供年度固定维护保养服务包，费用包干，使用户不用担心维修成本超支
	它们是否很容易获得？	帮助用户方便获得修配服务。例如，陕汽集团开设企业零部件网上销售服务，方便用户快速获得专用零部件
维护	产品需要额外的维护吗？	为客户提供产品专业化维护服务，或者将产品设计为免维护产品。例如，将传统的铅酸蓄电池升级为免维护蓄电池；4S 店为车主提供年度保养服务
	保养需要专门的配件或者服务吗？	提供专门的保养配件或者相关服务。例如，陕鼓集团为用户提供汽轮机的备件备品服务，方便用户在发生故障时第一时间获得备件
	维护和升级这些产品是否容易？	降低维护升级的难度，或者提供专业化维护服务。例如，陕鼓集团为用户提供汽轮机的再制造服务
	维护的成本有多高？	降低用户的维护成本。例如，陕鼓集团为汽轮机用户提供专业润滑油，降低用户自行采购润滑油的成本

续表

阶段	客户价值创造过程的检查问题	价值创新方向
抛弃	抛弃产品会带来很大的浪费吗？	降低产品的残值，减少浪费；或者帮助用户获得额外效益。例如，合理设计设备寿命，寿命到期时，产品残值很少，使用户不觉得抛弃产生浪费；重型卡车制造商回收卡车发动机，再制造为发电机
	处理的成本是多少？	降低抛弃成本。例如，电器制造商设立专门的回收处理服务，帮助用户低成本处理旧电器
	这一产品的弃置存在法律上或环境上的问题吗？	降低抛弃的法律或环境风险。例如，在产品制造过程中不使用污染环境的重金属；或者设置专门的回收服务
	抛弃产品是否容易？	提供抛弃的便利性服务，例如，设立专门的产品回收服务

资料来源：李刚，汪应洛．服务型制造——基于“互联网+”的模式创新[M]．北京：清华大学出版社，2017.

二、客户价值创造网络图的实践探索

如图7–1所示，客户价值创造网络中的购买、配送、使用、修配、维护和抛弃等六个阶段涵盖了客户从购买到废弃等产品销售之后的全过程。在这一过程中，每一个阶段的价值创造、价值创造的障碍都可以逐一对照效能、效率、简单、方便、风险、环保和成本等七个层面展开分析，以此来挖掘企业为客户能够提供产品与服务的种类和数量，以解决客户在价值创造过程中所遇到的各种障碍。因此，如何为客户创造更高的效能与效率，降低客户在购买、使用产品与服务过程中的成本，使得客户在购买、使用和废弃产品过程中更为简单与方便，使用产品更为安全、低碳环保，并进一步提升客户的体验感和价值获得感，就成为服务型制造企业转型所不得不考量的问题。当然，这些方面，既是对转型企业的更高要求，同时又为企业产品服务创新、发现新业务和模式创新提供良机。如果企业的产品与服务不能够很好地解决这些问题，那就极有可能在竞争激烈的市场经营中失去优势。因而，服务型制造企业必须加强与客户的沟通，了解和确认客户需求，并对目前的产品与服务或者整体解决方案进行优化创新。企业通过对客户价值创造效能、效率和所面临的主要障碍的挖掘、分析，可以便利地发现客户未能满足的需求和机会，进而为客户提供更为有效的产品服务系统和定制化的解决方案。对此，企业可参照表7–2进行逐一检查。

表 7-2　面向客户价值创造各阶段的价值来源障碍检查表

阶段	配送	使用	修配	维护	抛弃
客户使用效能：哪一阶段是影响客户使用产品服务系统效能提升的最大障碍？					
客户生产率：哪一阶段是影响客户生产效率提升的最大障碍？					
简单性：哪一阶段是影响客户价值创造更具简单化的最大障碍？					
方便性：哪一阶段是影响客户价值创造更具方便性的最大障碍？					
风险：哪一阶段是影响客户减少和规避风险的最大障碍？					
环保：哪一阶段是影响客户在价值创造过程中低碳环保、环境友好的最大障碍？					
成本：哪一阶段导致客户使用产品成本费用最大？					

在挖掘分析客户价值创造过程中遇到的主要障碍的基础上，企业进行产品服务的研发设计与创新，以便为客户创造更大的价值。然而，如果多家企业都看到了机会，纷纷投入大量资源，则极可能导致产品的同质化和竞争的加剧，企业不仅无法获利，甚至无法收回成本。如果这一情况无法避免，企业必须关注自身是否具有优于竞争对手的知识、技术和专有资源等，并向客户提供优于竞争对手的产品与服务。服务型制造企业在向客户提供差异化、定制化的产品服务系统的同时，需要为客户提供产品的全生命周期管理，企业往往不可能在所有的环节都具备相应的知识、技术和资源，而且各环节所创造的价值也是有差异的，因此，企业可以充分发挥自身优势，牢牢抓住那些能够创造更大价值的环节，而将那些附加价值较小、自己已不占优势的环节予以外包，以实现各自的优势互补和客户利益的最大化。制造型企业在为客户提供定制化的产品服务系统过程中需要基于合作、共享、共创、共赢和共生的理念，与供应商、中间商、服务商和客户共同搭建基于产品服务系统的价值创造网络。

对于基于产品服务系统的价值创造网络而言，陕汽集团的转型实践探索具有一定的代表性，对其他企业的服务型转型，提升客户价值创造能力具有较强的借鉴意义。转型前，陕汽集团和其他汽车生产企业一样，为客户提供同质化的产品，由于市场竞争的日趋激烈，促使企业更多地关注于生产制造与流程的优化、质量管控和成本的降低与控制，着眼于产品销售之前的各个环节，而忽略了对客户价值创造各环节的关注，导致企业深陷“红海竞争”的泥淖当中，使得企业收入波动较大，获利能力不断减弱。为了解决这一问题，陕汽集团开始将目光投向客户价值链，投向如何提升客户的价值创造能力方面，即价值创造网络中更多的空格当中。

对于中型商用卡车用户而言，除了要支付较高的购车费用外，还需要承担无货可运的风险，支付较高的燃油费、道路通行费、保险费、维修费和轮胎更换费用等费用，而且只要车辆运行，就会持续产生这些费用，不论是购车费、燃油费、保险费、维修费都不是车主自己能够决定的。当经济下滑、货运量减少时，对广大车主来说是一个严峻的考验，势必影响汽车的销量和车企的发展。如果汽车制造企业能够较好地解决车主在购买运营货车过程中遇到的一系列关系客户价值创造的问题，那就必然会给汽车制造企业创造更大的市场空间和利润空间。为了跨越这些障碍，陕汽集团做了一系列创新。

首先，与银行金融机构合作，为客户提供购车分期付款系列金融服务，解决由于车辆价格较高、客户一次性支付较困难的问题；通过天行健车联网实现货源与货车之间的精准匹配，为客户提供源源不断的货源，以确保客户收入的稳定性。

其次，陕汽集团充分挖掘客户资源优势，通过与油气供应企业、保险公司、车辆维修企业和轮胎生产等相关企业的洽谈合作，开发和利用天行健车联网系统，较好地解决了车主燃油、保险、维修和轮胎更换等方面成本费用较高的问题。其具体做法如下：

（1）燃油团购服务。通过车联网将每辆货车的剩余油量监测与行车轨迹、目的地和提供燃油团购的加油站点有机连接，以降低客户的燃油成本支出。

（2）路线规划服务。通过为货车内嵌导航系统，综合行车目的地和行车路况等信息，为客户提供路线规划服务，以降低由于司机路况不熟所带来的诸多麻烦，避免因走冤枉路而产生不必要的支出。

（3）车辆在线监测预警服务。通过为每辆货车安装天行健车联网系统，起到对车辆运行状态的实时监测、诊断和智能预警的作用，并引导货车在就近的修理厂进行维修保养，减少由于维修保养不及时产生的运输安全事故。随着天行健车联网系统的持续运行与完善，已积累了大量的行车数据，可以较准确地推算出车辆发生故障的概率、类型和原因。基于这些数据，企业与汽车修理企业、保险公司为客户提供定制化的车辆维修保养、保险服务，以便降低客户车辆维修和保险费用支出。

（4）轮胎更换与翻新服务。轮胎的更换翻新也是货车运营过程中重要的费用支出之一，陕汽集团通过天行健车联网整合庞大的客户群体，发挥客户群体优势，联合轮胎生产企业，为客户提供轮胎租赁、更换和翻新服务，以降低客户的轮胎更换成本。

总之，陕汽集团通过对客户在价值创造过程中遇到诸多障碍的识别和解决，有效地降低了客户在购车、车辆运营过程中的各类成本费用，同时为客户提供源源不断的货运需求信息，以确保客户收入的稳定性。这些创新性的举措，使陕汽集团顺利转型，跳出了以往的红海厮杀，吸引了更多的客户，为企业获得稳定的收入和较高的利润奠定了基础。

陕汽集团在服务型制造转型过程中，基于客户价值网络图对客户价值创造过程中遇到的障碍、问题的识别诊断，为客户提供产品服务系统，使企业从关注产品价格、成本控制和技术创新，转向关注客户价值创造能力的提升、成本的降低和收入的增加，取得了较好的效果。因此，相关企业也可以借助客户价值网络创造图，来评价企业为客户提供的产品服务系统的效用，识别和诊断出现有产品服务系统的不足，并对其加以改进。

信息技术、生产技术的快速发展与应用，企业与客户关系的日益密切，知识、技术和资源共享水平的不断提高，都会促进价值创造网络中研发设计机构、设备与原材料供应商、物流服务商和中间商等各主体间的合作，朝着深层次、常态化、全面化和长远化发展，形成更为协同高效、优势互补的价值创造生态体系。基于信息技术，使得价值链各主体彼此的联系更为频繁、高效，关系更为密切，价值创造网络更高效、稳固。服务型制造企业通过对价值创造网络的运营，打造高效、集聚能力极强的价值创造网络平台，吸引更多的研发机构、生产企业、仓储物流服务商、各类中间商等相关企业、机构加入，在扩大规模的同时，催生更多与主业相关的业务，优化业务结构，实现收入与利润来源的多元化。

第三节　产品服务系统模式创新

一、基于信息技术和服务深度融合的产品服务系统的创新

传统制造企业的服务型制造转型，使企业的产品模式由标准化的产品与服务向个性化、定制化的产品与服务的集合（即产品服务系统）转变，以期识别和确认客户价值需求，为客户提供定制化的整体解决方案，在满足客户需求的同时，实现竞争的差异化。在智能制造、互联网、物联网和大数据等现代信息技术和制造技术快速发展与推动下，企业的产品模式逐步向智能化、数字化转变。总体来看，技术的发展变革加速推进了服务型制造产品模式的演变。闫开宁等（2018）将这一演变过程分为三个阶段：第一阶段，表现为企业的产品模式逐步从传统的标准化、同质化的物理产品向产品服务系统演进；第二阶段，企业基于现代信息技术，赋能于产品服务系统，使产品模式逐步向智能化产品服务系统演进；第三个阶段，随着服务型制造转型的不断深入、技术的持续改进、

整个产品服务系统参与主体的增加以及合作关系的日益密切，服务型制造逐渐发展成为集聚能力、整合能力更为强大的专业服务型制造平台企业。该平台基于对各类知识、技术、创意等社会资源的共享，为更多的服务型制造企业提供透明化的制造及服务资源的共享及管理，为客户提供按需定制的智能化产品服务系统[161]。在现代信息技术、数字化的大背景下的服务型制造产品模式演进如图 7–2 所示。

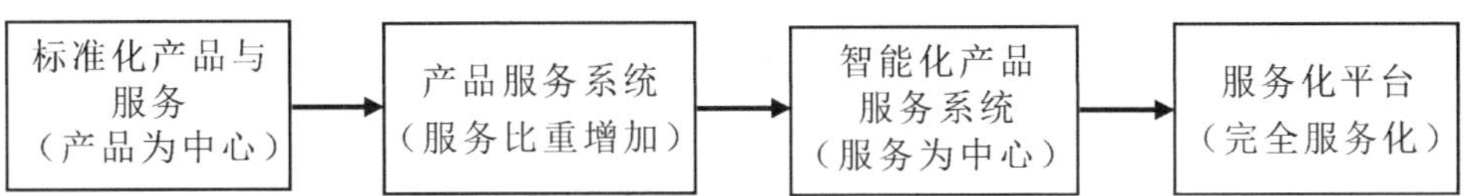

图 7–2　数字化背景下服务型制造产品模式演变示意图

现代信息技术正在全面、深入地融入产品服务系统的设计、生产制造、运营、维护维修、迭代升级和废弃处理等各个环节，为产品服务系统的开发、生产制造与运维服务提供了新的思路、工具和方法，极大地提升了产品服务系统的交付效率和效果。通过为产品服务系统数字赋能，深度融入服务型制造各环节，实现产品服务系统的技术迭代升级，提升其智能化水平。产品服务系统的智能化、便捷化，为客户的生产经营创造出更大的价值，有助于市场的开拓。基于现代信息技术、制造技术与服务的双重深度融合，产品服务系统的创新，为服务型制造企业创造更大的市场空间与利润空间。对于广大客户而言，这种技术与服务的深度融合，产品服务系统的创新不断推进，能够提升产品的效率与效能，降低客户在使用过程中的成本支出，有效提升客户的价值创造能力。基于数字化背景下服务型制造产品模式的演变，对于产品服务系统按照 PSS 创新模式的创新，可谓由易到难、逐步深入。

二、模式 1：“物理产品 + 售后服务”模式创新

“物理产品 + 售后服务”模式是传统制造型企业开始探索服务化转型时采用的最为基础性的模式。企业在为客户提供物理产品的同时，增加产品配送、安装调试、维护维修和技术培训等服务，这样可以快速提升产品的使用效能和效率，为客户创造较大的价值。该模式由于对企业在技术、数字化水平、人力资源和资金投入等方面要求较低，因此是企业最容易实施且能取得预期效果的模式。但由于市场竞争日趋激烈以及该模式操作上的相对简单，因此并不能为企业带来竞争优势。如果企业不能为客户提供服务或提供的服务不能优于竞争对手，则无法形成竞争优势，更谈不上取胜。企业只有在用好客户关系管理系统、数据库系统等传统系统的同时，充分发挥现代信息技术尤其是社交媒体的优势，

搭建企业与客户之间顺畅沟通的平台，跨越时空限制，实时了解客户需求，通过对客户信息进行挖掘分析，为客户提供定制化、精准化服务，实现在服务内容与形式上的创新，逐渐形成自身的核心竞争力，以提升客户的满意度和忠诚度。该模式，需要企业从职能制、事业部制的组织模式向扁平化组织架构转变，成立专门的客户服务部门，通过即时通信技术等社交媒体，加强与客户的沟通交流，实现对顾客需求的及时感知与响应，并着手新建或者优化业务流程，完善人力资源管理机制与制度，塑造以服务为导向的企业文化，以推进“物理产品+售后服务”模式的有效运行与创新。

三、模式 2：产品服务系统集成模式创新

随着“物理产品+服务”模式的推进，基于产品的基础性服务已经成为标配，为了企业的持续发展、获得稳定的收入与利润以及优化收入来源结构，需要企业深挖客户需求，细分客户需求，为客户提供更为丰富、周到的服务，提升产品的效用，为客户提供集成化的产品服务系统，即为客户提供一体化的产品服务，提供“交钥匙”工程。虽然该模式的服务比重在增加，但是仍然属于产品模式的初级阶段，因为该阶段产品依然是价值的主要来源和价值创造的核心，只是这一做法为客户使用产品带来了更大的便利，减少了客户的搜寻成本、沟通谈判成本，增强了客户的体验感。企业采取该模式也是有条件的。比如，在提供的一体化产品服务当中，企业所提供的产品服务必须在众多的产品服务当中占据主导地位，拥有相关核心技术，具备将众多的产品服务提供商及其资源与客户需求加以整合的能力。比如，陕鼓集团基于自身在工程设计、管理与实施方面的能力，依托能源互联岛、分布式能源技术，为石油化工、煤化工、冶金、医药等行业提供工程项目总承包服务，涵盖工程项目的设计规划、资金筹集、风机及控制系统的定制化设计、相关设备设施的采购、安装调试、后期技术服务等业务，为客户提供一站式工程总承包服务——“交钥匙”工程。不仅可以缩短客户工程项目周期，而且可以减少客户的项目总投入。陕鼓集团通过服务型制造转型，创造性地拓展了风机相关的工业服务，在为客户创造更大价值的同时，也使得企业步入发展的快车道。

通过对陕鼓集团在产品服务系统集成模式创新方面的实践分析发现，产品服务系统集成模式的核心在于，提供一体化产品服务系统的企业在产品研发设计、生产制造等方面必须拥有较强的技术优势，并且能够基于客户需求，围绕其技术优势与核心产品进行系统化的设计；另外，针对客户在资金、技术、采购谈判和物流等方面知识经验的不足，或者需要支付更高的成本与费用等问题，

为客户提供定制化的产品服务系统包，以便提升客户的效用和效率、满意度和忠诚度，增强客户黏性并最终赢得客户。同时，服务型制造企业依托其核心技术与产品，对供应商、中间商、物流服务商和客户等合作主体在需求、知识、技术、经验、创意、产品和服务等方面的资源进行整合，更好地满足客户对产品服务系统的需求，这些处于核心地位的服务型制造企业便成为各组织、资源和价值链的整合者，在发挥集聚功能的同时，进一步增强了他们对于资源的寻找、整合能力，产品服务系统的迭代创新能力，以及其在市场上的竞争能力。

四、模式 3：产品服务系统效用服务模式创新

产品服务系统效用服务是在前两种模式的基础上，一改以往为客户提供产品、服务和系统集成的模式，专注于客户最本质的需求，即由产品、服务所输出的效用。比如，打印机生产企业不再向图书馆销售打印机，而是通过远程网络控制打印机，向客户提供相应的打印服务，通过在线付费的方式完成交易，从而不仅减少了图书馆采购、运营打印机的成本费用，而且客户的需求也得到了较充分的满足。从市场营销的视角来看，客户需要的并不是产品或服务本身，而是产品、服务输出的效能要能够满足客户的相关需求，这样就对企业提出了更高的要求，不仅要识别、理解和确认客户对产品服务功能的具体要求，而且要通过相应的产品服务系统高效、便捷地输出客户想要的效用，提升客户的价值创造能力，解决客户在生产经营或消费过程中遇到的障碍。企业基于客户需求和现代信息技术与制造技术，通过为客户提供产品服务系统，更好地融入客户价值链与价值创造活动中，实现彼此在信息、技术等资源与业务的共享与合作。彼此共享的信息资源越多、关系越密切，使得风险高度耦合，为了化解这一风险，就需要建立彼此间长期稳定的战略合作关系。

陕鼓集团和渭化集团签订了为期 20 年的长期合作协议，陕鼓集团依托其在气体压缩机方面的技术优势，整合其他设备，建设面向渭化集团的气体工厂，供应渭化集团生产化肥所需的氮气、氧气等。通过合作，渭化集团获得了源源不断的气体，从而不仅可以减少企业固定资产的投入，降低和规避由于专有性设备设施投资所带来的风险，而且无须对供气设备设施进行维护保养、维修，大幅度地减少维修人员数量并降低了维修成本；对于陕鼓集团而言，不仅可以与渭化集团建立长期的合作关系，而且使得企业能够获得一个长期、稳定的收入来源。陕鼓集团工业气体的销售与渭化集团生产的同步性，为陕鼓集团实时结算和获得稳定的现金流创造了可能性。通过合作，可以实现双赢，但是机遇与挑战并存，如何在充分满足客户需求的同时，实现工业气体生产的持续性、

低成本和高效运营，对陕鼓集团的产品服务系统创新提出了更高的要求。

五、模式 4：基于现代信息技术的功能创新

物联网、大数据技术和互联网等现代信息技术为传统制造业的转型发展插上了翅膀，为制造业与服务业的深度融合、为信息化与工业化的深度融合奠定了技术基础，从而有力地推进了产品设计、生产制造、销售服务的数字化、网络化和智能化。如果企业将大数据技术、物联网、互联网和云计算等现代信息技术与服务型制造转型相结合，为产品服务系统、生产制造与服务进行数字赋能，将有利于实现对产品服务系统功能的拓展与创新。

运动鞋制造商耐克公司通过对市场的调研发现，随着社会经济的发展，消费者的生活、工作压力越来越大，很多人纷纷通过跑步减压，如何制定一个更适合自身年龄、体重等身体特征的运动计划？如何能够将运动计划很好地坚持下去？培养消费者的运动习惯便成为亟须解决的问题。一些人选择了去健身俱乐部，那里不仅有专业的教练指导，而且可以接触到更多的运动爱好者，并与之建立起新的社交网络，起到彼此督促、共同进步的作用，使跑步成为其生活的一部分，但是要享受俱乐部的相关服务，消费者则需要支付较高的年费。为此，耐克通过给跑鞋安装运动感应器，实时获取跑步的日期、时间、速度、距离、路线、热量消耗值、总运动次数、运动时长、总距离和总卡路里等数据信息，再通过对这些基础信息的分析，同时结合跑步者的身体特征，制定切实可行的运动计划，从而使之具备了健身俱乐部专业教练的指导功能。通过耐克公司跑步运动爱好者社交网络的搭建与运行，跑步者可以将跑步距离、速度、次数、卡路里消耗等数据，以及跑步健身的经验进行分享交流，有利于培养消费者良好的运动习惯。总之，通过技术创新，耐克公司将现代信息技术应用于产品研发与创新当中，在凸显产品差异性的同时，不仅满足了客户的需求，而且也提升了客户的满意度和忠诚度。

2012 年 GE 提出工业互联网理念，打造以“传感器 + 大数据”为模式的工业互联网，希望通过在其产品中增加更多的传感器来获取海量数据，帮助公司提高飞机引擎、核磁共振仪器等设备的能源效率。机器学习专家们通过对 GE 生产的 2 万台喷气引擎中不易察觉的警报信号的筛选，以此来预测需要进行维护的设备。对于某些型号的引擎，实现提前一个月预测其维护需求，预测准确率达到 70%，从而极大地减少了飞行延误。GE 在飞机发动机上安装了 5 000 多个传感器，实时监测飞机发动机的温度、气压、电压和震动情况，并通过通信网络实时传回 GE 数据系统，然后由系统将数据分析结果反馈给机组人

员，机组人员及时调整发动机运行状态，以保证飞行安全、节油。另外，系统对故障状态进行实时预警。除此之外，GE 还与加拿大一家电力公司通过分析卫星影像、天气、地图、当地停电记录等数据预测树木修剪的热点地区（掉落的树枝是雷电导致停电的主要原因之一）。GE 通过与一些医疗中心合作，在病床和医疗设备中植入传感器，降低空床率，提高医疗中心接待病人的能力。2016 年，GE 发布消息称："GE 的油气管道和电力设备每年承载着全球 25% 的电力输送。每提高 1% 的燃油效率，航空业每年能节省 20 亿美元，而能源行业则能节省 40 亿美元。"将工业设备和互联网相连，基于大数据分析提供设备状态的实时监测和远程控制，将为制造业提供巨大的市场空间，也为社会带来巨大的福利。

六、模式 5：智能化产品（服务）模式

信息技术的飞速发展与广泛应用，使企业提供的产品或服务日趋智能化。目前，就"智能产品"的概念，并无统一、明确的定义。智能化产品性能的实现，一般需要经历监测、自动控制、自适应和自律性等四个阶段。通过在产品中安装传感器收集当前环境、状态的相关数据，并实现其"可视化"。在收集分析信息的基础上，判断当前情况，实现利用机器向机器发出指令这一机能，即自动控制。在自动控制的基础上，能够自行根据周围环境调整、修正自身性能。最后，无须接收人的指令即可完成自主判断并采取行动，实现高度智能化运营，即自律性。

智能产品（服务）是"工业 4.0"的核心内容，它需要企业将制造中涉及的所有参与者和资源的交互提升到一个新的社会——技术互动的水平。未来，智能产品（服务）将围绕制造资源形成一个可循环的网络（由自动化和互联的机器组成，包括生产设备、机器人、传送带、仓储系统和生产设施），其对网络的控制具有自主性，除配备了大量各类传感器，机器实时收集海量数据，并根据不同状况，基于生产、制造知识进行自我调控与自我配置，包含相关的计划和数字管理系统。智能化产品（服务）模式是各类知识、科学技术、专家经验的集聚与内化。同时，智能产品（服务）具有独特的可识别性——可以随时被识别，在制造过程中，它们知道自己在整个制造过程中的细节，并能够根据当前生产设备的负荷状况，自主、灵活地决定生产过程；智能产品在生产过程中所需的各类资源，能够被存储在自身存储器中的信息自主触发，向相关的资源提出供应申请，实现整个生产价值链的自组织集成。智能产品不仅能够半自主地控制自身在生产中的各个阶段，而且可以确保其成为成品后按照产品参数

最优地发挥作用，另外还可以在整个生命周期内了解自身的磨损和消耗程度。这些信息将会实时反馈给使用方和生产企业，从而使生产企业能够在物流、部署和维护等方面采取相应的对策，达到最优的运行状态。除此之外，产品在使用和运行过程中还能够自主感知外界环境的变化，并适时为使用者予以提醒或者直接改变产品的运行状态。

2021 年 7 月 29 日，西门子携手中粮长城共创智能制造新标杆，中粮长城以位于河北沙城的葡萄酒酿造工厂为试点，部署西门子为食品饮料行业定制的智能物联网解决方案。西门子软硬件一体的平台化解决方案既可以推动数字技术产业化发展，又能够帮助中国食品饮料企业在新的数字经济环境下提升核心竞争力，助力中国食品饮料产业的数字化发展。西门子通过为中粮长城量身定制智能物联网解决方案，可以实现生产工艺中各环节的数据采集、处理、存储、利用和管理，充分挖掘数据价值，整合 IT（信息技术）与 OT（操作技术），开展数据革命，向数据要效益，推动企业的数字化转型。

西门子拥有行业领先的覆盖全工艺生命周期的多维度精细建模、动态仿真和实时优化技术。通过西门子 PSE 的 gPROMS 工艺数字平台将多专业协同工程设计、工业自动化和仿真技术结合起来，为企业提供基于深度工艺知识的一体化智能数字解决方案。在整个工厂生命周期里，西门子帮助流程工业企业在各阶段创造价值，通过先进仿真技术获取深层工艺知识，使用先进的大数据系统分析和机理模型迅速探索决策空间，优化生产效率，提升利润空间。在研发与工程设计阶段，使企业可以合理规避技术风险，优化生产流程设计，缩短新产品上市时间；在生产运营阶段，通过对原有工艺模型的迭代与优化，大幅提升产品生产效率和运营效率、降低能耗并减少碳排放，确保生产过程的可控性，预测并规避风险，降低生产成本并提高企业竞争力。

智能化产品（服务）模式的有效运行，不仅需要企业做好对智能化产品（服务）的研发设计、生产制造、营销、运营服务等方面的全生命周期管理，实现各环节的信息化与智能化，而且需要企业做好对供应商、智能服务提供商等合作伙伴资源的整合。在产品智能化生产过程中，企业按照工业 4.0 标准，全面采用自动化生产线、自动检测设备、智能仓储设备、智能物流设备、车间环境与能源自动监控优化系统，以及智能制造信息管理系统，实现设备、工艺、物料、人员之间的数据互联互通，确保对生产的实时监控、最优调度与全过程追溯。生产系统的智能化、数字化，使其能够根据相关指令，并结合生产具体环境，智能化地配置生产资源，实现生产设备的自主生产。当然，智能产品（服务）的生产仅靠单个企业的资源能力是远远不够的，还需充分挖掘、利用相关供应商、服务商等合作伙伴的资源，在合作中促使各合作伙伴的信息化和智能化，实现彼此优势互补与共同发展。

七、模式 6：客户价值创造整体解决方案

客户价值创造整体解决方案是指企业基于客户视角，以客户价值创造最大化为己任，旨在通过对客户需求的调查、分析、挖掘、诊断，发现影响客户价值创造的瓶颈问题，并结合企业自身资源、能力、技术与知识，尤其是以现代信息技术和制造技术，为客户提供客户价值创造的整体解决方案，以更好地提升客户价值创造能力。

企业在解决客户价值创造问题的同时，也较好地实现了企业的价值增值与发展。当然，对服务型制造企业，在问题识别诊断、研发设计、生产制造、营销服务和资源整合等方面提出的要求也更高。

制造业巨头 IBM 从 20 世纪 90 年代开始由制造业向服务业转型，2016 年，IBM 宣布转型成为一家认知解决方案和云平台公司，认知计算成为 IT 产业变革的最重要的方向——一个数字化重塑的时代正由 IBM 开启。IBM GBS（Global Business Service），即全球企业咨询服务部，借助 IBM 独特的创新和技术优势（比如：IBM 全球研发团队的支持，并与如 RedHat 混合云平台、IBM 人工智能以及自动化软件及相关团队建立紧密的技术连接），为包括银行及金融服务、制造与汽车、零售与消费流通、地产与新基建、能源与绿色可持续发展等众多行业和领域提供“战略、体验、业务流程设计和运营、数据和分析、系统集成、应用现代化，以及混合云管理和应用运营”等在内的全方位服务，以期“快速为客户交付商业价值”。2017 年 11 月，IBM GBS 发布了“地平线系列 -1”解决方案，从战略思想、方法论到解决方案，全方位助力中国企业实现数字化重塑。该解决方案也被 IBM GBS 称之为“5+1”解决方案，其中的“5”指的是“数字化重塑”帮助企业设计新的用户体验以及相应的企业数字化战略；“Watson 流程再造”利用数据科学、Watson、敏捷流程设计、物联网和区块链等，重塑企业的业务流程；“认知及自动化的 BPO（业务流程外包）”则用于改造大型企业的业务流程外包，实现新型的基于认知的业务流程外包，比如基于认知计算的财务票据机器识别等；“新一代企业数字化核心应用平台”指 IBM 与 SAP S/4HANA 和 Oracle 等共同打造的企业云平台；“微服务和云迁移”则是使用微服务加速企业向云迁移。在五大解决方案之外，还有一个核心解决方案，即“认知企业自动化”。所谓“认知企业自动化”好比三一重工的挖掘机开进每一个城市的时候，可以通过 IoT 收集整个工地所有的信息，来分析工地周边是否还

有工程要做，甚至分析租赁挖掘机的企业是否面临破产倒闭。几百几千台挖掘机所收集的数据，如果用人工手段去分析是十分费力的，一定要有一个数据集成处理中心，自动化地分析，自动化地决策，甚至自动化地关闭某台挖掘机。

随着蒙牛业务的快速增长，原有的生产、财务管理流程、模式已很难适应企业的发展。2013 年 IBM 介入之后，蒙牛借助 IBM 成熟的 IT 系统与整合方案，实现业务升级转型。在 IBM 的协助下，蒙牛集团不断推进 SAP 系统在集团内的全面实施。随着 ERP、CRM 的上线，实现了从奶源、运输、仓储、生产到销售全流程端到端的打通，使得产品周转率提升了 30%，库存下降 40%，核算人员在减少 25% 的同时，单据流转效率却提升了 36%。企业在运行过程中积累了大量的数据，能够更好地服务于产品生产、内部运营与内部控制。

八、模式 7：智能产品服务系统

物联网、云计算、大数据、人工智能等新一代信息技术的应用，开启了人类社会的第四次工业革命（即工业 4.0），个性化、智联化、服务化与可持续发展成为产品创新的关键，而数据驱动设计、情境感知与价值共创成为了设计创新的核心。企业在智能化产品（服务）的基础上进行优化，升级为智能产品服务系统。智能产品服务系统的基础与核心是智能产品，而服务只是为了更好地发挥智能产品的功能与性能，使其运行更为顺畅。智能产品服务系统，会将众多独立的生产设备、设施整合为一个更为智能、高效的生产线系统：该生产线系统能够实时接受生产计划的信息，并根据生产计划向仓储管理系统与物料配送系统提出物料配送请求，及时获得生产物料进行自动化生产，如果发现仓库缺货，可以自动向供应商订货；在生产中能够自动识别每一个生产工件，并根据工件的生产工艺与技术要求自动配置生产过程参数，整个生产过程均在质量控制与检验系统实时控制之下，并通过智能化检验系统检验后入库，有的系统甚至可以实现检验合格后直接配送，从而极大地提高了效率。因此，该生产线系统对环境具有较强的自适应性与企业现有的生产计划系统、仓储管理系统、采购系统、物料配送系统、质量控制与检验系统、产成品配送系统、客户订购系统和客户服务系统智能化互联后，形成了一个更大、更复杂、更为高效的生产服务系统。

由此可见，智能产品服务系统本质上是一个基于信息技术和现代生产技术，对企业内外部的生产系统、生产性服务系统等多个系统与资源进行整合，以实现价值创造的网络系统。该系统既包括制造型企业内部各类生产设备设施与生产系统，又包括协作部门提供的各类生产性服务，同时集聚了大量的供应商、技术服务机构、物流商、中间商、客户服务商和广告商，是一个深度融合、优势互补、高度协同的价值创造系统。在智能产品服务系统的各个生产环节中内嵌大量功能各异的传感设备和通信网络，通过这些传感设备实时获取生产经营与价值创造过程中的各类数据，并通过通信网络实时传递给后台数据处理系统。后台数据处理系统会基于大数据技术以及各类模型，对海量数据进行实时高效分析，快速作出反馈，以确保产品服务系统的高度智能化和对环境的自适应性，从而创造出更大的价值。

智能产品服务系统是数字化与服务化耦合的结果，目的是为了更好地解决客户的痛点问题。数字化与服务化的融合催生了“数字服务化”（digital servitization）的概念，即通过对大数据、云计算、物联网和人工智能等技术的应用，创造、交付和捕获服务价值，对现有的服务加以改造升级，并向智能产品服务软件系统（product-service system, PSS）过渡[180]。数字服务化强调数字化与服务化的融合，重塑传统的产品导向观念以及相应的服务交付方式。数字服务化旨在优化价值创造流程，促进商业模式向数字平台、智能产品服务系统等方向转变，强调利用平台高效地开展数字服务，整合资源和协调定制化与大规模制造在效率方面的矛盾；强调从提供单独的产品或服务转向由物理产品和数字服务组成的 PSS，提供个性化的智能服务[181]。比如，米其林公司通过在轮胎内放置嵌入式传感器，收集有关燃油消耗、胎压胎温、车速以及位置等数据信息，通过所得数据分析指导卡车司机如何节省燃油。

在传统家居行业，尚品宅配通过建立智能产品服务系统，实现企业数字服务化转型，可谓一个成功实践。该企业在转型过程中经历了线下前端定制、生产物料数字化、架构平台数字化和价值交付数字化等阶段。2019 年以来，通过对 HOMKOO 整装云平台的持续优化，结合定制家居与智能化，推出了第二代全屋定制智能家居“六大核心系统”，在全屋家具解决方案基础上提供智能的家居场景服务。2020 年提出“5G 新模式 + 科技大基建”，通过智能设计、智能制造、智能交付实现 7 天把服务搬到线上，在线量尺、在线设计、在线看方案，实现“让定制家居也能像 APP 点外卖一样简单”。2020 年上半年，企业供应链体系共上市 233 款新产品，有效地满足了客户多元化的需求。尚品宅配自 1994 年创立以来，通过数字赋能实现后端的生产物料数字化、中部的架构平台数字化与前端的价值交付数字化，三者的有机耦合驱动企业从产品导向供应商转向 PSS 供应商，为客户提供智能产品与智能服务解决方案。

（1）生产物料数字化。尚品宅配通过数字技术的应用以推动生产物料数字化。尚品宅配将供应、设计与生产各环节中的家居产品、材料和部件（例如衣柜、开门方式、风格、材质等）中的物理信息剥离出来，推动生产物料数字化。一是推动数据资源标准化，构造平台化设计所需的数字模块。尚品宅配借助 AI 云技术将全国各地区、各楼盘的各种房型，顾客的不同生活阶段画像、不同职业标签等数据集成，进行数据建模，形成结构化房型、产品、方案数据模块，实现标准化管理。再将整装销售设计服务模块化，并对服务功能模块进行数字化管理。二是将可视化作为生产物料数字化的关键内容。借助物联网和云技术让每个产品均有“数字标签”，实现选材、生产、仓储、物流等环节的集成管理，实现数据驱动的全程可视化管理，而员工只需要通过一部手机即可对施工过程进行实时监控和可视化管理。

（2）架构平台数字化。智能家居系统对业务相对单一的尚品宅配而言形成了较大的压力，因此，需要将广大家居产品制造商、数字服务供应商和家装公司等相关利益主体连接在一起，并对其资源加以整合，推动架构平台的数字化。在生产物料数字化的基础上，尚品宅配根据用户需求聚类、智能家居场景等元素，对外部异质性资源、产品服务内容进行模块化管理，以此构建智能家居平台，赋能产品服务系统的定制。第一，搭建数字设计平台。2008 年建立专业的新居网，以获取广大消费者的需求与相关市场数据，为后期的大规模个性化设计奠定数据基础。2014 年尚品宅配通过搭建“设计岛”平台，吸纳全国各地设计师，有效提升了家居产品与方案的开发与更新。第二，基于工业互联网，实现用户、供应商和设计师等利益相关者之间的在线连接与实时互动。2017 年尚品宅配推出 HOMKOO 整装云，汇聚从建材到成品家居、家电、软装等众多合作伙伴，共同为客户提供全屋定制智能家居。第三，实现数字平台的前后端协调，整合新居网、“设计岛”、HOMKOO 整装云等平台资源，在前端家居数字化设计环节便可挖掘需求信息形成定制方案，后端家具制造环节可以通过整装云平台优化交付流程和资源部署，并提供新的产品组合，实现前端设计定制与后端生产销售的协调。

（3）价值交付数字化。当前，尚品宅配实现了从传统产品与服务分离交付向产品、服务与软件系统整体交付的转型。从定制设计到数字服务提供，价值交付所有环节均实现了数字赋能。第一，数据驱动定制服务。尚品宅配通过客户数据源、流程数据流和合作伙伴数据网，精准捕捉客户异质性需求，进行个性化生产精细运作，驱动服务定制化。在线量尺、在线设计、在线沟通，形成线上成交的服务闭环。第二，产品服务功能扩展，从单纯的家居产品交付或后期的售后服务转变为基于数字系统与产品服务的多层化、模块化的智能家居系统。当用户需要改变需求或者基于正在使用的家居系统添加新的功能或者产品模块，尚品宅配可以通过产品模块敏捷地为用户改造和升级其家居产品服务软件系统。第三，服务控制系统，即内嵌在智能家居方案的智能连接与控制组建，能远程采集产品服务系统运行和客户行为习惯等数据。内嵌的服务控制系统能够统一对家居中的智能门窗、智能照明、智能家电、智能影音、智能健康管理等进行智能管控和数据采集，一方面为客户提供高质量和高效率的健康与安全服务，另一方面也为尚品宅配提供更加及时、可靠的数据流（如睡眠健康、家居使用状态等信息），从而实现数据驱动的智能服务开发以及交付。

通过以上分析可以发现，尚品宅配通过搭建平台，促进平台后端、中端和前端生产物料、架构平台和价值交付的数字化，实现互补价值、效率价值和新颖价值的创造，进而推进企业数字服务化。尚品宅配基于大数据的家居“空间解决方案库”使消费者个性化需求高效地融入方案设计及生产环节中，消费者、设计师与制造环节间的阻隔被突破，产品交货周期显著缩短，由此推动了家居制造业由传统的标准化、规模化制造向现代的个性化、敏捷化的服务制造转型[182]。

第八章 服务型制造的生产组织模式

服务型制造是制造与服务相融合的新产业形态，是为实现制造价值链中各利益相关者的价值增值，通过产品和服务的融合、客户全程参与、企业相互提供生产性服务和服务性生产，实现分散化制造资源的整合和各自核心竞争力的高度协同，达到高效创新的一种制造模式。服务型制造的生产组织模式也将成为影响传统制造型企业服务型制造转型的重要因素。本章主要对服务型制造网络、服务型制造组织、产业互联网等服务型制造生产组织模式进行介绍。

第一节 服务型制造网络

一、服务型制造价值链分析

服务型制造是基于新技术而产生的新型生产组织方式，服务型制造的发展得益于规模更大、协作更为复杂的服务型制造网络的形成和作用的充分发挥，服务型制造各参与主体所形成的价值链，正是在对各参与主体及其所拥有的资源进行前所未有的整合基础上实现价值的创造。

1985 年，迈克尔·波特（Michael E.Porter）在《竞争优势》一书中提出了产业分析的基础性工具——价值链。他认为："每一个企业都是研发设计、生产、仓储、销售、配送、服务等一系列活动的集合体，而且这些活动可以用价值链来表示。"波特将价值创造的系列活动分为基本活动与辅助活动两大类。其中，基本活动包括内部后勤、生产、外部后勤、市场和销售、服务等活动；辅助活动主要包括采购、技术开发、人力资源管理和企业基础设施等。基本活动在价值创造过程中处于主导地位，但必须有辅助活动的支持，这些功能各异的活动相互配合就构成了创造价值的动态过程——价值链。在经济活动当中，价值链无处不在并发挥着重要的作用。处于上下游的关联企业之间形成行业价值链，处于同一企业内部的各业务部门之间又构成了企业的价值链，企业内部各业务单元之间又形成价值链的联结。因此，价值链上的每一项价值活动都会对企业、产业的价值创造产生相应的影响。企业与企业之间的竞争，不只是某个环节的竞争，更多的是整个价值链的竞争，是企业资源整合能力、技术能力和市场能力等的综合体现。

1995 年，哈佛商学院弗里・雷鲍特（Jefrey Rayport）和约翰・斯维奥克拉（John Sviokla）提出了虚拟价值链（Virtual Value Chain ,VVC）的概念。他们认为，进入信息化时代以来，企业必然会在市场场所和市场空间两个世界中进行竞争。而且从实体价值链到虚拟价值链，企业存在一个对不同层次信息进行加工的过程，通常包括收集、组织、挑选、合成与分配等五个基本步骤，以实现信息的增值。服务型制造价值链，已经远远突破了波特所提出的价值链的概念，形成了一种基于合作共享、共创、共赢和共生的经营理念，将供应商、制造商、中间商、服务商和客户等多主体的资源、利益诉求有机地结合在一起，形成生产价值链、知识价值链、信息价值链，织就更大的价值网，形成了更为复杂、开放的网络化组织形式，并将先进的信息技术融入了市场调研、研发设计、生产制造、仓储物流、营销与服务以及财务管理和人力资源管理过程当中，提升价值链各环节的效率和价值创造、价值增加能力。

二、大规模个性化生产与制造

在传统的制造企业价值链当中，客户往往独立于产品的研发设计、生产制造和仓储物流等环节，各环节的各个参与主体已经形成了一种较为默契、稳定的合作关系网络。传统的大规模生产模式不仅可以大幅度提升企业的生产效率，确保产品质量，而且可以大大降低生产成本与费用，但是它属于企业主导型生产，由于缺少客户参与，因此很难满足客户的多样化需求。随着信息技术的发展和客户力量的不断崛起，客户成为最为重要的参与主体之一，客户多元化、定制化的需求不断增强，大规模定制成为当前智能制造的主流生产模式之一，它与大规模生产和大规模个性化共同形成长尾生产方式，这三种生产模式相互关联且各有独特之处[183]。大规模定制（mass customization ，MC）的相关使能技术主要聚焦于产品实现的设计、制造和物流等过程，其目的是增强制造过程的柔性，降低制造成本，压缩生产周期，如为了扩大客户参数选择的范围，实施 MC 的模块化、通用化、延迟策略和客户订单分离点（customization order decoupling point，CODP）等使能技术。与技术相关的多元化制造，其最终目的是满足特定客户的定制需求（与功能相关的定制化制造）。

在服务型制造模式下，产品设计与制造很大程度上依赖于对客户高度个性化、多元化需求信息的获取和挖掘分析，因而对于客户参与度提出了更高的要求，顾客也逐渐从纯粹的消费者走向了产品服务系统价值的创造者，成为重要的生产合作者，参与到产品的需求调研与确认，产品研发设计、生产制造与营销服务当中，在参与过程中实现着知识、技术、经验、创意的共享与价值的创造。供应商、制造商、中间商、服务供应商与客户的共同参与、协同，形成了强大的服务型制造网络，促使大规模个性化生产（mass personalization，MP）模式的出现，不仅提高了客户的参与度，而且又较好地保持了良好的效率 / 成本指标[184]。服务型制造网络参与主体的数量日趋庞大与多元化，使得彼此的合作关系与价值创造过程更为复杂化、开放化和动态化，也促使服务型制造的组织模式变得更为复杂、多元与柔性化。如何实现各合作主体的高效协同，在满足客户大规模个性化需求的同时，较好的控制成本与费用，实现两者的有机平衡，将相关成本和风险降到可控范围之内显得尤为重要。

为了应对这一挑战，服务型制造企业开始尝试大规模个性化设计与制造，使客户在参与价值共创（value co-creation）过程中，充分体验企业排他的或首选的个性化产品与服务，真正实现面向个人市场（market of one）的高度个性化，将客户体验提高到一个新的高度。同时，将客户参与、客户体验与大规模个性化设计、大规模生产，以及效率 / 成本目标有机融合，以期提升客户的体验感和企业价值的最大化。大规模个性化设计与生产，客户的积极参与，会促使传统产业链上的分工更为细化与深入，其突出表现为工艺内分工的标准化与信息化。传统意义上的业务流程与工艺活动将进一步被细分、精确定义与数字化，并且由最适合的内外部组织、员工来承担其生产制造或服务，从而使得各环节、各业务单元高度标准化和柔性化。虽然这些对企业的数字化水平、智能制造技术和产业链各参与者之间协同能力的要求更高，但与此同时又避免了由于生产者个人在知识、技术技能、经验和能力等方面的差异所导致的品质问题，有效地提升了客户的满意度，提升了整个价值链对资源的整合创新能力。

三、模块化趋势下的服务型制造

模块化作为一种设计理念和方法，最早源于钟表行业，随后逐渐应用于机械制造、计算机制造和国防工程等领域。1930 年德国人提出了“模块化构造”的概念，并将其应用于铣床的设计，从而取得了巨大的成功与收益，由此在世界各行各业得到迅速推广。20 世纪 60 年代，IBM 公司具有兼容性的 IBM 360 系列计算机的研发成功，标志着现代模块化的诞生。模块化的产生与发展源于技术的稀缺性，旨在将复杂的事物或系统分解化，使得分解后的每个单元或独立模块实现专业化、精细化、高效化。模块化可以帮助企业简化、合并产品和组织的设计流程，降低设计成本，增加标准件，有效实现产品的快速换模，增加产品种类，满足顾客多样化需求，进而增强企业的竞争力。比如，将计算机从技术上划分为多个小模块，然后再将各模块加以组合，既降低了生产成本，又极大地提高了生产效率和规模。传统的制造业供应链网络中，企业多内部分工，而服务型制造企业则是将生产工序进行模块化分解，由企业自行完成或者通过外包、市场采购完成，从而不仅可以实现彼此的优势互补，而且简化了生产环节，增强了企业的竞争力。产品结构和生产过程的模块化决定了产品模块和制造模块可以用于不同的结构中，这一特点也决定了服务型制造网络可以基于工艺流程协作，进行产品设计和制造过程的创新。

模块化的发展大大地提升了生产效率，伴随着技术的快速发展，模块化的发展也经历了从技术模块化到产品模块化再到产业链模块化的过程。与此同时，生产模式也经历了从手工作坊式生产到单件小批量生产再到大规模流水线生产，又从大规模流水线生产转向多品种小批量柔性生产，最终向现代服务型制造生产体系的变革[185]。

（一）技术模块化

技术要被分解为模块化结构，取决于产品技术和功能的可分解性。当技术被分解为模块时，将会有众多的生产企业、服务企业参与到产品的生产制造当中，形成以那些实力较强、影响力较大的企业为主导，众多追随型企业为辅的合作模式，构建以技术为先导的技术协作网络。技术协作网络内技术模块的知识外显性和分工专业化，促进技术外溢和技术融合，而技术模块生产商之间的竞争则会助推技术的持续创新，由此形成了“创新—技术外溢与融合—创新”的技术发展循环。例如，在计算机领域，IBM360 系统的设计者将系统技术进行模块化分解，众多的设备研发生产商可以在既定的规则下对其优化创新，从而推动了整个计算机行业的持续快速发展。

（二）产品模块化

技术的演进促使技术模块化逐渐向产品模块化演变。企业在产品生产过程中，将产品按照功能、结构、属性等分解为多个子模块，各生产企业基于共同的利益合作完成产品的生产与供给。由于产品模块化需要企业前期投入大量的资源，沉没成本较高，因此需要拥有较大的市场容量。广阔的市场前景会促使企业投入更多的资源用于产品模块化，在大规模、标准化生产中实现规模经济，弥补前期投入的成本与费用，进而确保技术、产品与服务的持续创新。与此同时，模块化技术具有应用的惯性和适应性，产品模块之间的研发、生产又具有独立性，每个模块的信息隐藏、独立处理的特性可以使其单独进行革新，然后通过重组以适应原有的其他模块，从而有效促进了产品模块的研发与组合创新，也促使产品模块化走向成熟。比如，在飞机、船舶、汽车等装备行业，企业通过建立基于网络的开放式个性化定制平台，提升高端产品和装备模块化设计、柔性化制造、定制化服务能力[186]。

（三）产业链模块化

产品模块化是产业链模块化的基础。生产技术的发展与市场需求的扩大，促使生产领域实现了大规模、标准化生产，产业内分工以不同产业为边界向价值链增值环节转变，产业链的不断延伸，进一步打破了区域的局限性，实现了全球价值链的生产。随着现代信息技术的发展，产业分工持续深化，产品价值链的形态表现为由内部环节向外围拓展，从实体向服务环节延伸，价值链的垂直、水平以及外围边界被打破，产业链模块化应运而生。产业链模块化利用信息技术实现跨区域、跨行业、跨国界的资源整合和联合生产，不仅可以有效满足客户的定制化、个性化需求，而且有利于实现价值链增值的最大化。产业链模块化可以有效解决制造中生产与市场的矛盾。随着供应商价值链、企业价值链、顾客价值链的相互融合、整合，逐渐形成了价值模块集群模式，重新构建了产业链上的价值分布，有力地推动了产业结构优化升级和产业整体的协调发展。

技术的发展、合作的深入以及政策管制的放松和产业间的交叉融合，潜移默化地影响着原有的产业链模块，导致产业的边界日趋模糊，从而有利于产业间的进一步融合。制造业与服务业产业链模块的相互渗透与重组，不仅可以带来产业升级效应、成本节约效应、融合创新效应和知识外溢效应，还改变了制造业的原有形态，促使新的能力与需求的合作网络——服务型制造网络的出现。产业链模块化、信息技术发展、市场需求变化和资源环境约束的共同作用，推动了服务型制造网络的形成和发展。

四、服务型制造网络

服务型制造是工业化进程中制造与服务融合发展的一种新兴产业形态，是中国制造业转型升级的重要方向。服务型制造网络（service-oriented manufacturing network，SMN）是制造业和服务业融合发展过程中，由制造企业、服务企业以及客户组成的价值模块节点单元构成的一种能力与需求合作网络组织。服务型制造网络旨在提升产品的服务价值和整体收益，具有资源整合、集成创新和价值增值的功能。张忠等（2015）认为，服务型制造网络是由服务企业、制造企业和顾客自发形成的网络聚合体，每一个价值模块都具有对网络的开放性和适应性，不同的主体之间为了达到各自的目标而在非线性互动中体现出服务型制造网络的结构和协作关系，并随着外部环境的社会、政治、经济、法律和文化等影响，实现网络系统与环境的协同演化[187]。服务型制造使顾客变成“合作生产者”（co-producer），因而服务型制造网络是由供应商、制造商、服务商等各参与主体自发形成和高度协同的网络聚合体。尤其是大数据等现代信息技术的快速发展与应用，加速了制造企业的产品与服务创新，促使制造与服务深度融合，也使得服务型制造网络的结构更为复杂，众多的服务节点与制造节点之间形成了更为复杂的、相互作用的网络关系。通过服务型制造网络实现各主体在知识、技术、资源等方面的高度集聚与共享，加速提升对市场的响应速度和应对市场风险的能力。各参与主体基于合作共赢、价值共创共享的理念，超越单纯的交易关系，在需求确认、产品研发设计、生产制造、品质管控和供应链管理等方面高效协同，平衡好客户个性化、定制化需求的满足与效率、成本的关系，形成低成本、高质量的产品服务系统，从而确保了服务型制造网络各参与主体利益目标的实现。

董华等（2021）基于超网络理论构建了具有五层子网（大数据环境子网、服务型制造主体子网、服务型制造资源子网、服务型制造能力子网和服务型制造价值子网）的大数据驱动服务型制造超网络模型。在大数据驱动下，服务型制造超网络主体（原材料供应企业、生产制造企业、服务提供商、客户群体和潜在利益相关者），通过主体交流、主体交互、主体交易等互动过程产生资源，然后通过资源识别与获取、资源组合与配置、资源转化与利用的资源整合形成能力，通过能力开发、能力协同、能力渗透的能力作用过程创造价值，从而实现服务型制造超网络价值的共享、共生与共赢[188]。

服务型制造网络的构建与运营过程，实际上是各主体间持续沟通、交互与交易的过程，也是资源与能力识别、获取、整合与转化的过程。在共同创造价值的同时，形成新的业态和竞合关系，各参与主体在持续的合作与竞争中，形成相对稳定的生态圈，实现着各方利益的最大化。为了提升服务型制造网络的稳定性，各主体在充分关注价值创造的同时，更需关注价值的共享、共生与共赢。

服务型制造网络要实现价值共享，就需要充分发挥现代信息技术，搭建各参与主体高效顺畅的交流互动平台，通过平台的搭建与运行不仅可以提高沟通效率，而且有利于协调各参与主体间的关系，有效打通各参与主体内部及与各主体间的沟通渠道，实现彼此在知识、信息、技术、经验和价值流等方面的传递和共享，加速在研发、产品、服务和模式等方面的创新，提升整个服务型制造网络的运行效率和价值创造能力，吸引更多主体参与到价值共创活动当中，使服务型制造网络的集聚功能进一步凸显。

服务型制造网络需要各参与主体在资源、能力等方面的共享和优势互补，进而实现价值的共创。服务型制造网络通过搭建交流交互平台，可以有效突破地域、组织、技术边界的限制，形成一个高效、开放、动态、共生的新生态，各主体基于共同的价值观、共同的目标和彼此的充分互信，通过合作实现数据、信息、知识、技术等资源的互补和价值的创造，在持续创新产品服务的同时实现相互赋能和共同成长。服务型制造网络实现了制造企业、服务企业多主体的联盟以及各自资源的整合与协同，形成了整个服务型制造网络的核心竞争力，有效拓展了价值链的增值空间，有利于整体战略目标的实现。

服务型制造网络的建立，使得企业间的生产活动实现高度的网络化和并行化。通过服务型生产协作，将生产过程模块化分解，服务型制造网络内企业可以实现联合设计、分布式生产和组装，这将有利于服务型制造网络内部各合作伙伴形成长期稳定的合作伙伴关系，实现合作各方的共赢，促使服务型制造网络企业整体竞争力的提升。服务型制造网络非常注重企业绿色价值的创造，绿色作为服务型制造网络的核心节点，需要服务型制造企业必须充分满足客户的绿色需求，在产品研发设计、原材料采购、产品生产制造、物流、销售、消费乃至回收再生等过程中，要始终将绿色产品价值和绿色社会价值纳入价值范畴，综合考虑绿色资源和环境保护，在实现绿色价值创造最大化的同时，持续提升企业的核心竞争力。

第二节　服务型制造组织

一、去中心化

20世纪初，马克思·韦伯（Max Weber）提出了科层制组织管理的基本模式，其核心思想是通过等级权威和集权控制等正式制度，实现生产要素的有序化，以更好应对市场的不确定性。由此，科层制组织经历了直线制、职能制、直线职能制、事业部制和矩阵制等发展演化过程。企业则按照其发展的不同阶段、行业特点及战略定位，采取最具适应性的组织结构，为提高企业管理水平与生产效率作出巨大贡献[189]。由于科层制具有模式单一、职能清晰、管理效率高等特点，能够充分满足大规模工业化生产的需求，因此，传统制造企业的组织管理普遍采取科层制组织架构。从本质上而言，科层制组织管理模式属于生产导向型组织模式。随着物联网、大数据技术和社交互联网等现代信息技术的广泛应用，客户的消费心理与行为受到了潜移默化的影响，市场需求多元化的趋势与个性化日趋明显，这些变化不仅对传统制造企业的研发能力、生产制造能力、服务能力、市场响应速度和企业变革创新提出了更高的要求，而且使得科层制的部门墙、结构刚性、信息孤岛等缺陷日益突出。为了应对企业内外部环境的变化，近年来实业界与学界纷纷提出了去中心化的概念，并将其付诸实践。

在服务型制造模式下，企业在为客户提供个性化、定制化产品服务系统的过程中，需要参与服务型制造的各供应商、生产制造商、服务商与客户保持持续有效的互动，需要对各参与主体的技术、信息等资源进行整合，并且完成对产品研发设计、生产制造、营销服务等全生命周期的运营管理。因此，原有的生产组织模式已经不能适应大规模个性化定制的生产经营所需，必须对其组织模式加以变革，使其变得更为开放、动态和柔性化。在产品服务系统当中，基于现代信息技术，以合作、共享、共创、共赢与共生的理念，将众多的合作单位连接起来，避免信息孤岛的出现，以提升沟通协调管理的效率与效果。在渠道结构设计方面，基于以客户为中心、以需求为导向的理念，简化渠道层级，使其趋于扁平化，以提升渠道效率与效果。

在华为的员工中，技术研究及开发人员占 46%，市场营销和服务人员占 33%，管理及其他人员占 9%，其余的 12% 才是生产人员。20 多年来，华为一直保持着这样的比例，人力资源配置呈“研发设计和市场服务两边高”的“哑铃型”，由此创造了华为奇迹。青岛酷特智能股份有限公司（以下简称“酷特智能”）主要从事个性化服装定制的研发、设计、制造和销售。与传统服装生产过程不同，酷特智能鼓励顾客线上自助下单，再由系统将顾客订单拆解成各生产环节所“理解”的指令，最终通过柔性化生产技术完成顾客个性化定制需求。酷特智能从 2003 年开始进行数字化转型，到 2011 年正式将 C2M 上升为公司战略，较早破除思维惯性，以客户需求为中心，由订单驱动生产，借助互联网、大数据等技术手段，以工业化方式大规模生产出满足客户不同诉求的个性化定制产品。将企业发展思路切换到数字化轨道上来，并建立数字化生产和管理模式，通过连通消费和制造，实现低成本、低库存运营。通过多年的实践探索，酷特智能建成了国内外少有的、较为完整的数字化营销—设计—生产—供应—客服一体化系统，真正实现了大规模、个性化定制，并以此为基础，对企业的组织结构进行了彻底的改造。酷特智能建立个性化定制大数据平台之后，2013 年开始对企业组织架构和流程进行改造，将企业打造成为以客服中心为中枢，以节点管理为核心的新型组织模式。将原有的30多个部门整合为供应链中心、生产中心、客服中心、财务中心、信息中心和人力资源中心等六大中心，企业去掉了80%的中层人员，建立了一个去部门化、去领导化、去审批化、去科层化、去岗位化的扁平组织结构，实现了从人治到自治的转变，从科层化管理模式向平台化管理模式的转化。酷特智能通过大数据应用与组织结构的变革，打破了消费者、设计师和制造环节之间的传统部门间边界，实现了顾客需求与生产系统的无缝衔接，个性化定制服装1件起接受定制，定制生产的周期也缩短至7个工作日。使企业具备年生产42万套定制西服产品、22万件定制衬衫的工业化量产能力，达到“一人一版，一衣一款，一件一流”的标准。

从两化融合到“互联网+”，再到如今的产业互联网与工厂革命，酷特智能的成功实践经验，不仅为服装行业，而且为自行车、摩托车与家具家装等其他领域企业的转型提供了参考。酷特智能在实现“零库存、高利润、低成本、高周转”运营能力方面，帮助传统企业尤其是中小企业转型升级，其案例库中已经覆盖30多个行业的上百家企业，使之总体效率提升30%以上。以乳品企业JINHE为例，通过快速补货、定制生产，酷特智能帮助其解决了活菌类短保质期产品的库存积压问题。

源点论，是库特智能核心商业模型的理论基础，这里的“源点”即客户的需求，源点是构成互联网工业管理的核心要素与根本动力。企业通过整合价值链资源和创新管理模式，充分满足客户的需求，实现多方共赢与企业的愿景。节点管理模式的核心是标准化、规范化和体系化，将每个点需要员工用经验和能力解决的问题通过系统化设计、数字化描述，依托于互联网等信息技术手段，无障碍沟通来解决，每个岗位的权限非常清晰，员工只需要操作执行即可，但在每个岗位工作的员工有义务发现问题并反馈。同时，可以将模块化理解为另一类标准化，这样会将客户个性化需求与企业大规模生产有机融合在一起，实现企业成本费用的有效控制与确保生产节点的质量和效率。面向大规模定制的模块化生产过程主要涉及模块化设计、模块化制造与模块化组装。以酷特智能为例，企业通过对服装产品功能模块的合理划分，形成千万级的服装版型数据，支持超过千万亿种的设计组合，极大地提升了制版速度，在保持产品多样性的基础上实现了控制产品综合成本的目的。由于服装设计阶段就以顾客自主参与的方式融入顾客的个性化需求，直至最后的交付阶段，整个产品生产周期都贯穿了顾客的个性化意志，从而大大地提升了顾客的体验。

去中心化的网络化组织，适应了服务型制造动态集成内外部制造及服务资源，为客户提供定制化产品服务系统的需求。网络化组织改变了客户与企业、企业内部组织及成员的连接沟通方式，使得企业与客户间的沟通更为便捷，对于客户的需求响应速度更快。在企业内部，组织结构的变革，不仅促进了研发、营销和人力资源管理等部门之间的深度合作，而且实现了企业人力资本结构的重构，加快了企业自组织转型进程。酷特智能在加强员工职业素养与专业技能培训力度的同时，授予一线员工必要的资金、物流、仓储、设备和人员调配权，独立处置一些较为复杂的事务，从而不仅提升了员工的业务能力，而且又是对员工的一种激励，有利于推进员工对工作任务的自组织和自管理。

二、平台化

《中国制造 2025》的出台，旨在推进传统制造业的数字化、网络化和智能化。通过充分发挥我国生产企业在生产规模、市场空间和新技术应用方面的优势，以信息化助推工业化，利用生产上的数字化、网络化和智能化强化企业的竞争优势，从而保持我国制造业在全球中的优势。传统制造型企业服务型转型过程，又伴随着由科层制向平台化的转变。制造企业生产组织平台化是一种能够同时面向供应商、经销商、服务商和用户，并提供在线供货、采购、营销、管理和售后等活动功能的电子商务平台模式，即企业以平台组织架构为主导开展生产、经营等一系列基本活动的经济模式。该模式不仅交易成本较低，而且能够协调产业内部参与者之间的独立性与联系性，因而对产业的竞争与发展有重要的影响。当前，平台化已经融入实体经济，市场的集聚、信息的采集、组织的变革与产业的发展等都朝着同一个方向——生产组织平台化演进[190]。

一些大型制造型企业在长期的生存与发展过程中，与广大供应商、服务商、客户和员工建立了良好的关系，积累了大量的资源，逐渐形成了一个高效协同的价值创造生态系统，而这些企业由此逐渐演化为开放交互、资源共享的平台化企业，充分发挥企业在资源集聚、整合当中的重要作用。由于平台化组织具有双边网络效应和演化能力两大优势：能够吸引更多的资源以充分满足客户的需求，并呈现螺旋上升的正向循环趋势；在不确定性高的环境下能够快速实现资源的重新配置，使企业内外部资源有效对接，优胜劣汰实现演化发展。基于交易费用理论视角，制造企业生产组织平台化，有助于企业生产要素的集聚融合，可以减少市场信息与产品交易的摩擦，有效降低交易成本，进而促进企业价值创造。生产组织平台化通过强化企业与企业、企业与消费者之间供给与需求信息的耦合度，提高制造企业生产要素的配置效率，从而提升制造企业的绩效与创新[191]。

BCG 将平台化组织分为实验型平台化组织、混合型平台化组织和孵化型平台化组织等三大类。其中，韩都衣舍就是实验型平台化组织的典型代表，韩都衣舍通过构建 7 大支撑平台体系，服务于 300 个左右的前端产品小组，实现低成本快速试错，创下年上新品超过 30 000 款的世界纪录，最大程度地满足用户对服装快速多变的需求。海尔采取“人单合一”的商业模式、“倒三角”结构变革，将传统管理领导职能转变为用户付薪平台、职能支持平台和投资驱动平台，通过对依附于海尔大平台的众多小微平台的赋能，实现平台化转型。生产组织平台化打破了企业经营边界，整合了企业内外部生产要素与资源，实现了企业内部的生产沟通和竞争方式的有效选择，有助于企业沿着“生产组织平台化→价值能力→价值创造”的方向演进，最终实现平台化转型并带动企业价值创造。因此，生产组织平台化的核心是双边网络效应，实质是基于企业业务能力而赋能的平台。

三、网络化协同制造

随着现代信息技术的发展和广泛应用，网络化协同制造模式应运而生，它是需求与技术双轮驱动的结果。同时需要不同制造商、供应商、研发机构、服务商，以需求为导向，以客户需求为中心，以网络化协同制造为核心，实现工业化、信息化和服务化的深度融合。大型客机制造作为网络化协同制造的典型代表，从产品设计到工艺规划、生产制造是一个需要多主体高度协同的过程，需要各主体之间构建起大型客机数字化设计或者制造协同平台，实现对产品的全生命周期的管理。因此，大型客机制造是一项多领域迭代耦合过程，具有涉及学科门类多、研发设计周期长和成品制造工艺难等特点，需要多个团队和多家企业共同完成。比如，2017 年我国自主研制的新一代喷气式大型客机 C919 成功试飞，网络化协同制造平台功不可没，其生产、配套和组装涉及西安、成都、南昌、沈阳、上海等核心城市和周边地区的数百家企业、数十家高校以及数十万名产业工人，其中包括 16 家材料制造商和 54 家标准件制造商，国外的 GE、Honeywell、CFM 等飞机制造领域的跨国巨头，也成为 C919 大型客机机载系统供应商，真正实现了全球化的协同创新和“主制造商—供应商”发展模式，通过网络化协同制造平台，进一步提高了飞机研发的质量和效率[192]。

第三节　产业互联网

一、工业互联网

（一）工业互联网的概念与应用模式

工业互联网（industrial internet of things）的概念，是由 GE 2012 年 11 月发布的《工业互联网：突破智慧和机器的界限》白皮书中最早提出，他们认为工业互联网是开放的、全球化的网络，可以将人、数据和机器连接起来，其目的是提高效率、降低成本、减少资源的使用。我国工业互联网产业联盟在 2016 年 9 月发布的《工业互联网体系架构报告（版本 1.0）》中提出，工业互联网是以互联网为代表的新一代信息技术与供应系统全方位深度融合所形成的产业和应用生态，是工业智能化发展的关键综合信息基础设施。工业互联网是物联网（internet of things）技术与产业融合所产生的新业态，凭借着人、机、物的全面互联，重构了制造业的产业链、价值链与产业。由此可见，工业互联网是将人、数据、机器连接起来的，开放的、全球化的网络，它是全球工业系统与高级计算、分析、传感技术以及互联网的深度融合。工业互联网汇集了工业革命与互联网革命的成果与优势，使得智能设备、数据分析和工作人员三要素逐渐融合。据麦肯锡预测，2025 年全球物联网将创造 3.9 万亿～ 11.1 万亿美元价值，其中工业互联网将贡献 70%[193]。随着工业互联网被广泛应用于实践，逐渐形成了智能生产、延伸服务、网络协同和个性化定制等四类应用模式。

1. 智能生产

通过工业互联网的部署运行，实现对生产过程全方位的管控与优化。

2. 延伸服务

基于工业互联网，可以实时监控设备的状况，开展远程运维等服务。比如，通过工业互联网对生产工厂进行运营管理，监测设备的利用率、能耗监控、设备异常与故障预警并提供智能解决方案，帮助工厂开展精细化管理；设备供应商通过工业互联网对所售设备、零部件实施远程实时监控，以便故障预警与及时维护。

3. 网络协同

借助工业互联网平台进行资源整合，缩短产品研发周期，并做好对产品的全生命周期管理。

4. 个性化定制

共拓工业互联网，有力地推进了企业与客户、企业与企业、产业与产业间的深度交互，实现了产品的个性化定制和客户个性化、多元化需求的满足。

2018 年 2 月，“新基建”的提出进一步加快了供应互联网、5G 网络、大数据等新型基础设施建设的进度。由此，工业互联网已成为我国未来发展路径的基础中的基础、关键中的关键。工业互联网通过网络化、信息化的手段，对制造业进行更加精细、有效的管理，进而改变整个制造业的管理模式与盈利模式。作为实业界巨擘的海尔，以其一贯的工业务实和互联网战略思维，厚积薄发，基于“5G+ 工业互联网 + 大数据”的底层逻辑，加以企业智能化、网络化和信息化运维的丰富积淀，打造能够广泛落地的工业互联网平台。工业互联网不断颠覆着传统制造模式、生产组织方式和产业形态，推动传统产业的转型升级。

（二）工业互联网的本质与特点

工业互联网是连接工业全系统、全产业链、全价值链，支撑工业智能化发展的关键基础设施，是新一代信息技术与制造业深度融合所形成的新兴业态和应用模式，是互联网从消费领域向生产领域、从虚拟经济向实体经济拓展的核心载体。工业互联网是“互联网 +”“智能 +”与工业领域深度融合的产物，工业互联网的本质属性在于其以开放互联网为基础实现互联互通，以工业互联网标识解析为关键联结万物，实现对工业数据的全面感知、实时传输交换，快速计算处理和建模分析，以数据为核心创造商业价值，以云平台为载体实现要素资源整合，以资本为纽带实现快速扩展，以智能化为发展趋势，实现智能控制、运营优化等生产组织方式的变革。工业互联网以现代信息技术、制造技术为驱动，实现信息技术、制造业与服务业的融合创新。在经济管理领域主要具有以下几大特点。

1. 贯穿与连接产业链的各个环节

工业互联网侧重于经济、产业和商业属性，涉及社会生产、分配、交换、消费等领域的各个环节与诸多要素，涵盖各类生产与服务活动，贯穿于市场需求调查与确认、企业研发设计、采购、生产制造、销售、供应链、金融、物流等各个生产经营环节，即产品的整个生命周期均可通过工业互联网来实现。工业互联网的出现与应用，对整个社会的生产经营、产业结构与企业内部的组织架构、运营管理与服务模式等都产生了深远的影响。工业企业通过组织变革、业务流程优化与数字赋能，不仅可以实现成本的降低与控制以及资源的节约，而且可以有效提升生产效率与产品质量，充分发挥协同创新优势。

2. 以技术创新驱动工业模式创新

基于大数据、云计算、物联网和人工智能等新一代信息技术的工业互联网，正在潜移默化地影响和改变着人类的生产生活方式和思维模式，以技术创新驱动了技术模式、商业模式、融资模式、应用模式、服务模式、管理模式和经营模式等各类工业模式的融合创新。

3. 由传统的产品与技术竞争演变为生态体系的竞争

随着信息技术、智能制造技术的广泛应用，制造业的竞争已经从单纯的产品和技术体系的竞争，演变为生态体系的竞争。西门子、IBM、GE、海尔、华为等行业龙头企业，纷纷通过数字赋能与服务型制造转型在制造领域打造自己的生态体系，创造新的生态商业价值。伴随信息通信技术与工业、制造与服务、软件与硬件的快速跨界融合，面向制造业的工业软件企业也在加速转型，用友网络、安世亚太、数码大方、索为高科等企业同样也在致力于生态体系的打造。传统的以产品或企业为主体的竞争模式已被打破，生态体系竞争成为工业领域竞争的制高点。工业企业、服务企业在竞争与合作当中，实现跨界融合、创新与发展。

4. 生产的柔性化与全生命周期管理

工业互联网的应用，可以实现对设备、生产、采购等生产经营数据高效、实时的收集、处理与应用，提升企业智能化管理水平。工业互联网可以实现对生产制造、工艺流程、生产方式的优化与选择，提升生产的柔性化。工业互联网的自主性、自适应性和柔性化，可以实现从设计、生产制造到报废处理的全生命周期管理。工业互联网是对智能设备、数据分析和工作人员三要素的有机融合。因此，工业互联网可以实现人机高效互动与一体化，进而提升企业的生产效率。工业互联网可以实现众多的制造企业、供应商和服务企业的互联互通，实现对机器设备、物料、生产流程的实时监测、维护和管控，从而可以降低故障发生率，缩短处理时间，降低因故障产生的损失以及运维成本，极大地提高处理效率和效果。

工业互联网行业以信息通信产业与制造业为基础，具有技术密集型的特点。因此，工业互联网企业多实施技术多元化战略——该战略更利于企业跨越不同行业壁垒以进入全新的业务领域与应用场景[194]，以推动信息技术（information technology，IT）与运营技术（operational technology，OT）等多领域技术知识的融合创新和跨界应用，以获取高数字创业绩效。同时，多元化战略有助于企业适应具有高度波动性、复杂性和不确定性的环境。工业互联网的应用有力地推进了制造企业的智能化与数字化水平，大大地提升了企业数据的获取、识别、处理与应用能力，有利于提升企业协同创新能力和生产运作效率。工业互联网虽然作为企业发展服务型制造的技术基础，不仅能够提升制造企业的数据、知识的获取与创新能力，而且对于提升产品质量与服务质量具有重要的促进作用，可以有力地促进企业的服务型制造转型，但是，由于工业互联网涵盖了机械自动化、信息通信、智能控制和大数据分析技术等不同领域，多元化技术一定程度上又影响到了工业互联网的实施与推进[195]。

二、产业互联网

企业通过工业互联网的建设与运行，只是将制造与服务企业的设施、设备实现了互联互通，提升了制造企业的智能制造水平，但是并没有将众多的生产性服务企业纳入其中，无法做到对客户与产品全生命周期的管理，影响客户需求的有效满足。因此，发展服务型制造网络，还要构建服务互联网，以建立起制造企业、服务企业与客户的广泛联系，实现彼此的互联互通。企业构建的服务互联网首先必须加强服务企业与客户的普遍互联，并且通过社交网络等信息技术手段，建立起服务企业、员工与客户的广泛连接，扩大服务和顾客连接的广度，强化彼此有效、高频的互动，企业在为客户创造更大价值的同时，进一步增强双方在理念上的匹配度，进而提升客户的体验感、满意度和忠诚度。其次，应充分发挥互联网、物联网、社交平台的技术优势，加强对服务过程的实时监测、预警，实现全生命周期的实时动态管理，使得企业能够及时发现服务过程中存在的问题，并采取切实可行的措施加以改进，在持续改进中提升客户的满意度。最后，服务企业、制造企业及相关合作伙伴，应基于合作共赢的理念，建立高效运转的服务互联网，以提升数据、信息等相关资源的共享，提升彼此在业务上的高度协同和沟通上的即时性。

目前，我国正在由消费互联网时代向产业互联网时代转变，随着产业互联网的快速发展与应用，传统产业的生产、销售、流通、融资等流程都将被重构，产业互联网的发展不仅会提高跨行业协同的效率，而且有助于实现传统产业的跨越式发展，助推经济转型升级[196]。传统制造企业的服务型制造转型过程，就是工业互联网与服务互联网的构建与相互融合，进而形成产业互联网的过程。产业互联网是传统产业与互联网的结合，通过结合减少中间环节，通过互联网交易平台实现消费者和生产者之间的直接联系，是互联网对产业主要环节的改造。产业互联网涵盖供应商、制造商、研发机构、金融机构、物流服务商、营销服务等与生产相关的各行各业，实现了企业与企业、产业与产业之间的广泛连接和资源的有效配置。产业互联网的建设与运行，对于发展服务型制造具有以下重要作用。

（1）产业互联网可以有效推动产业融合，促进制造企业的服务型制造转型。基于现代信息技术，连接和打通从源头到终端的各环节，实现制造与客户的高效互联。制造型企业可以将产品研发、设计、生产、销售等环节放到网络平台上进行供需匹配，打破信息的不对称，实现大生产与大市场的结合以及供需双方的优势互补和生产经营的高效率。通过产业互联网对传统产业链进行改造，将制造业与生产性服务业有机融合，以延伸价值链，实现生产环节与流通环节的互联互通，以及生产端对客户端需求的快速响应，最终实现工业化、服务化和信息化的深度融合。

（2）提高资源配置效率和交易效率。企业可以通过产业互联网使客户与制造商之间建立连接，建立数字世界与实体世界的协同耦合关系。产业互联网通过对不同行业企业资源的有机整合与配置，实现各合作单位、企业内部各部门的有效协作，进一步提升劳动、资本等要素的功能和禀赋，促进各种要素的优化组合，有效缓解资源相对匮乏的压力。在供应链改造升级方面，产业互联网可以将供应商、制造商、中间商、服务商和最终用户多主体连成一个整体的功能链，在彼此协同过程中降低成本费用，提升供应链的效率。基于产业互联网，站在更高的层次、更宽的视野上，对产业链与价值链进行优化与资源整合，以实现产业链的整体最优。

（3）培育和形成更为强大的数据分析能力。产业互联网是大数据技术、人工智能与实体经济的深度融合，可以快速提升和形成企业强大的数据分析能力。产业互联网通过大数据、物联网等技术重构新的产业体系，并将这些现代信息技术融入制造、零售、物流等行业的各个生产环节，促进要素的非空间集聚。流通领域，将线上零售的便捷延伸到线下，线上与线下相结合，从而开辟更大的市场空间。在制造领域，数字化管理和智能生产，让客户需求和个性化、定制化订单能够被快速响应。在金融领域中的互联网银行通过海量数据分析来决策，能够让资金在消费者与生产者之间精准流动，提高资金利用效率。

（4）产业互联网可以为企业的技术与服务创新提供新的思路。产业互联网一定程度上是企业的虚拟化、数字化经营的过程。因此，基于现代信息技术，对企业产品研发设计、生产过程、工艺流程、操作方法、设备、工具等诸多要素进行改造与创新，采用物理的分析法、预测算法，以及关键学科的专业知识来构建机器与大型系统的运作系统；在该操作系统，将各种工作场所、设备设施与人员有机地连接在一起，实现智能化设计、生产与服务，从而有效地提升了企业的研发、生产、设计能力以及企业整体运作的效率和效果，为企业组织的持续优化、技术与服务的持续创新提供新思路。

（5）推动商业模式的变革。产业互联网的商业模式是以“价值经济”为主，其特点在于：通过企业与互联网的融合来创造经济价值，促进生产与消费的直接联系，以降低成本与提高效率；企业开始从以企业为导向的模式向以客户为导向的模式转变，开始强调关注、尊重与满足客户的个性化需求，并进一步提升客户的参与度；通过打造线上线下一体化模式，实现对线上与线下资源的整合与充分利用。

综上所述，产业互联网为制造业的服务化转型提供了新的思路与实践探索路径，能够较好地降低由于信息不对称、不透明带来的交易风险，对于增强供应链信息的透明度、降低交易成本费用、优化资源配置、提高企业产品服务创新能力以及推进制造企业的服务型制造转型具有重要的意义。

第九章
服务型制造的营销模式

在对市场营销基本理论进行梳理的基础上，本章重点对服务型制造营销模式中所涉及的产品、价格、渠道和促销活动等一一进行了理论上的分析。

第一节　市场营销基本理论

美国市场营销协会（AMA）在2004年8月将市场营销定义为：市场营销是一种企业管理职能，是为顾客创造、沟通和传递价值及管理客户关系的一系列活动的总称，营销活动的受益者是组织和利益相关者，等等。由此可见，该界定强调顾客价值的创造与实现，强调营销就是管理顾客关系，是产品或服务的传递。随着时代的发展，有关市场营销的内涵仍在不断发展，现代企业的市场营销活动，不仅包括企业产品的流通过程，还应包括企业的“产前活动”和“售后服务”，“产前活动—流通过程—售后服务”构成了现代市场营销的全部过程。

市场营销组合是市场营销战略的核心内容，也是企业市场竞争的基本手段。企业在确定目标市场以后，就需要结合企业外部环境和内部条件，有效利用自身资源，制定相应的销售战略，以实现预期的目标，这就涉及市场营销组合。市场营销组合这一术语最早由哈佛大学尼尔·鲍顿（N.H.Borden）于1953年在美国市场营销学会就职演说中提出，其意是指市场需求或多或少地在某种程度上受到所谓“营销变量”或“营销要素”的影响。为了寻求一定的市场反应，企业要对这些要素进行组合，从而满足市场需求，获得最大利润。市场营销组合随着企业实践的发展和理论研究的深入，出现了包括4P组合、6P组合、7P组合、11P组合、4C组合和4R组合等在内的多种组合，其中，1960年由麦卡锡（E.J.Mclarthy）提出的4P营销组合，至今仍为大多数企业所用。近年来，随着互联网等现代信息技术的发展与广泛应用，电子商务快速发展，从而促使以虚拟网络为核心的4E营销组合出现，并得到理论界与行业企业界的广泛关注。这些营销组合正在影响着行业企业的商业模式与营销模式。

一、4P 营销组合

4P营销理论最早来源于Alderson的*Marketing Behavionand Executive Action*一书，他认为企业在做营销决策时应该考虑产品、价格、渠道、广告、人员推销以及地点决策这六个方面的因素。20世纪60年代麦卡锡在*Basic Marketing*一书中第一次推出了4P营销理念。麦卡锡认为，在市场经济条件下，企业的发展往往有赖于外部环境。所以，企业在从事市场营销活动时，既要考虑企业所处的各类外部环境，比如竞争者和宏观政策的变化等，还需要考虑企业内部可以控制的因素，通过切实可行的市场营销组合策略的制定和实施，来适应环境并满足目标市场的需要，实现企业的目标。为此，他将市场营销组合可控制的要素归纳为产品（product）、价格（price）、渠道（place）和促销（promotion）等四个基本要素，即4Ps。4Ps的提出，奠定了管理营销的基础理论框架，因此被称为营销组合基础理论。

（一）产品

产品是营销组合中最为重要、最为基础的因素，代表企业提供给目标市场的有形产品和服务等无形产品的组合，包括产品的种类、功能/性能、产品质量、型号或尺码、设计、品牌名称、包装、安装服务、品质保障和售后服务、产品组合等。服务的要素主要涉及服务的内容、服务种类、服务质量、服务水平和服务承诺等。根据格罗鲁斯（Gronroos）的服务包理论，服务产品是指企业向顾客提供的有形与无形要素的结合体。其中无形要素主导了服务产品的价值创造，服务产品一般包括核心服务与附加服务。核心服务是企业向顾客提供的基本利益，体现了服务的主要功能，它满足了顾客的基本需求，是服务在市场上存在的原因。比如，航空公司的核心服务是运输，酒店的核心服务是住宿。附加服务是指能够帮助顾客使用核心服务或者增加核心服务价值的各类活动。这些附加服务是伴随着核心服务的使用而出现的与服务相关的其他一系列活动。比如，酒店为客户提供房间预订、客房服务、用餐服务、健身服务和送站服务等。

（二）价格

价格是企业出售产品或服务所追求的经济回报，主要包括基本价格、折扣价格、付款方式和借贷条件等。价格直接关系到市场对产品的接受程度、市场需求和企业利润的多少。因此，制定价格要估量顾客的需求和企业的成本，以便选定一种既能吸引顾客，又能适合市场营销组合的价格。同时，还应考虑到目标市场上的竞争性质与特点、法律法规政策限制、物价水平和付款方式等因素。

（三）渠道

渠道是产品从制造者向最终客户转移所经过的所有环节。为提升企业的市场占有率与市场竞争力，企业必须重视渠道结构的设计、运行、维护与变革，尤其是电子商务快速发展的今天，企业应结合市场特点与自身发展目标与条件，主动拥抱互联网，对原有渠道结构进行优化变革。

（四）促销

促销是企业通过采用多种信息传播手段吸引消费者，促进产品销售并实现其营销目标的系列活动的总和，主要包括广告、人员推销、营业推广和公共关系等。为了加深客户对服务的印象与认知，企业应尽量在促销活动中使其显性化、有形化。

4P 营销组合理论产生于大规模工业化生产时代，以企业为中心、以生产为中心，以追求利润最大化为原则，强调在与竞争对手竞争过程中技术的先进性、质量的上乘、价格的低廉，并采用各种手段让客户了解并购买其产品，未能更好地关注客户个性化、定制化需求，客户始终扮演着被动接受的局外人角色，这些势必会导致企业与客户之间的矛盾，最终影响企业目标的实现。

二、7P 营销组合

随着 20 世纪 70 年代以来服务业的快速发展，产品营销组合的 4P 要素构成并不完全适用于服务营销。于是，布姆斯（Booms）和比特纳（Bitner）在 4P 营销组合的基础上，又增加了人员（people）、有形展示（physical evidence）和过程（process）三要素，将服务市场营销组合修改、扩充为七大因素。

（一）人员

人员主要涉及服务人员的数量、形象、态度、业务水平、培训与激励、客户参与等。

（二）有形展示

有形展示会影响到客户对企业的评价，主要涉及服务环境、设备设施、服务人员以及其他实体性信息标志。企业通过有形展示，使得无形服务有形化。

（三）过程

过程主要涉及员工决断权、活动流程、标准化、定制化、顾客参与和顾客取向等内容。科学有效的服务流程，对于提高服务质量、提升顾客满意度和忠诚度具有重要意义。尤其在信息化时代下，需要建立强大的数字化后台支持系统，不仅可以提高服务效率，而且可以实时获取大量的客户信息，为后期的业务流程、产品服务优化提供决策依据。

三、4C 营销组合

随着信息时代的到来，消费个性化和感性化日益突出，企业为了更好地了解消费者的需求，迫切需要与消费者进行有效、持续的双向沟通。1990 年，美国营销专家罗伯特·劳特朋（R.F.Lauterborn）针对 4P 存在的问题提出了 4C 营销理论，即顾客（customer）、成本（cost）、便利（convenience）和沟通（communication）。

（一）顾客

这里的顾客更多指的是顾客的需求与欲求，企业直接面向顾客，因此应树立以客户为中心的理念，并将其贯穿于市场营销活动的整个过程，在了解和研究顾客的基础上，充分关注与满足顾客的需求，不仅要为顾客提供产品与服务，而且要为客户创造更大的客户价值，实现企业与顾客的共赢。

（二）成本

成本不仅仅是企业的生产成本，还包括顾客的购买成本。顾客的购买成本不仅指购买产品服务的货币支出，而且还包括为此耗费的时间、精力和体力，以及承担的购买风险等，这些一起构成了顾客的总成本。这里的成本不仅考虑到企业的生产成本，而且从顾客角度出发，兼顾顾客需要承担的成本，因此，作为企业，如何通过产品服务的研发设计、制造，降低客户在产品整个生命周期中所承担的总成本就显得更为重要。

（三）便利

便利即为顾客提供最大的购物和使用便利。4C 强调提供给顾客的便利比营销渠道更为重要。企业在制定分销策略时，应更多地考虑顾客的方便性。通过良好的售前、售中和售后服务，为客户提供全方位的服务，以最大限度地方便顾客，维护顾客利益，为其创造更大的价值。企业不仅为客户提供产品，也提供服务；顾客不仅购买产品，而且购买服务和便利。

（四）沟通

4C 组合用沟通取代促销，强调企业应重视与顾客的双向沟通，以积极的方式适应顾客的情感，建立基于共同利益的新型企业客户关系，实现信息的共享，使得彼此更为了解、信任。这不仅是企业单向地促销和劝导顾客，更是在双方的沟通中找到能同时实现各自目标的通途。正如克里斯廷·格罗鲁斯（Christian Gronroos）所说，企业营销不仅是企业提出承诺，单向劝导顾客，更重要的是追求企业与顾客的共同利益，互利的交换和承诺的实现是同等重要的。同时，强调双向沟通，有利于协调矛盾、融合感情，培养忠诚的顾客，而忠诚的顾客不仅形成了企业稳定的消费群体，而且又是最好的企业宣传者和产品服务改进的推动者。

与 4P 营销组合理论相比，4C 理论更强调以市场为起点，发现、挖掘顾客需求，一切以适应顾客为标准，满足大规模定制的时代要求。4C 营销组合理论坚持以客户为导向，始终围绕“顾客需要什么”“如何才能更好地满足顾客”两大主题进行持续的改进活动，以追求顾客满意为目标，是一种由外而内的拉动型营销模式。当然，4C 营销组合理论仍存在着一些不足。首先，它以顾客为导向而非以竞争为导向，在市场竞争中，企业不仅要关注客户，而且需要关注竞争环境与竞争对手。其次，企业在强调客户需求的同时，要综合考虑企业的实际情况。最后，企业未能解决如何赢得客户与长期拥有客户的问题，仍然是被动地适应顾客需求的变化，未能体现关系营销的思想。

四、4R 营销组合

2001 年，美国学者艾略特 · 艾登伯格（Elliott Ettenberg）、唐 · 舒尔茨（Don E. Schuhz）在 4C 营销理论的基础上提出了 4R 理论，即关联（relativity）、反应（reaction）、关系（relationship）、报酬（return）。

（一）关联

在激烈竞争的市场环境中，顾客具有动态性，企业要想提高客户的忠诚度，赢得长期稳定的市场，就必须与客户形成一个互助、互求、互需的命运共同体，并且采取多种措施与客户建立长期稳定的关系。与客户建立关联将是企业经营的核心和最重要的内容。

（二）反应

面对迅速变化的市场，企业要想充分满足客户的需求，与之建立长期稳定的关系，就必须建立起快速的反应机制，提升企业的市场反应速度，从以往的推测性商业模式，转向快速回应需求的商业模式。对于经营者而言，应树立以客户为中心、以需求为导向的经营理念，持续关注客户需求的变化趋势，及时发现与挖掘客户需求，通过研发设计、生产制造、营销服务等各部门的协同联动，快速对市场作出反应，以满足客户多元化、定制化与个性化需求，为客户创造更大的价值。

（三）关系

在当前企业与客户关系发生本质性变化的市场环境下，如何与客户建立长期稳定的关系显得尤为重要。为此，需要做好以下五个转变：从一次性交易转向强调建立长期友好合作关系；从着眼于短期利益转向重视长期利益的达成；从客户被动适应企业单一销售转向客户主动参与到企业研发设计、生产制造等生产经营活动之中；从相互的利益冲突转向合作共赢、共同发展；从管理营销组合转向管理企业与顾客的互动关系。

（四）报酬

任何交易与合作关系的巩固与发展，都可以看作是经济利益问题。因此，一定的合理回报既是正确处理营销活动中各种矛盾的出发点，也是营销的落脚点。企业通过为客户提供产品与服务，获取合理的回报，由于企业与客户建立了长期稳定的关系，由此企业能够及时获取客户需求信息，减少推广费用、谈判费用等成本，并将这些节约的成本用于新品开发或让利于客户，实质上也是对客户的一种回报。

服务型制造转型企业在满足顾客需求方面，开始从以“技术 + 产品”为主转向以“应用 + 服务”为主，为顾客提供整套的“产品 + 服务”为一体的系统解决方案，从而不仅满足了客户的需求，为客户创造了更大的价值，而且企业与客户之间将会建立起一种长期稳定的合作关系。4R 营销组合以竞争为导向，弥补了 4C 营销组合的不足，主动创造需求，运用优化和系统的思想去整合营销，通过关联、关系、反应等形式与客户形成独特的关系，把企业与客户联系起来，形成长期稳定的合作共赢关系，进而培育和形成企业的核心竞争力。企业为客户提供产品服务与创造价值的同时追求回报是相辅相成、相互促进的，客观上达到了双赢的目标。

五、4V 营销组合

在 4R 理论的基础上，学者们又针对高技术产品与服务提出了 4V 营销组合理论。所谓 4V，即差异化（variation）、功能化（versatility）、附加价值（value）、共鸣（vibration）。4V 营销组合理论以持续竞争为导向，通过 4V 营销的展开，可以提高顾客的忠诚度，从而培养和构建企业的核心竞争力，满足顾客追求个人体验和利益最大化的需求。4V 营销组合理论的实践过程，其实是培育和形成核心竞争力以及培育客户忠诚度的过程。企业正是沿着“顾客导向—顾客满意—顾客忠诚”这一主线，开展各项经营活动。

（一）差异化

差异化营销能够较好地满足客户的个性化、定制化需求，有利于树立企业的品牌优势，提升企业形象与核心竞争力，全方位培育企业与客户的良好关系，鼓励客户参与到企业产品服务的研发、设计、服务创新等环节，增进彼此信任，提升客户的满意度和忠诚度。

（二）功能化

企业通过提供功能各异的系列化产品与服务，扩大目标客户群体以及客户选择的空间，在增加收益的同时，进一步增加用户黏性，从而有力地提升客户的忠诚度。

（三）附加价值

企业在为客户提供个性化、定制化产品服务的同时，为客户提供设备设施的在线运维服务、金融信贷服务、物流服务、技术升级服务等，通过为客户提供诸多附加价值，给客户带来更多的惊喜，达到和超过客户的期望，为客户创造更大的价值，节省更多的产品使用成本与费用，逐渐培养客户的忠诚度。

（四）共鸣

共鸣是顾客产生忠诚的核心基础，共鸣强调企业要把创新能力与客户所重视的价值联系起来，注重企业声誉的塑造，从而起到吸引新客户、维护与巩固老客户的作用。

通过对 4P、4C、4R 和 4V 营销组合的分析发现，4P 关注于产品本身，4C 关注于顾客需求，4R 关注于关系营销，注重双方的持续有效互动、合作共赢，从而建立客户忠诚。4R 营销组合较好地平衡了企业利益和顾客需求的关系，运用优化和系统整合的思想来创造需求，真正实现企业与客户的合作共赢与共同发展。4V 营销组合理论，是以客户忠诚度为制高点来开展营销活动，正是 4V 营销理论的核心内涵，4V 营销理论正是达成顾客忠诚目标的具体途径。有关服务型制造企业营销，可以基于经典的 4P 理论，同时融入 4C 理论、4R 理论和 4V 理论，从产品、价格、渠道和促销等因素加以分析。

第二节　服务型制造企业营销之产品

服务型制造从以生产为中心转向以客户为中心，基于客户需求，为客户创造更大价值，在这一过程中发现客户的潜在需求与痛点，为客户提供定制化、个性化的产品与服务，在满足客户需求的同时，实现良好客户关系的建立和产品服务的销售。服务型制造转型企业的营销，不仅为客户提供有形产品，还提供无形产品（服务），并且无形产品（服务）的比重逐渐呈上升趋势。企业通过对客户需求的识别、确认，挖掘在为客户价值创造过程中遇到的障碍，充分发挥自身在资源、能力等方面的优势，鼓励客户参与到产品服务的研发设计、生产制造、服务创新等环节，共同开发出个性化的产品服务系统，以更好地帮助客户降低产品在整个生命周期内的使用成本与费用，最大限度地增加客户收益，进而提升客户的满意度和忠诚度，最终实现共赢。

在信息化时代背景下，产品服务信息的透明化，知识与技术共享创新速度的加快，市场竞争的日趋激烈，使得市场竞争态势发生了巨大的变化。从最早的企业为王到后来的渠道为王，再到客户为中心，从此客户走向了市场聚光灯下。为了赢得市场，企业开始转变观念，在为客户提供产品服务的同时，更加注重客户的体验和价值的创造。比如，在20世纪90年代，工业鼓风机市场竞争日趋激烈，陕鼓集团杀出重围，提出大配套为客户提供“交钥匙”工程，大大提升了企业的销售量和市场竞争力，凸显了理念与服务创新在企业服务型制造转型与营销过程中的重要性。同时，产品的交付并不意味着企业与客户关系的终结，而恰巧可能才是刚刚开始。因此，需要企业与客户间建立起长期稳定的合作关系，加强企业对客户与产品的全生命周期管理。在产品生命周期当中，不论是与客户接触还是价值创造，制造只占了其中很小的一部分，因此企业亟须牢牢抓住产品交付后的各个环节，通过产品服务创新、关系营销，提升客户的体验感、满意度和忠诚度。

服务型制造转型与服务型制造企业的营销，都非常关注客户的参与度，鼓励客户参与到企业产品的研发设计、生产制造、营销服务等各个环节中，在充分利用客户冗余知识、技术、经验和创意的同时，形成企业与客户间的利益共同体、命运共同体，从而建立起双方友好的合作共赢关系，实现在业务上的深度融合，在信息、资源上的共享。总之，只有做到及时了解和满足客户的需求，才能实现彼此利益的最大化。而在服务型制造企业营销中，也可以根据产品服务的特点，将产品分为面向产品的产品服务系统、面向方案的产品服务系统、面向应用的产品服务系统和面向效用的产品服务系统，再根据企业自身发展阶段、自身条件、能力和资源为客户提供相应的产品。

一、面向产品的产品服务系统

所谓面向产品的产品服务系统，是指企业在为客户提供产品、转移所有权之后，为客户提供一些必要的后期服务，解决客户在产品安装、使用、维护过程中遇到的主要问题，以确保产品的正常使用或运行，进而提升客户的体验感。这类企业往往处于服务型制造转型的初级阶段。目前，大多数企业均具备这样的能力，已经成为企业生存的必备项。通常的做法是，企业围绕出售的产品，在产品交付使用后，基于产品全生命周期管理理念，为客户提供安装调试、维修、培训、管理和回收处置等相关服务，并针对部分服务项目进行单独定价，由此产生非价格营销与收入，形成“产品 + 服务”的模式。目前，这种模式在汽车、机床、仪表、阀门和飞机等传统制造行业比较流行，这些服务也成为企业重要的收入来源之一。随着现代信息技术与共享经济的发展，汽车生产制造企业除了为客户销售汽车外，已逐渐向共享汽车、汽车租赁、车联网与汽车金融等领域发展。为客户提供更多的服务项目，不仅增加了企业的收益，践行了“不为所有，但为所用”的共享思想，而且实现了资源的有效配置，解决了客户的诸多难题。比如，北汽集团旗下的绿狗租车、北京出行、北京绿行家公司主要开展分时租赁业务，涵盖公务、商务、旅游、市内、拼车等出行方式，覆盖北京、厦门等 8 大城市，运营车辆达 1 万辆，为 3 000 万人次提供了绿色的共享出行。未来还将打造一个涵盖共享出行服务、共享停车服务、共享充电服务、出行延伸服务和增值服务等一系列服务在内的开放式共享汽车企业生态平台。

二、面向方案的产品服务系统

随着行业竞争的日趋激烈，一些制造业企业开始通过整合优势资源，从产品制造商转变为系统解决方案提供商，向客户提供从需求诊断、开发设计、设备集成、工程建设、检验检测、专业维修等全价值链的总集成总承包服务。面向方案的产品服务系统，是基于对客户需求的识别、了解与确认，不仅销售产品，而且为客户提供全套一体化的解决方案；不仅有效降低了客户的成本费用，提升客户的效率效益，为客户创造了更大的价值，而且大幅度提升了企业销售业绩和利润水平，从而改变了传统制造企业的销售模式。为客户提供产品服务系统的过程，是顾客全过程参与制造、服务的生产和传递过程，需要制造企业与用户就客户在生产经营过程中面临的技术难题、成本质量控制等问题进行充分沟通，以便更好地满足客户的需求。企业与客户之间的沟通交流，将贯穿于产品的研发、生产制造、营销服务、运营和废弃处理整个生命周期当中，并进一步推动企业的转型升级。

目前，服务型制造企业为客户提供的整体解决方案中主要包括定制化的产品设计、成套解决方案咨询与实施、项目设计与实施、物流服务、金融服务、员工培训与产品远程运维等服务。如陕鼓集团，就是面向方案的产品服务系统的典型代表，陕鼓集团在服务型制造转型初期提出的大配套，为客户提供“交钥匙”工程，不仅减少了客户在改扩建过程中需要频繁与项目设计单位、施工单位、金融机构、众多配套企业进行谈判磋商的麻烦，而且陕鼓集团还可以通过金融服务、物流服务缓解客户资金压力，有效解决客户物流不畅等问题。在整个“交钥匙”工程项目中，陕鼓集团为客户提供有形产品所创造的价值占项目总价值不到20%，却大大提升了客户的满意度、忠诚度和企业的利润。另外像IBM，依托其在大型计算机、人工智能领域的技术优势和产业整合能力，为银行业、通信业、教育行业、电子行业、能源和公共事业、政府部门等提供全套信息化系统解决方案。

三、面向应用的产品服务系统

面向应用的产品服务系统，是指企业并不向客户出售产品并转移所有权，而只是向客户转让产品的使用权与相关的支持服务。与共享经济的理念高度契合，较好地实现了“不为我所有，但为我所用”的经营理念，从而不仅有利于资源的优化配置，又可以为客户节约大量的成本费用。比如，船舶生产企业为客户提供计时收费服务，利用大数据监测、规划，对已安装在货船上的所有设备进行维护和修理。计时收费服务可帮助船舶公司减少船舶大修次数，提高设备的可靠性，控制维修成本，从而降低了由船舶制造工艺、材料缺陷以及供应商质量控制等原因所带来的维修费用突增风险。

四、面向效用的产品服务系统

面向效用的产品服务系统是指客户购买的并不是相关实物产品，而是由实物产品产出的某种效用。比如，复印设备生产企业在一些高校与图书馆建立复印服务中心，直接为客户提供相关文件。洗衣机生产企业为客户提供洗衣服务，顾客直接采购洗衣服务，实现干净衣物的目的。

第三节　服务型制造企业营销之价格

产品与服务的价格水平历来都是客户所关注的焦点，如果定价不够合理，势必会影响到客户的购买量或者企业的利润。服务型制造企业非常注重对于产品全生命周期的管理，而产品生命周期各环节将会给客户创造不同的价值，因此企业应根据价值创造的大小来确定产品的价格与支付方式。

一、定价的目标与程序

（一）定价目标

定价目标是企业在制定和实施该价格体系时所期望实现的特定目标。在企业不同的发展阶段与经营环境下，其定价目标都会有所差异。因此，企业在制定价格体系时必须综合考虑定价目标、成本、市场需求、市场竞争等多种因素。就定价目标而言，可以将其分为财务目标与市场目标两大类。

财务目标又分为成本目标与利润目标两种，其中成本目标旨在弥补产品的生产成本与费用，而利润目标则是指利润在价格中所占比例的大小。由于获取利润是企业生存与发展的基础，也是企业经营的原动力和最终目的，因此，很多企业都会以利润目标为主要定价目标。

市场目标主要包括三大目标，即稳定价格目标、市场占有率目标和销售额目标。稳定价格，是企业为了减少市场上同类产品由于价格竞争带来损失而制定的较为合理的价格体系，以确保企业既定利润目标的实现。市场占有率与企业的获利水平密切相关，是衡量企业竞争力的一项重要指标。当其他条件保持不变，市场占有率越高，销售额就越高。同时，市场占有率的高低会影响到企业的知名度与企业形象。因此，市场占有率目标是在保证一定利润水平的基础上，确保企业拥有一定的市场占有率。销售额目标则是企业在保证一定利润的前提下最大化销售额。这三大目标往往是相辅相成、互相影响的。

（二）定价程序

企业定价决策程序如图 9-1 所示。

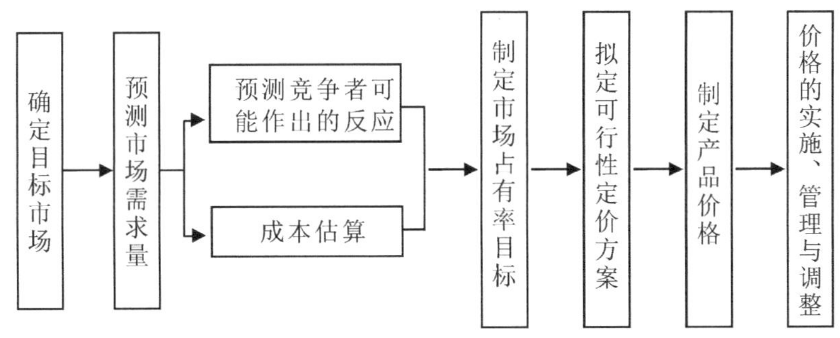

图 9-1 企业定价决策程序图

服务型制造企业在定价决策过程中，首先要结合企业总体战略与营销战略，明确企业的主要客户群体及其特点，确定明晰的目标市场。在此基础上可以更好地了解目标客户群体的购买心理与行为、购买力、具体地理分布等信息，能够较准确地进行客户画像，实现企业的精准营销。企业通过对目标市场的调查研究，对市场需求进行预测，降低因市场预测有误导致的产品研发与营销风险。通过对成本的准确估算，明确产品价格的下限。同时要预测和实时关注主要竞争者的反应，并对整个市场环境、市场发展趋势进行准确的研判，从而使得企业的价格决策更接地气，更符合各方利益诉求。然后在此基础上制定切实可行的定价方案，方案主要涉及价格目标、价格实施的方案和具体的定价方法等内容。在产品价格方案实施过程中，应加强对价格的监管，持续关注市场、竞争对手和主要客户的反应，注重与客户的深度沟通，并能够适时对原价格方案进行调整优化，以确保企业价格目标的实现。

二、面向产品的产品服务系统的定价

面向产品的产品服务系统基于产品为客户提供相应基础服务并获取一定服务收入，从而不仅延伸了原有产业链，而且提升了客户的满意度。但是，面向产品的产品服务系统仍是以产品为核心，所以定价仍然以实物产品为主、服务定价为辅。面向产品的产品服务系统是制造企业在服务型制造转型初期的通行做法，定价构成一般包括产品本身的价格与服务价格，服务价格可以综合考虑服务类型、服务时长、服务难易程度等因素来确定不同价格标准。企业在产品服务系统的定价过程一般都会按照图 9–1 的程序展开，其中更为重要的是企业要根据所处外部环境和内部条件及产品服务与客户的特点，选择恰当的定价方法与策略，常见的定价方法有成本导向定价法、需求导向定价法、竞争导向定价法、差别定价策略和心理定价策略等。

（一）成本导向定价法

成本导向定价法是以产品成本为基础来制定价格，是以卖方意图定价的方法。成本是企业生产经营过程中所发生的实际耗费，客观上需要通过商品的销售来补偿，并且要获得大于其支出的成本费用，即企业利润。当企业成本变动时，价格也会随之做出相应的调整。由于企业成本会计资料具体真实、应用方便，所以成本导向定价法成为各企业广泛采用的一种方法。成本导向定价法主要包括成本加成定价、变动成本定价法和盈亏平衡点定价法，其中成本加成定价法应用较为广泛。

成本加成定价法也称为全部成本定价法，它是在总成本的基础上，加上预期利润或利润率来确定商品价格的一种方法。即产品价格 = 单位产品成本 ×（1+加成率）。对于制造型企业而言，产品本身的成本主要包括原材料成本、生产制造费用、财务管理费用等。服务成本主要包括服务所需设备与设施、服务所需物料、服务人员等直接，以及企业财务、法律、会计、广告等基础设施固定成本。由于利润加成率一般是固定的，所以这种方法对于价格弹性较低的产品具有较高的适用性；对于那些定制类产品或市场上竞争少的产品和新产品较为适用。虽然成本加成定价法计算方法简便易行，能够保持价格的相对稳定，但是忽视了市场的需求，价格往往缺乏竞争力。

（二）需求导向定价法

需求导向定价法是以需求为中心的定价方法。指的是服务型制造企业根据客户对产品价值的理解和需求强度来制定价格，而不考虑或很少考虑产品的成本等因素。以客户期望的价格为目标，估算产品的成本与销量，并且根据服务的复杂程度、服务类型和服务时长等方面的差异对其进行定价。该方法核算较为方便，但是不能很好地反映顾客的多元化、个性化的需求。采取需求导向定价法之前，需要企业进行全面、深入的市场调研，分析产品在客户心目中的价值水平、产品为客户创造价值的大小，以测算不同定价所对应的销售量、成本投入，最终确定产品价格。为了准确判断客户的感知价值，可以采取市场测试法和营销创造法：市场测试法，即通过邀请有代表性的客户对产品价值进行评议，得出不同类型客户对产品价值的判断；营销创造法，即通过有针对性的广告宣传、市场定位和营销场景设计，使顾客产生一种定向感知价值判断，从而接受相应的价格，以降低产品与市场开发风险。

（三）竞争导向定价法

竞争导向定价法是指企业通过对市场环境以及竞争对手的生产条件、技术水平、服务状况和价格水平等因素的研究与综合分析，结合企业资源条件，参考成本和供求状况来确定商品的价格。采取竞争导向定价法，使得价格与商品成本、商品需求之间没有直接关系，只要商品成本或市场需求变化了，竞争者的价格却未变，就应该维持原来的价格水平；反之，虽然成本或需求都没有发生变动，但是竞争者的价格变动了，此时就需要相应地调整价格。竞争导向定价法主要包括随行就市定价法、产品差别定价法和密封投标定价法等三种方法，服务型制造企业常用的则是前两种定价法。

1. 随行就市定价法

随行就市定价法就是企业按照行业的平均现行价格水平来定价，这是那些需求弹性较小或者同质化的产品惯用的定价方法。在传统制造业当中，由于销售同质化的产品导致在定价时的选择受限，只能按照行业的现行价格来定价。采用随行就市定价法的企业不必过分关注消费者对不同价格水平的反应，从而为营销与定价人员节约了很多时间。同时，由于相近、比较平均的价格，更容易被消费者所接受，并且避免了价格竞争风险，企业间往往会和平共处形成一种较为稳定的状态，从而给企业带来长期的、合理的盈利。但是，如果有企业提高了价格水平，就会面临客户流失的风险；如果定价低于平均水平，又会导致企业利润的减少。因此，采取随行就市定价法的企业一般只能获得正常利润。比如，陕汽集团在对重型卡车定价时，就综合考虑了市场竞争和产品成本两大因素，对于常规车型会根据市场竞争状况来确定价格，对于新车型则会结合产品成本及主要竞争者的产品定价来确定价格。

2. *产品差别定价法*

就本质而言，随行就市定价法是一种防御性的定价方法，在规避价格竞争带来的损失的同时，也放弃了价格这一竞争“利器”。产品差别定价法是企业通过不同的营销努力，使同类同质化的产品在消费者心目中树立起不同的产品形象，进而根据自身特点确定产品价格。因此，产品差别定价法是一种进攻性的定价方法。该方法的应用，首先需要企业必须具备一定的实力，在某一行业或者某一区域市场占有较大的市场份额，拥有较高的客户认可度，客户能够自然将企业产品与企业本身联系起来。其次，在质量大体相同的条件下实行差别定价是有限的，尤其对于定位为“质优价高”形象的企业来说，必须支付较大的广告、包装和售后服务方面的费用。因此，从长远来看，企业只有通过提高产品质量，才能真正赢得消费者的信任，才能在竞争中立于不败之地。

有关产品差别定价法的分析，主要适用于传统制造企业的产品定价，而对于服务型制造企业而言，由于更关注客户需求的满足和为其创造更大的价值，为客户提供差异化、定制化的产品与服务，因此在产品与服务定价时往往会采取差别定价法。具体而言，有顾客差别定价法、产品差别定价法和销售时间差别定价法等。

顾客差别定价法是企业在以客户为中心、以需求为导向的同时，对客户进行分类管理，以确保有限资源的充分利用。由于企业的核心客户与企业合作时间较长、信誉较好、采购量大等，因此，企业对于核心客户的产品定价会更低一些，服务项目会更多一些。除此之外，大客户还会享受更大的价格折扣、数量折扣和更长的账期等多项优惠政策。相较于核心客户，企业对于小客户或新客户的定价则会高一些，原因在于小客户给企业创造的价值较小甚至只会消耗企业的资源；另外，由于企业与新客户合作时间较短，彼此了解较少，存在信息不对称的问题，增加了企业的交易风险、道德风险。产品差别定价是企业对于不同规格型号、材质或者搭配不同服务的产品确定不同的价格，尤其是服务型制造企业，会根据客户的不同需求，为提供的定制化产品和服务确定差异化的价格，以区别于其他产品与服务，并且这一点也能够为客户普遍所接受，所以大大提高了企业在定价方面的主动权。销售所处季节、日期的不同，企业也会制定不同的产品或服务的价格，常见的如电力供应采取的阶梯性、季节性定价就是很好的例子。服务型制造企业的差别定价强调企业在满足其细分市场需求时，针对客户个性化、定制化需求，为其提供适合的产品服务组合，并通过差别定价实现企业收益的最大化和客户价值的最大化。

陕西重型汽车有限公司根据产品所处生命周期的不同、使用燃料与发动机的不同，为奥龙、德龙和新能源重卡制定了不同的价格：对于处于衰退期的奥龙车型制定较低的价格，而对于德龙主力车型则制定更为灵活的价格，对于德龙 X6000、X5000S 和德龙新 M3000 LNG 牵引车等车型则制定较高的价格，从而不仅满足了不同客户的需求，而且塑造了企业良好的品牌形象。尤其是德龙 X6000，自 2020 年成功上市以来，凭借国际一流、行业领先的核心技术指标，得到了客户的高度认可，在客户中形成了节油、安全、可靠、舒适的良好口碑，成为中国商用车行业高品质的典范，引领中国商用车品牌向上突破。马鞍山钢铁股份有限公司在服务型制造转型过程中，在产品定价策略上，持续创新多样化的产品定价方式，逐渐形成“以月度标准定价、月度锁定定价、日定价为主，以对标定价、一厂一策、季度定价、年度定价、指数定价、电子商务自动定价等为辅”的定价方式，充分满足多样化的商务方式需要[197]。

三、面向方案的产品服务系统定价

面向方案的产品服务系统，要求服务型制造企业针对客户的定制化需求设计一整套解决方案，通过一站式、定制化的解决方案，为客户创造更大的价值。既然是一整套的解决方案，企业不仅要考虑整体方案的最优性，而且在定价时还应注重在价值创造中收益的最大化，以满足客户在整个经营过程中的一系列需求，同时确定不同环节需求的产品与服务价格。企业面向方案的产品服务系统定价，往往会根据客户的不同需求推出不同的套餐定价。

（一）组合产品的互补性定价

互补品，顾名思义，只有相互配合才能发挥其作用的商品，客户必须购买整个产品服务系统包，才能发挥其使用价值。在互补品中，价值大并且使用寿命长的商品为主件，价值小、寿命短并且需要经常性购买的商品为次件。最典型的定价策略是将主件定以低价，借此可以大大增强产品的竞争能力，而对次件定以高价，以弥补主件低价所损失的利润，并最终使得产品组合获得更大的经济效益。比如隐形眼镜生产企业，将隐形眼镜的镜片定以低价，吸引更多的消费者佩戴隐形眼镜，当消费者佩戴隐形眼镜后，随之而来的是必须配套使用专门的消毒液、清洁剂和储存液等次件，这些次件反而成为企业重要的利润来源。与之相类似的还有剃须刀和刀片、打印机与墨盒、打印纸等。打印机生产企业通过低价甚至赠送打印机吸引客户购买使用，并给需要经常更换购买的墨盒、打印纸确定较高的价格，由于彼此的不可或缺，因此会驱使客户购买产品服务系统包。要采取组合产品的互补性定价策略并取得成功，必须具备两个条件：其一，作为主件消费的互补品，具有严格的专用性与独断性；其二，作为互补品中的主件，必须是有一定知名度的品牌产品，这是采取该法的关键所在。

（二）产品服务系统系列定价

产品服务系统系列定价，又称为价格捆绑策略或者捆绑价格策略，是指企业将产品与服务捆绑起来，为客户提供一系列的解决方案的同时，只针对整体解决方案进行定价。客户选择购买整体性解决方案，不仅可以刺激对实物产品的需求，而且有利于实现整体运营成本的经济性和效益的最大化。比如，微软公司就是捆绑定价方面的高手，它除了将 Office 办公系统捆绑在一起，还将 IE 浏览器与 Window 系统捆绑在一起，然后以零售价格附随出售。常见的捆绑价格策略有互补式产品捆绑定价、同质产品捆绑定价和非相关性产品捆绑定价等三种类型。

制造型企业采取产品服务系统系列定价策略，尤其像一些机床、发电设备生产企业提供的整体解决方案定价往往较高，需要支付较高的费用，因而给客户带来了巨大的资金压力。为此，企业往往会给客户提供相关的金融服务解决方案。像新疆金风科技股份有限公司（以下简称“金风科技”）作为全球领先的风电设备研发及制造企业，拥有全球领先的装机容量，着眼于客户需求，凭借其强大的自主研发创新能力，从风电机组的研发、生产制造、安装、调试及运行维护，到风电场投资开发、工程建设、运营管理，设备可靠性提升的技术创新以及融资租赁等创新业务模式，不断完善风电整体解决方案，主要涉及智慧风电场解决方案、海上风电整体解决方案、智慧能源解决方案、资产管理解决方案和金融服务解决方案等。

金风科技在为客户提供风电设备的同时，还为客户提供金融服务解决方案，金融资本是金风科技发展的重要支撑，金风科技金融以“产融共生”为发展战略，以“以产定融，以融促产，产融结合，服务主业”为指导方针，通过金融服务不断盘活闲置资本，通过融资租赁，实现产融对接，通过产业基金拓展增值空间，通过“互联网 +”带来高效体验，最终实现风机主业与金融服务的相互促进、共存共生、协同发展。另外，金风科技与合作伙伴成立产业基金，为民营风电场提供整机、EPC（工程总承包）、运维、融资一揽子综合服务解决方案。为解决客户的资金压力，一些企业推出了分期付款模式，对于那些生命周期长、成本很高的产品或者服务，客户可以通过先支付一定比例的预付款后再采用定期支付费用的方式来获得产品的所有权和使用权。如陕鼓集团，通过与近 60 家金融机构合作，参股信托和租赁公司与金融业联手为客户提供个性化的金融方案，推出银行保函、买方信贷、融资租赁、BOT、信托贷款、应收账款保理、产业基金等 15 种金融服务模式，并为百余家客户的 200 多个项目提供了金融解决方案，从而有效解决了客户的资金筹措与发展问题。

四、面向效用的产品服务系统定价

传统制造模式向服务型制造模式转型，开始由原来的产品主导型逐渐向产品服务系统为主导转变，使得企业与客户的互动交流日益密切、深入，企业的目标也从单纯地追求利润向实现企业与客户的双赢转变[198]。面向效用的产品服务系统，旨在实现顾客价值创造的最大化，通过提供差异化、定制化的产品与服务，以解决客户的痛点、难点问题，将客户在使用产品服务系统过程中的成本费用降到最低，在帮助客户增加收益的同时，增加企业的收入。因此，企业应根据客户购买产品服务系统所产生的效用进行定价，通过与客户的收益共享成为面向效用的产品服务系统定价的主要方式。

（一）收益共享

收益共享是指销售方在销售产品获得收益后，将一定比例的收益共享给供应链上游企业，以改善供应链运作绩效，维护供应链稳定的一种方式。在面向效用的产品服务系统模式下，其收益共享主要体现在客户在获得企业所提供的产品服务系统效用输出后，将获得超额收益的一定比例让渡给卖方企业，从而实现企业与客户双赢的一种合作机制。合同能源管理合作模式属于收益共享的一种，是节能服务公司对用能单位进行节能改造，以减少用能单位支出的能源费用并支付节能项目投入的全部成本的投资方式。其实质是一种以减少的能源费用来支付节能项目全部成本的节能投资方式——该节能投资方式以未来的节能收益用于用能单位的设备升级以及降低运行成本[199]。

节能服务公司与用能单位以契约形式约定节能目标，为用能单位提供必要的服务，用能单位以节能效益支付节能服务公司投入及其合理利润。比如，供暖能耗在建筑总能耗中占有较大比重，在建筑行业推广应用供热系统节能改造技术对减少能源消耗、保护生态环境具有重要意义。合同能源管理（EMC）是近年来广泛运用的一种节能改造模式，是由节能服务公司与客户签订节能服务合同，然后为客户提供能源系统诊断、节能项目设计、节能设备采购与安装、节能量监测与确认等一系列服务的一种商业模式。客户在使用节能服务后，有效降低了客户的能耗成本，双方就节约的能耗部分进行分享，不仅能促使节能服务企业不断改进和创新产品服务系统，而且可以实现客户、节能服务企业、节能设备制造商等多方主体的合作共赢，在节能效益、经济效益和社会效益上实现了统筹兼顾。

2018 年 5 月“光伏 531 新政”相关政策出台后，一些光伏发电企业采用合同能源管理模式建设光伏电站，既充分利用闲置屋顶资源，又节约了电费成本，有效规避了投资风险较大、工程回收时间较长等不利因素，节能减排、环境改善等社会效益明显，实现了能源单位、能源服务公司、电网、政府和当地居民的共赢。钢铁厂在生产钢铁过程中会产生大量的铁渣，企业在采用有压热焖技术对钢渣处理过程中又会产生有压蒸汽，经过处理的蒸汽利用螺杆膨胀机进行发电，可以实现能源回收。采用合同能源管理合作模式，投资方承担投资、技术风险，与钢铁厂共同分享节能收益，通过售电的方式回收成本并获取利润，实现成本的节约以及合作各方的合作共赢。

（二）按使用量收费

按使用量收费，即客户从服务型制造企业提供的产品服务系统获得效用，根据获得效用的量支付相应的费用。近年来，陕鼓集团秉承“全心全意为用户服务”的企业宗旨，从单一产品供应商向分布式能源领域系统解决方案商和系统服务商转变，在服务型制造转型实践中，构建了以分布式能源系统解决方案为圆心，设备、EPC、服务、运营、供应链、智能化、金融“1+7”高质量发展模式，走出了一条先进制造业与现代服务业深度融合的成功发展之路，并凝练总结出“陕鼓模式”。陕鼓集团通过为钢铁厂、化工厂、化肥生产企业提供工业企业发生装置，向客户提供纯氧、纯氢、纯氮气等气体供应服务。用户根据其购买的气体数量实时向陕鼓集团付费，一方面降低了用户相关设备设施投资成本，另一方面也使得陕鼓集团获得了长期可靠的现金流收入，避免了因为固定资产投资周期等因素影响导致的企业收入波动。陕鼓集团通过为用户提供分布式能源一体化解决方案，依托自有的首个能源互联岛项目，对陕鼓集团全球的 20 余个运营类项目、400 多家用户的 1 300 多台（套）动力装备及未来陕鼓集团在工业、智慧城市等领域的能源互联岛项目，统一进行远程集中式管理，实现能源大数据的积累和分析，打造全球能源互联岛运营中心，实现广大客户及区域内冷、热、电、风、水、废等的综合利用，实现能源互补、梯级利用，实现高效的能源管理。陕鼓集团从众多的“专业化 + 一体化”的系统解决方案、能源互联岛项目为全球用户带来更大价值的同时，也使得陕鼓集团近五年的主要经济指标同比呈两位数、三位数以上增长，接近或超过国际对标企业，经营绩效居国内全行业第一[200]。

五、产品服务系统的收益管理

通过对面向产品、面向方案、面向应用、面向效用的产品服务系统及其定价的分析发现，服务型制造企业都会以客户为中心，以客户需求为导向，为客户提供个性化、定制化、专业化的产品与服务或者整体解决方案。由于客户所处行业的不同，因此对于产品服务系统的价格、技术水平、服务类型、服务数量和服务水平等因素的弹性也会有所差异。因此，服务型制造企业就可以引入收益管理，以提升企业的利润水平。

收益管理起源于20世纪70年代的美国航空客运业，不断变化的航运市场、逐步演变的运营管理方式，促使航空公司开展收益管理的研究与应用。收益管理的概念在20世纪八九十年代被学者提出，旨在提升和改善组织的效率，随着信息技术的发展与广泛应用，该方法得到了长足发展与广泛传播和应用。收益管理方法最早应用于航空公司，后逐渐应用于酒店、汽车租赁、邮轮公司和电力行业。收益管理是对概率统计、组织理论、管理技术、经营实践和信息系统等理论和技术的优化组合，目的在于提高企业的收益能力和服务能力，因而是企业提高生产能力常用的技术手段和管理工具。收益管理是利用时间的一维性特征，在市场细分、消费者行为模式分析、供求关系预测的基础上，通过市场、产品、价格多种组合方案提高运营能力利用率，进而提高收益。即在适当的时间，把适当的产品以适当的价格卖给适当的客户，旨在实现企业利润的最大化。

与传统制造企业为客户提供的产品与服务相比，服务型制造企业所提供的产品服务系统的内涵更为丰富、生命周期更长，不仅可以与客户建立长期稳定的关系，而且可以为彼此创造更大的价值。因此，应加强对产品的全过程管理和企业的收益管理，正如陕鼓集团在服务型制造转型过程中未雨绸缪，开始从清零式营销向非清零式营销转变，以长期主义思想为指导，建立四类长期业务，全系统强化为客户创造长期价值的全面业务体系，应对复杂的市场变化，拓展与客户长期共赢发展的新产业、新市场。根据客户需求的差异性，为客户提供差异化的产品服务组合和价格方案。一方面，面对客户差异化、定制化的需求，为客户提供最为合适的产品与服务以及产品服务组合，或者提供专业化整体解决方案；另一方面，针对不同的客户、产品服务组合以及产品服务系统，采取不同的价格政策、价格标准，即差别化的定价策略，以实现企业利润的最大化。

陕汽集团旗下的陕西重型汽车有限公司，是我国大型商用车制造企业、商用车行业知名企业，是我国新能源重卡和智能网联领域的领导者和规则制定者及首批整车和零部件出口基地企业，产品覆盖重型军用越野车、重型卡车、重型车桥及汽车后市场等领域。在重型卡车及其服务销售过程中，将客户分为集团客户与个体客户两大类，两类客户对价格的敏感程度、服务的类型、服务项目等存在较为明显的差异性。集团型客户由于经济实力雄厚，因此对于产品服务的价格并不敏感，但是对于车辆的维护保养、车辆保险和车队管理等服务的需求较为强烈。为此，陕重汽在为集团型客户提供重型卡车的同时，也为其提供车联网服务系统，为集团客户提供车辆位置追踪、油耗监控、故障预警、优质驾驶行为分享学习等增值服务，并相应制定较高的服务价格。而对于个体客户而言，由于经济承受能力有限，因此对于价格较敏感，高额的购车费用可能成为其较重的负担，即使能够支付高额的购车费用，购车后是否有货可拉，汽车运行过程中的油耗、保险、维修等都将会产生大量的费用，如何解决客户的这些后顾之忧，将成为能否争取并获得这些客户的关键。为此，陕重汽为这些个体客户提供了购车金融服务，购车客户可以分期支付货款，同时推出陕汽重卡“e 随行”客户智能体验平台（一款“互联网 +APP 平台产品），将原售后服务纸质保修手册完全电子化，并增加智能软件增值服务业务：保养智能提醒、一键报修、服务网点查询、电子保修卡、精品配件、零部件查询等客户互联网智能体验功能。最为重要的是，通过为重型卡车用户提供车货配载、货运过程追踪、燃油团购等服务，形成了“购车放心、服务全心、行车贴心、e 路随心”客户业务新模式。在为客户创造更大价值的同时，公司还制定了较低的产品价格和服务费用标准。由此，赢得了大量的个体客户，塑造了企业的品牌形象。

一些服务型制造企业通过转型实践和开展收益管理取得了可喜的成绩，但是服务型制造企业在开展收益管理过程中，必须具备以下基本条件：

（1）企业的产品服务不易储存；

（2）产品可以预售，顾客可以提前预订产品和服务；

（3）企业可以对市场进行细分；

（4）服务型制造企业能够根据市场细分的结果、各细分市场客户需求及其特点，提供差异化的产品服务系统；

（5）服务型制造企业能够针对不同的目标市场，制定不同的价格；

（6）服务型制造企业能够对各目标市场的产品服务系统的供给量进行动态化调整管理。

第四节　服务型制造企业营销之渠道

对于营销渠道的界定，美国学者伯特·罗森布洛姆（Bert Rosenbloom）认为，营销渠道是为实现分销目标而受管理控制的外部关联组织。营销渠道的本质在于使消费者能够方便地在任何时间、任何地点，以任何方式购买到他们想要的产品与服务，渠道充当了企业与客户的“桥梁”。美国学者安妮·T.科兰（Anne T.Coughlan）将高效渠道看作一个和谐的网络系统，通过提供时间、地点、销售形式、产品与服务为最终客户创造价值。菲利普·科特勒（Philip Kotler）认为，营销的根本在于创造顾客价值和传递顾客价值，企业通过渠道传递产品或服务价值，实现顾客价值。美国市场营销协会（AMA）将营销渠道界定为：参与商品所有权转移或商品买卖交易活动的中间商所组成的统一体。通过对营销渠道概念的梳理发现，所谓销售渠道，简单地说，就是商品从生产企业到最终客户所经历的所有环节，营销渠道在企业与客户之间扮演着桥梁的角色。服务型制造企业的营销渠道也不例外，在企业产品服务系统销售、产品变现、市场客户信息获取和客户关系管理等方面发挥着重要作用，服务型制造企业应高度重视营销渠道的规划设计、开发、维护、渠道成员的选择、激励与控制以及渠道创新，做好企业的渠道管理。

一、传统营销渠道

渠道是服务型制造企业为了使产品服务系统进入目标市场，顺利到达客户手中所经历的所有环节。渠道的存在有利于提高交易的效率和降低交易的成本与费用，通过提高渠道当中各主体的沟通效率，为之创造更大的价值；渠道可以使交易变得简单化，因此，为了使渠道更为顺畅，需要采取恰当的渠道策略并对其进行有效管理。传统渠道中主要的参与者，包括制造商、中间商（批发商、零售商）和客户等。由于企业的总体战略、营销战略、产品与客户特点、物流、企业实力等因素的影响，企业往往会采取不同的渠道策略或者渠道组合策略，以促进销售和企业的发展。随着现代信息技术的发展与应用，尤其是电子商务、社交媒体平台的广泛应用，使得服务型制造企业与客户之间的联系更为便捷、高效。服务型制造企业通过营销渠道的建设与创新，不仅可以发挥渠道的销售功能，实现产品服务系统销售，达到企业经营目标，获取利润，而且有利于培育和形成企业的竞争力，吸引和集聚更多的中间商和客户参与到产品服务系统的研发设计、营销服务创新当中，实现各方的合作共赢。营销渠道又是信息收集、处理与应用的过程。渠道成员通过市场调研收集和整理有关客户、竞争者及整个市场营销环境的相关信息，通过对相关信息的分析与挖掘，为企业的营销决策、获得渠道竞争力提供数据支撑。总之，企业通过加强客户关系管理，建立高效、便捷的营销渠道，与客户形成合作共赢、共同发展的命运共同体；企业鼓励客户参与到企业生产经营的各个环节，以便实时觉察、了解客户的需求并予以满足。

在传统营销渠道中，中间商扮演着重要的角色，它是制造商与客户之间的桥梁。制造商除了自建销售网络外，在很多时候要依赖于广大的中间商。中间商除了促进销售外，还要发挥营销服务、信息获取等功能，但是由于有中间商的介入，使得制造商与客户之间的距离较远，导致企业不能及时察觉和了解客户的需求，不能对市场发展趋势作出准确的研判，并适时调整产品结构与价格。同时，中间商还要从制造商那里拿走一部分利润，使得制造商原本就不多的利润变得更少，从而导致制造商与中间商的冲突时有发生。因此，传统营销渠道更多适用于大规模工业化生产时代的卖方市场，但是这一时期已经一去不复返。目前，广大制造型企业面临的是需求更为多元化、定制化，信息更为透明、竞争更为激烈的市场，从而需要企业对传统渠道进行扁平化改造，充分利用互联网信息技术，对营销渠道进行创新。

二、渠道创新

泰德·李维特（Ted Lebitt）在《营销近视病》中曾说道："其实从来没有所谓的成长行业，只有消费者的需求，而顾客的需求却随时会发生变化。变化是这个时代永恒的主题。就营销渠道而言，只有不断地适应市场的变化，迎合消费的需求，才能使企业立于不败之地，而创新则是主动寻求变化的最好策略。"互联网、移动互联网和社交网络的快速发展，为企业营销渠道的创新奠定了技术基础，使得一些制造型企业在服务型制造转型过程中，基于信息技术，对营销渠道进行了一系列创新实践。

2000 年前后，国内机床市场竞争进入白热化状态，沈阳机床集团原有的代理销售体制已无法满足日益增长的，多元化、个性化的客户需求；但基于雄厚的技术力量和已有的品牌影响力，沈阳机床集团提出新的价值主张：靠近顾客提供技术连带的售前与售后服务。为了拉近与顾客的距离，传达企业新颖的价值主张，沈阳机床集团借鉴汽车行业的 4S 店模式，与当地的伙伴联合对营销渠道进行了创新，即与重要工业地区的企业合作开设机床行业 4S 店。2005 年

8 月，第一家机床 4S 店（沈阳机床集团特许销售中心及特约服务中心）在宁波诞生，2006 年末在宁波、温州、青岛、辽宁和广东等重要工业发展地区开设了 5 家 4S 店。新的营销渠道——4S 店主要提供集产品展示、销售、配件服务、技术服务为一体的服务，通过几年的发展，到 2011 年，沈阳机床集团 4S 店增加到 15 家，该年度的销售额达到了 180 亿元，成为世界机床销售第一的企业。4S 店的销售额在总销售额中的占比持续提升：2010 年 为 23.6%；2011 年为 30%；2012 年上升至 60% 以上。新营销渠道的构建能够及时、充分地了解和满足本地客户的具体需求，形成庞大的顾客群，同时为推动产品技术与服务的创新奠定了良好的基础。

为了应对外企的竞争威胁，沈阳机床集团决定在 4S 店管理模式的基础上，进一步完善代理商制度和创新营销渠道，以加快企业工业服务商转型。2013 年 4 月，沈阳机床集团创办优尼斯工业服务有限公司（简称优尼斯），统筹市场销售渠道。优尼斯面向制造业企业，提供基于机床产品的增值服务以及基于客户需求的专业服务。优尼斯是集各类机床整机及附件产品销售、机械设备保养与大修、二手机床回购、机床再制造与销售、软件产品销售、工业设计、工业工程规划与管理、加工中介、咨询服务、教育培训、人力资源服务、托管市场运营、交易渠道整合、产业并购等为一体的工业服务商。由优尼斯给客户提供的价值主张，从以销售为目的的单纯服务升级到产品全生命周期服务，从而进一步丰富和完善了服务型价值主张。到 2013 年，沈阳机床集团的 4S 店增加到 33 家，形成了覆盖全国的营销网络体系，在有力地驱动沈阳机床的技术与商业模式创新的同时，加速了企业向工业服务商的全面转型[201]。

马鞍山钢铁股份有限公司（马钢）是我国特大型钢铁联合企业和重要的钢材生产基地，主营业务为黑色金属冶炼及其压延加工与产品销售、钢铁产品延伸加工、矿产品采选、建筑、设计、钢结构、设备制造及安装、技术咨询及劳务服务等。为了更好地服务于客户，提升营销绩效，企业逐步打造“1000 余家终端用户——400 名客户经理——16 个业务和管理部门——10 名公司级销售总监—— 1 个公司级分管领导”的倒三角形营销组织架构，使营销服务更贴近市场、贴近用户。马钢基于产品与客户的特点，在渠道策略上，全力推进产品直供销售，以 9 个钢材加工中心和 6 个区域销售公司覆盖长江流域和华东华南等区域市场内的家电、汽车、工程机械、大型钢结构制造和高端紧固件等终端用户，通过总部直供、子公司直供、经销商三方直供等多维度方式开发并稳定了 1 000 余家终端用户，产品直供比超过 65%。

三、全渠道营销

互联网、移动互联网和社交互联网平台等现代信息技术的快速发展与广泛应用，正在改变着人们的消费行为和消费心理，也给传统营销渠道带来了前所未有的挑战。同时，电子商务的大发展也为企业的渠道变革、渠道创新插上了翅膀。互联网技术加速了各类产品服务信息的快速传播，以及企业与客户之间、客户与客户之间、企业与企业之间沟通的即时化、高效率，有效降低了由于信息不对称给交易双方带来的诸多问题，促进营销渠道各主体之间商流、资金流、物流、信息流的顺畅流动与彼此的整合协同，实现线下与线上渠道的相互融合，使得制造型企业开展全渠道营销。通过综合考察，可以说，传统渠道与基于互联网技术、社交互联网技术的网络渠道在实践当中各有利弊。一般而言，传统渠道的建设成本较高，但是具有良好的顾客体验服务和售后服务体系支持；线上渠道（网络渠道）则具有建设成本较低、周期短、可以随时实地接入，不受时空限制的优势，但是存在客户体验差、物流及其他售后服务不够便捷、质量参差不齐等不足。因此，企业应结合客户、产品、企业特点，对传统渠道与线上渠道进行整合优化，开展全渠道营销。

关于全渠道营销，李飞（2014）将其界定为：个人或组织为了实现相关利益者利益，在全部渠道范围内实施渠道选择的决策，然后根据细分目标顾客对渠道类型的不同偏好，实行不同或相同的营销定位，以及匹配的产品、价格、渠道和信息等营销要素的组合策略[202]。由此可见，全渠道营销概念中的“渠道”，已经不是分销渠道的概念或信息渠道的概念，而是被视为“营销渠道”，还包括产品设计（如顾客参与设计）和生产（如 3D 打印、智能制造）的渠道，因此是营销组合四个要素组合的渠道。全渠道营销核心逻辑在于围绕客户价值来开展设计，并为客户创造更大的价值。

服务型制造企业在开展全渠道营销时，必须综合考虑企业总体战略、客户需求与产品服务的特点、企业渠道发展现状、渠道当中各主体的价值最大化和信息化水平等多种因素，充分利用线上线下渠道优势，合理规划不同渠道的产品服务及其组合，从而为客户创造更大的价值。那些性能、功能、配置等各类技术指标明确，便于客户准确理解和搜索的产品（比如电脑、手机等电子产品）则可以通过线上渠道进行销售；而诸如鞋服类产品以及沙发、床和椅子等家具的体验感更强，客户很难通过产品规格、材质等的介绍对产品作出较为准确的判断，因此需要通过实体渠道销售来实现。2016 年，家具行业开始引入了 O2O 销售渠道，以期摆脱时空的束缚，实现客户与企业的互动，同时也可以解决线上营销的售后安装、质量保障、物流等问题，以增强用户的体验感。然而，线上渠道与线下渠道并非泾渭分明，而是可以实现彼此的协同，促进全渠道的顺畅运行。企业可以通过建立线上线下渠道的协同机制，充分发挥线上渠道搜寻成本低、跨越时空限制、沟通便捷和集聚能力强等优势，给客户以更好的线上购物体验以吸引更多的客户，并通过线下体验、线下购买与线下服务为客户提供高质量的本地化服务。总之，将线上与线下客户有机融合在一起，既降低了企业渠道的运营成本，又提升了渠道的运营效率和客户的服务体验，从而为相关主体创造更大的价值。

2016 年起，安踏集团确立了“单聚焦、多品牌、全渠道”的发展策略。随着安踏渠道网络的扩展，其零售网络涵盖百货商场、购物中心、专卖店、奥特莱斯和电商等各种形态，从一线城市的顶级商圈到县级以下的基层市场均有覆盖，截至 2019 年 12 月 31 日，企业拥有门店 13 000 家。在线上渠道方面，安踏从2010年开始开展电商业务，与京东、天猫、唯品会等主流电商平台开展合作。此后又构建了自己的官方电商渠道，并通过公司的大数据系统形成了覆盖超过 2.5 亿人的消费者数据资产。安踏的全渠道营销使得企业在 2019 年实现营收近 340 亿元，同比增长 40.8%，创有史以来的最佳业绩。

2015 年格力电器营收同比下降 28.17%，在过去，纯粹而集权的渠道模式给格力带来了成功，但是随着电子商务的蓬勃发展，广大消费者消费行为发生的悄然变化，使得原有渠道模式的灵活性不足、库存过多、周转缓慢、资金积压、人工成本居高不下等渠道劣势日益凸显，渠道变革迫在眉睫。格力要发展线上渠道，必须匹配物流和安装服务，否则网络订单会产生地域阻碍，也存在销路保护和利润空间压缩等问题。同时，渠道的拓展还需要平衡好广大中间商的利益，更困难的是需要对成功经验的自我革新。格力高层管理者权衡利弊、顺应时代发展，从出席互联网大会开始尝试接触互联网，渠道策略上也从连锁加卖场转型为线上线下模式。

首先，格力入驻天猫选择与电商合作。其次，打造格力全新销售平台“格力商城”，通过全流程信息化建设，打通格力覆盖全国的销售、物流、售后等各个环节，融合电子商务与实体店的优势，实现所有环节信息及服务的优势共享，发挥线下线上融合优势，为消费者提供更加便捷、快速的消费体验，同时也提升了公司管理水平和工作效率。更为重要的是，产生业绩均依区域划归格力各销售公司享有，很好地解决了区域公司对电商的抵触心理。再次，通过整合区域公司，联合苏宁、国美，实现格力营销渠道的多元化。同时，格力大力发展旗舰店和体验店，以提升品牌形象，实施终端一体化、体验式消费服务的全新策略，构建 O2O 格局。最后，与阿里巴巴、京东开展战略合作，深度互联网化。

格力电器基于互联网背景的渠道变革不仅对传统渠道进行了升级改造，而且提升了企业抵御行业风险的能力。格力线上大型电商，线下大型连锁卖场多元渠道发展，有利于形成品牌价值的合力，实现销售增量。格力通过渠道变革，逐渐形成格力商城、格力京东和格力天猫三大电商平台结合传统渠道，辅之以合理有效的区域订单分配策略的线上线下联动的渠道模式，线上线下联动，实现了服务配套。企业在充分发挥线上渠道流程短平快、引流效果明显、互动性强、随时随地的购买体验等优势的同时，注重线下渠道在产品展示、物流、安装、维修、提升用户体验感方面作用的发挥。由此，打造了一个线上线下高度协同，高效、便捷、保障有力，最大范围地接触消费者，并为其提供充分高质量的服务 O2O 整合渠道。

第五节　服务型制造企业营销之促销

促销作为 4P 营销组合当中的重要组成部分，也是营销活动的最后一步。当企业将产品生产出来，制定和选择了合适的价格和渠道之后，就需要采取人员推销、广告、公共关系、营业推广等促销策略或者其组合，将产品的相关信息及时传递给客户，使客户对产品有一个全面、准确的认识并激发其兴趣和购买欲望。所谓促销，即促进销售的简称，是指企业利用人员和非人员的方法沟通信息，影响和劝诱顾客购买某种产品和劳务，或者促使顾客对卖方及其产品产生好感和信任度的一种活动。就促销的实质而言，促销是一种信息沟通，企业通过各种手段与方式，实现企业与中间商、企业与最终用户之间的有效沟通，企业在向其传递有关商品和服务信息，使中间商与最终客户了解、认识商品和企业。就促销的目的而言，旨在通过各种形式的信息沟通，激发客户产生兴趣与刺激客户产生购买欲望并进行购买。因此，促销具有传递信息、凸显特点、激发需求、稳定市场地位、塑造形象和创造价值的作用。

一、人员推销

所谓人员推销，是指企业推销员直接与顾客接触、洽谈，宣传、介绍商品与服务以实现销售目的的活动过程。人员推销是一种古老的、最为普及但又是最基本的一种促销方式，在现代企业市场营销活动中仍然起着十分重要的作用。人员推销作为一种应用广泛、历史悠久的销售手段，具有针对性强、机动灵活、双向沟通和亲和力强等特点。同时，销售人员担负着开发市场、传递信息、销售产品和提供服务的重任。服务型制造企业的销售人员通过与客户的直接接触，灵活采用多种销售技巧，及时获取和分析客户的需求及其所期望的最大利益，为客户提供个性化、定制化的产品服务系统或者整体解决方案，促进与客户的深度洽谈并实现购买。对于服务型制造企业而言，销售产品并不是人员推销的终点，企业在销售产品的同时，为客户提供咨询、技术、信息、安装、调试、运行维护等多种售前、售中和售后服务，帮助客户解决困难，以满足客户需求，为客户创造更大的价值。

在人员推销过程中涉及推销人员、推销品和推销对象三大要素。人员推销能否取得良好效果，关键在于推销人员，他是整个人员推销活动的灵魂，推销人员既是所在企业的代表，又是客户的专业顾问，是促进企业与客户建立相互信任、相互支持、合作共赢关系的推动者。因此，推销人员必须具备成熟的心理素质、丰富的专业知识、良好的职业道德、强烈的服务意识和出色的推销能力。推销人员不仅是产品专家，而且要树立“以客户为中心，以客户需求为导向”的理念，以为客户创造更大价值为目标，通过与客户的充分沟通，识别与确认客户在价值创造过程中的痛点与短板，进而与客户共同设计开发出个性化、定制化、专业化的产品服务系统或者整体解决方案，并提供持续的售后服务项目，切实解决客户的难点问题，进而与客户建立起良好、稳定的合作关系，提升客户的满意度和忠诚度。同时，服务型制造企业产品的促销是一种客户导向、价值导向的促销，服务型制造产品服务系统的营销是多次、持续的交易，推销人员开发客户并将产品销售出去，只是人员推销的第一步，还需要企业持续关注市场动向与客户需求趋势，主动发现新的需求，教育、引导和影响客户，其中尤为关键的是要与客户共同努力，识别客户的现实需求与未来需求并想方设法予以满足。

将人工智能、云计算、大数据等数字技术应用于前台供需交互过程中会产生并留存大量服务证据 / 信息，若制造企业提取客户模糊表达的需求信息并将其转化为客户知识，就能形成以数据表达为特点的先发创新优势，即制造企业借助数字技术挖掘并获取已有交互信息中具有价值的见解和主张，创建基于客户知识提取与转化的反馈、存储与调整闭环系统，激发客户知识与交互数据的价值创造潜能，从而精准开展产品创新与服务创新。数字化环境能够为客户知识提取与转化创造良好的条件，为服务型制造企业创新提供丰富的知识资源与应用场景，使得服务创新活动更为活跃，也有助于解决两类创新协同问题[203]。

二、广告促销

广告具有悠久的历史，自从有了商品生产，就有了广告。所谓广告促销，是指以盈利为目的，通过支付一定的费用，借助一定的媒体，以各种说服的方式，把产品的有关信息公开地传递给目标顾客，以达到增加信任和扩大销售目的的促销手段。松下幸之助曾经说过："广告宣传是推销产品的先锋，产品再好，不做广告便无法在市场竞争中出风头，赢得社会的认可和信誉。"广告作为一种传递信息的活动，它是企业在促销中普遍重视且应用最广的促销方式。广告在实现企业营销目标中发挥着重要的作用，具有传递信息、激发需求、增加销售、介绍知识、指导消费，招徕顾客、促进竞争、确立地位、塑造形象等功能。广告促销则是指企业通过广告对产品展开宣传推广，促成消费者的直接购买，扩大产品的销售，在提升企业的知名度、美誉度和影响力的活动中所用的营销策略。孔原等（2021）通过对 2012—2017 年 686 家涵盖工业、信息技术等六大类制造类上市公司研究发现，广告支出与当期企业经营绩效正相关的仅有医药行业一个，原材料及信息技术制造行业的广告支出与经营绩效呈显著负相关，工业、医疗保健、信息技术制造三个行业的广告支出与经营绩效呈显著倒"U"型关系[204]。

（一）传统广告

传统意义上的广告，主要通过广播、电视、报纸和杂志等媒介传播产品服务的广告信息，属于一种单向的传播，企业与客户之间的交互性较差。这些广告在设计、投放之前虽然也进行了相应的广告目标人群的调查分析和市场细分，但是仍然存在广告个性化不足的问题，不能针对目标客户个性化需求进行个性化的投放，势必会影响到广告投放的效率与效果，很难满足数字化背景下的服务型制造企业营销需求，很难做到对目标客户个性化、定制化、专业化需求的精准识别与满足。

（二）互联网广告

2022 年，中国互联网络信息中心发布的第 49 次《中国互联网络发展状况统计报告》显示，截至 2021 年 12 月，我国网民规模达 10.32 亿，较 2020 年 12 月增长 4 296 万，互联网普及率达 73.0%。同时，人均上网时长保持增长。截至 2021 年 12 月，我国网民人均每周上网时长达到 28.5 小时，较 2020 年 12 月提升 2.3 小时，互联网深度融入人们的日常生活。互联网、移动互联网等现代信息技术的发展，有力地推动了互联网广告、互动广告等广告形式的产生与蓬勃发展，充分发挥了互联网传播速度快、成本低、互动性强、即时性等优势，为企业提升广告投放效率与效果插上了信息化的翅膀。互动广告，是指受众有意识地参与到新媒体广告的信息传播中，围绕广告主传递的商品、服务、观点等，即时地实现信息接收和反馈的双向沟通过程。体验和分享是互动广告的本质，互动广告是基于用户或消费者的使用体验和接触体验而展开的互动，没有良好体验的互动广告是不成功的。分享是互动广告效果的延伸，没有分享的互动广告只能产生有限的效应。移动互联网时代的互动广告应该以情感为基础，以体验的方式，潜移默化地将一种理念、生活方式和观念传播给用户或者消费者。与传统广告相比，互动广告更多的是理念、媒介与手段的改变，其目的仍然不外乎扩大对产品服务的宣传力度，促进销售并塑造品牌。

服务型制造企业通过企业网站、企业微信公众号、APP、传感器等渠道，收集客户的年龄、性别、职业、所处地区等基本信息的同时，还可以对客户的消费心理、消费偏好和消费趋势等进行分析，明确客户的需求及其特点，以便向客户推送精准的、个性化和专业化的广告。在向客户推送广告时，注重客户的参与以及和客户的有效互动沟通，以提升客户的体验感。如陕汽集团，在向客户销售的重型卡车上安装自行研发的车联网服务系统，不仅能够实时收集汽车发动机、轮胎等运行数据，而且还可以收集有关汽车行车路线、行车里程数、油耗等数据，进而可以为司机提供最佳的行车路线规划、加油、汽车维修保养、住宿等信息。客户也可以通过该服务系统，与企业进行实时的互动，及时解决汽车在使用过程中的诸多问题。当汽车行驶达到一定里程数和年限时，企业又会为客户推送相应的车辆信息与报废车辆的回收处理信息，实现客户信息的收集、使用与产品全生命周期的管理，从而大大地提升客户的满意度与忠诚度。

（三）社交媒体广告

社交媒体是人们用来分享见解、经验、观点的工具和平台，对企业而言是一个更好的搜集客户信息、客户意见和建议，传递企业的最新资讯以及与客户互动交流的平台。社交平台也从仅仅作为新的传播渠道，发展到增加互动反馈、形成粉丝经济与文化，再到通过技术手段精准投放、有效触达。社交媒体的交互性、定制化和社交互动等三大特点，使得社交媒体参与品牌营销的程度日益加深，社交媒体有力地推动了企业信息的透明化，有助于企业提升产品质量，为客户提供更多促进其价值创造的产品与服务，有利于提升企业客户关系管理水平。随着微信、微博等社交媒体的蓬勃发展，有力地推动了社交媒体广告的发展。社交媒体广告是在基于互联网的社会化媒体上发布的广告，而社交媒体就是互联网上基于用户关系的内容生产与交换平台。由于社交媒体广告具有成本低、速度快、范围广和双向沟通的优势，为服务型制造企业产品服务的精准营销、客户关系管理创新奠定了技术基础，服务型制造企业可以充分利用多种社交媒体开展促销活动。

服务型制造企业可以通过企业微信公众号、企业微博等社交媒体，将企业经营理念、产品服务信息，以文字、图片、视频等形式传递给广大的潜在客户，提升企业及其产品服务的知晓率，进而影响客户作出购买决策。在传递企业经营理念、产品服务和承担企业社会责任等资讯的同时，通过点赞、评论、有奖互动等形式，提升企业与客户的互动水平，从中挖掘客户的现实与潜在需求，收集客户对产品服务的评价信息，为新产品研发设计、产品质量改进与服务创新提供数据信息支持。同时，在企业与客户互动过程中，不仅可以密切彼此的关系，而且可以充分挖掘客户的聪明才智，实现客户知识、技术、能力和创意的共享。企业与客户的持续互动沟通，又会促进彼此关系的融洽，有利于提升客户的满意度和忠诚度，客户也会乐于分享有关产品服务的相关信息，影响身边更多的人，扩大企业及其产品服务的宣传广度，进而塑造企业品牌。比如，小米公司通过设立大量的小米之家直营客户服务中心与小米之家微信公众号的运营，集新品发布、售后、在线客服和米粉交流为一体，集聚了海量客户。海尔集团通过海尔商城为客户提供个性化、定制化的智慧家庭方案，为客户提供产品与设备、商用解决方案、行业解决方案的同时，创新服务专门设立创新设计中心，以便洞悉用户需求，观察行业走势，根据客户需求为其进行高端定制。在产品购买方面，为客户提供产品导购、购买渠道服务。在服务支持方面，为用户提供安装、维修保养、产品支持等服务，以提升客户的购物体验，同时客户也可以将自己的定制化产品服务方案、相关体验和经验进行分享，从而大大地提升了海尔产品与品牌的传播力。

三、公共关系

公共关系是一个组织为改善与社会公众的关系状况，增进公众对组织的认识、理解和支持，树立良好的组织形象而进行的一系列活动。企业公共关系是企业与其相关的社会公众的相互关系。企业形象是企业公共关系的核心，通过公关可以为品牌塑造良好的形象，为企业营销营造良好的市场环境，它是企业市场营销不可分割的一部分。公共关系着眼于长远，旨在促进广大公众之间的相互沟通与了解，并建立良好的关系，以促进商品销售和提升市场竞争力，提升企业的知名度与美誉度，实现企业与公众之间的合作共赢。服务型制造企业要想塑造自身良好的公共形象，提升自身的品牌效应，与公众建立合作共赢的关系，必须做好以下工作。

（1）企业在形象塑造方面，注重产品与服务的创新与相互融合，为客户提供个性化、定制化的整体的解决方案，从而使企业从传统的产品生产制造提供商向整体解决方案提供商转型。

（2）注重对企业经营理念、产品服务的宣传。在社交媒体快速发展的今天，企业应充分利用多种传播工具，加强与公众的沟通与联系，尤其是核心客户与重要客户的联系，通过产品服务系统的提供，为客户价值创造给予最大的支持，提升客户的满意度与忠诚度，形成并发挥企业与客户的品牌效应，塑造和传播良好的公共形象。

（3）在竞争日益激烈的大背景下，企业靠自身力量很难确保其生存与发展，必须与重要客户、相关研发、服务企业合作，基于合作、共享、共创、共赢、共生的理念，实现彼此在资源、技术、渠道等方面的共享和优势互补，共同创造更大的价值，实现彼此的共同发展，同时通过合作伙伴来推广、传播企业良好的公共形象。

（4）企业要塑造良好的公共形象，除了加强产品与服务的研发与创新，提升产品服务水平之外，还需通过大量的专业知识技能、企业文化、公共关系相关培训，提高全员职业素养，增强全员的公共关系意识，提升全员的公关能力，在整个企业内部营造一种欣欣向荣、朝气蓬勃、实干创新的景象，使员工的精神面貌焕然一新，进而影响企业外部的公众形象。

服务型制造企业在塑造良好形象的同时，往往需要与企业文化建设、企业对外宣传推广等相联系，通过新闻传播、公共关系广告、赞助或开展公益活动等形式，提升企业公共关系宣传活动效果。

四、销售促进

销售促进又称营业推广，是企业采用多种短期的奖励工具，鼓励消费者使用或者更快地作出购买决策，采取购买行为的促销方式。销售促进是市场营销的重要因素之一。销售促进虽然是一种对客户的短期激励行为，属于战术性的营销手段，但是销售促进的方式多种多样，因而使其具有很强的适应性，可以用于完成不同的销售目标。与人员推销、公共关系不同，销售促进属于辅助型的促销方式，虽然能在短期内提高企业的销售量，但是不能在长期内增加产品的市场份额和市场竞争力，因此销售促进往往要与其他几种促销方式配合使用。

服务型制造企业在采取销售促进时，关键在于企业必须通过最为合适的渠道，将企业的销售促进信息准确、及时地传递给合适的目标客户。有证据表明，忠诚的品牌购买者不会因为销售促进方式而改变自己的购买模式。因此，需要企业基于大数据技术、互联网技术等现代信息技术，搜集和识别目标客户的年龄、地区、性别、职业、消费偏好、消费能力等信息，做好客户画像，对目标客户精准投放促销信息，才能取得较好的效果。与此同时，需要企业长期做好客户的开发、维护管理工作，加强企业与客户的联系沟通，鼓励客户参与到企业的生产经营当中，形成一种较强的连接关系，才能提升企业销售促进的效率与效果。

服务型制造企业在实施销售促进时，应根据客户的不同需求制定多样化的销售促进组合方案。企业基于销售促进目标和对目标客户的精准识别，为客户提供产品与服务的多样化组合。比如，陕汽集团针对不同客户的不同工况条件，设计不同的服务支持、产品支持方案和价格标准，以菜单的形式由客户来选择，最大限度地满足了客户的差异化需求，从而大大地提升了销售促进的效率和效果。服务型制造企业在实施销售促进过程中，应做好短期利益与长期利益的平衡，要根据企业整体战略与营销战略，综合考虑市场竞争状况、客户需求、企业生产能力和库存等多种因素，适时采取销售促进措施。一贯坚持以客户为中心，以需求为导向，为客户创造更大价值，在提升企业短期销售量、减少库存的同时，要避免给企业及品牌形象和客户价值创造带来不利影响。

第十章
服务型制造的企业文化

本章主要就企业文化的相关概念、内涵与特点，传统制造模式下的企业文化与服务型制造模式下的企业文化进行了全面分析与对比。

第一节　传统制造企业的文化

企业文化始于20世纪80年代，企业文化是企业在长期的生产实践中逐渐所形成的，并且为组织成员普遍认可和遵循，具有组织特色的企业使命、企业愿景、企业精神、价值观念、团体意识、行为规范和思维模式的总和。企业文化一般分为物质文化、制度文化和精神文化三个层次，其中精神文化是核心。企业文化是企业的灵魂，是推动企业发展的不竭动力，对培育和形成企业的核心竞争力具有重要的意义。通过企业文化建设引领，充分发挥其导向功能、凝聚功能、激励约束功能、协调功能和辐射功能，树立企业良好的外部形象，培养员工的归属感，增强内部的凝聚力，提升企业外部的竞争力。在传统制造型企业里主要存在技术导向型企业文化、规模导向型企业文化和销售导向型企业文化三种类型。

一、技术导向型企业文化

技术导向型企业文化，顾名思义，就是在制造型企业里是以技术为主导，以设计研发为驱动。技术部门在企业众多部门当中具有举足轻重的作用，而生产、营销服务等部门的决策权将会较少。企业在产品研发设计、产品改进、质量提升时，更多基于企业目前的技术水平，力争产品技术具有一定的先进性，而对于客户的现实与潜在需求以及市场变化趋势则考虑不足。在技术导向型企业文化的制造企业里，可能会出现企业更多关注技术的先进性、产品的功能与性能，而忽视客户需求变化的现象，这给产品开发与企业经营会带来巨大的风险。

迈克尔·波特在《日本还有竞争力吗？》一书中指出，到20世纪末日本许多企业与同行相比已经全面落后，原因就在于任何一种战略如果强调过头，就容易走向反面。当一个企业从强调发明变成追求无用技术时，“先锋”就变成了“逃兵”，当过于强调营销技术时，“营销员”则变成了“流浪汉”。企业文化的惯性与核心竞争力的刚性，使得一些世界著名企业走向破产，柯达公司就是一个很好的例子。柯达公司成立于1880年，主要从事传统和数码影像产品、服务和解决方案的开发、生产和销售。1888年乔治·伊士曼使照相机走入寻常百姓家，“柯达”也几乎成为摄影的代名词。此后的100年间，柯达公司曾占据全球2/3的摄影产业市场份额，拥有超过14.5万名员工。骄人的业绩以及受传统企业文化熏陶，使得员工始终抱有“柯达就意味着胶片”的坚定信念，“二战”后形成的骄傲自满和盲目排外文化根深蒂固，管理层和员工厌恶和抵制变革。随着数码时代的到来，虽然CEO乔治·费舍尔（George Fisher）已经认识到数码化的变革方向，在文化方面提出了“消费者满意、员工满意、股东满意、供应商满意以及公司所在社区满意”五项满意原则以及“维护员工的个人尊严、对员工绝对诚实、充分信任员工和为员工提供可持续发展的机会”四种价值观，但由于组织惰性、战略偏差和核心竞争力的刚性存在，导致柯达公司数码时代的转型失败，没能适时抓住客户对摄影方面的新需求，没能对市场需求变化趋势作出准确的研判，依然以传统的思维模式进行经营管理和生产产品，使其市值在15年间从300亿美元蒸发至1.75亿美元，2012年柯达公司在纽约申请破产保护。

二、规模导向型企业文化

在传统制造行业，一些企业采取成本领先战略，通过大批量生产方式实现规模经济，获得市场竞争优势和一定的利润。很多企业将重心放在了专有设备生产线的投资建设、产能提升和销售方面，以期提升产品的生产效率和降低生产的成本费用，通过低价与及时交付赢得市场，企业的一切活动均围绕着产品的研发设计、制造和营销展开。规模导向型企业文化根植于企业大规模生产模式，该模式的实施有一个假设，即客户具有同质性，更关注于产品的价格。为了满足这一假设，企业在生产经营与企业文化建设过程中，无形中会强调标准化、专业化、互换性和效率至上，而忽视了客户定制化、个性化的需求。在企业长期的生产经营过程中逐渐形成了以产品为核心、以生产为导向、效率至上的文化。在组织管理上，强调集权与统一指挥，导致员工的工作自主性、创新性不足。企业一般会通过相关制度的制定、工艺流程的优化，以及对员工的持续培训，使员工树立规范化、制度化和成本控制的理念，更新员工的知识，提升员工的技能与能力，进而提升企业的生产效率，有效控制成本。以规模导向型企业文化为指导的企业，在销售服务和客户关系管理过程中，仍然以生产为导向，强调如何将产品销售出去，企业更多关注的是产品基本功能、性能的发挥，往往认为产品一旦销售出去就与企业无关，对于售后服务与产品支持以及客户潜在需求的识别与满足方面的关注则较少，依然属于销售观念。随着市场竞争的日趋激烈，客户需求的差异化、多元化日趋明显，企业亟须转变观念，以客户为中心，以客户需求为导向，进行产品全生命周期的管理。

三、销售导向型企业文化

以销售导向型企业文化为主的企业往往是“内向”的，更多关注的是如何将企业的产品销售出去，虽然所售产品可能并非市场所需。随着工业化、机械化的发展，劳动生产率和产量迅速提高，规模化、集约化使得企业之间的竞争日趋激烈，出现了供过于求的现象。作为企业要生存与发展，必须想方设法地将产品销售出去，因此销售导向型企业文化依然源于大规模生产模式。买卖双方地位的变化，使得市场状态由原来的卖方市场变为买方市场。以销售导向型企业文化为指导的企业，将工作聚焦于销售职能上。这样一来，企业就很少关心要生产什么产品，怎样生产产品，而是将工作聚焦于如何保证产品能够顺利地销售出去，进而使用尽可能多的手段，刺激消费者购买以提升销售量。

第二节　服务型制造企业的文化

一、服务型制造企业的文化理念

在传统制造企业向服务型制造转型过程中，一定程度上可以说是企业文化的转型。传统的制造企业以产品生产为中心，更多侧重于如何提升企业生产效率和实现规模经济，以降低企业的生产经营成本与费用，很少关注客户的差异化、个性化需求的识别与满足。认为只有大规模生产才能实现企业价值的最大化。服务型制造企业则以客户为中心，从客户个性化需求出发，为客户提供个性化定制产品服务系统，并注重服务创新，关注产品全生命周期内如何为客户创造价值的最大化，认为定制化、个性化、多样性的产品与服务有利于培育和形成企业的差异化竞争优势，只有创造性地满足了客户的需求，才能实现企业与客户的共赢以及彼此利益的最大化。传统制造企业与服务型制造企业在理念上的差异，也导致其在企业绩效、竞争力上存在较大的差异，因此，服务型制造企业在企业文化建设方面，应以先进的理念作指引。

（一）强化服务理念

服务型制造是基于制造的服务，是为了服务而制造。服务型制造是推动制造业与服务业相互融合、相互促进升级的新途径。服务型制造转型旨在实现制造价值链中各利益相关方的价值增值，通过将产品与服务融合、客户参与、企业相互提供生产性服务和服务性生产，实现分散化制造资源的集聚和核心竞争力的协同，是一种高效创新的制造模式。服务在服务型制造转型中起着至关重要的作用，在客户吸引与提升客户满意度、忠诚度方面，服务的差异化与服务创新作用明显。因此，在服务型制造转型过程中，全员应转变观念，从思想上高度重视，通过服务型制造文化建设，增强全员的服务意识，更新和提升员工服务知识，提升整个企业的服务创新能力。通过强有力的企业文化建设和培训以及积极有效的激励政策，使员工深刻地认识到服务并不是产品的附属品，而是企业业务当中非常重要的组成部分和价值创造的源泉。通过服务创新案例整理、优秀服务团队或个人事迹的挖掘与宣传、组织相关的服务知识与技能比赛活动、对优秀服务团队与个人的奖励等形式，增强企业全员的服务意识，提升企业的服务能力与服务水平。

（二）强化以市场为导向的理念

在传统制造企业服务型转型过程中，必须以市场为导向，以客户为中心，引导员工将更多的时间投入到市场与客户需求的识别、挖掘、确认以及产品的研发、改进上。给一线的营销服务人员赋能，让他们能够根据市场的具体状况快速作出决策。通过定期不定期地召开线上线下市场动态分析会，使得研发、生产、销售、服务、质量等各部门能够实现信息的共享与及时有效的沟通，进一步强化以市场为导向、以客户为中心的理念，形成以市场为导向的企业文化。

（三）强化整合理念

传统制造企业的服务型转型，对企业获取资源、整合能力提出了更高的要求。服务型制造转型，使得组织去中心化、平台化、网络化，形成了诸如工业互联网、产业互联网等多个网络，参与其中的各主体间的合作将变得更为频繁和复杂。因此，服务型制造企业与合作各方，必须基于合作共赢、共享、共生的理念，以更为开放的心态，对网络当中的各类资源加以整合，实现优势互补，以创造更大的价值，实现多方的共赢。

（四）强化价值共创的理念

服务型制造转型，合作各方资源整合的目的在于实现优势互补和各方价值的共创与共赢，因此，服务型制造企业不仅要做好供应商、中间商、服务商的赋能，形成合力产生协同效应，还要做好客户的赋能，以为客户创造更大的价值为目标。为此，可采取多种措施，鼓励客户深度参与，准确识别和切实解决客户在生产经营、产品使用过程中的难点、痛点问题，营造一种客户至上、尊重客户、关注客户、服务客户、发展客户的价值氛围，并进一步识别、明确客户的隐性需求，最大程度地利用客户在产品服务改进、创新过程中知识、技术、经验和创意等，实现与客户知识的共享与整合，进而为客户与企业创造更大的价值。

（五）强化人本理念

服务型制造转型，需要广大企业员工和客户的支持，因此，企业必须强化以人为本的理念，通过引进和内部培养，打造一支理念先进、创新意识强、技术过硬、服务能力强的员工队伍，为企业服务型制造转型提供智力支持，提升企业的研发设计、生产制造和营销服务能力。在企业形成以人为本、尊重人才、尊重知识的良好氛围，激励更多的人自发更新、提升知识与技能，促进企业与员工的共同发展。

（六）发挥企业文化的激励约束功能

德鲁克有句名言："文化能把企业战略当早餐一样吃掉。"意思是无论企业有什么样的战略设想，没有与之匹配的文化作为前提，失败是迟早的事情。所以，传统制造企业的服务型制造转型，需要企业从原有的技术导向型、销售导向型或规模导向型企业文化向服务导向型、客户导向型的企业文化转型。转型不是一蹴而就的，而是需要经历一个较长的过程，因为企业文化具有一定的惯性，原有的价值观念、团体意识和思维方式还将持续影响员工的思想和行为，如果不能将企业文化的惯性影响降到最低，势必会影响到企业的服务型转型。因此，要充分发挥企业文化的激励约束功能，尤其是制度文化的作用，引导、规范员工对于服务型制造转型的思想和行为，促进服务型制造转型的顺利实施。

服务型制造转型，必然会面临传统制造企业文化的挑战，因此从物质文化与制度文化入手，循序渐进地营造服务导向、客户导向的文化氛围，使每位员工深刻意识到服务型制造转型和企业文化变革的重要性，并从行动上不断提升自身的服务能力、水平以及生产技术，从而推动企业的服务型制造转型取得成功。企业文化的变革并不是对原有文化的全面否定，而是基于企业的总体战略，有针对性地对其加以变革，特别注意要做好对原有企业文化好的方面的传承与发展。企业文化的转型变革是一个长期的过程，不仅需要企业高层管理者的大力支持，更需要全体员工观念的转变和身体力行，可谓任重而道远。

二、服务型企业文化

传统制造企业向服务型制造转型，必须基于企业总体战略建设服务型文化。服务型文化是以服务价值观为核心，以创造顾客满意、赢得顾客忠诚、为客户创造更大价值为目标，以形成共同的价值认知和行为规范为内容的文化。通过建立和完善相关激励机制制度，采取多种激励措施，以较短的时间由原来的技术导向型、规模导向型和销售导向型的企业文化向服务型文化转型，以削弱原有文化对企业生产经营、员工思想与行为方式的影响。良好的文化氛围，对员工意识的形成和能力的提升起到潜移默化的作用，建设服务型企业文化，必须引导员工以客户为中心，关注客户的需求及其趋势，并为客户提供高质量的产品服务或者整体解决方案，降低客户在产品使用过程中成本费用的支出，切实解决客户的痛点问题。服务型企业文化建设，其重点在于员工为客户服务是发自于其内心的自觉自愿的选择，并且以满腔热情为客户主动服务、用心服务、创新服务，不断提升客户满意度和忠诚度。

服务型企业文化的建设，不仅需要企业从上到下树立以客户为中心、客户至上的理念，而且需要大力拓展客户的内涵，即将客户的内涵由购买企业产品的个人或组织，拓展到涵盖供应商、中间商、服务商、下道工序等所有相关之对象。服务流程上每一个环节的人员，必须对其直接顾客和间接顾客负责，树立顾客至上、顾客第一的理念。为此，企业的年度财务预算，应适当加大服务型文化建设费用的投入，用于企业文化相关制度与专业知识的培训学习，用于企业工作环境的改善和企业文化建设的咨询等方面。

三、开放型企业文化

随着经济全球化，国际间的技术合作日益频繁，彼此的参股与资本重组司空见惯，员工结构及其特点的变化以及现代信息技术的快速发展与应用，使得企业的产品服务信息日趋透明，管理也变得更为复杂。为此，服务型制造企业必须具有开放的心态，拥抱技术的进步与市场的变化，建立起开放型的企业文化。

（一）保持开放的心态

市场经济是开放型经济，这里的开放包括市场的开放、专利技术的公开和文化理念的开放，一家企业只有保持高度的开放性，才能达到“海纳百川”的境界，从思想上接受市场、技术、文化等内外部环境的变化，才能想方设法培育和形成企业的动态能力，只有保持创新思维和开放心态，才能在时代发生变革时不被淘汰出局，依然能够健康发展。传统制造企业向服务型制造转型，需要企业保持开放的心态，建设开放的企业文化，乐于和善于接受外部环境的变化，善于学习和应用新知识、新技术、新的商业模式，才能应对环境变化对企业生产经营、服务型制造转型带来的各种挑战；企业需要以开放的心态，鼓励供应商、中间商、服务商和客户的广泛参与，搭建合作、共享、共赢、共生的生态圈，建立健全合作机制，对合作各方的资源加以整合，才能实现各方在技术、能力、信息等资源的优势互补。企业只有通过与合作各方的有效沟通，才能及时发现市场机会，较为精准地识别和确认客户需求，为客户提供定制化、个性化、专业化的产品与服务，进而培育和形成自身的动态能力，吸引更多优秀企业与个人的加入。

（二）建立开放包容的企业文化

世界上最出色的、最具竞争力的企业往往也是最为开放、包容的企业，最为开放、包容的企业往往会建立开放、包容的企业文化，在一种良好的创新和技术研发氛围中，不仅可快速地接纳、学习新技术、新理念、新方法、新模式，而且对于研发试制过程中技术研发人员的失败也能坦然接受。开放的企业文化中，会淡化甚至消除企业管理者高高在上的心态，注重与下级之间的沟通，信任与赋能下级，下级也会从中获得更多的信息、资源和精神上的鼓舞，工作中的指导与帮助使其得以快速成长。上级愿意倾听员工的意见和建议，反过来又增进了员工对上级管理者和企业的信任，这种相互间的信任不仅大大减少了沟通中的障碍，而且有利于员工个人绩效与组织绩效的提升和目标的达成。因此，传统制造企业向服务型制造转型，必须建立起开放、包容的企业文化，培育开放、合作、包容的沟通环境，鼓励创新与交流，尤其是对新想法、新观点、新创意的沟通交流，支持员工的实践，推动产品服务系统的研发与创新。为了建立开放包容的企业文化，企业组织结构由科层制组织向扁平化、平台化组织转型，建立起跨部门交流、协作创新机制，推进部门之间、员工之间、正式组织与非正式组织之间的有效沟通，提升沟通效率与效果就成为一种必然选择。移动互联网、社交网络和物联网等现代信息技术的快速发展与应用，为企业建设开放、包容的企业文化提供了技术支持，企业通过互联网络将价值创造网络中的各主体链接在一起，形成一个沟通高效的网络平台，从而实现各主体间深度、高频互动，信息的共享互动，提升各主体间的协同效应。

谷歌作为一家以研发人员为中心的优秀企业，倡导工程师文化。众多以为用户提供最佳服务体验为核心的研发人员，在倡导创新、民主、开放的工作氛围中不断创造价值。谷歌倡导员工之间进行自由、开放的交流，从而实现优秀创意在员工之间的快速传递、共享和完善。同时，谷歌尽可能地满足员工的个性化需求，为其打造自由、开放的办公环境，以提升员工的工作效率、激发员工的持续创新。无独有偶，华为为了营造开放、包容的环境，企业创始人任正非建议要对那些少数突破常规思维、突破传统，拥有新思想、新科学、新技术的人加以重点保护，避免他们在从众思维和传统思维中被绞杀。华为对研发人员在研发过程中的失败和犯错行为的充分包容，也充分体现了企业开放、包容的文化。华为在鼓励创新的同时，提出要接纳创新的失败，因为产品研发与技术创新本来就是一个试错的过程，如果没有试错，不容忍失败与犯错，企业在产品研发上很难有所创新。如果员工一旦研发失败或者犯错，就被贴上标签或淘汰，势必会打消员工的积极性。华为对产品研发、技术创新的高容错率，并不是可以接受员工肆无忌惮地犯错和试错，也并不意味着华为的研发与创新方向就是漫无目的，而是需要企业将研发与创新纳入企业战略，对其进行评估与筛选，以规避和降低研发与创新的盲目性和失败的风险。对于研发与创新的失败，也需要研发人员更好地总结经验，不再重复犯同样的错误，使其在失败中成长。

四、柔性企业文化

进入 21 世纪以来，受经济全球化与现代信息技术的影响，使得企业面临的经营环境更为复杂、多变，资本、技术、智力的全球化流动使得企业的边界日趋模糊。企业之间的竞争日益激烈，传统制造业的生产经营模式危机四伏，市场需求的多元化、定制化、个性化，变化成为市场的一种常态。在充斥着变化与挑战的时代背景下，企业如何应对并实现持续性成长，需要企业培育和形成较强的动态能力，建立柔性企业文化。

柔性指主体能够通过自身的变化从而适应新的环境与情况,并兼有易曲性、不折断的意思。柔性管理是现代组织管理领域的研究热点之一，企业柔性越来越成为企业的一种核心能力，这种核心能力是企业面对环境的变化所应具备的有效的反应能力。柔性管理的本质是“以人为本”的管理方式，是能够随着时间与环境等变化而能够迅速做出反应的新的管理模式。它体现出和谐、融洽、协作、灵活、敏捷等特征，强调跳跃与变化、速度与反应、灵敏与弹性。柔性管理是一种倡导企业主动适应变化、制造变化、利用变化从而提高自身在动态环境中的竞争性的管理模式。企业文化柔性则是组织柔性管理的重要构成因素之一。柔性的企业文化是能够与现有系统相匹配，又具有一定开放度和包容度，鼓励员工创新与组织学习，为随时而至的变化创造条件。企业文化柔性的核心是企业价值观念及经营理念在动态环境中的持续更新，以形成相应的有利于柔性管理的组织氛围[205]。服务型制造企业向客户提供个性化、定制化、专业化的产品、服务或者整体解决方案，需建立起关注客户个性化需求的柔性化企业文化，其本质则是企业战略、经营管理、产品与服务的差异化和柔性化的体现，目的在于更好地适应外部环境与内部条件的变化。

为了准确识别和满足客户的个性化、定制化需求，为其提供个性化的产品、服务或者整体解决方案，企业员工必须树立起客户至上的理念，即一切从客户角度出发，以解决客户在生产、消费过程中的痛点为己任。营造柔性企业文化，必须加大对全体员工在设计、服务理念与观念上的引导，在产品研发、营销服务与创新等方面的培训，通过培训使员工掌握必要的知识与技能，提升员工的研发、营销与服务能力，尤其是提升员工对客户需求识别、确认并提供整套解决方案的能力。另外，企业还需对员工适度放权赋能，使员工能够在特定条件下随机决策，尤其是对于突发事件、客户异议的处理方面显得尤为重要。这样不仅可以培养员工独当一面的能力，提升员工的工作积极性、归属感和价值感，而且还能促进企业与员工、客户的共同发展。传统制造企业向服务型制造企业的转型，柔性企业文化的形成，需要有柔性化技术、柔性员工、柔性组织结构和柔性创新的支持。

成本优势、销售优势使传统制造企业成为行业中的佼佼者；新技术、新的商业模式以及客户需求的变化，具有前瞻性、竞争性、柔性化的关键技术才会给企业带来竞争上的优势。而要确保技术上的柔性，企业必须保持技术上的领先，并且能够结合市场需求与技术发展趋势对技术进行持续更新。另外，企业生产技术与设备设施必须具有较强的柔性，因为它们有助于实现从一种产品到另一种产品的自由转换，更好地适应客户大规模个性化定制的需要。

员工是企业生存与发展的基础，是企业有形资源中最具柔性的资源，可以在企业内部打造学习型组织，提升整个企业的知识学习、分享、创造的能力，有助于使企业更具活力。员工的柔性集中体现在员工的学习能力与创造能力两个方面，企业的柔性化、文化的柔性化，亟须企业具备持续提升其快速获取、传递和利用知识的能力。在外部环境多变、复杂成为常态的今天，企业的经营充满着不确定性，需要企业不断强化自身的动态能力和学习能力，培养一支理念先进、学习能力强、技能与能力多元化的员工队伍，以提升企业的环境适应性和运行效率，为客户提供所需的产品服务系统，在与客户合作过程中实现技术、营销服务的创新，持续提升客户的满意度与忠诚度。企业及其员工的创新意识、创新能力的强弱，直接影响着企业的持续发展，也是实现企业与人员柔性的关键。企业管理者必须打破旧有的思想与观念，善于接受和学习新的理念、知识与技术，并将创新理念融入每个人的基因当中，融入企业的重要决策与日常生产经营当中。在开放包容的环境中，提升企业的创新求变能力，有效推进企业的服务型制造转型。

传统制造企业服务型制造转型过程中的柔性企业文化建设，离不开企业组织结构的柔性化。在工业大规模生产的背景下，传统制造型企业形成了金字塔形的组织结构，虽然可以通过专业化劳动分工，统一指挥，依靠专业化与职能化提升企业的生产经营效率，但是由于组织层级较多，关系错综复杂，容易形成信息孤岛和部门墙，对于市场环境变化的反应较为迟钝，无法适应复杂多变的环境。因此，柔性企业文化建设，需要柔性化的组织结构建设支持，即由传统的锥形组织结构向扁平化、网络化和虚拟化转型，提升企业组织的适应性。柔性化的企业组织，是一种动态的、开放的组织结构，这种结构，可以使企业具备更强的动态能力，能够根据外部环境、顾客需求与企业内部条件的变化，对企业的组织结构、组织边界、业务流程、机制制度等进行适时的调整，甚至是颠覆性的变革；这种结构，能够采用灵活的激励措施，引导企业及其员工的价值观念，达到心理与行为上的彻底转变。柔性化组织结构中，企业通过充分授权、放权，不仅在企业内形成了开放包容的企业文化，促进了新思想、新知识、新技术的传播、共享与创造，而且有效提升了员工的自主性与积极性，提升了员工学习的能力、创造的能力和服务的能力。

总之，随着市场对产品需求从标准化需求向个性化、定制化、专业化需求的转变，亟须企业具有较强的创新柔性。服务型制造企业必须根据市场需求、技术发展趋势等外部环境的变化，对企业相关战略、资源、组织结构和企业文化等进行动态调整，以适应市场需求和外部环境的变化，为客户提供定制化、专业化的产品服务系统，以便获得和保持在市场上的竞争优势，为客户创造更大的价值，使企业获得更多的创新绩效。创新柔性作为制造企业的一种能力，体现的是企业对资源、计划和战略的快速调整，能使资源利用与配置不断地靠近效率前沿，使制造企业建立柔性企业文化，有能力且更乐意开展个性化的创新行为，从而更适应个性化的市场需求[206]。

五、创新型企业文化

服务型制造企业的使命在于识别和满足客户差异化、定制化和专业化需求，为客户创造更大的价值。随着技术、法律政策、市场需求趋势等外部环境的变化，客户对于产品服务的要求也随之发生改变。为了应对复杂多变的客户需求，服务型制造企业必须具备持续创新的能力，进而构建自身的动态能力与核心竞争力，通过技术创新、营销服务创新、管理创新，开发更多的新产品服务系统，更好地满足客户需求。一句话，创新将成为驱动企业持续生存发展的原动力，因此在服务型制造企业必须建立鼓励创新、尊重创新的创新型企业文化。

打造创新型的企业文化，引导和鼓励企业研发设计、生产制造、营销服务各部门人员关注创新、勇于创新、乐于创新，在深入市场、深入客户的基础上与客户建立高频互动的关系，敏锐地发现客户在生产经营过程中遇到的主要障碍，并通过高质量的产品服务系统予以解决，为客户创造更大的价值。在价值观方面，企业可以通过行业形势分析会、技术发展趋势报告和企业面临的机遇和挑战专题讨论等形式，使企业员工充分意识到市场的复杂多变性和创新求变的重要性，从而使得企业上下由以生产为中心向以客户为中心转变，从以往以生产销售为主导向关注客户需求转变，为客户创造更大价值空间。通过观念的转变和企业动态能力的打造，将更多的资源用于技术、营销服务的创新和客户的挖掘当中，提升企业为客户提供个性化、定制化和专业化产品服务系统的能力，使企业进入良性发展阶段。在企业创新氛围营造方面，基于企业的愿景与使命，以目标为导向，在技术创新、产品质量改进、营销服务创新等方面设置具有一定挑战性的目标，对实现目标的部门与个人进行重奖，以激发员工的创新精神与创新热情，鼓励员工立足岗位进行创新与尝试。企业在鼓励员工创新的同时，应建立容错机制，允许创新的失败，使员工在失败中不断成长。

企业在为客户提供差异化、专业化产品服务系统，鼓励企业内部员工创新的同时，需要充分发挥顾客的聪明才智，即通过客户的参与实现用户创新。顾客参与一直以来都是开放式创新领域的重要话题。Hippel（1986）将用户创新定义为基于自身的使用体验，顾客对产品设计、构思、改良提出建议等行为[207]。赵莉等（2020）基于社交媒体视角，将顾客参与界定为：顾客在社交媒体环境下向企业输送知识和思路、与其他顾客或者企业进行互动、依据自身需求对产品进行改造或者创造新技术等[208]。企业通过与客户的充分沟通，敏锐地发现客户的需求，并充分利用客户的知识、技术、能力、经验和创意，甚至通过众包的方式，实现企业在产品服务系统、技术、质量改善、服务创新等方面的创新。

成立于1837年的宝洁公司，作为世界最大的日用消费品公司之一，为行业内的突破创新和新产品的开发树立了典范。2010年前后，宝洁公司大多数创新产品仍来自公司设在全球的26个研发实验室，实验室聘请的研究员超过8 000人，每年用于研发的投入高达20亿美元，但仍不能满足企业增长所需的创新数量。为此，宝洁公司对研发流程进行了改造，从仅仅依靠自身实验室创新的内部研发模式转向开放式创新模式，即邀请外部伙伴一起开发新产品和创新技术以满足顾客需求。基于现代信息技术，网罗数以百万计的优秀研发人员，这些外部研究人员可以充分利用自己的技术专长，较好地解决宝洁公司在产品研发改进过程中的某些技术难题。因此，每一位宝洁研究员的背后都有几百位科学家和工程师在提供支持，从而大大地提升了企业的创新能力。随着宝洁公司研发创新思路的转变及创新文化的变革，宝洁公司适时推出了“连接 + 发展”众包方案，用来接纳全球各地外部来源的创新构想。“连接 + 发展”网站邀请企业家、科学家、工程师、其他研究员以及消费者提交有关新技术、产品设计、包装、市场模式、研究方法、促销等一切能够创造更好的产品和服务的创新构想，从而帮助宝洁公司实现“改善更多消费者生活”的目标。在网站上，宝洁公司也提出了一系列已经定义好的创新需求来征求方案。通过“连接 + 发展”方案，使得企业能够和合作伙伴分享他们的研发、消费者理解、市场专长、品牌资产，将创新更快地带入市场和消费者生活。宝洁公司在网站上还表示，“一起努力，我们能够做到更多”。

“连接 + 发展”众包方案为宝洁公司打开了外部合作的大门，为宝洁公司带来了巨大的收益。宝洁公司的首席技术官布鲁斯·布朗（Bruce Brown）表示：“它将企业文化从公司内部研发转向通过内外合作来获取更大价值。”这一方案不仅促使宝洁公司的研发产出增加了 60%，在创新成功率倍增的同时降低了成本，而且为宝洁公司带来了持续的增长，创造了开放、创新的文化。宝洁公司 CEO 麦睿博（Robert A.McDonald）表示，“我们可以做到更多，我们希望全世界的最强大脑能够一起合作来生产创意，从而更彻底、更广泛地触动和提升更多消费者的生活”。宝洁公司提出的“连接 + 发展”众包方案，在此充分体现了开放、创新的企业文化建设的重要性。

第十一章 服务型制造的企业知识管理

本章在对知识管理相关概念、特点、内容概述的基础上，着重对服务型制造企业的知识管理的相关实践做了详细介绍，构建了基于知识管理的服务型制造创新保障机制。

第一节 知识管理相关概念

随着知识经济的到来，知识在企业产品研发、生产制造、营销服务当中的作用日益凸显。服务型制造是制造业与服务业的有机融合，是基于制造的服务，制造的智能化、数字化以及服务的创新随着现代信息技术的发展显得越来越重要。传统制造企业向服务型制造转型，为客户提供适时、有效的服务，对产品进行全生命周期的管理，不仅成为服务型制造企业获利的重要源泉，而且对企业的关系处理能力，资源整合能力和知识共享、创造和使用能力提出了更高的要求。新产品研发、质量保障和产品服务过程中知识的复杂性，促使制造企业与供应商、服务商和客户等价值创造主体之间必须加强合作，以实现彼此之间的知识共享与知识创造。服务型制造企业的知识共享、共创，制造行业内部以及其他行业内部、行业与行业之间的知识共享与知识创造，又形成了更大的知识市场，从而有效地推动服务型制造企业的知识创新和转型发展。

一、知识的概念

对知识的认识涉及人类生产生活活动的方方面面，国内外学者由于学科背景、研究领域不同，他们对知识的界定也是精彩纷呈。正如罗素在《人类的知识》一书中所给出的结论：知识是一个意义模糊的概念。

《辞海》中对知识的定义为：人类认识的成果或结晶，并指出人类的一切知识都是后天在社会实践中形成的，是对现实的能动反映。知识是人类在改造客观的实践过程中的科学总结，是人们对客观事物的认识。《中国大百科全书·哲学卷》中将知识界定为：人们在日常生活、社会活动和科学研究中所获得的对事物的了解，其中可靠的成分就是知识。《现代汉语词典》中将知识定义为：人们在改造世界的实践中所获得的认识和经验的总和。马克思认为：知识是意志的唯一行动。知识是意志的唯一的、对象性的关系。彼得·德鲁克（Peter F. Drucker）指出：知识是一种能够改变某些人或者某些事物的信息，这既包括使信息成为行动的基础的方式，也包括通过对信息的运用使某个个体（或机构）有能力进行改变或者进行更为有效的行为的方式。他认为，在新经济时代，知识不仅是与传统生产要素（劳动力、资本和土地）并列的资源，还是当今唯一有意义的资源，都已经成为最重要的资源。知识资本计量专家卡尔·爱瑞克·斯威比（Kall Erik Sveiby，1997）指出，知识具有行为指导内涵，进而形成能力，他认为可以把知识理解为采取行动的能力，进而对企业的知识予以评估和测度。Woolf 认为，知识是用于解决问题的结构化信息。Wiig 认为，知识应该包含真理和信念、观点和概念、判断和展望、方法和诀窍。Brooking 认为，组织知识是以人为中心的知识产权资产、基础结构资产与市场资产的集合。W·V·O·奎因（Willard Van Orman Quine）与德鲁克持类似的观点，即现代化企业的经济和生产能力依赖其智力与服务能力，而非硬资产（如土地、厂房和设备）。同时还指出，大多数的产品与服务的价值，主要取决于怎样才能开发出基于知识的无形资产，像技术诀窍、产品设计、营销演示、对客户的理解、个人创造力和创新。

通过对国内外相关学者、工具书中对知识含义的梳理发现，学者们给出定义的侧重点、表述各有不同，但是仍然能够找出其共同点：知识是人的智力劳动成果或人类认识的成果结晶，是人们对主客观世界的认识和经验的总和。

二、知识的特点

Nonaka 等人（1995）将知识依据可编码程度划分为隐性知识和显性知识。Grant（1996）认为知识的特征至少应包括知识的内隐性、互补性、替代性、可沟通度等方面。其中内隐性衡量的是知识的可编码化程度；可沟通性衡量的是知识与其他知识进行组合的难易程度，知识可沟通性越高，与其他知识进行组合就越容易。Simonmin（1991）认为知识的特征表现在知识的内隐性、专用性、复杂性等方面。其中知识的专用性用以衡量知识可以被应用的范围和被应用的灵活性。Cowan 等人（2000）认为知识的内隐性对科技政策、技术创新与经济增长产生一定的影响。同时，知识的多样性也是学者们关注的焦点话题，他们认为知识的多样性会对知识组合的范围与组合的灵活性产生影响。谢洪明等（2006）认为技术知识的模块化程度、隐性程度、复杂程度和路径依赖程度等特性会通过知识整合能力对企业创新绩效产生影响[209]。张妍等（2016）认为知识具有合作伙伴组织多样性和地理多样性。他们通过多案例的研究结果发现，企业的研发伙伴多样性正向影响其创新绩效。从资源基础观和社会网络理论来看，企业通过与多样化的伙伴开展合作，能接触到更多丰富的资源和隐性知识，这有助于企业突破原有的思维定式，重新构思新的产品概念，从而形成其他企业无法模仿的竞争力，最终提升创新绩效[210]。作为内隐的认知过程和外显的认知结果相统一的知识，一般具有以下几个特征。

（一）情境依赖性

知识的情境依赖性是指任何知识都是在特定情境中创造的，而且还要在特定情境下获得其意义。这就意味着知识是与某个具体情境下的具体认知实践活动联系在一起的，是具体的、局域的，超出这个范围，知识的准确性可能就会受到怀疑。比如，牛顿定律只适用宏观领域，却不能解释微观领域的现象。知识的情境依赖性使得人们对知识的理解和共享存在着一定的困难，因此，作为服务型制造企业的管理者，应该在企业内部以及与价值创造各合作主体合作过程中，营造有利丁理解、创造和应用知识的共享情境。

（二）意会性

知识的意会性即知识的不可完全表达性。由于一些知识或者知识的部分内容的内隐性，使其不能被完全明晰地表达、传递，只有通过自身的实践才能理解和获取。知识的意会性特征，使得即使为同一情境下的知识，每个人对其理解、体悟也存在一定的差异，直接影响着知识的传递、共享和创造。因此，服务型制造企业的管理者，一方面可以采取多种途径激励员工将意会性高的知识进行编码；另一方面，可以通过设计知识的意会性降解过程，以降低某些知识的意会性，提高其可表达性，以此促进知识的共享和应用。

（三）知识的离散性

由于人的时间和学习能力的有限性，以及知识获取和存储以个体形式进行，所以一个人不可能精通所有领域的知识，在专业分工高度发达的今天尤其如此，知识只能由那些处于特定情境中的个人或团队分散化地掌握。知识在社会和组织中的离散分布性，增加了组织对知识整合、共享、应用与创造的难度。服务型制造企业应该结合企业生产经营特点与企业知识管理的现状，积极探索知识整合的有效途径，建立基于分散化知识基础上的分散化决策体系，实现对企业知识的整合、应用与创造。

（四）知识的载体依托性

知识有其载体，具体包括三类：①实物载体，比如桌子、椅子、电视、房屋等，这类实物承载着人们认知实践活动的结果，凝结着人们认识世界和改造世界的智慧。②媒介载体，如语言、文字、图形等。这类载体体现了作为认知结果的知识，同时它又是知识传递的媒介。③人和组织。有一些知识或某些知识的某些部分，如经验、组织惯性、组织文化等是内隐的，它无法通过媒介清晰表达。这类知识存在于人们的头脑或组织情境中。无论是实物承载的知识、媒介承载的知识，还是组织承载的知识，最初都是由人脑创造和人际互动产生的，所以知识的最根本载体应该是人。这也正是管理者关注人力资源时必须关注知识资源，强调对知识的管理时必然强调对人的管理的原因。作为服务型制造企业，应该以人为本，注重对现有人力资源的开发与利用，使其在组织目标引领下，实现知识的共享、应用与创造。

（五）知识的收益递增性

对于一般物质资源而言，普遍存在投资的收益递减现象；而知识作为一种资源，与其他物质资源相比具有收益递增性的特点。所谓知识的收益递增性，指的是对某一特定知识资源来说，随着对其投资的持续增加，收益不但不会减少，反而会逐渐增加，直至被另外一种全新的知识资源替代为止。一旦一项知识得以创造，起初的研究成本可以在今后不断上升的产量中得以摊销，使其单位成本持续降低。作为服务型制造企业，应进一步加强对人力资源的开发与利用，形成人力资本软实力，为企业的技术创新、新品研发、质量改进、营销服务创新奠定坚实的智力基础。同时，知识又具有价值不确定性的特点，由于对知识投资的价值一直难以测试，因此其结果可能与预期的大相径庭。

通过对知识的基本特征的分析可以发现，知识是企业培育和形成竞争优势的关键资源，企业只有做好对知识的获取、有效整合、共享、创造与应用管理，才能充分发挥知识的作用。

三、知识管理的概念与要素

（一）知识管理的概念

彼得·德鲁克（Peter F. Drucker）早在1965年就预言：“知识将取代土地、劳动、资本与机器设备，成为最重要的生产因素。”在数字化信息时代，知识已成为最重要的财富来源，而将知识转化为财富，就需要对知识加以管理。知识管理（knowledge management）兴起于20世纪90年代，并日益受到企业界的重视，已经成为现代企业核心竞争力的源泉。知识管理相关研究与实践虽然历经二三十年的发展，但是到目前为止，仍然没有一个统一的定义。目前，国内外学者就知识管理的定义界定，大致形成了技术型、行为型和综合型三种类型。其中，技术型专注于信息技术，认为知识管理就是对信息的管理。行为型则认为知识管理就是对人的管理，注重对组织和学习过程的研究。该学派学者普遍认为，知识等于过程，是一个对不断改变着的技能等的一系列复杂的、动态的安排。综合型认为知识管理不仅要对信息和人进行管理，还需要将信息和人连接起来进行管理；知识管理要将信息处理能力和人的创新能力相互结合，以增强组织对环境的适应能力[211]。

1998 年 4 月，美国《福布斯》杂志发表了题为《迎接知识经济》的文章，认为知识管理就是对知识进行获取、加工、共享和利用的过程，并运用集体的智慧提高员工个人以及组织整体的应变能力和创新能力。知识管理的开展有赖于员工的积极参与和先进有效的知识共享机制，这种机制能够在很大程度上使员工乐于在同事之间进行信息与个人经验的交流与共享，并通过设立相应的知识管理机构与职位，以凸显企业对知识管理的重视，促进企业的知识共享、知识创造与知识应用，进而培育和形成企业的核心竞争力。

《迎接知识经济》一文的发表，引起众多学者的关注。阿比克（Andreas Abcckcr）认为，知识管理是对知识的识别、获取、分解、使用和存储。克里斯·马歇尔、拉里·普鲁萨克（Larry Prusak）认为，知识管理并非仅限于数据和信息的利用、贮存、控制和创新，它还要求努力发现并挖掘深藏于组织成员个体大脑里的个人财富的内涵等隐性知识，如个人经验等，将这些隐性知识通过杠杆作用转化为显性知识，并为之所用，这样才能够让决策者获取和运用，以便创造组织财富。巴斯（Bassi）认为，知识管理是指为了增强组织的绩效而获取、使用、创造知识的过程。维格（Wiig）认为，知识管理主要涉及四个方面：自上而下地监测、推动与知识有关的活动；创造和维护知识基础设施；更新组织和转化知识资产；使用知识以提高其价值。法拉普罗（Frappuolo）认为，知识管理就是运用集体的智慧提高应变和创新能力。斯威比（Karl E.Sveiby）从认识论的角度认为，知识管理是利用组织的无形资产创造价值的艺术。朱晓峰等（2000）研究指出，知识管理是企业在面对环境的日益加剧的不连续性、高度不确定性和未来的不可预测性背景下，以人为中心，以信息资源为基础，以技术为手段，以创新为目的系统化地、组织化地识别、获取、开发、使用、存储和交流企业所需知识并将其转化为提高核心竞争力的思想和活动，所以知识管理有三个要素：人、信息资源以及技术手段[212]。邱均平等（2000）从广义和狭义角度对知识管理做了界定：所谓狭义的知识管理，主要是对知识本身的管理，包括对知识的创造、获取、加工、存储、传播和应用的管理。而广义的知识管理，不仅包括对知识进行管理，而且还包括对与知识有关的各种资源和无形资产的管理，涉及知识组织、知识设施、知识资产、知识活动、知识人员的全方位和全过程的管理[213]。

综上所述，知识管理就是组织构建知识系统，实现对组织内外的信息、数据和知识等知识资源的获取、分享、整合、创造、应用与创新，并持续不断地回馈到知识系统当中，持续累积个人与组织的知识，使得组织知识持续循环和螺旋式上升，为组织科学决策、产品研发、技术创新、质量改进和服务创新等业务提供智力支持，以提高组织绩效，适应市场变迁。

（二）知识管理的要素

张润彤等（2002）将知识管理的要素分为知识管理的主体、知识管理的客体、组织知识管理、知识管理工具等四个方面。王代潮等（2006）在对知识管理的静态结构分析的基础上，认为知识管理包括人、知识、技术和过程等四大因素。潘成胜等（2015）认为知识管理由人、信息和信息技术三要素构成。人是知识管理的核心，信息是知识创新的原料，信息技术是知识管理的工具。陈列（2020）认为，知识管理是由知识的获取、存储、分享、应用、转化与创新所构成的相互联系、相互支持的五个环节，并且认为知识管理主要由人、过程和技术三大要素构成。其中，人是知识管理的主体；知识只有在流动中才能发挥作用并产生相应的价值，知识管理正是通过知识获取、存储、分享、应用与创新等过程，促进知识管理的良性循环；信息技术又是知识管理的推动器和技术基础。柯平（2007）认为知识管理由知识、信息、技术、人才、文化等五大要素构成，并确立了以知识为中心、以信息为基础、以技术为工具、突出人和文化作用的知识管理结构。这是众多知识管理要素划分观点当中比较科学、合理的一种界定。

1. 人：知识管理的主体

由于知识依附于人而存在，对知识的管理首先要对掌握知识的人实施管理，人是知识管理中最活跃、最主动的因素。人不仅是创造知识和运用知识的主体，还是进行知识管理的主体。知识管理以知识应用和创新为最终目的，因此，对人的管理将贯穿于知识管理的全过程。

从管理角度看，知识管理的主体就是在以组织为基础的环境中，具有一定管理能力和一定责权，并参与了现实知识管理活动的组织成员。知识管理中的人不仅包括组织中的各级管理人员、知识工作者、一般工作者，而且还包括受雇于企业，为企业提供决策的外部专家和咨询顾问。其中，知识工作者和各级管理人员的作用最为重要。正如彼得·德鲁克（Peter F. Drucker）《在变化的世界中管理知识工作者》中所说：知识工作者可能会由于情绪不佳而导致效率低下。因此，在知识管理活动中，管理者要给予知识工作者充分的自由，将权力下放，同时还应给知识工作者创造和提供更多的培训和教育机会，通过多种机制制度调动他们的积极性和主动性。

2. 知识：知识管理的客体

知识是知识管理的对象，知识管理就是对知识的识别、获取、开发、分解、使用和存储的管理。作为知识管理的客体，知识主要是指进入知识管理主体活动领域，并能接受知识管理主体管理的潜藏在组织和组织成员中的各种知识及其不同表现形态。其一，知识管理要在对知识本身的认识基础上激活知识，使之发挥效用。为此，人们需要通过采用先进、科学的技术和方法，对知识进行创造和利用，同时将知识与人的智慧相结合，对知识进行挖掘和创新。其二，知识管理是对一切与组织有用的知识的管理，不仅包括组织范围内的知识，还包括组织外部的知识。在现代经济中，企业与竞争对手、客户和供应商之间的交流与合作，以及与其他机构、组织和个人的联系中，往往都能获得大量对企业发展有用的知识，企业通过对这些知识的获取、共享和转移以提高企业的核心竞争力。因此，知识管理要对组织中一切对组织目标有价值的知识要素进行整合与管理。

3. 信息：知识管理的基础

人的知识不是凭空产生的，它来源于信息。DIKW（data information knowlege wisdom）模型将数据、信息、知识、智慧纳入一种金字塔形的层次体系，数据是未经加工整理的关于实践的一组离散的、互不关联的客观事实描述，是构成信息和知识的原始材料。信息普遍存在于自然界和人类社会活动中，是经过系统的组织、整理和分析，具有逻辑关系的数据，是对数据的解释。知识是从相关信息中过滤、提炼及加工而得到的有用资料。智慧可以简单归纳为做正确的判断和决定的能力，包括对知识的最佳使用。因此，数据和信息是知识形成的基础，知识管理也应是建立在数据和信息的基础之上的。

4. 技术：知识管理的工具

信息技术的迅猛发展促进了人类信息交流手段的改进，扩大了人们获取信息的范围，并使信息交流变得更为高效和便捷。这一切都为知识的获取、组织、开发和利用创造了条件，保障了知识管理的顺利实施。可以说，知识管理活动中知识的获取、组织、开发和利用的各个环节，都离不开多种信息技术的广泛应用与支持。例如，通过工作流技术、文档管理软件、过程建模和知识仓库可以实现知识的存储；通过搜索技术、数据挖掘、文本挖掘等技术实现知识的发现；通过互联网技术、群件技术等可实现知识的共享；通过人工智能和专家系统、决策支持系统、E–Learning 系统等实现知识的创新。可以说，信息技术是将人、知识和计算机联系起来的桥梁和工具，在知识管理中起着非常重要的作用。组织在实施知识管理之前，经过专家和高层管理者的规划与分析，制定了一系列的愿景设想和实施方案，这些设想和方案只有通过相应的技术才能成为现实，为组织创造更大的价值。

现代信息技术在知识管理中的应用，应注重技术的选择与应用。技术选择应结合企业状况、行业特点、经营规模、员工知识技术水平等企业特点，通过专家分析制定和选择一种切实可行的技术实现方案。技术应用是指在企业管理过程中，通过技术的实践活动，实现对企业知识的管理和规划，实现知识在企业的共享、应用、沉淀、传递和创新等。

5. 文化：知识管理的支撑

服务型制造企业的企业文化是影响企业知识管理成效的关键因素之一，是企业知识管理的重要支撑。合适的企业文化环境和氛围有助于提升企业知识管理的效率和效果。因此，需要服务型制造企业构建开放包容的文化、分享的文化、合作与信赖的文化、求变创新的文化。只有打造和营造这样的企业文化，企业上下才能以彼此的合作信赖为基础，以开放、包容的姿态，善于和乐于学习、分享和创新，实现对企业内外个人知识与组织知识的整合、吸收和创造，进而实现知识在企业的共享、应用、沉淀、传递和创新等。

四、知识管理的内容

有关知识管理的主要内容，左美云等（2003）认为，知识管理包括知识创新管理、知识共享管理、知识应用管理、学习型组织、知识资产管理、知识管理的激励系统、知识管理的技术与工具、知识产品的定价与版本、知识员工的管理、学习与创新训练等十大方面的内容[211]。和金生等（2004）从知识管理发展的历史与现状出发，认为知识管理不仅包含知识的分类，知识创造、产生与开发，知识识别与获取，知识共享、传播与扩散，知识编码与存储，知识整合、应用与评价等一系列的知识管理的任务；更应关注组织文化、参与者、知识技术、组织学习、组织战略与知识管理战略等知识管理的影响因素[214]。像华为的知识管理，就主要包括知识的引进、研发、保护和传播等四个方面。基于此，本书认为，服务型制造企业知识管理的内容应该包括知识的学习（吸收）、知识的保持、知识的共享与沟通、知识的应用与创新、知识的转移等内容。

（一）知识的学习（吸收）

无论是企业的技术创新还是产品及其营销服务方面的创新，知识的获取是关键。知识可以分为内部和外部两类知识，企业员工是内部知识创造的主体，内部知识多来自于研发设计、生产制造、销售服务等不同职能部门。而外部知识的来源则较为广泛，就服务型制造企业而言，高校和科研院所、供应商、同行竞争者和客户是其重要的外部知识来源，尤其是高校、科研院所和客户企业是服务型制造企业的关键性外部知识来源。

根据知识的特性可以将知识分为显性知识和隐性知识。显性知识是指那些可以直接用书面方式表达、易于编码，可以直接用书面的报告、手册等相关的媒介来储存的知识。隐性知识则是指那些难以直接用书面方式表达且难以编码的知识，通常体现为员工的经验、技术诀窍，很多储存于员工的大脑中。企业吸收外部知识的能力是构成创新能力的一个关键因素。企业知识学习是指基于企业创新发展目标，对相关知识加以学习吸收，并将其转化为能够为企业创新所用的知识的过程，由此实现企业与外部知识环境的动态沟通，是企业知识管理活动的基础和前提。

认知科学和行为科学研究表明，个体原有的知识有利于新的相关知识的学习，而企业需要具有相关的知识才能更好地学习、消化并应用新知识。企业吸收外部知识的能力，在很大程度上是其已有的相关知识水平的一个函数。学习是个持续积累的过程，当要学习的东西与已知的东西发生联系时，才能达到学习的最佳状态。所以，知识的吸收是个渐进的过程。作为服务型制造企业，要想具备较强的知识学习能力，需要加强对企业全员在观念、专业知识与技能等方面的培训开发。新员工招聘也是获取知识的一种途径，通过新员工的招聘，尤其是大学毕业生、研究生的招聘，可以从中获取更多的新理念、新知识、新经验。企业新进人员一般会有周期长短不一的实习，在实习期间可以由部门主管或业务骨干传授相关岗位知识和经验，有利于员工将业务骨干的隐性知识显性化；企业通过参观、学习标杆企业的先进经验、管理理念与方法，参加技术前沿研讨会等方式，提升企业在研发设计、生产制造、营销服务等方面的能力。

（二）知识的保持

所谓知识的保持，是指企业知识不会很快被竞争对手学习与模仿。企业知识的保持有利于企业在市场竞争中具有一定的竞争优势。一般而言，知识的隐性程度、复杂程度和系统程度会直接影响知识的保持。有权威机构研究表明，对大多数企业来说，结构化、系统化且可供员工参考的知识信息只占到企业知识总量的10%，其他90%的知识都存在于员工个人大脑中，难以数据化和系统化地应用于企业全员层面。这对企业来说，无疑是巨大的知识浪费。

（1）知识的隐性程度，即知识是明晰的还是隐性的。隐性的知识不能得到完全的描述，而明晰的知识是可以清晰表达的，有利于知识的传播、共享与应用。

（2）知识的复杂程度，即知识是简单的还是复杂的。当知识能够用很少的信息加以描述时，则属于简单知识，有利于知识的传播、共享与应用；而描述复杂的知识则需要大量的信息，需要个人和企业花费更多的时间学习、吸收，才能实现其共享和创造。

（3）知识的系统程度，即知识是独立的还是置于一个大的知识系统之中的。系统化的知识从它与其他知识向量的关系的角度来加以描述，而独立知识仅通过自身就可以描述。当企业拥有大量的系统化知识时，不仅可以提升企业的市场竞争力，而且可以增强企业对新知识的吸收、整合、创造和应用能力。

（三）知识的共享与沟通

知识的共享与沟通是知识管理中的关键性环节。国内外学者普遍认为，知识共享对于企业绩效的改善具有较明显的积极作用。知识的共享与沟通指的是企业从内外部获得相关知识并对这些知识进行必要的整理后，通过多种方式将已有的知识在不同层次的主体间公开，适时采取有效措施促进相关主体对知识的学习与交流。只有通过共享增加组织成员自身所拥有的知识存量，才能通过交流促使组织成员对知识的理解，并从交流中产生新的知识。服务型制造企业强调与各合作主体的合作、共享、共创、共赢与共生，而企业并不完全拥有人力资本与客户资本，对于人力资本，企业与其雇员共享所有权；对于客户资本，企业则与供应商及顾客共享所有权。只有在知识得到共享之后，企业才对知识拥有更大的所有权。因此，传统制造企业的服务型制造转型，需要重视知识的共享管理。

隐性知识是高度个人化的，往往只能意会。同时，隐性知识深深地根植于行动之中。在企业中存在这样一种现象，一线工人经过多年的实践摸索掌握了某种技巧，但是往往不能清晰表达隐藏于他所知道的技巧背后的科学或技术原理。可见，很多时候一个人知道的比他能表达的要多得多。认识企业知识活动的微观机理，旨在为实现显性知识和隐性知识共享和有效转换提供新途径。正如日本学者野中郁次郎所指出的，由于知识系统中同样存在着不稳定性和不确定性，为了实现知识的共享与创造，必须建立起一种机制使得两类知识相互转换，即在隐性—隐性、显性—显性、隐性—显性、显性—隐性之间转换，而这种转换实质上为企业知识的共享提供了途径。

服务型制造企业在对各合作主体的知识共享过程中，隐性知识与显性知识的特性决定了隐性知识的共享较显性知识的共享更难一些。企业员工可以通过对书面资料、相关视频的学习获得显性知识。隐性知识通常表现为员工的经验或技术诀窍，这些隐性知识只有在员工间充分沟通的基础上，才可能被传递、理解和领悟。企业相关管理者可以通过营造开放、互信、合作、共赢的文化氛围，建立知识共享的机制制度，创造相应的技术共享条件。在提升员工之间的互信水平的同时，使得那些掌握先进技术、拥有丰富经验的隐性知识拥有者愿意将知识拿来共享，其他员工乐于学习提升；另外，也可以通过定期开展交流会、研讨会的方式来确保知识共享与交流，实现员工间在知识、经验上的互通有无、优势互补，实现隐性知识和显性知识之间的转化，提升企业的知识共享效率和效果，以改善企业的整体绩效。

（四）知识的应用与创新

知识应用是知识管理的落脚点，企业在获取知识，整理知识和对知识的共享、沟通之后，将会进入知识的应用阶段。对于服务型制造企业而言，通过知识的应用，一方面解决企业内部技术或管理的问题，从而提升技术或管理的效率，另一方面则通过知识的应用帮助客户解决某些问题，为客户创造更大的价值。服务型制造企业在为客户提供产品、服务或者整体解决方案过程中，往往需要与客户进行持续有效的互动，鼓励客户参与到产品服务系统的研发、设计、生产制造、营销服务等环节，在这些环节当中，企业不仅可以及时准确地识别和确认客户的需求，而且可以充分吸收和利用客户的理念、技术和经验，并且在此基础上产生更多新的思想和知识。这样不仅可以增加企业的知识存量，而且能够确保知识的持续迭代更新。

服务型制造企业的知识应用过程，是各合作主体在解决客户问题中各方知识与问题相互结合、相互作用的过程。解决问题的过程，往往是各合作主体在理念、知识、技术等方面的碰撞，由此形成新的概念和构想，这也成为企业新知识的重要来源。这一过程不仅是对原知识体系的丰富与发展，也推动了企业知识的持续创新。知识的创新是保持服务型制造企业竞争优势的重要活动，服务型制造企业吸收和创造新知识，并使其贯穿于企业整体能力提升与创新活动当中，体现在组织的产品、服务和产品服务系统和整体解决方案当中。

（五）知识的转移

知识转移旨在实现知识的扩散，知识转移注重知识在不同组织、部门、人员之间的共享与重构。研究表明，知识转移不仅可以促进组织间知识的共享与转移，而且可以增进组织之间的互信。从服务型制造企业与合作企业、客户的关系来看，知识转移是加强彼此联系、密切合作关系的重要方式。企业通过知识在不同合作主体之间的转移与扩散，能够增加知识接受方的知识存量，但是知识接受方应具备较强的知识消化吸收、整合重构能力，进而实现新知识的创造。转移知识的特征、知识源的特征、接受者的特征和知识转移所处环境等因素会对知识转移产生一定的影响。一般而言，隐性知识的转移比显性知识的转移更为复杂、难度更大；系统化的知识比零散的知识转移难度大。知识接受方的知识储备量越大，消化吸收能力越强，越有利于知识的转移。那些注重学习型组织建设，拥有健全的知识管理激励机制制度，开放、互信、合作、共赢文化氛围浓厚的企业，更有利于知识的转移。

服务型制造企业应进一步加强对学习型组织、知识管理相关机制制度的建设，注重对员工在知识转移方面的激励，要善于给员工赋能。在产品研发设计知识获取、转移过程中，要善于利用现代信息技术，基于移动互联网、工业互联网，尝试采用众创、众包等社会创新模式，充分利用社会冗余知识、冗余技术和经验，提升企业知识储备量，持续更新企业知识。通过搭建与各服务型企业、客户沟通平台，与相关高校、研究院所、咨询服务公司等知识密集型组织建立密切的合作关系，通过彼此在产品研发设计、质量改进、营销服务等方面的持续沟通，获得更多的建设性意见和智力支持，提高彼此在知识共享、转移和创造方面的效率与效果。

第二节　服务型制造企业知识管理实践

经济发展的实践表明，知识正成为企业之间竞争的核心要素和资源，是企业创造核心竞争优势的关键。对于制造型企业而言，无论是产品的研发设计、过程验证、设备的维护、质量的改进，还是售后服务、产品状态在线监测，都会产生大量的数据、信息，企业必须加强对制造、服务过程中各种知识的管理。服务型制造强调制造网络和服务网络的协同管理，强调客户的参与和体验。服务型制造管理中，企业不仅要重视知识的应用和管理，更要重视知识创新管理，创新已经成为培育和形成企业核心竞争力、获得超额利润的重要手段。目前，多数服务型制造企业非常重视生产环节的自动化、智能化，但忽视了对生产制造过程中的知识管理。做好服务型制造企业的知识管理，不仅是企业得以发展的重要基础，也是企业综合实力的重要体现。因此，服务型制造企业应进一步加强知识管理，持续提升企业知识获取、保持、共享、创新和应用能力，为企业的服务型制造转型提供强大的智力支持。

程东全等（2011）认为，服务型制造是以客户为中心，以关联企业综合发展为目标，制造与服务相融合的创新形态。服务型制造的运行需要信息技术的支持、知识管理的融入以及动态与协同的管理方式[113]。姜黎辉（2016）通过对当前我国制造企业服务型转型过程中出现的“转型综合症”的分析，认为传统制造企业的服务型制造转型的过程实质上就是制造企业知识重构的过程，知识管理在服务型制造转型过程中发挥着关键作用。他还认为，制造企业的服务知识体系应由服务创意知识、服务商业模式知识以及服务流程知识等三部分组成[215]。

一、面向服务创意的知识管理

制造企业服务创意的质量将直接影响服务创新的成功率。如何获得高质量的服务创意将是创意知识管理的重点。对于制造企业来说，要做好服务创意的知识管理，就需要对服务创意进行科学分类，明确这些创意来自于哪里，我们如何寻找、识别和分析它们。制造企业应聚焦于诸如客户潜在和现实需求、行业服务创新与技术创新、技术环境和跨行业技术、服务创新等关键领域。制造企业可以通过扫描雷达对服务创意进行全方位扫描，在获得大量外部知识的同时，实现内外部知识的融合创新。

（一）服务创意的产生方式

一般而言，制造型企业的服务创意主要来源于客户需求驱动、由同行业与跨行业服务创新驱动以及技术环境驱动。

1. 由客户需求驱动的服务创意

服务型制造企业的服务创意很大一部分来源于客户需求，为了更好地识别和充分挖掘服务创意，姜黎辉（2016）将客户需求分解为三组服务需求链，即基于产品生命周期的服务需求链、基于一体化解决方案的服务需求链和基于交易模式多元化的服务需求链。

（1）基于产品生命周期的服务创意。基于产品生命周期的服务创意是以产品生命周期为主线，涉及产品定制、产品配送、安装调试、远程监控、故障预警、维修保养、产品改装、技术升级、耗材补充、废料处理和产品回收等方面。为了有效挖掘服务创意，制造企业应系统分析客户自身在产品生命周期中所要完成的各项任务，如耗材的补充和产品的改装等。对于各项任务，采用客户痛点指标（pain points）来表示客户在执行任务过程中所感受到的难易程度，是简单易行还是吃力无助，依据各项任务的客户痛点等级勾画出基于产品生命周期主线的客户任务图；在此基础上，将企业不同客户的任务图进行聚类分析——重点分析它们之间的相似区域，即客户痛点等级较高的区域，从中发现未来服务创新的着力点。服务型制造企业构建和分析客户任务图的过程，实质上就是产生服务创意知识的过程。基于产品生命周期的客户任务图是企业搜寻服务创意的重要工具之一，它可使企业以结构化方式挖掘高质量的服务创意，有效开发出具有良好回报价值的服务业务。

中国盾构机制造商——中铁装备集团公司，在隧道掘进机领域，已横向形成了大、小、异不同断面以及土压、泥水、硬岩等不同适应性的全系列盾构/TBM产品，基本实现了地铁、铁路、公路、水利、水电、煤矿、矿山、市政等各应用领域的全覆盖，并且纵向拓展了设计研发、新机制造、旧机再制造、技术服务、工程服务、机况评估、操作培训、技能鉴定等技术于一身的产业链。通过分析客户任务图辨识出地铁开发商在采购和使用盾构机过程中的关键痛点，即不同城市的地质情况千差万别，通用型盾构机对某些地质条件适应性较差，效率低且故障频发，地铁开发商会因此而遭受巨大的停工损失，为此，中铁装备集团公司推出能与客户地质状况相适应的定制化设计、24小时设备远程监测和专家远程会诊等服务，其远程监控中心可实时显示所生产的盾构机在全球各地的施工状态，曾成功预警南宁地铁工地的一台盾构机偏离了30毫米的掘进 航向，避免了施工单位的重大损失。这些增值服务深受客户好评，因而成为公司利润的新增长点。研制的中国第一台15米级超大直径泥水平衡盾构机成功贯通汕头海湾隧道，使两岸居民通勤时间缩短一半，实现汕头内海湾南北两岸全天候无障碍交通联系；研制世界最小直径硬岩掘进机成功贯通黎巴嫩大贝鲁特引水工程，解决了160万当地居民用水难题。陕鼓集团通过与陕西汉德车桥有限公司合作，为客户提供能源互联岛“专业化+一体化”系统解决方案，也成为我国第一个汽车行业能源互联岛项目。该项目仅建设投运地源热泵这一项，每年就可节约天然气耗量8.91万标准立方米，节约运行费用超过22万元，年减少二氧化碳排放量261吨。

南方路机深耕搅拌行业近三十年，系统整合搅拌行业上下游产业链，从上游的矿山开采、砂石骨料精细加工技术装备开发，再到路面沥青废料、建筑固废材料回收循环利用，形成一条完整的、以工程搅拌为核心，向破碎筛分、整形制砂、建筑垃圾回收等上下游产品链延伸的绿色建材综合利用价值产业链。如高铁建设，南方路机对有关砂石、骨料、混凝土等用料质量不但做到高标准、严要求，而且在前期规划中，结合具体高铁项目建设选址、路线等实际情况，在充分利用当地资源的前提下，设计超高性价比的方案，不仅降低了高铁建设的生产成本，保证了建设的质量，而且还最大限度降低了施工建设对环境的污染，达到了绿色建设、绿色交通的目标。

在我国工程机械行业，随着工程机械用户对产品的调试、维修服务、智能化管控、配件供应等后市场服务需求日益增加，在产品研发、生产制造、营销、服务、再制造的整个生命周期内，如何聚焦客户需求和价值创造，将服务融入每一个环节，成为很多行业企业关注的问题。陕西同力重工股份有限公司（同力重工）是一家专业生产非公路矿用车的高新技术企业，在中国首创研发、生产非公路用车，已成为行业的领军者。同力重工不仅为用户提供了一款安全、高效的产品，更重要的是同力重工能够从用户施工角度出发，对产品进行全生命周期管理，为用户提供全套工程运输的解决方案，提供从售前、售中到售后的全生命周期的无忧服务，从而极大地提升了施工方的效率和效益。同时，企业与华天软件合作，基于大数据和物联网技术，在工程车辆的辅助调试、自动化管控、安全管理和营销服务等方面为客户提供了全方位的服务。总之，同力重工通过为产品插上数字化、信息化的翅膀，使得企业、车辆使用者能够实时掌握工程车辆的运营状况，为故障车辆就近智能匹配企业服务人员，最大限度降低因车辆故障给客户带来的损失，同时为新产品研发、技术创新和质量改进积累了大量的原始数据。

近年来，国家不断推进矿山智能化进程，2020 年在《关于加快煤矿智能化发展的指导意见》中明确指出："到 2025 年，大型煤矿和灾害严重煤矿要基本实现智能化。"此后，2022 年 2 月发布的《关于加强非煤矿山安全生产工作的指导意见》进一步强调："大型非煤矿山要加快推进自动化、智能化改造和井下重点岗位机器人替代。"同力重工在对矿用自卸车的无人化改造过程中，努力做到单车改造价格更低、替换周期更快、改造成本和难度也更低。2018 年，企业专门成立西安主函数智能科技有限公司，专攻无人驾驶技术，主要涉及整车线控化基础平台的设计和生产、传感器感知、数据计算和决策、控制执行系统信息管理等专业能力，以期实现车辆的电动化、无人化、智能化，低碳环保、节能舒适、高安全性和智能化。目前，无人驾驶非公路矿用车已陆续批量投入使用，以满足矿山企业在低碳环保、安全生产和成本控制方面的需要，加速矿山企业自动化、智能化、绿色化转型发展。

（2）基于一体化解决方案的服务创意。基于一体化解决方案的服务，是制造企业超越自身产品范畴和实现制造业与服务业深度融合的主攻方向之一。

企业通过为客户提供涵盖成套设备的咨询与设计、环保评估、工程承包、系统调试、技术升级、维修维护、物流服务、金融服务和人力资源培训等多个方面的系统服务。基于一体化解决方案的服务，是基于产品的一体化解决方案的服务，同时又会融合不同企业、不同产品加以实施，对企业的集成、协作能力提出了更高的要求。制造企业在挖掘基于一体化解决方案的服务创意时，需要企业根据设备的重要程度，将客户现有所有设备进行科学划分——划分为若干有机系统，各系统又包括关键设备、配套产品和外围产品等（图 11-1）。

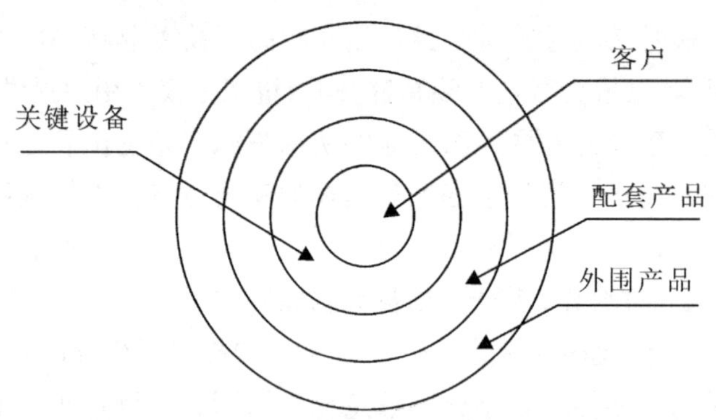

图 11-1　基于一体化解决方案的服务创新示意图

制造企业在对客户各系统的综合管理能力、运行效果进行评估时，可以从系统的设计能力、联调与联试能力、故障的诊断和预警能力、故障排除能力、基础设施的建造能力、噪声与污水的处理能力、物流服务能力、技术改造能力和人员培训与管理能力等方面展开。通过分析，可以识别和挖掘企业大量的潜在需求，从而不仅可以为企业产品研发设计和技术创新提供数据支持，而且会产生大量服务创意知识。制造企业通过对客户在综合管理能力的弱势区域和运行效果不佳的环节的深入研究，可以挖掘基于一体化解决方案的服务创新点，进而通过产品研发、技术与服务创新，持续提升客户各系统的综合管理能力和设备设施运行的效率与效果。

2002 年，陕鼓集团承揽了宝钢集团下属上钢一厂的高炉煤气余压透平发电装置项目，按照合同约定，陕鼓如果只出售单一产品，只能拿到 683 万元的主机订单，但在会谈中陕鼓集团表示，还可以提供整个工程的辅助设备，并修建厂房、建设配套设施，提供全方位服务。最终双方成功达成协议，陕鼓集团的订单从 683 万元变成 3 080 万元。这一合作为陕鼓集团探索制造业转型发展指明了方向，并由此确立了“两个转变”战略，即逐渐从单一产品制造商向系统解决方案商和系统服务商转变，从产品经营向品牌经营、资本运营转变。在这一转变过程中，陕鼓集团通过对客户相关综合管理能力的系统性评估，与其他相关产品制造、服务企业通力合作，为客户提供了一体化的解决方案。由此，陕鼓集团陆续放弃或弱化了设备维修、铸造、铆焊等 29 种低附加值业务，新增、强化了透平设备全生命周期系统服务和专业服务等 52 种高附加值业务，开始向提供工程总承包服务——“交钥匙”工程迈进：从主机产品延伸到咨询规划、厂房设计与选址、成套设计机组、辅机系统、管路系统、配电系统以及设备制造、配套、采购、土建、安装、调试、运行、验收等流程装置总包以及运营管理和人员培训等方面，使企业逐步转型为设计、制造、解决方案、售后服务一体化透平机械系统的供应商和服务商，因此，陕鼓集团 70% 以上的利润来源于系统解决方案，也由此成为行业最具竞争力的企业。

随着现代信息技术、制造技术的快速发展与应用，陕鼓集团通过数字化、网络化、智能化推进智能制造。通过服务智能化，进一步完善远程监测系统，强化 EAOC（能效分析与运行优化控制）研究，形成用户问题感知、方案形成与推送的智能化；通过过程智能化，促进精益设计和产业制造智能化的提升，为客户提供能量转换领域个性化、定制化、系统化的解决方案。为满足油气、化工领域用户工艺流程的专业化、个性化需求，陕鼓集团已在化工流程工业中研制出多套一体化机组。比如首台（套）全国产化 36 万吨 / 年硝酸四合一机组，通过先进可靠、具有自主知识产权的专用控制算法，实现了智能化故障诊断与控制功能的有效结合，为化工行业装置优化改造、提质增效提供了智能化的系统解决方案。

（3）基于交易模式多元化的服务创新。基于交易模式多元化的服务实际上是对传统交易模式的优化改造。自 1995 年三一重工进入混凝土机械行业开始，销售政策上和同行一样，基本上采取的是现款或分期付款，后来为了抢占市场和客户，适时导入银行对其生产的泵车、输送泵、搅拌车、摊铺机和压路机等设备推出按揭和融资租赁服务，以满足那些资金不足客户的需求。三一重工和终端客户签署购销合同，三一重工将产品销售给终端客户，终端客户支付 30% 的款项给三一重工，余下 70% 款项通过银行按揭支付。三一重工通过控股子公司——三一融资租赁有限公司，致力打造设备制造和金融服务相结合的业务模式，搭建三一重工重要的融资租赁业务平台，实现产业资本与金融资本的有机结合。企业主要面向工程机械行业提供金融服务，为客户提供专业汽车金融贷款、租赁服务和一站式金融服务整体解决方案，即“产品 + 融资 + 服务”一揽子解决方案，缓解其融资困境。

陕鼓集团从产品经营向品牌经营、资本运营转变。陕鼓集团根据市场需求，与金融业联合取得金融机构支持，将产业服务与金融服务相结合，运用买方信贷等模式，为客户提供产融一体化服务和个性化的金融方案，实现三方共赢。目前，陕鼓集团已获得13家金融机构180亿元授信额度，推出13种融资服务模式，为101家客户、188个项目提供融资服务，合同金额达120多亿元。截至2019年6月底，集团管理的金融类资产总额占总资产的69.21%。通过为合作企业提供设备担保，使陕鼓集团与产业链企业的联系更为紧密。

卡特彼勒公司作为一家在行业深耕近百年的全球性公司，始终致力于建设更加美好、更加可持续的世界，通过在建设行业、资源行业、能源与交通几大业务板块所提供的产品与服务解决方案，支持全球客户的业务发展，帮助客户取得成功。随着信息技术的快速发展与应用，企业基于数字化手段持续提升客户服务质量，增加客户服务价值和驱动服务增长。卡特彼勒公司通过数字化技术的研发与应用推动设备互联和电子商务，为客户提供不断拓展、更加整合的数字化服务体验，使客户无论何时何地都可以便捷地获取和享受到企业的备件和服务。通过设备的互联互通和对设备的实时监测，收集海量的产品运行数据，以便更好地践行以客户为中心的理念，为客户推荐服务或维修保养建议，帮助客户预测重大服务事件并提供解决方案，提升安全性和生产力，减少停机时间，使设备始终处于最佳运行状态，实现设备利用率的最大化，为客户创造更大价值。企业通过开发多个电子商务解决方案，以便企业更便捷地开展业务；为客户量身定制贯穿设备全生命周期的维护保养计划［（CAT®（卡特）价值宝服务计划）］，提供灵活且充足的备件供应；通过再制造和整机翻新服务，助力客户实现低碳目标并降低成本。

2021年，卡特彼勒公司通过再制造方式，实现总计5.76万吨使用寿命到期的旧件材料的再生利用。卡特彼勒让它们以媲美新件的性能和质量重新投入使用。卡特彼勒公司将客户不再使用的设备（发动机、变速箱、液压产品、燃油系统总成及零部件）以一定价格回购回来，依据严格的再利用技术指南和质控要求，按照原厂件规格和最新工程技术标准，通过先进的再制造工艺，对旧件拆解、清洗、修复、检测、组装、喷漆、包装，最终形成再制造产品，将其恢复到新品状态再进行销售，赢得对价格敏感性较高客户的大批订单。再制造可以节约大量资源和能源。相比制造新产品，卡特再制造可以节约85%能源消耗、85%原材料消耗和85%水资源消耗，并在这一过程中减少61%温室气体排放。由于节约了大量能源和资源，再制造产品相比同类的新件，在具备相同质量、性能和质保承诺的前提下，价格最多可降低60%。由此可见，再制造无论是对客户、环境，还是对卡特彼勒自身，都是一个多赢的方案。

面对全球航空发动机产业的竞争格局，罗尔斯·罗伊斯公司不断探索服务化转型的途径，推进面向服务的商业模式创新、打造细化市场的服务品牌等。一是推动商业模式创新，建立集产品和服务于一体的体系。罗尔斯·罗伊斯公司并不直接向客户出售发动机，而是以租用服务时间的形式出售，并承担一切保养和维修服务。二是打造服务品牌，完善面向服务的产业链。面对全球航空发动机市场的新模式，罗尔斯·罗伊斯公司为客户提供以下三种服务：

（1）全面维护，全面维护服务包括发动机在线监控、维修支持、配件管理等，与客户建立一种长期伙伴关系；

（2）公务机维护，为公司或个人提供从零部件管理到发动机大修的一整套发动机维护服务；

（3）项目管理解决方案，主要指由罗尔斯·罗伊斯公司根据军队需要，提供定制化的服务解决方案。基于交易模式多元化的服务已成为制造企业服务型制造转型的重要发展方向之一。

制造企业在挖掘这方面的服务创意时，需要系统分析影响客户交易偏好的关键因素，诸如客户的资金实力、产品的购买规模、产品的使用用途、产品的使用年限和产品的使用频率等。在此基础上，对不同客户进行聚类分析，分析有多少客户由于对价格很敏感而愿意购买再制造产品，哪些客户由于资金问题而更愿意采取融资租赁方式，哪些客户希望通过更换交易标的物方式来购买产品的产出物。将交易偏好相同的客户归入同一区域中，对客户数量、采购规模、交易偏好等数据进行搜集、深入分析和挖掘，进而产生对销售最具推动力的服务创意。

2. 由同行业与跨行业服务创新驱动的服务创意

学习同行业与跨行业的服务创新实践经验可为企业节约很多时间，是一种能让服务业务快速成长的有效方法。构建服务创新知识库，以跟踪和分析相关行业的服务创新活动，可使制造企业的服务创新更外向（outward）和更前向（forward），更有效地从相关行业服务创新活动中，发现高价值的服务创意，这对服务转型的制造企业具有重要的指导作用。

制造企业在构建服务创新知识库时需要实现以下两个目标：

（1）从宏观角度上，审视全球的服务竞争格局，收集和处理有关变革机会和威胁；

（2）从微观角度上，关注外部的服务创新活动，对服务创新中的服务类型、服务范畴、服务定价和服务流程等各个环节的知识和经验进行收集、分析、提炼、存储和共享，如图 11-2 所示。

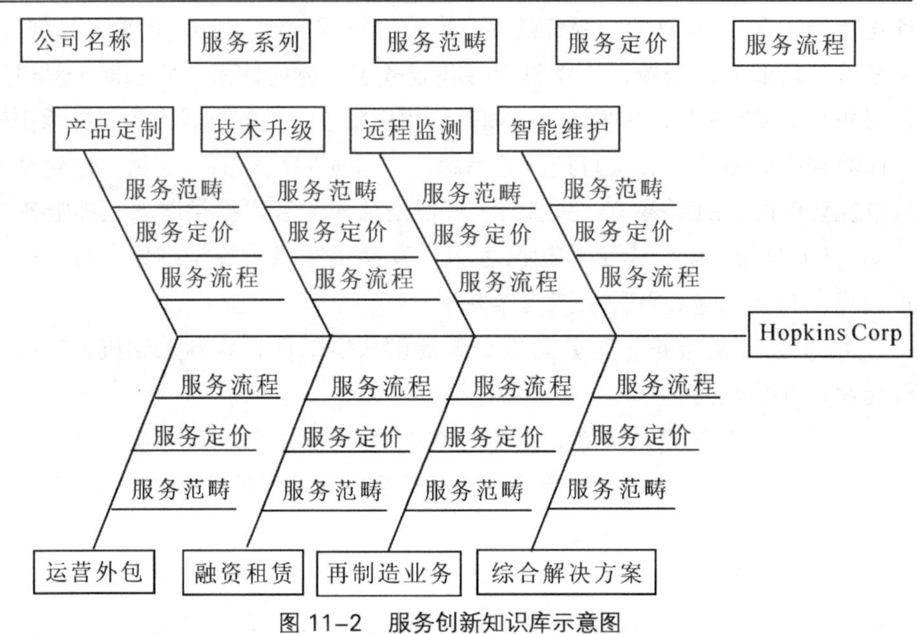

图 11-2　服务创新知识库示意图

资料来源：姜黎辉 . 服务转型背景下制造企业知识管理架构与流程研究 [J]. 科技管理研究 ,2016,36(02):172-178.

制造企业服务创新知识库的建设与知识管理工作不仅只是对知识的收集，更为重要的是对企业内外部相关知识的分解、挖掘与分析。如果企业不能及时监控和分析外部服务创新活动，并对其发展演变趋势作出正确研判，可能会导致企业错失服务发展机会。沃尔沃卡车中国公司把各行业服务创新活动按照职能进行分解，充分了解全球各行业服务创新实践的优秀企业，并向它们学习创造新的知识，以提升企业服务创新意识与服务能力。通过分析，沃尔沃卡车中国公司发现，GE 的金融服务和财务管理是最好的，IBM 做全面解决方案是最好的，海尔的客户关系是最好的，在此基础上，该公司把相关知识进一步分解到操作层面，在学习的基础上，将这些最佳服务实践知识创造性地应用于企业新产品的研发设计、营销服务。随着现代信息技术的快速发展与应用，数字化、智能化成为卡车研发、营销服务发展的主流趋势，沃尔沃卡车除了应具备高出勤率、低油耗、低噪声、安全舒适等传统优势外，还必须是一辆智能、数字化、网联化、共享化的卡车，是一辆能看会说、能思考和行动的卡车。沃尔沃卡车中国公司通过技术创新和数字赋能，通过 I-See 预见性巡航控制系统、I-Torque 智能扭矩控制系统，实现与动力总成的智能沟通，控制速度、扭矩以及制动系统，实现综合节油 10%。为了更好地服务于广大驾驶员，2022 年初，沃尔沃卡车中国公司在北京建立了 Uptime Center 出勤率保障中心，该中心通过互联网科技和大数据管理，为客户提供远程诊断、远程修复等服务，保证客户不会因为车辆问题影响出勤率，从而提升了车辆的运输效率。同时，出勤保障中心还为客户提供数字化车队管理服务，当客户进行现场或远程咨询时，沃尔沃卡车中国公司将通过全面的数据采集，贴合中国车队管理逻辑，为客户提供最有效的节油建议和最贴心的服务，为客户创造更大的价值。未来，沃尔沃卡车中国公司将继续坚持技术、服务、管理创新，为中国重型卡车低碳化转型，推动物流高质量、可持续发展做出更大贡献。

3. 由技术环境驱动的服务创意

新技术的出现为制造企业服务创新开启了“机会窗口”，由技术驱动的服务创意将会极大地开拓制造企业的服务创新版图，有力地推进制造业与服务业的两业融合。物联网技术的应用实现了产品与产品、设备与设备、人与设备、人与人、人与产品以及设备和服务的互联互通，通过信息交换方式完成产品的状态监控、定位追溯、在线诊断、报警联动、远程维护和技术升级等任务。海尔公司将物联网和云平台技术进行融合，构建了云智能服务平台，兼容全球所有品牌的中央空调、地暖、通风等暖通产品，为全国各地的轨道交通、商业地产、工业地产等大型项目提供设备运转监测和智能维护等一体化解决方案，成为跨越品牌障碍的开放式服务平台，颠覆了传统服务模式，探索出全新的服务盈利模式，真正实现了让使用场景更加舒适、便捷，让管理场景更加高效、便捷。截至 2020 年底，在海尔中央空调“E+ 云”平台上，已经接入了 108.3 万台物联中央空调，累计服务 456 万个用户，汇聚了专家、设计院、行业协会等全球 3 000+ 优质资源方。海尔通过搭建工业互联网云平台，链接产业链上更多的中小企业，实现了云管控、云生产、云维修，以提升工业领域服务水平。通过“三联”（联全要素、联网器、联全流程）、“三化”（柔性化，数字化，智能化），逐步打造一个设备智能化管理和全寿命周期节能管理的系统，为用户提供全流程无缝隙的最佳体验。

随着物联网、大数据挖掘技术的快速发展与广泛应用，海量的数据被收集应用于企业产品研发设计、生产制造和营销服务的各个环节，实现技术、服务的创新。奥的斯电梯公司作为电梯界的百年企业，在 2019 年推出了物联网解决方案，实现了电梯的“云维保”。通过传感器、大数据分析、云技术和机器学习技术，奥的斯物联网解决方案已成为电梯的“智慧大脑”，为电梯提供分析预警的强大数据支持，实现全天候 24 小时不间断实时主动监控电梯和扶梯的运行状况。电梯在出现故障前，数据处理中心可以通过波动显示提前预警，提前通知维保工程师进行维护、维修，从而有效减少故障和停梯。奥的斯电梯公司通过充分拥抱现代信息技术，数字化赋能，实现产品服务的创新，增加企业服务性收入，从而培育和形成自身的核心竞争力。

由于市场需求的拉动，以及助力制造企业服务创新的新技术、新方法不断涌现，企业亟须通过对其所处内外部环境，尤其是对企业技术环境的持续监控，跟踪与分析技术发展趋势，同时还需具有敏锐的洞察力，能够准确识别和把握技术“机会窗口”，并且能够将新技术与本企业的服务创新有机结合起来。制造企业通过对技术发展趋势、自身发展趋势和行业市场发展趋势作出科学、准确的研判，进一步明确新技术发展的路径、新技术与服务创新结合的路径、服务业务在目标客户群体中推广的路径，并将三大路径有机融合，形成一幅技术—服务—市场耦合发展的全景图，进而产生由技术驱动的服务创意。

（二）服务创意的过滤、整合与再发展

对不同来源的服务创意，制造企业应对其进行过滤、整合和再发展。企业首先应从市场和自身能力等角度对服务创意进行过滤，与此相关的问题主要包括：哪些客户会为这一服务买单？这些客户群体是否能达到经济性规模？企业现有资源与能力能否支撑这一服务？在对创意进行过滤的过程中，需要对市场与企业能力进行评估，具体如图 11-3 所示。

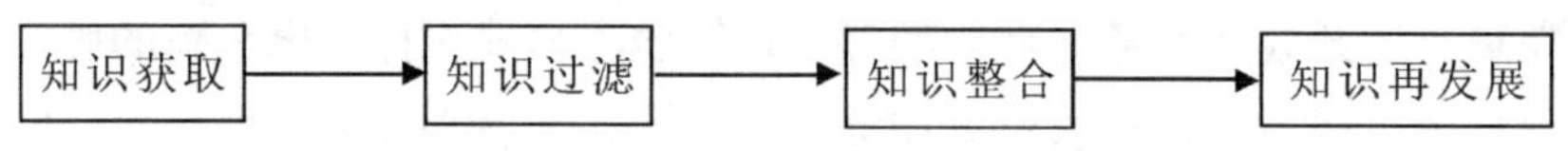

图 11-3　面向服务创意的知识管理流程

有研究表明，服务业务的复杂性会对其成本结构产生直接影响，同时会影响到企业的服务绩效。对于处于服务型制造转型初期的企业而言，那些短、平、快的服务能够促使企业服务管理与服务一线人员，在日常的服务实践当中持续获得更多的实践知识与经验，持续提升和完善服务人员的服务技术技能。同时，这些知识与技能、服务管理模式具有较强的复制性，不仅为企业进行服务创新，以及日后为客户提供差异化、复杂性服务积累了经验，而且能够在短期内增加企业服务收入。企业在服务转型初期，由于经验不足，应尽量避免开展那些复杂的、差异化与定制化的服务，因为这类服务不仅成本高，而且风险较大、服务绩效不佳。

一般而言，90% 的服务创意与现有服务的改善有关，这些创意属于衍生型创意；只有 10% 的服务创意具有平台型特征。制造企业需要从众多创意中辨识创意与创意之间的关系，围绕平台型创意界定衍生型创意，通过对服务创意的整合，创建出从平台型到衍生型的服务组合业务。制造企业在将某项服务创意落地过程中发现，这些服务创意预期与实际的服务业务效果之间具有较大的差异。因此，服务型制造企业在服务创新，尤其是在大规模推出新的业务之前，除了做好相关评估论证，还需进行小范围的试验，通过服务项目进行进一步的完善，进而作出是否全面推开的决策。同时，这一过程也是对创意知识的验证与再发展的过程（图 11–4）。

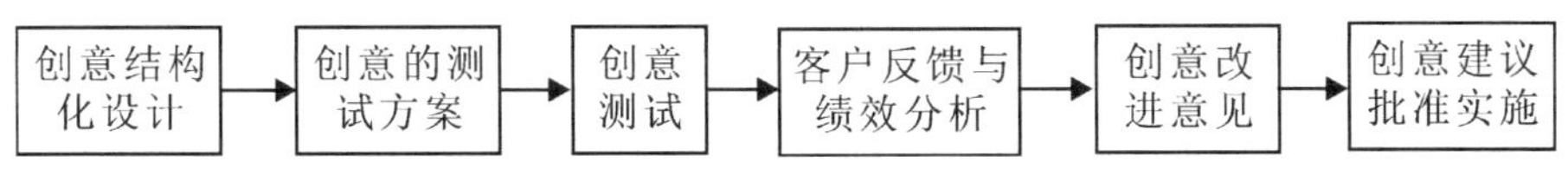

图 11–4　服务创意知识的再发展

企业在对服务创意进行测试之前，首先应进行创意结构化设计并制定科学有效的创意测试方案。在创意测试过程中，应广泛收集客户、一线服务人员的意见和建议，对服务的成本费用、收益进行核算，对服务的重要性进行评价，对服务需求潜力进行测算，进一步优化服务定价，通过对新服务的小范围测试和改进，最终获批并大范围实施。通过服务创意的产生、测试与实施，将各类服务创意转化为大量的新知识和新服务，不仅实现了服务创意知识的再发展，而且有力地推进了企业的服务创新。

二、面向服务商业模式的知识管理

当企业的服务创意一旦转化为现实的服务业务，则需要企业为这些服务业务设计一个切实可行的商业模式，以保证服务业务能够得到持续性发展。一般而言，一个商业模式是由多个相互链接的模块组成，分别是客户细分、价值主张、关键业务、重要合作、成本结构和收入来源（图 11–5）。

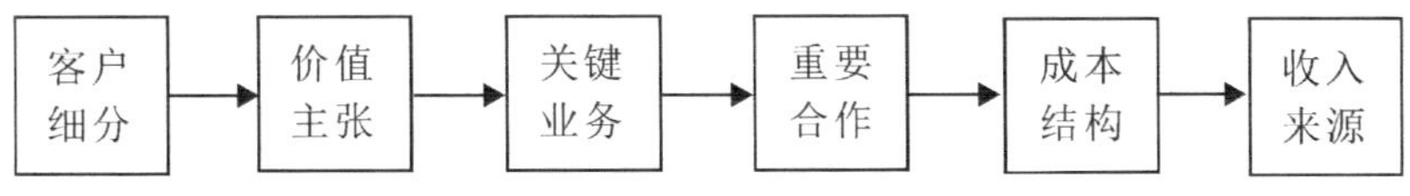

图 11–5　商业模式关键模块

客户是企业的宝贵资源之一，没有客户资源，企业将丧失生存与发展的土壤。企业只有不断发现和利用机会，挖掘、了解和满足客户需求，才能赢得客户与市场。客户细分是企业在对市场调查研究分析的基础上，将某一产品的市场整体划分为若干个消费群体，并提供有针对性的产品服务和营销模式的市场分类过程。客户细分是企业服务业务决策的重要依据，当企业客户细分精准、结构与层次合理，便能大大提升企业对客户现实与潜在需求的识别能力，实现客户潜在需求的显性化，提高企业对客户需求、客户终身服务价值预测的准确性。企业在对客户细分的基础上，为客户提供的服务业务应具有较强的针对性和鲜明的价值主张，能够切实解决客户的痛点、难点问题，为客户创造更大的价值，而关键业务是支撑和实现企业价值主张的重要手段，关键业务的开展往往需要企业内外各合作主体的通力合作，因此，重要合作又是商业模式有效运营的基础。成本结构与收入来源是商业模式中最为关键的环节，也是检验服务创新效果的重要一环。一般而言，高度复杂化的服务业务会产生高昂的服务成本，而离谱的服务定价会导致客户流失严重，为了确保商业模式切实可行，企业需要有可控的服务成本以及极具竞争性的服务定价。服务商业模式知识是内嵌在这些关键模块之中，并与商业模式的演进路径一同进化的。

企业的服务创新、服务项目的提供需要有与之相匹配的商业模式，以提升企业产品服务能力，为客户创造更大的价值。由于行业、客户、企业自身条件等方面的差异性，并没有统一、标准化的商业模式，因此企业需要根据行业、客户特点，结合自身条件进行有益的探索。成立于 1950 年的杭氧集团股份有限公司（以下称杭氧股份），经过 70 余年的发展，已经成为一家世界一流的空分设备和低温石化装备供应商，中国气体的产业开拓者和引领者。2003 年，杭氧股份开始从设备制造向气体供应转型。企业利用在空分设备设计制造的优势，转型之初，其服务主要是通过罐装方式向众多小客户供气，由于这些客户需求少且不稳定，使得服务成本居高不下。2007 年，企业开始在大型钢铁企业周围直接设立气体生产厂，通过管道向用户输气，有效地降低了服务成本，加快了企业产业链的延伸。大力进军工业气体领域，使得杭氧股份发展成为国内最主要的工业气体供应商之一。然而，由于 2012 年以来大型钢铁企业效益大幅度下滑，钢铁产能不断压缩，导致杭氧股份公司的服务盈利水平下降。面对严峻的市场挑战，杭氧股份公司再次调整商业模式，与大型钢铁企业采取长期保底供气合作的模式，承诺给客户最优惠价格，但前提是在客户用气量低于最低用气量时仍按最低用气量进行结算，从而有效保证了服务业务的盈利水平。随着电子、光伏、新型煤化工、新能源、航空航天、环保、医疗保健等新兴行业的迅速崛起，新市场需求的增加，不仅为杭氧股份的设备和气体产品提出了更高的要求，又为杭氧股份的发展注入新动力。近年来，杭氧股份坚持“重两头、拓横向、做精品”发展战略，实现“工程总包—设备制造—气体运营”全产业链经营，为客户提供工业气体岛园区集中供气一体化解决方案，深耕空分设备和按需定向开发特种气体，有效满足冶金、化工、煤化工、电子行业半导体领域和氢产业。截至 2022 年上半年，杭氧股份已在全国范围内投资设立 54 家专业气体公司，总制氧能力超每小时 280 万标准立方米。供气模式以管道气现场制气、小储宝及液体零售为主体，兼营氖、氦、氪、氙稀有气体、超高纯气体、电子大宗气、高端医疗气和食品保险气。随着国内产业的调整和转型升级，这些产业将会得到快速发展。

通过上述分析发现，面向服务商业模式的知识是在客户、重要合作伙伴和企业服务团队共同参与、通力合作、持续互动过程中产生的，在各方原有知识、技术、经验和创意的基础上创造出来的。在新知识的获取、利用和再发展过程中，进一步明确企业的服务价值主张又是通过哪些关键业务加以落实的，并且能够切实解决客户的痛点、难点问题，为客户创造更大的价值的同时，为企业带来更大的利润。同时，通过对服务产生的成本费用、创造的利润进行分析，须明确：哪些服务是能够获利的？哪些服务会导致企业利润的流失？所提供的服务复杂性程度的差异性，以及在成本费用、利润上的差异性。因此，企业服务团队在与客户、合作伙伴合作过程中，要不断探索对企业面向服务商业模式的知识进行管理（图 11-6）。

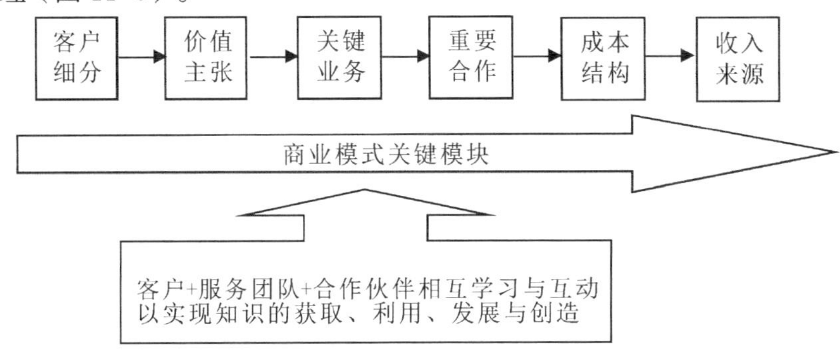

图 11-6　基于商业模式构建路径的知识产生过程

从服务型制造企业的具体实践来看，服务的商业模式要么由企业自主设计构建，要么与外部合作伙伴共同打造。比如，波音公司、通用电气和卡特彼勒公司通过创建自己的资本服务公司来完成其融资租赁业务，而三一重工、陕鼓集团和陕汽集团则是通过与相关银行机构或专业租赁公司合作开展融资租赁业务，三一重工后来则通过其控股子公司三一融资租赁有限公司开展融资租赁业务。一般而言，如果企业采取自主型商业模式，则需要企业具有雄厚的实力并持续投入大量的资源，具备和拥有服务所需的各类技能、专长和人员，以便开拓和巩固相关服务业务。对于那些处于服务型制造转型初期的企业，由于自身资源、技术、能力的有限性，需要企业借力用力成为资源的整合者，通过与客户以及实力较强、经验丰富的供应商、服务商的合作，实现彼此在知识、技术、能力、经验和资源的共享，在较短时间内构建适应市场发展趋势和满足客户需求的商业模式，在扩大销量、提升品牌效应和盈利能力的同时，培育自身的服务团队和提升服务能力，有力推进企业的服务型制造转型。由于合作共建型商业模式不仅对于企业的能力资源要求相对较低，而且风险较小，因此是广大传统制造企业服务型制造转型的不二选择。

在合作共建型商业模式实施过程中，为了加强对面向服务商业模式的知识管理，企业在与外部合作伙伴、客户合作过程中，应建立科学、有效的知识管理流程、制度和机制，在合作过程中增进彼此在知识、技术、能力、创意和经验等方面的共享、学习与吸收，进而创造出新的知识，充分利用新知识以便更好地服务于产品研发、营销服务等环节。这些显性或隐性知识，包括服务创意、服务项目组合、服务业务成本测算与控制、服务业务的定价策略和服务创新等。企业通过对面向服务商业模式进行的知识管理，提升企业对相关知识的吸收、储备、利用和创造能力，助推企业服务型制造转型。

三、面向服务流程的知识管理

当服务型制造转型企业结合行业市场需求和自身条件，采取了相应的服务商业模式（自主型或者合作共建型商业模式），就需要企业梳理和建立科学、高效的服务流程，加强面向服务流程的知识管理，对服务业务进行有效的管理和大范围的推广，实现企业、客户和其他合作主体的共赢与共同发展。所谓服务流程，就是服务组织向顾客提供服务的整个过程和完成这个过程所需要素的组合方式，如服务行为、工作方式、服务程序、设施布局等。服务流程是富有创造性的作业，能够提供一种有别于竞争对手的服务概念和战略。服务流程在设计过程中应充分听取客户、服务团队和合作供应商、服务商等多方意见和建议，综合考虑服务的成本费用与收益，确保服务流程的高效运转。在服务流程运转后，应结合实践效果对其进行适时的修正，以提升服务流程运作的效率、效果。服务流程的知识管理，就是针对服务流程各个环节的知识进行盘点、提炼、存储、共享、转化与应用。对于服务转型的制造企业，服务流程大多是从无到有，知识管理在构建服务流程方面发挥着关键作用。

制造企业在构建和完善服务流程过程中，应通过头脑风暴法、座谈会等方式不断聚焦，进一步明确以下几个方面的问题：

（1）服务业务的开展应按照什么样的程序、工作方式执行；

（2）应依据什么样的一套标准来圆满完成该项服务业务；

（3）通过什么样的机制、制度对服务业务的执行过程进行管控；

（4）如何对服务业务的最终绩效进行评估。

为了进一步明确服务业务管理的诸多问题，提高服务流程知识的获取、利用、发展与创造效率与质量，可以通过构建服务流程知识地图来实现。知识地图是一种有效的知识管理工具，也是对知识本质的一种认识工具。知识地图主要包括两个方面的内容：一是通过知识资源调查所获取的知识资源目录；二是目录内各款目之间的关系。通过知识地图的构建，明确企业内部或外部相关知识资源的类型、特征及知识之间的相互关系。另外，更为高级的知识地图还应揭示企业的组织结构、业务流程、员工激励制度、客户承诺以及企业用以创造和利用知识的技术[216]。知识地图是企业知识资源的分布图，也是知识进化的过程图。服务流程知识地图的构建，为服务团队的知识分类、获取、检索和学习等各种活动提供一个管理平台（图 11-7）。

构建服务流程知识地图可以分为三个步骤：第一步，依据服务流程的具体程序、工作方式以及相关知识的逻辑关系建立知识节点的关联图。知识节点还可继续分解为多个子节点，以便进行更详细的描述。第二步，对服务业务实践过程中产生的知识及时进行收集、梳理和归纳，形成新的知识，以便对服务业务绩效作出客观评价，持续改进服务业务流程和提升服务质量。比如，企业如何向客户介绍和展示相关服务项目；如何为客户创造更大的价值（经济利益与非经济利益）；如何与客户建立长期稳定的客户关系，实时收集客户对产品、服务或者整体解决方案的反馈信息；在对服务业务绩效进行评估的过程中，应该设置哪些评价指标。根据知识地图的节点结构，将这些知识进行编码和标注，包括知识的贡献者、所有权人、主题范围、存储媒介与地点、内容描述、提交日期、使用条件和渠道等。第三步，将知识节点和知识内容进行连接，知识需求者通过知识连接可迅速检索到相关知识内容，并与知识贡献者进行有效的沟通交流。

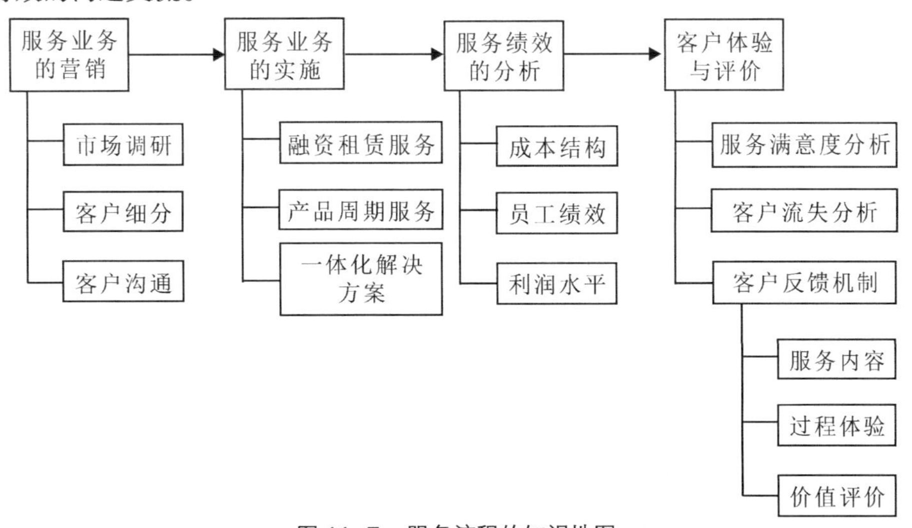

图 11-7　服务流程的知识地图

有资料显示，在 OECD（经济合作与发展组织）国家中，约有 40% 的制造企业员工从事与服务相关的岗位。随着现代制造技术、信息技术的快速发展以及先进技术、设备的应用，我国制造业中工人岗位数量大幅度减少，越来越多的生产一线工人转向与服务相关的岗位。为了提升企业服务质量和客户满意度，转型岗位的员工在转变观念的同时，还需要具备较强的学习能力，及时学习和掌握服务岗位的新知识、新技能。因此，传统制造企业在服务型制造转型之初，应采取学习型执行方式来开展服务业务。学习型执行方式，更关注服务岗位上的员工学习新知识的速度与能力，一般会以效率为代价，旨在使员工能够在更短的时间内学习和掌握更多的服务知识与技能，以适应多变的服务环境。员工通过对服务相关知识、技能的持续学习、分享、反思，研究与实践探索，形成新的知识，实现对服务业务流程、运行机制和管理制度的持续改进。

传统制造业的服务型制造转型之路并非一路坦途，而是一条充满荆棘之路。企业要实现成功转型，必须有计划、有步骤地实施转型，结合行业、客户特点和企业自身条件，通过彼此的持续互动沟通，迸发高质量的服务创意，并对服务创意进行小范围的测试，探索出行之有效的服务商业模式，通过对服务业务流程的持续优化和高效服务团队的建设，以提高服务的运营效率和效果。制造企业服务转型的过程实质上也是其知识重构过程，知识管理在服务转型过程中发挥着关键作用。一定程度上，传统制造业的服务型制造转型，是企业服务知识体系的构建与实施过程，也是企业服务创意知识、服务商业模式知识和服务流程知识获取、利用、发展与创造的过程。制造企业应系统规划和有效落实知识管理体系，为企业服务型制造转型提供智力支持。

第三节　基于知识管理的服务型制造创新的保障机制

服务型制造企业为客户提供的产品、服务、产品服务系统或整体解决方案，往往处在制造产业链的下游，而且所提供的产品、服务或产品服务系统往往都是针对客户的个性化、定制化和专业化需求进行的研发、设计、生产制造与服务，多属于技术密集型和知识密集型服务。企业在满足客户需求过程中，会就产品设计理念、产品功能与性能、新材料的应用等方面与客户或者合作单位进行持续的沟通和交流，需要客户等各合作单位的全程参与，因而有利于各方在知识、技术、经验、创意和其他资源方面的共享、学习和创新，并将这些新知识、新技术应用于实践当中，使其转化为企业生产力和竞争力。服务型制造要求各参与主体全流程的互动合作，如果合作各方基于现代信息技术能够搭建和运行相应的协作平台，不仅可以提升各方的协作沟通效率，而且有助于产品、服务创意的产生和新产品、新服务的问世。为了提升服务型制造企业的创新能力和知识管理水平，赵益维等（2010）基于知识管理视角，建立服务型制造企业的创新机制，包括学习机制、组织机制、服务机制和技术机制等四大机制，四大机制相互协调、相互促进，共同促进企业的创新发展[217]。当然，随着社会经济的发展，信任在合作各方之间的地位越来越重要，因此，四大机制之外，信任机制也必不可少。所以，本书提出了保障服务型制造创新的五大机制，即信任机制、学习机制、组织机制、技术机制和激励机制，下面分别对其做以下阐述。

一、信任机制

传统制造企业的服务型制造转型，服务型制造企业的知识共享、知识创造以及企业的发展与创新，有赖于各合作主体的通力合作、优势互补与知识共享，因此必须建立健全知识共享的信任机制，营造相互尊重、相互信任、共享共赢的氛围，以期实现合作各方在知识、技术、经验、创意等方面的共享。如果各合作主体之间由于企业文化、企业发展目标、企业使命和价值观等方面的差异，无法实现完全信任，知识的传播、共享和创造就会受阻。各合作主体为了保护自身核心知识与技术，维持和发展自身的竞争优势，必须学会共享和分享，在知识分享中发现不足、学习新知，通过知识的应用创造知识，推动企业的技术创新、服务创新、管理创新和模式创新。

二、学习机制

服务型制造企业通过与客户的充分沟通，进一步识别和挖掘客户的潜在需求，并通过个性化、创新性的产品服务或产品服务系统，较好地解决客户在生产经营过程中遇到的痛点、难点问题，为客户创造更大的价值。服务型制造企业的产品、服务方面的创意与创新，源于客户需求驱动、同行业与跨行业服务创新驱动和技术驱动。服务型制造企业在识别客户个性化需求、形成产品或服务创意的同时，要明确自身在实现这些创意、创新过程中所需的知识、技术、经验、渠道和资源，发现企业的知识缺口，进而通过学习、购买、聘请相关人员或者组建相关团队等方式加以弥补。这一过程不仅是知识获取与增加企业知识存量的过程，而且是对知识、技术、经验等的整合过程。当然，最关键的一点，则是实现知识的转化、应用和创新，将知识转化为生产力，以提升企业的产品服务创新能力。

企业能力来源于企业知识，企业知识的存量、运用和创造直接影响着企业的市场竞争能力。企业知识的专业性和专用性决定了企业知识的应用和价值的发挥，是建立在分工合作基础上的，企业知识往往由不同岗位人员掌握，这些知识主要包括相关知识、技能和经验等，尤其是那些隐性知识有赖于持续学习和积累，因此企业在对现有人力资本结构进行持续优化的同时，构建学习型组织和建立学习机制，营造浓厚的学习、共享、创新的企业文化，为企业的服务型制造转型和企业产品、服务创新提供源源不断的知识源。通过摸索实践，形成助推服务型制造创新和提升知识管理水平的学习机制，基于存量知识和知识需求，明确知识缺口并采取多种途径获取知识和积累知识，在对知识整合的基础上实现知识的创新、应用和沉淀，最终形成一个闭环（图 11-8）。

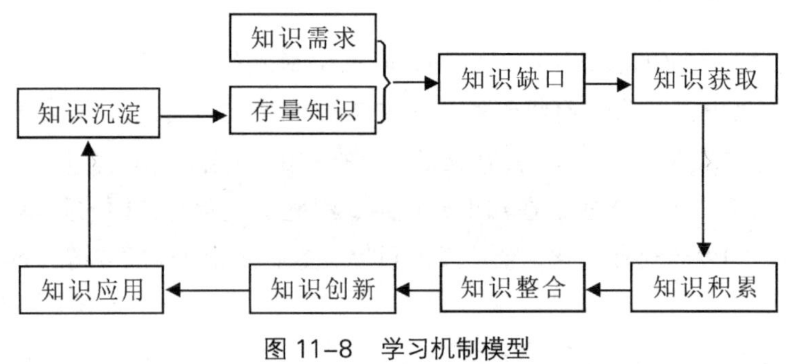

图 11-8　学习机制模型

三、组织机制

服务型制造企业通过创新机制要获取、整合、创新和应用知识，并将其应用于新产品、服务创新和产品服务系统开发当中，充分满足客户的定制化、专业化需求，除充分发挥学习机制的作用外，还需构建有效的组织机制，该机制主要包括组织形式、组织文化和组织协调等三方面。传统制造企业通过服务型制造转型，在延伸产业链和创新商业模式的同时，可以将客户与各合作主体有机连接在一起，形成服务型制造网络，服务型制造企业将成为整个网络中的中心节点企业，也将成为相关知识、技术、创意、经验和资源的整合者与新知识的创造者，通过各方的协同推动服务型制造的创新和各方的发展。

在组织文化方面，企业应将合作、共享、共赢、创新和服务的理念有机融入企业文化当中，充分发挥企业微信公众号、微博等新媒体的传播优势，加强对企业服务型制造转型战略重要性的宣传贯彻，在企业内部形成合作、共享、共赢、创新和服务化的氛围。在企业内部挖掘服务转型、合作创新典型案例和树立典型代表，发挥榜样的示范引领作用，促进企业文化的变革，更好地服务于企业服务型制造创新与转型。

服务型制造的实现是资源整合、价值增值和创新共同作用的结果，有助于企业以价值共创与共享为目标，向用户提供依托于实物产品的服务以获取更高的价值，促进企业间通过共享资源和相互服务建立更加紧密的协作关系，提高协作效率。在组织协调方面，在服务型制造过程中，很多企业除了保留对核心产品的研发设计、生产制造外，很多非核心业务则通过外协、外购等方式获得，导致合作主体的多元化，由此形成一个以服务型制造企业为核心的、更大的协作网络。因此，对服务型制造企业的协作能力、资源整合创新能力提出了更高的要求。服务型制造企业可以通过对客户需求识别、挖掘和关注，鼓励和引导客户参与到产品、服务和产品服务系统的研发设计、制造当中，由此发挥各方在知识、技术、能力和创意等方面的共享，并对其进行应用与创新。企业在与外协、外购和服务商的合作过程中，优化组织结构，通过搭建畅通的协作沟通平台，提高彼此的沟通、协作效率和效果。

四、技术机制

服务型制造是基于先进制造技术的新型生产组织方式，企业的核心技术是开展服务型制造的基础，在此基础上进行服务配套及拓展，在满足客户需求的同时，有效延伸了企业的产业链条。对于服务型制造企业而言，企业的成长与业务的创新发展，有赖于知识的驱动，先进技术又是企业知识的重要构成部分。这里的先进技术涉及相关的软硬件技术与基础设施，主要包括产品、服务或产品服务系统开发过程中的支持系统、服务型制造企业与各合作主体之间的协作沟通系统、专家系统、供应商管理平台、远程在线检测系统等。因此，基于知识管理的服务型制造创新机制有赖于现代信息技术工具的支撑，先进技术是推动企业服务型制造转型、服务型制造创新的重要力量。

五、激励机制

提升服务型制造企业的知识管理水平，促进知识的学习、共享、创新与创造、应用，以提升服务型制造企业网络的竞争力。企业在提升自身知识学习、共享和创新能力的过程中，往往会产生一定的成本费用，既有资金、资源的投入，也有人力资本和时间的投入，但是投入并不代表着有等量或高水平的产出，甚至前期的投入都将成为沉没成本。因此，各主体之间的知识共享、知识创新具有一定的风险性，各参与主体就会进行投入产出的比较，当回报率较高时他们才会乐于知识学习、共享和创造。否则，它们不会在知识学习、共享和创造过程中有更多的投入。为了促进服务型制造网络中各参与主体的知识管理投入，促进知识的共享和共创，需要建立健全知识共享共创激励机制，包括知识创新失败的容错机制、各参与主体之间以及各参与主体部门之间、员工之间的知识共享共创激励机制。以消除各参与主体在知识共享共创过程中的后顾之忧，鼓励其积极分享和大胆创新，从而持续丰富知识创新成果，增加企业知识存量，提升企业的知识创造能力和知识管理水平，为服务型制造转型、培育和形成企业核心竞争力提供智力支持。

第十二章
服务型制造的供应链管理

由于服务型制造模式不仅可以实现产业链的延长与服务增值，而且可以与供应商、客户等各主体建立更为紧密的关系，有效识别客户的需求并通过个性化、定制化和专业化的产品服务或者整体解决方案，切实解决客户在生产经营过程中遇到的难点与痛点问题，提升客户体验感和忠诚度，为客户与企业创造更大价值，进而提升企业的竞争力。因此，服务型制造转型便成为众多传统制造企业的不二选择。服务型制造转型由于服务嵌入与客户参与，导致传统供应链成为制约服务型制造转型的重要因素之一，亟须对原有供应链业务流程和价值模式进行重构，构建面向服务型制造的产品服务供应链，引导企业供应链逐渐由产品供应链向产品服务供应链转型，实现供应链与服务型制造的协同发展。本章在对供应链管理相关理论概述的基础上，重点对服务型制造模式下延迟策略的应用、供应链网络重构等内容进行了深入研究。

第一节　供应链相关理论

一、供应链的概念与特点

（一）供应链的概念

供应链最早源于彼得·德鲁克（Peter F. Drucker）提出的经济链，后经由迈克尔·波特（M.Porter）发展成为价值链，最终演变为供应链。随着科学技术与生产力的飞速发展，有关供应链的研究和实践不断深入，使得有关供应链的概念始终处于发展、演变当中。

早期观点认为，供应链是制造企业中的一个内部过程，即从企业外部购买原材料和零部件，通过生产制造和销售等活动，再到中间商和用户的过程。这一界定更多局限于企业内部操作层面，注重企业自身资源的利用与优化，忽视对整个价值链上其他主体资源的整合利用。其后发展起来的供应链管理概念开始关注与其他企业的联系，注意到了供应链节点企业的外部环境，认为它应是一个“通过链中不同企业的制造、组装、分销、零售等过程将原材料转换成产品，再到最终用户的转换过程”，这是更大范围、更为系统的概念[218]。

供应链的概念最早出现在20世纪80年代左右，国内外学者与实业界从不同角度对其进行了界定，但至今未形成一个统一的定义。美国的史迪文斯（Stevens）认为，通过价值增值过程和分销渠道控制，从供应商的供应商到用户的流就是供应链，它开始于供应的源点，结束于消费的终点。Christopher认为，供应链是一个组织网络，所涉及的组织从上游到下游，在不同的过程和活动中对交付给最终用户的产品或服务产生价值。哈里森（Harrison）认为，供应链是执行采购原材料，将它们转换成中间产品和成品，并将成品销售到用户的功能网链。这一概念更加注重了供应链的网状关系。马士华认为，供应链是围绕核心企业，通过对信息流、物流、资金流的控制，从采购原材料开始，制成中间产品以及最终产品，最后由销售网络把产品送到消费者手中的将供应商、制造商、分销商、零售商直到最终用户连成一个整体的功能网链结构模式。薛才玲等（2017）认为，供应链是指围绕核心企业，通过对信息流、物流、资金流的控制，将原材料供应商、制造商、分销商、零售商和最终用户连成一体的功能网链结构。王磊等（2019）将供应链定义为：为了有效满足最终客户的生产需要，而将各环节成员连成一个整体的网链。

国家标准《物流术语》（GB/T18354—2021）将供应链定义为：“生产及流通过程中，涉及将产品或服务提供给最终用户所形成的网链结构。”美国运营管理协会（APICS）认为，供应链是一个具有生命周期的流程，它包含信息、物料、资金及知识流，旨在通过众多连在一起的供应商提供产品和服务，以满足最终用户的需求。由此可见，供应链是一个网链结构，包括供应与需求。

综合以上所述可以看出，供应链是一个范围更广、更复杂的系统，包括所有加盟的节点企业，是由原材料采购、运输、加工制造、分销直到送达顾客手中的一系列增值活动构成的网链结构，物流、资金流和信息流贯穿其始末。核心企业在供应链中占有重要的地位——既是一条供应链的组织者，又是供应链网络的交换中心。因此，结合以上各家观点，本书认为，供应链就是指围绕核心企业，通过对信息流、物流、资金流的控制，将产品生产和流通中涉及的原材料供应商、制造商、分销商、零售商和最终用户连成一体的功能网链结构。供应链结构模型如图12-1所示。

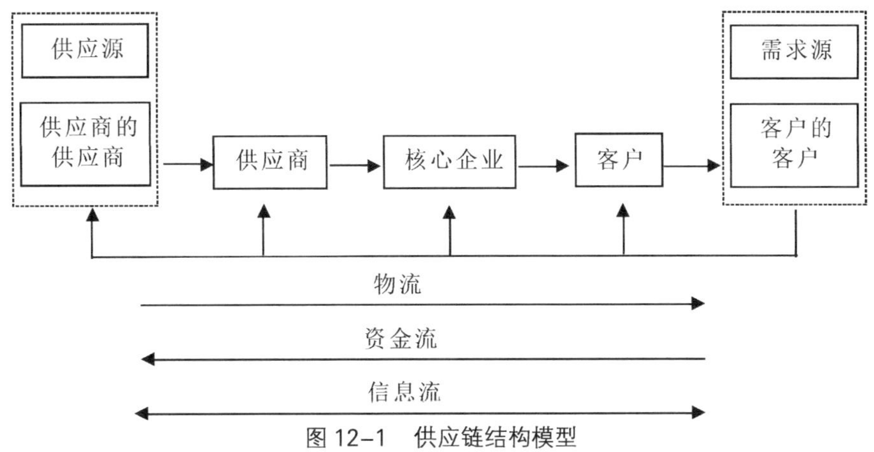

图 12–1　供应链结构模型

（二）供应链的特点

1. 整合性

供应链往往由多个节点组成，供应链的有效运行，需要各节点基于共同目标而相互合作与协调，实现资源的共享与优势互补。因此，供应链本身就是一个合作、协调一致的系统，具有协调性和整合性。

2. 动态性

供应链中的各节点企业基于共同目标，围绕核心企业开展各项活动，但是由于供应链的跨组织性，各节点企业的战略调整、市场需求的变化、技术进步或商业模式调整等因素的影响，需要企业作出动态调整，因此，供应链具有动态性的特点。

3. 复杂性

供应链中的供应商、制造商和中间商等各节点企业的多元化，具有跨组织管理性，甚至不少供应链是跨国家、跨地区和跨行业的组合，各国的国情、法律法规、文化和地理环境的差异性，要确保供应链的有效运营，就必须提升各方的响应速度和服务质量，实现各节点企业的协同效应，使得供应链具有较强的复杂性。同时，一家企业可能会同时存在多条供应链系统，在这些系统当中，需要企业将其工作流、信息流、资金流和企业战略、企业供应链管理规划相结合，进行有效整合与控制，导致供应链具有较强的复杂性。

4. 交叉性

供应链当中的节点企业既可以是 A 供应链的成员，也可以是 B 供应链的成员，众多的供应链形成错综复杂的交叉结构。客户需求又是供应链中信息流、商品流、资金流和服务流等运作的驱动力，使得各种流之间形成复杂的交叉结构，因此供应链具有交叉性。

5. 竞合性

供应链是由供应商、制造商、中间商等多主体参与的网链结构，因此，供应链整体目标与各参与主体之间、各参与主体之间的利益诉求、目标之间往往会存在一定差异性。当各参与主体单纯追求自身利益的最大化时，企业个体目标就会与供应链整体目标发生冲突，势必会影响供应链整体效率；而只有当各个参与主体注重彼此合作与整体利益最大化时，才会实现合作共赢。

二、供应链管理的概念与特点

20 世纪 80 年代后期，随着经济全球化的不断深入，以及人们对于供应链的风险与重要性认识的不断深刻，供应链管理的概念应运而生。1992 年，英国克兰菲尔德大学供应链管理专家马丁·克里斯托弗（Martin Christopher）提出："21 世纪的竞争不再是企业和企业之间的竞争，而是供应链和供应链之间的竞争。"随着经济的快速发展，企业作为产业链、供应链当中的一个环节，对于供应链其他各环节的依赖性越来越强，企业必须加强对供应链的管理，并且与链条上的其他主体形成合力，培育和形成自身的核心优势，以确保其在复杂多变的市场环境下，在日益激烈的市场竞争中立于不败之地。

（一）供应链管理的概念

《物流术语》（GB/T18354—2021）将供应链管理定义为：是对供应链涉及的全部活动进行计划、组织、协调与控制。美国生产和库存控制协会（APICS）第九版字典将供应链管理定义为：是计划、组织和控制从最初原材料到最终产品及其消费的整个业务流程，这些流程连接了从供应商到顾客的所有企业。张冠凤等（2017）认为，供应链管理是利用计算机网络技术全面规划供应链中的商流、物流、信息流和资金流，并进行计划、组织、协调与控制。董海（2018）认为供应链管理就是使以核心企业为中心的供应链运作达到最优化，以最小的成本，让供应链从采购开始，到满足最终顾客的所有过程，包括工作流、实物流、资金流和信息流等均能高效率地操作，把合适的产品，以合理的价格，及时、准确地送到消费者手上[218]。由此可见，供应链管理是一种集成的管理思想和方法，其目标在于集成供应链上的组织单元，协调工作流、物流、信息流和资金流，以更好地满足客户需求，从而增强供应链整体的核心竞争力。综上所述，本书认为，供应链管理是基于集成、系统的思想，以核心企业为中心，以满足客户需求为导向，对供应链进行计划、组织、协调和控制的过程，旨在实现供应链运作的最优化。

（二）供应链管理的特点

1. 以客户为中心

不管供应链渠道有多长，参与节点企业的类型和数量有多少，供应链的顺畅运行与效益的最大化都是由客户的需求所驱动的。供应链要想顺畅运行并得以发展，必须以客户为中心，以客户满意为最高目标。供应链管理的本质在于通过对客户需求的挖掘、快速反应和充分满足，以提升客户的满意度，以此获取竞争优势，提升供应链的效率与效益。为此要树立“3CS”思想，即企业通过全心全意全力为顾客提供服务（customer service），让顾客满意（customer satisfaction），让顾客成功（customer success），从而实现共赢。

2. 跨组织性

供应链管理具有跨组织性，在拓展企业边界、提升企业资源整合能力的同时也给管理带来了挑战，需要企业转变经营理念，树立合作、共享、共创、共赢和共生的理念，在企业内部培育和形成合作共赢的企业文化，通过与供应链中各合作主体，各部门的跨企业、跨部门的合作，实现在知识、技术、经验、能力和资源上的共享与优势互补，在共享、共赢的同时共担风险，建立长期稳定的协作共赢关系。

3. 集成化

随着信息技术的快速发展与应用，数字赋能供应链管理，正在影响和改变着组织的业务流程，供应链的集成化管理成为必然。信息已经成为供应链管理的核心要素，离开信息与网络技术的支撑，势必会阻碍供应链各合作主体的信息共享，影响供应链的运行效率与效果。通过商品条码技术、物流条码技术、电子订货系统、数据读取系统、预先发货清单技术、电子支付系统和 GPS 定位系统等现代信息技术的应用，不仅能够有效地获取客户的需求信息，而且能对信息及时做出响应，满足客户的需求。信息技术的应用不仅能够大大缩短从订货到交货的时间间隔，提高服务水平，而且可以提高事务处理的准确性和速度，减少人力的投入，有效控制供应链运行成本与费用。

4. 动态性

高度动态、复杂的市场环境，决定了供应链管理是一个动态的响应系统。为此，要求企业必须做好供应链的规划、设计、实施和评价管理工作。在供应链运营过程中，企业管理层应做好对供应链的运营状况的监测与评价，并且针对存在的问题对供应链系统进行优化完善。

总之，供应链管理可以更好地了解客户，在为客户提供个性化的产品和服务的同时，实现供应链各参与主体的资源共享和优势互补。通过数字赋能供应链，实现业务流程的优化及资源在供应链上合理流动，以缩短物流周期、降低物流费用，降低和规避供应链风险，确保供应链的有效运行和各参与主体的共同发展。

三、供应链管理的内容

（一）供应链管理内容

供应链作为各节点企业协作沟通、共享共赢的平台，作为一个集成化、系统化的平台，供应链管理的主要内容应该包括以下内容。

1. 供应链战略管理

随着供应链管理理论研究与实践的不断深入，企业界越来越意识到要想提升企业竞争能力，必须发挥供应链管理的潜在作用，由于供应链管理的跨组织性，必须将供应链管理问题上升为企业战略问题，对其进行战略性思考。企业高层管理者通过对企业内外部环境的分析，结合企业总体发展战略与竞争战略，制定企业的供应链管理战略，同时需要企业适时对其组织结构、企业文化进行变革，加强企业的信息化建设与管理，以便确保供应链战略有效实施和达到预期效果。

2. 信息管理

企业供应链的顺利运行，供应链成本费用的有效控制，供应链整体效益的凸显，有赖于企业信息化建设及其应用水平。因此，企业的信息管理是供应链管理的重要方面之一。企业信息管理的基础是构建信息平台，通过企业资源计划系统等信息平台的构建运行，实现在供应链各节点企业间的信息共享，使得各参与企业能够及时获取准确的市场信息，作出或调整自己的生产策略、营销策略，数字赋能于供应链，实现供应链各主体生产作业的集成化和同步化，以及供应链运作的智能化与数字化，最终实现供应链的整体最优和各参与主体的利益最大化。

3. 客户管理

供应链源于客户需求，最终又落脚于客户需求。因此，供应链管理必须以客户为中心，充分关注客户需求。企业通过客户管理，及时识别、确认客户的现实与潜在需求，以便实现在研发、生产制造、仓储和营销服务等方面的无缝对接，在控制供应链成本费用的同时，充分满足客户的个性化、定制化需求，为客户提供优质的服务。

4. 库存管理

供应链管理就是利用先进的信息技术，搜集供应链各方以及市场需求方面的信息，减少需求预测的误差。做好库存管理是供应链管理的重要内容之一，在保证生产、销售的及时供应基础上，结合市场需求与企业经营目标，通过对企业库存的计划、组织、协调和控制，确定恰当的库存量、订货时间和订货量，实现对库存和物流实时、准确的控制，以减少甚至取消库存（库存的虚拟化），从而降低库存成本和库存持有风险，提高客户服务水平。

5. 关系管理

市场需求不确定性的增强和需求的日趋复杂化，使得供应链关系管理变得日趋重要，为此需要供应链各方建立供应链合作关系，通过提高彼此在供求信息上的共享水平，以尽量削弱需求不确定性带来的影响和风险，在考虑企业间交易价格、成本费用的同时，还关注企业在技术、服务等方面的创新，实现产品的优化设计和品质保障。通过协调供应链关系，实现供应链各合作主体的优势互补；通过迅速开展新产品的研发设计、生产制造，有效缩短产品响应市场的时间，提升客户的满意度；降低供应链整体交易成本，提高各合作企业的收益，确保供应链整体最优和持续有效运行。

6. 风险管理

近年来，随着供应链复杂性的不断增加，供应链的脆弱性日益凸显，各种因供应链风险事件导致相关企业损失惨重的新闻时有报道。面对各类供应链风险事件或者突发事件的冲击，供应链如何保持稳健运行，并能够较好规避风险，以减少损失，将成为供应链管理的主要内容之一。供应链风险管理是企业为了帮助识别、监控、检测和缓解对供应链连续性和盈利能力的威胁而做出的协同工作。由于信息不对称、信息扭曲、市场不确定性以及受其他政治、经济、法律和自然灾害等因素影响，导致供应链上节点企业出现运作风险，或者由于管理、技术上的漏洞，导致企业在采购、库存、财务和制度等方面存在一定风险。为此，企业必须采取一定的措施，如按照供应链风险管理四步法，做好供应链风险的识别、衡量、评价和供应链风险决策与控制。企业可以通过提高信息透明度和共享性、优化合同模式、建立监督控制机制，在供应链节点企业间合作的各个方面、各个阶段，建立有效的激励机制，促使节点企业间的诚意合作。

（二）供应链管理四大领域

从供应链管理的具体运作来看，供应链管理主要涉及供应、生产作业、物流和需求四大领域，供应链管理是以同步化、集成化生产计划为指导，以各种技术为支持，尤其以 internet/intranet（因特网）为依托，围绕供应、生产作业、物流（主要指制造过程）、需求来实施的（图 12-2）。

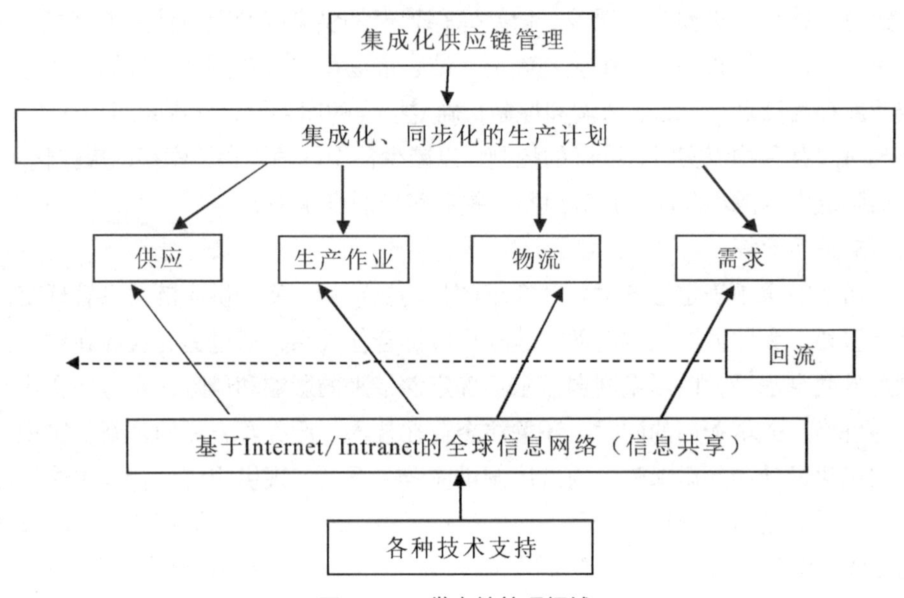

图 12–2　供应链管理领域

在以上四个领域的基础上，可以将供应链管理细分为职能领域和辅助领域。职能领域主要包括产品工程、产品技术保证、采购、生产控制、库存控制、仓储管理和分销管理等内容，而辅助领域主要包括客户服务、制造、设计工程、会计核算、人力资源、市场营销等内容。

由此可见，供应链管理不仅关注物料实体在供应链中的流动，而且更为关注总的物流成本（从原材料到最终产成品的费用）的控制和客户服务水平的提升。因此，供应链中各节点企业、各职能部门应持续沟通、通力协作，以发挥供应链的集成化、系统性优势，实现供应链的高效运行与整体最优。

四、服务型制造供应链与供应链管理

美国未来学家托夫勒（Toffler，A.）在其著作《未来的冲击》中，将人类经济发展的总历史划分为产品经济时代、服务经济时代和体验经济时代三个阶段。目前，制造业与服务业两业融合的服务型制造模式正是托夫勒所定义的产品经济时代向服务经济时代转化的产物。服务型制造不仅促进了制造企业与服务企业的交叉融合与相互渗透，而且拓展了企业的边界和延伸了企业价值链。因此，服务型制造具有整合性、增值性和创新性等三大属性。传统制造企业供应链体系的核心在于稳定，核心企业通过与各类供应商建立较为稳定的合作关系，进而形成一个稳定有效的供货联盟，各参与主体共享利益、共担风险，进而确保整个供应链的高效性，降低各个环节的成本。供应商的盈利能力和成本控制一直是供应链核心企业关注的焦点。由于服务型制造的整合性、增值性、创新性和跨组织性，以及客户深度参与产品服务的研发设计、生产制造和营销服务等环节，这颠覆了传统的链状供应链体系，因此传统稳定的供货关系被更为灵活的服务配套关系所取代。国内外学者就服务型制造供应链管理进行了多维度深入的研究。

（一）服务型制造混合供应链

目前，国内外对服务型制造混合供应链的研究主要集中在三大领域[219]。

（1）对服务型制造混合供应链与传统的制造供应链和服务供应链的差异进行对比分析。何哲等（2008）提出了服务型制造供应链框架，并从产品形式、生产运作模式、盈利模式、网络流通载体等方面，对服务型制造供应链与传统制造供应链差异进行了比较[39]。

（2）对混合供应链的牛鞭效应、协同能力等主要问题进行分析研究，并对如何提升混合供应链效率的问题进行深入探讨。

（3）针对服务型制造混合供应链进行实证研究。传统制造供应链各环节为了应对市场的波动性，充分满足客户需求，需要确定和保持一定的库存量；服务供应链中，由于服务的不可存储性导致服务订单的积压，势必会影响到客户的满意度和忠诚度，需要服务供应链各环节调整和提升服务能力，以便满足客户的多元化需求。传统制造企业的制造供应链和服务供应链如图 12–3 所示[220]。

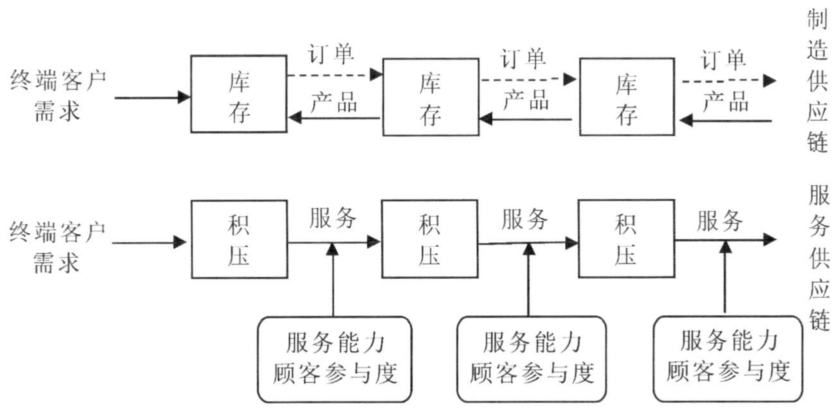

图 12–3　制造供应链和服务供应链

资料来源：王康周，江志斌，林文进，等 . 服务型制造混合供应链管理研究 [J]. 软科学，2013,27(05): 93–95,100.

服务型制造是基于制造的服务和面向服务的制造，是服务与制造融合的一种新型制造模式，具有整合、增值、创新三大属性。服务型制造模式下，由于企业不仅为客户提供产品，而且为客户提供服务、产品服务系统或者整体解决方案，因此，服务型制造供应链当中传递的既有产品，也有无形服务，它融合了产品供应链和服务供应链，主要表现形式为同时存在产品和服务流动，以顾客需求为核心，为顾客提供覆盖产品全生命周期的综合解决方案，并由顾客、服务提供商及产品供应商组成混合供应链[221]。服务型制造供应链管理既有传统供应链物流管理过程，又有服务流管理过程，是两者有机结合与协同的过程。

混合供应链是产品供应链和服务供应链的融合，不仅涉及从产品最初制造供应商到最终客户的原材料、产成品等的传递，而且涉及各环节服务供应商到最终客户的服务流、信息流等方面的传递。服务型制造混合供应链又是传统供应链物流管理过程与服务流管理过程的有机统一。服务型制造往往会有多个制造企业、服务企业和客户等多主体的参与，促使产品服务系统的供应不再是简单的链状结构，而更多呈现为复杂的网状结构。因此，服务型制造混合供应链是产品和服务的集成供应网络。

（二）服务型制造企业供应商的选择研究

随着市场竞争的日趋激烈，越来越多的企业已经意识到搭建高效、顺畅供应链的重要性，这也成为企业生存与发展的核心竞争力之一，而供应商的寻找、选择和激励将成为整个供应链管理的重要环节。因此，企业应采取多种途径选择合适的供应商，并与之建立长期稳定的战略联盟关系，以提升供应链管理的效率和效果，实现供应链上各参与主体的合作共赢与共同发展。学者们对此进行了深入的研究，王凌等人（2010）的研究表明，服务型制造企业逐步向客户提供全生命周期的服务，并且在选择供应商时更加注重供应商的环保绩效、服务能力以及质量和成本柔性[115]。国蓉等（2011）针对服务型制造条件下供应商选择的新要求和复杂性，将模糊理论与人工神经网络有效结合起来，提出了基于模糊神经网络（FNN）的供应商选择策略，有效地克服了供应商选择评价过程中的主观随意性大、算法复杂以及定性指标定量化问题[222]。服务型制造企业的外包供应商选择是一个多层次、多准则、多方案的决策问题，王宇等（2015）提出一种基于三角模糊层次分析法的解决方案，从服务能力及质量、成本柔性、交货柔性、企业信誉、环保绩效、企业生产与技术能力六个方面建立指标评价体系，对供应商进行全面、客观的评价[223]。钱宽（2021）基于变异系数 -G2 赋权和模糊 TOPSIS 法的供应商选择模型，从生产能力与质量、服务提供能力与质量、成本柔性、环保绩效、企业资信五个方面建立指标评价体系，根据模糊 TOPSIS 方法计算得到的相对贴近度大小确定最优方案，并通过实例对其可行性、有效性进行验证[224]。由此可见，目前我国服务型制造企业供应商选择的研究更多偏向于对供应商评价指标体系构建和新方法在决策中的应用方面。

（三）服务型制造与供应链管理关系研究

传统成本理论认为，经济活动是由若干要素组成的对立矛盾的统一体，提高顾客服务水平就会引起成本增加。而加强供应链管理不仅可以提升客户服务水平，而且可以有效降低供应链成本费用，符合服务型制造提质增效的要求，有利于传统制造企业的服务型制造转型。周文璐（2013）借助数据包络分析法评价模型研究发现，供应链节点企业间知识发送者的共享意愿对于企业的知识创新绩效影响最大，当这项指标效率最高时，其创新成果的增加也最为显著，由此提出提升服务型制造企业供应链知识创新水平的对策[225]。郭白丽（2015）以陕汽集团供应链为研究对象，进行了理论研究和实证分析，发现服务型制造对供应链优化有稳定、协同和创新的作用。财务、运营和物流、服务是影响陕汽集团供应链绩效水平的三大因素[226]。关于服务型制造和供应链绩效间关系的研究中，大多数学者更多从整个供应链的宏观层面开展研究，缺乏以供应链核心企业为对象进行的微观层面的研究。张倩等（2017）基于供应链核心企业成本的中介作用，探讨了服务型制造对供应链核心企业绩效的影响，构建了“服务型制造—供应链核心企业成本—供应链核心企业绩效”模型，并通过对我国600家制造企业的问卷调查，对该模型进行了实证检验。研究发现：服务型制造对供应链核心企业绩效有正向影响；供应链核心企业成本的降低对其绩效有正向影响；供应链核心企业成本在服务型制造影响供应链核心企业绩效的过程中起到了部分中介作用[227]。

但斌等（2016）建立了产品制造与服务过程集成的框架模型，提出了基于售后集成、销售集成、生产集成和设计集成的产品服务供应链四种典型模式，构建了包括零部件供应商、产品制造商、服务提供商和产品销售商等主体构成的产品服务供应链，但是并未对主体之间基于何种要素交互的行为展开分析[228]。对服务型制造供应链而言，其参与者众多、网络结构复杂，交付内容既包含实物产品，又涉及相应服务提供，系统中跨参与方的交易信息可靠性差、客户需求高度个性化且动态化、服务信息不对称等问题极为突出，甚至面临更大的创新风险。随着近年来区块链技术的快速发展与逐步推广，为服务型制造供应链更高效地获取外部知识、提高创新能力、降低创新风险创造了机会。在供应链协调方面，左凤娟等（2019）针对由单个制造商、服务商和集成商组成的三阶段供应链模型，提出应基于收益共享和成本分担协作契约来保证供应链的正常运作[198]。罗建强等（2012）针对服务型制造供应链中库存、服务和客户参与三方协调问题，基于延迟策略的思想，构建了服务型制造环境下延迟策略实施的机理模型，并从经济视角对其进行了深入分析和实例验证[229]。

管叶峰等（2020）认为，服务型制造实施过程中，产品与服务交互以及客户作为价值共同创造者的特点，使得重构的供应链网络需要考虑不同客户的需求。因此，应通过现代科学技术重构供应链网络[230]。

第二节 服务型制造模式下延迟策略的应用

一、延迟策略

延迟最早由奥尔德森（Alderson）于1949年在《营销效率与延迟原理》一文中提出。他认为，产品可以在接近顾客购买点时实现差异化，即实现差异化延迟。延迟的原则是减少由时间和需求的不确定性造成的风险，消除由不同市场造成的浪费，而这些不确定性是由于产品本身或库存的地理位置造成。之后，延迟概念被扩展应用于企业、服饰、消费电子等行业生产制造、物流作业和供应链管理当中，并被界定为：产品外观、形状或生产、组装配送应尽可能推迟到接到客户订单再确定。

延迟策略是为了适应大规模定制而采用的一种以客户需求为导向的供应链管理策略，强调将供应链上的客户化活动（包括产品设计、采购、生产、物流等供应链活动）延迟至接到顾客订单为止，在时间和空间上延迟客户化活动，实现产品和服务与客户需求的无缝对接。运用延迟策略，可以把活动推迟到准确的需求特征能够识别后，尽量延迟产品的生产和最终产品的组装时间，尽量延长产品的一般性，推迟其个性实现的时间，以实现最大的柔性，增加客户的价值。Cooper从供应链的角度提出了四种不同的供应链延迟策略：模块化制造策略、单一中心策略、延迟装配策略和延迟包装策略（图12-4）。

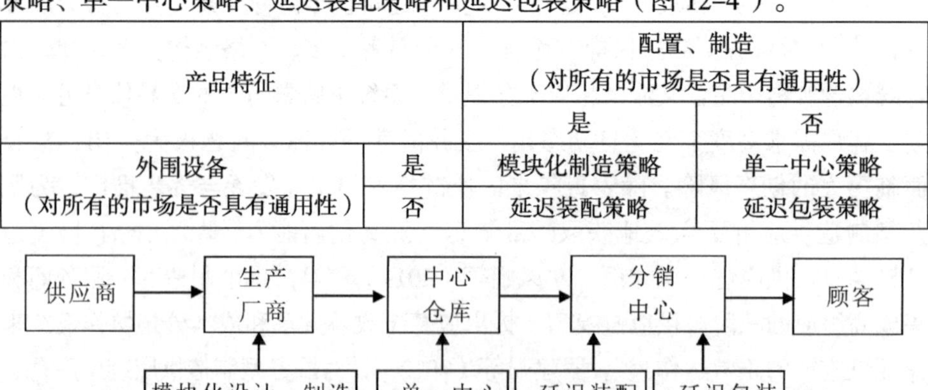

产品特征		配置、制造（对所有的市场是否具有通用性）	
		是	否
外围设备（对所有的市场是否具有通用性）	是	模块化制造策略	单一中心策略
	否	延迟装配策略	延迟包装策略

图12-4 Cooper的四种延迟策略

二、延迟策略在服务型制造中的实施机理

服务型制造基于客户需求，将众多的供应商和客户纳入整个产品服务系统当中，为客户提供大规模定制产品、服务。研究表明：超过 50% 的创新产生于制造企业与客户的交互过程，客户创新可有效地为企业的价值网络增值。虽然客户的全程参与，能够使企业及时获取客户的需求信息，充分利用客户的知识、技术、经验和创意等知识资源。对于客户隐性知识的获取、整合、创造和应用，在推动企业发展中作用显得更为重要。企业可以通过与供应商先期的协商协作，生产大量的通用性零部件、配件和备件，从而不仅可以实现规模效应，降低采购成本，而且可以快速满足客户的显性需求，这是供应链上游生产和显性知识集成的过程。

对于客户的隐性知识，一般是指个人、集团、组织究竟怎样选择、购买或销售、使用和处置商品、服务、创意或经验，以满足他们的需要和欲望的知识，这些知识对企业的知识创新起导向作用，但由于这些知识受客户动机、需要和偏好知识以及文化、社会因素的影响，因此非常难以把握。客户隐性知识一般包括与产品／服务相关的客户评价、反馈、期望，以及与客户接触的员工感受到的客户习惯、性格特点、心智模式、信仰、价值体系（观）等，它直接决定了后续定制过程中的所有活动。因此，需求企业、供应商和客户之间进行持续、实时、有效沟通，创造性地将需求概念转化为个性化的产品、服务、产品服务系统，实现客户隐性知识与隐性需求的显性化，并对原来通用性、模块化的零部件、配件进行组装，实现定制化产品制造，不仅可以提升企业生产经营的柔性化水平，而且可以有效满足客户差异化、定制化需求。

三、延迟策略在服务型制造中的应用

传统制造企业在服务型制造转型以及为客户提供产品服务系统或整体解决方案过程中，有可能会出现以下问题：基于产品服务方案的需求信息在向上游传递过程中出现逐级放大现象，出现牛鞭效应，由此损害各节点企业间的信任与合作关系，给企业运营带来负面影响；客户参与行为可能加剧需求信息畸变，导致企业不能准确理解和把握客户的真实需求，造成生产浪费或客户满意度的下降[231]；实物产品及其服务模块作为产品服务系统或整体解决方案的基本构成要素，它们的有效性会直接影响到企业产品服务方案的提供与效果，而产品模块库存和服务能力较强，虽然可以提升企业的响应速度，但是又会导致库存积压与服务能力闲置；等等。

为了进一步提升服务型制造企业的市场响应速度、生产柔性化和大规模定制能力，有效降低由于客户需求信息的不完备带来的不利影响，一些企业将延迟策略应用于服务型制造企业的供应链管理当中。在服装供应链管理应用中，快时尚标杆品牌ZARA采用制造延迟策略，即：提前预备白坯布，通过管控染色和加工领域，为新款式提供所需面料，按需生产，极大地缩短了产品的开发和生产周期，使其产品供应与市场需求更匹配，从而减少了库存积压。优衣库也不例外，他们采用延迟策略，将产品的生产过程分为通用化阶段与差异化阶段，比如服装先完成通用化的生产，然后尽可能地延迟产品差异化的染色、印花等制造过程，以减少积压损失。模块化设计与延迟策略相结合，有效提升了企业应对市场变化能力和供应链管理效率。惠普公司在营销中发现：不同的当地化选择方案过多，使库存难以管理；提前期长，导致预测难度大，安全库存过多；许多当地市场的不确定性，导致预测难；等等。为了解决上述问题，将未本土化的打印机送到当地的配送中心，再根据当地需求进行本土化，是延迟策略运用的经典案例之一。

通过企业实践和学者实证研究发现，服务型制造企业采取延迟策略有助于制造企业缓冲同质化竞争，鼓励客户参与到服务型制造系统的实施当中[232]。当客户参与到产品服务系统当中时，为了更好地管理产品模块和确定恰当的服务水平，有效解决客户问题，需要协调好库存控制、服务管理和客户参与三者之间的关系。但是较高成本的定制化设计和通用件库存是延迟策略必须面对的问题。同时，传统延迟策略的实施有赖于产品生产的技术特征、生产流程特征、产品自身特征和市场需求特征等。

成立于1963年的宇通客车公司，产品涵盖公交车、客车、校车、房车和工程机械车辆等。1997年，宇通在上海证券交易所上市，成为国内客车行业第一家上市公司，并建立起当时亚洲规模最大的客车生产基地，年销售收入将近500亿，无论规模还是国内国外市场销售业绩，均在行业位列第一，市场占有率一度达全球的40%之多，截至2022年6月底，大中型客车的产销量稳居行业第一，继续保持行业龙头地位，这些均源于宇通客车公司一直实施的大规模定制生产模式。该模式以客户需求为导向，根据客户的个性化需求设计或调整车型，然后迅速调配零部件投入生产，快速交付，迅速打开市场。为此，企业需要拥有强大的供应链管理能力和信息化能力，当客户提出对客车的需求后，宇通客车公司的设计部门会根据客户需求调整设计，迅速画出新的车型图纸，再由供应链部门根据设计配置零部件，评审新车型能否顺利投产，然后才能承诺具体的交付时间，最后进入生产及验收环节。宇通客车公司通过多年的不断探索与改进，使其订单响应速度缩短至 7 天，而国内同行通常是 1 个月。

为了实现对客户需求的快速响应，打破内部信息孤岛，2002 年宇通客车公司开始构建和应用 ERP 系统，将设计、计划、生产、后勤、供应、财务、成本控制、质量管理、销售、售后服务等经营业务统一在一个 IT 平台上，尤其是设计部门与供应链部门在数据、信息的共享技术上，设计部门按照客户需求设计出一款新车后，供应链部门就能迅速地在配件数据库中寻找配件并马上给出是否能投产的反馈。此外，宇通客车公司还通过 ERP 系统将影响力向上下游产业链扩展，它开发了一系列协同系统，供应商、第三方物流、银行、代理商、售后服务等合作伙伴都能通过互联网进入宇通客车公司的 IT 平台完成数据交换。宇通客车通过 IT 平台实现了对上下游的管理，保证供应商能及时供货，这样，它的生产线才能顺畅生产，保证在交货响应速度上享有优势。

随着企业规模的扩大，这种大规模定制的模式逐渐给宇通客车公司的供应链管理带来了挑战，主要体现在车型多带来的供应难保障、成本高和利润低等方面。为了解决这些问题，企业将供应链模式分成“MTS（面向库存生产）、MTO（面向订单生产）、ETO（面向订单设计）、ETO+”等四类。

（1）MTS 是指极为成熟的标准配置车型，例如校车，这种产品可以很好地调节客车企业极为分明的淡旺季产能平衡。

（2）MTO 是指客户订购已有车型，或是不需要做重新设计、大量修改就可以投产的车型，这种订单可以迅速投产并完成交货。用 MTO 模式生产客车，公司可以预先生成比较准确的物料计划以提高采购效率，且因为是成熟产品，客车的质量、安全性也比较高。

（3）ETO 是指需要大量改动产品设计的订单，需要重新设计、重新采购或定制零部件，交货期普遍比较慢，供应链管理比较复杂。

（4）“ETO+”则是指需要改动底盘的订单，它需要重新做客车的安全及质量测试，基本等于重新设计一个新车型。

宇通客车通过 MTS 模式和 MTO 模式，可以满足 80% 的客户需求，用 ETO 模式满足将近 20% 的客户，尽量避免使用“ETO+”模式。通过不同供应模式的灵活运用，将延迟策略应用到极致，使得企业整体订单响应周期比之前的 7 ～ 25 天交付周期更短，同时也实现了企业从完全由客户订单驱动的流程管理转向主动引导客户需求的有序管理方式。

第三节　服务型制造模式下供应链网络重构

一、供应链网络重构的必要性

（一）产品服务供应链网络形成

客户参与产品、服务、产品服务系统或整体解决方案，是服务型制造的重要特点之一。在服务型制造模式下，鼓励客户的参与有利于企业及时洞察、识别和确认客户的需求，产品、服务或整体解决方案的设计以及产品服务的集成，但是由于产品特性的差异和客户需求的多元化，导致客户的参与意愿、参与程度存在较大的差异。在产品服务系统、解决方案设计过程中，客户参与协同设计，有利于提高设计的效率和有效性，降低市场风险；在产品服务系统、整体解决方案提供过程中，客户将作为服务型制造供应链网络中的重要成员参与到合作与价值创造当中；在产品服务系统、整体解决方案交付实施后，客户将会参与到产品的维护、保养、维修、技术升级等活动当中，并对企业提供的产品服务系统或整体解决方案的价值创造能力、使用效果作出评价。在客户参与的整个过程中，彼此之间将会进行持续有效的沟通，并产生大量的信息。

服务型制造企业在采取大规模定制生产模式，为客户提供相关个性化、定制化、专业化的产品服务系统、整体解决方案的同时，使得客户的需求更为多元化，导致产品服务供应链的复杂化、网络化，在这一错综复杂的产品服务供应链网络中，集聚了大量规模不一、实力不同、拥有不同优势与资源的生产制造商、服务提供商、集成商和客户。因此，为了准确识别、理解客户需求，切实解决客户问题，充分满足客户的个性化需求，需要以服务型制造企业为主导，构建生产制造商、服务提供商、集成商和客户等主体参与，持续、深度、有效交互的产品服务供应链网络，分析不同客户需求下的网络特征和运作模式，加强从设计、生产到消费等环节的无缝对接，实现供需精准匹配。服务型制造模式下产品服务供应链网络形成机理见图 12-5。

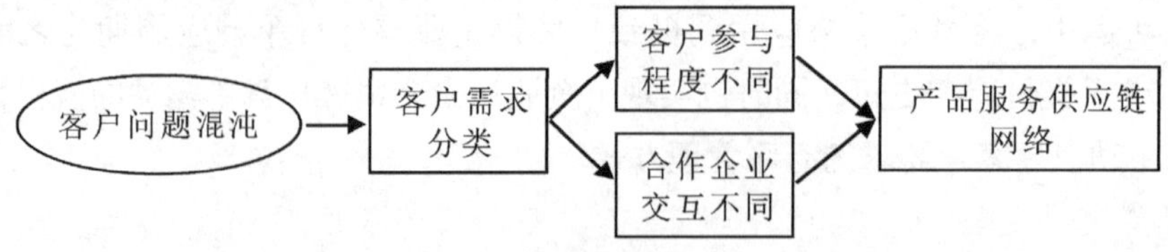

图 12-5　产品服务供应链网络形成机理

与传统制造供应链网络相比，服务型制造模式下的产品服务供应链网络具有以下特点：

（1）产品服务供应链网络以客户为中心，鼓励客户的深度参与。显然，客户已经成为该网络的重要成员之一。

（2）产品服务供应链网络是有形产品与无形服务相互融合的复杂网络。

（3）产品服务供应链网络具有动态性，网络各参与主体的数量、进入与退出门槛、彼此的交互协作方式等方面，都会随着各参与主体的目标、实力、绩效表现和市场需求等因素的变化，进行持续的调整优化。

（二）客户需求分类及参与程度分析

客户需求的不同决定了客户参与产品服务供应链的程度及其表现形式的不同，这也对客户参与企业产品服务系统研发设计、生产制造和营销服务的积极性产生直接的影响，因此要对客户需求进行分析。一般而言，客户需求会受到自身能力、市场、政治、社会文化和技术环境等内外部环境的影响，需要服务型制造企业加强与客户的互动沟通，识别、确认和更新客户的需求。为此，可以将客户需求与客户的参与程度结合起来进行分析。

1. 售后参与需求分析

服务型制造企业在产品交付使用后为客户提供必需的产品维护、维修、在线监测、技术升级和重要零配件、备件管理等服务。该模式下，客户的参与程度较低，更多的是将产品运营过程中出现的问题反馈给制造企业或者服务商，参与服务更多的是制造商和服务商。

2. 制造参与的需求分析

随着新产品、新需求以及现代信息技术的出现和快速发展，客户的需求日趋多元化，专业定制化成为趋势，因此需要将服务融入产品服务系统的生产制造当中。为了实现共赢，服务型制造企业、服务供应商、客户等产品服务供应链网络各参与主体之间，会基于合作共赢、共生的理念通力协作，客户的参与意愿、参与深度会进一步增强，服务型制造企业、服务商会为客户提供能够满足其需求的产品服务组合。但是，此时参与服务部署仍然以制造服务集成商和服务商为主。

3. 全生命周期参与的需求分析

随着客户需求日趋多元化、个性化，客户的需求不会停留在定制化阶段，而是会扩展到整个产品生命周期当中，即从产品服务的研发设计阶段开始一直到售后服务、技术升级和废弃物回收处理阶段，最典型的像陕鼓集团为客户提供的“交钥匙”工程等一站式服务。客户从被动接受到主动参与，客户与制造商、服务商的合作也从原来的一次性合作变成长期多次合作，为彼此创造了更大的价值。

综上所述，客户需求可以被归纳为同质化需求、定制化需求和一站式需求，不同需求的客户参与产品服务供应链网络的程度和行为会有一定的差异。由于客户需求的差异性和动态变化性，需要产品服务供应链网络具有较强的柔性，能够根据客户需求的不同，实施产品、服务及其组合以及产品服务系统的调整。

二、产品服务供应链网络重构类型分析

客户参与产品服务供应链网络程度不同，整个供应链网络各参与主体之间交互行为、交互方式不同，在此，参照管叶峰等（2020）研究成果和企业实践，将产品服务供应链网络重构为售后参与、制造参与和全生命周期参与等三种产品服务供应链网络。

（一）售后参与产品服务供应链网络

售后参与产品服务供应链网络主要由原材料供应商、产品制造商、产品销售服务商、服务提供商和客户构成。此网络主要为客户提供产品和专业维护维修、备品备件、产品升级改造、相关技术培训等售后服务。基于服务蓝图技术，可将售后参与产品服务供应链网络分为前台区域和后台区域，但不论是哪个区域，由于缺乏时间、相关激励，客户的参与程度往往较低，其中，产品制造商、产品服务销售商和服务提供商之间的需求信息传递是连接前后台的纽带（见表12–1）。

表 12–1　售后参与产品服务供应链网络

类型	涉及主体	主要功能	客户参与程度	典型代表
前台区域活动	产品服务销售商、服务提供商与客户之间就产品、售后服务和需求信息的传递	主要了解产品性能和描述产品使用过程中出现问题的特征	参与程度低	3C 产品
后台区域活动	以产品制造商为主	为前台提供产品制造、配件、备件制造	参与程度低	

通过对售后参与产品服务供应链网络的分析可以发现，目前 3C 产品（计算机、通信和消费类电子产品）的销售与售后服务所形成的产品服务供应链网络属于典型的售后参与产品服务供应链网络，客户仅仅参与产品的销售和售后服务环节。3C 产品的研发设计、生产制造均在后台区域进行，主要由产品制造商和原材料供应商共同完成。随着电商产业的蓬勃发展，3C 产品的销售往往会通过线上渠道和线下实体店面实现产品的销售与服务。3C 产品的前台区域活动主要涉及产品的销售与服务，主要由产品服务销售商、服务提供商来承担，其中售后服务主要包括产品的安装调试、监测、专业维护维修等。由于

3C 产品的销售渠道网络覆盖面广和售后服务好等原因，促使 3C 产品销售量大增，同时带来服务业务量的大幅度上升，可以说是相辅相成。

海尔集团通过搭建“U+”智慧生活平台，通过连接智能（IoT）、交互智能（AI）、数据智能（AI）三大能力赋能智慧家庭，即智慧生活 X.0=IoT+AI*AI。“IoT+AI^2”是智慧家庭行业实现主动服务的强大引擎。平台通过对用户行为偏好、环境等各类信息的海量数据进行搜集、处理、分析、挖掘，提取数据中所包含的价值信息和知识，形成用户画像，帮助用户思考、决策和执行，主动提供适用于用户的服务，引领行业进入主动服务的 4.0 时代。在“U+”智慧生活平台的构建和使用过程中，客户会和售后服务提供商、产品服务销售商或产品服务集成商进行接触。客户将参与到产品服务供应链网络之中，接受产品安装、调试、专业维护维修服务、备品备件更换和产品技术升级等基础性的售后服务，同时客户还会参与到产品的回收再利用等增值服务当中。海尔集团在深耕售后市场，提升售后服务质量和客户满意度和忠诚度的同时，深度挖掘网器数据，交互数据，市场售后数据，生产、生态数据，以提升客户体验，促进产业设计、生产、服务、质量、市场的全面迭代，进而形成海尔智慧家庭庞大的数据资产。另外，海尔集团充分利用众多中间商、服务商的营销服务资源，以拓展企业的边界与能力，为更多的客户提供相关服务。

（二）制造参与产品服务供应链网络

客户参与制造环节的产品服务供应链网络主要由原材料供应商、产品制造集成商、服务提供商、产品服务销售商和客户组成。供应链网络主要为客户提供个性化、定制化、专业化产品服务系统或者在线监测解决方案。依据客户参与程度，可以将制造参与产品服务供应链网络分为前台和后台区域（表 12–2）。

表 12–2　制造参与产品服务供应链网络

类型	涉及主体	主要功能	客户参与程度	典型代表
前台区域	产品服务集成商、服务提供商和客户	产品制造集成商将生产好的产品服务组合通过产品服务销售商销售给客户，或者直接销售给客户，服务提供商向客户提供非核心业务的服务	参与程度高	装备制造业服务型制造
后台区域	产品制造商	主产品的设计和通用化零部件的生产制造	参与程度高	

前台区域活动主要涉及产品服务集成商、服务提供商和客户。其中，由产品服务集成商与产品服务提供商共同为客户提供产品服务组合或者产品服务系统；产品制造商则会通过产品服务销售商将产品服务组合销售给客户；或者直

接将产品服务组合销售给客户，由服务提供商向客户提供一些非核心业务的服务。由于产品制造商为客户提供了更多专业化、定制化的产品服务组合，因此客户往往会和产品制造商、服务提供商形成友好、稳定的合作关系，彼此的信息沟通与共享更为频繁、顺畅，客户会积极参与到产品服务的生产制造当中，以满足其个性化、定制化和专业化的需求。后台区域活动主要涉及主产品的设计和通用化零部件的生产制造。

制造参与产品服务供应链网络应拥有必备的制造资源和客户资源，其中制造资源包括各类设备资源、物流资源、信息咨询和培训等；客户资源包括客户劳动力、客户知识、客户技术和客户经验等。作为制造集成商即服务型制造企业，应通过与客户的紧密合作与充分沟通，识别和确认客户需求，为客户提供定制化的产品服务或者集成解决方案，以及相应的技术培训、咨询服务，以满足客户个性化需求。目前，装备制造业中的一些企业开始实施服务型制造转型战略，采取服务型制造模式不仅延长了产品生命周期，变一次性产品交易为多次交易，服务型制造企业与客户的接触点和接触面显著增多，能够更好地洞悉客户需求，有效增强客户黏性和价值创造能力，取得骄人的业绩。因此，服务型制造模式所形成的供应链网络属于典型的制造参与产品服务供应链网络。

陕鼓集团作为国内服务型制造转型的先行者，以客户为中心，以需求为导向，鼓励客户参与到产品的生产制造当中。客户根据自身生产经营所需，与企业进行充分沟通，积极参与到产品的技术改造、品质保障、生产业务流程优化和营销服务创新当中，不仅可以满足客户生产经营所需，还可以大大提升企业的利润率。当然，陕鼓集团仅凭一己之力不可能满足客户的所有需求，为客户提供整体解决方案，对陕鼓集团的供应链管理也提出了更高的要求。2003 年 9 月，由陕鼓集团牵头成立“陕鼓成套技术暨设备协作网”，其成员遍布全球，不乏有通用电气、西门子、艾默生等知名企业的参与。通过十几年的发展，该协作网络已从成立时的 56 家会员企业，扩展到如今的近 300 家。通过该协作网络，使得陕鼓集团拥有了一个强大的供应链网络，有效保障了产品和服务在制造环节的集成，从而大大提升了企业对客户的响应速度。他们通过在企业间相互提供基于制造的服务和面向服务的制造，共同为客户提供动力设备系统问题专业化集成解决方案。除此之外，陕鼓集团还根据客户所需，为其提供专业化维修服务、备品备件管理服务、设备远程诊断服务、金融服务和工程成套承包服务。

1. 提供专业化维修服务

由于透平设备技术含量较高，是生产制造中的重要设备，一旦发生故障，必须第一时间对其进行维修，否则会影响到客户企业的生产经营活动，为此陕鼓集团专门组建了专业的设备维修队伍，为客户提供专业化维修服务，并对客户的旧设备进行改造升级。这样不仅可以降低客户雇用维修服务人员的成本，又能通过提供专业化维修服务，满足客户需求并提高客户满意度，提升企业产品市场占有率。

2. 提供备品备件管理服务

透平设备有一些关键部件价值比较高，为了保证生产的连续性，客户往往会购买并存储一定数量的备品备件，但这会占用客户一定的资金。为了有效解决这一问题，陕鼓集团适时为客户提供备品备件管理服务，当客户需要备品备件时可以向集团租用即可，这样不仅解决了客户库存和资金占用问题，而且又增加了陕鼓集团的收入来源。

3. 提供设备远程诊断服务

陕鼓集团通过为产品安装相关的检测与诊断装置，可以实时收集产品运营数据，对产品进行实时监控，一旦设备运行出现问题，集团能立即发现并通过远程网络进行检修，从而极大地提高了服务效率。

4. 提供工程成套承包服务和金融服务

大型设备的安装是个复杂的工程，对生产企业的厂房及基础设施有着较高的要求，为了提高客户设备安装的效率，陕鼓集团开始为客户提供全方位的工程成套服务，从厂房的规划、设计、选址、建设到设备的安装、调试，集团提供了一揽子总承包服务，从而既满足了客户的需求，又提高了集团经济效益。另外，陕鼓集团为了解决客户在改扩建工程、项目改造过程中遇到的资金短缺问题，通过与中信银行、工商银行等多家金融服务企业建立良好的合作关系，为客户提供金融需求服务。

在我国风电行业，风电设备后市场需求巨大，仅靠风电企业自己很难满足风电设备的维护保养、维修、技术升级等需求，必须依靠风电设备整机制造商、风电设备零部件制造商的力量。由风电设备生产制造商、风电企业搭建风电行业服务联盟，建立和运营多级服务中心和备件中心，通过现场服务、远程服务等方式向各个风电场及时提供风电设备产品后市场服务，保证各个风电场风电机组正常运行时间最大化，以满足风电设备产品后市场服务需求。

（三）全生命周期参与产品服务供应链网络

全生命周期参与产品服务供应链网络主要由原材料提供商、服务集成商、产品制造商、服务提供商、产品服务销售商和客户组成。该网络为客户提供从产品研发设计、生产制造到营销服务等全生命周期的服务，客户将会参与到需求识别、确认，产品服务的设计，生产制造与营销服务等各个环节，并且与各产品制造商、服务集成商、产品服务销售商进行持续有效的信息沟通交流。依据服务蓝图技术，可以将全生命周期参与产品服务供应链网络分为前台区域和后台区域。前台区域主要包括设计至售后的所有服务环节，后台区域仅为原材料供应。前台区域活动囊括了“产品 + 服务”的研发设计、生产制造、销售服务等活动，产品制造商和服务集成商完全按照客户需求对产品服务进行设计和制造。客户与网络中每个主体之间有着强烈的、高频的交互行为，而原材料生产与供应为支持过程（表 12–3）。

表 12–3 全生命周期参与产品服务供应链网络

类型	涉及主体	主要功能	客户参与程度	典型代表
前台区域	服务集成商、产品制造商、服务提供商、产品服务销售商和客户	“产品 + 服务”的研发设计、生产制造、销售服务等活动	各主体关系密切，深度参与	小米手机研发、生产制造和售后
后台区域	原材料提供商	原材料的供应	参与程度低	

全生命周期参与产品服务供应链网络应具备制造资源（如物料资源、工艺技术等）、服务资源（如信息资源、物流资源等）、客户资源（客户需求、客户知识、客户经验等）等，且客户几乎参与了网络中的所有活动。为此，作为服务型制造企业，需要以客户为中心，以客户需求为导向，针对客户在价值创造过程中遇到的瓶颈问题，对网络资源进行整合和配置，为客户提供定制化产品服务和高质量的咨询指导、研发、方案实现等服务。整个网络中的服务型制造企业应与客户建立长期稳定的合作关系，实现合作、共享、共创、共赢和共生，实现网络价值的最大化。

2022 年，全球智能手机市场迎来“寒冬”：全球智能手机出货量同比下降 9%（2.98 亿部）。尽管如此，第三季度，小米全球智能手机出货量排名仍保持第三，市场占有率为 13.6%。小米手机的迅猛发展，得益于客户全面参与，涵盖产品的研发设计、生产制造和售后服务所有环节。手机发烧友与客户通过小米 MIUI 论坛、小米社区等平台参与小米手机操作系统、屏幕及摄像头等零部件的研发。另外，小米公司为了鼓励粉丝们积极参与产品设计，定期举办 MIUI 全球手机主题设计大赛，顾客通过线上线下的重复参与，将小米的粉丝、发烧友及核心用户的需求纳入到产品研发设计理念、产品更新换代、功能优化、品质提升当中，充分体现了以顾客为中心的理念。小米科技为了鼓励顾客参与，建立了有效的激发和参与机制，以保障客户的长期忠诚。客户不仅可以参与到产品的研发设计当中，还可以参与到后期的消费、回收等所有的环节。由于客户全生命周期深度参与，进一步拉近了企业与客户的距离，及时收集的客户的海量需求信息、消费偏好，用于改善和优化产品服务体系，持续满足客户多元化、个性化的需求，最终为实现各主体的价值共创奠定了良好的基础。

小米公司的做法其实是一种众包模式，这样做可以打破企业的边际，促进多方有能力的企业或个人之间在多项业务上开展跨地区、跨行业的创新协同，从而大幅提升传统行业的创新能力，同时降低创新的成本。海尔集团在帝樽和天樽系列空调的研发过程中，前期通过互联网平台与数十万用户实时互动，提取用户对产品的共性需求，然后利用众包平台 HOPE 对接全球超过 100 万个领域专家和上千家全球一流的研发机构，产品推出后广受市场好评。

参考文献

[1] 吕铁，韩娜 . 智能制造：全球趋势与中国战略 [J]. 人民论坛 · 学术前沿，2015，75(11)：6–17.

[2] 张于喆 . 数字经济驱动产业结构向中高端迈进的发展思路与主要任务 [J]. 经济纵横，2018，394(09)：85–91.

[3] 许庆瑞，李杨，吴画斌 . 全面创新如何驱动组织平台化转型——基于海尔集团三大平台的案例分析 [J]. 浙江大学学报（人文社会科学版），2019，49(06)：78–91.

[4] 姚锡凡，陶韬，葛动元 ."互联网 + 制造"的发展现状与展望 [J]. 制造技术与机床，2018(08)：29–34.

[5] 李刚，汪应洛 . 服务型制造——基于"互联网 +"的模式创新 [M]. 北京：清华大学出版社，2017.

[6] 刘伟华，金若莹 . 国内外智慧供应链创新应用的比较分析与经验借鉴 [J]. 物流研究，2020(01)：17–26.

[7] 汪欣 . 基于"中国制造 2025"的供应链管理研究 [J]. 商业经济研究，2016(20)：183–186.

[8] 莫洪波，常琪，熊文红，等 . 设备全生命周期数字化平台设计与实现 [J]. 软件导刊，2021，20(01)：11–15.

[9] 侯一鸣，徐泉，李亚杰，等 . 基于物联网和工业云的选矿设备状态监控系统 [J]. 计算机集成制造系统，2017，23(09)：1972–1982.

[10] 张炜，粟鹏，刘启聪，等 . 物联网技术在天然气分离计量集成装置改进中的应用 [J]. 石油与天然气化工，2020，49(05)：92–97.

[11] 袁亮，俞啸，丁恩杰，等 . 矿山物联网人—机—环状态感知关键技术研究 [J]. 通信学报，2020，41(02)：1–12.

[12] 杨康，刘文强，万骏 . 基于 NB–IoT 的化工厂爆炸性环境监测及预警系统 [J]. 物联网技术，2020，10(12)：20–23.

[13] 邓小龙，徐大江，芦俊，等．基于物联网的污染源监控预警系统 [J]. 给水排水，2020，56(09)：123-126.

[14] 程业炳 .SNS 虚拟社区个体隐性知识共享研究 [J]. 情报科学，2013，31(04)：45-50.

[15] 闻波．社会化网络、知识协同与开放式创新：影响因素与作用框架实证研究 [J]. 现代情报，2017，37(09)：68-74.

[16] 焦旭，肖迎元，郑文广，等．基于位置的社会化网络推荐技术研究进展 [J]. 计算机研究与发展，2018，55(10)：2291-2306.

[17] 杨国安，李晓红．变革的基因移动互联时代的组织能力创新 [M]. 北京：中信出版社，2016.

[18] 葛文双，郑和芳，刘天龙，等．面向数据的云计算研究及应用综述 [J]. 电子技术应用，2020，46(08)：46-53.

[19] 中国数字经济发展报告（2022 年）[EB/OL].http://dsj.guizhou.gov.cn/xwzx/gnyw/202207/t20220711_75506676.html

[20] 蒋理，马超群．中国制造 2025 智能制造企业信息系统 [M]. 长沙：湖南大学出版社，2018.

[21] 齐二石，李天博，刘亮，等．云制造理论、技术及相关应用研究综述 [J]. 工业工程与管理，2015，20(01)：8-14.

[22] 李伯虎，张霖，任磊，等．云制造典型特征、关键技术与应用 [J]. 计算机集成制造系统，2012，18(07)：1345-1356.

[23] LUTHRA S，KUMAR A，ZAVADSKAS E K，et al. Industry 4. 0 as an enabler of sustainability diffusion in supply chain: an analysis of influential strength of drivers in an emerging economy[J]. International journal of production research，2020，58 (05)： 1505-1521.

[24] 王媛媛，张华荣．全球智能制造业发展现状及中国对策 [J]. 东南学术，2016(06):116-123.

[25] 张映锋，张党，任杉．智能制造及其关键技术研究现状与趋势综述 [J]. 机械科学与技术，2019，38(03)：329-338.

[26] 张泉灵，洪艳萍．智能工厂综述 [J]. 自动化仪表，2018，39(08)：1-5.

[27] 杨斌，魏亚欣，田凡．技术进步与劳动技能的动态适配——基于生产系统“硬件—软件—人件”互补演化机制的分析 [J]. 南开管理评论，2020，23(03)：4-13.

[28] 吴琴，巫强．“互联网 +”驱动传统产业跨界融合的作用机制研究 [J]. 学海，2020(04):163-169.

[29] 谢文明，江志斌，林文进 . 推进服务型制造：实现产品经济向服务经济的转型 [J]. 经济体制改革，2012(06):104-108.
[30] 舒伯阳 . 服务运营管理 [M]. 重庆：重庆大学出版社，2018.
[31] 苏文 . 消费者在线互动行为 网络口碑对中国旅游者的影响机制研究 [M]. 厦门：厦门大学出版社，2017.
[32] 周振华 . 服务经济的内涵、特征及其发展趋势 [J]. 科学发展，2010，20(07)：3-14.
[33] 中华人民共和国 2021 年国民经济和社会发展统计公报 [EB/OL].http://www.stats.gov.cn/tjsj/zxfb/202202/t20220227_1827960.html
[34] 邱灵 . 服务业与制造业互动发展的国际比较与启示 [J]. 经济纵横，2014(02)：97-103.
[35] 宾建成 . 新国际分工体系下中国制造业发展方向与对策 [J]. 亚太经济，2013(01)：121-127.
[36] 翟翠霞，李禹霖 . 现代生产性服务业的演化及经济影响分析 [J]. 辽宁工程技术大学学报 (社会科学版)，2016，18(03)：250-258.
[37] 郭朝先 . 以产业融合推动制造业高质量发展 [N]. 经济日报，2019-09-11(015).
[38] 程晓，邓顺国，文丹枫 . 服务经济崛起“互联网 +” 时代的服务业升级与服务化创新 [M]. 北京：中国经济出版社，2018.
[39] 何哲，孙林岩，贺竹磬，等 . 服务型制造的兴起及其与传统供应链体系的差异 [J]. 软科学，2008(04)：77-81.
[40] 何哲，孙林岩，朱春燕 . 服务型制造的概念、问题和前瞻 [J]. 科学学研究，2010，28(01)：53-60.
[41] 发展服务型制造专项行动指南 [EB/OL].http://www.gov.cn/xinwen/2016-07/28/content_5095552.htm.
[42] 宣烨 . 江苏产业发展报告 2016[M]. 北京：中国经济出版社，2017.
[43] 杨书群 . 服务型制造的实践、特点及成因探讨 [J]. 产经评论，2012，3(04)：46-55.
[44] 陈丽娴，杨望成，郝泽林 . 迈入服务利润区 制造业服务化模式与案例 [M]. 北京：中国财富出版社，2019.
[45] 孙立缘，罗建强，李锦飞 . 制造企业服务衍生的价值创造机理研究 [J]. 管理学报，2017，14(12)：1840-1846.
[46] 许丹，彭永涛 . 基于网络均衡的中小制造企业服务化综述 [J]. 物流工程与管

理，2020，42(11)：127–130.

[47] 赵艳萍，潘蓉蓉，罗建强，等 . 制造企业服务化悖论研究述评 [J]. 管理学报，2020，17(03)：467–474.

[48] 方润生，郭朋飞，李婷 . 基于陕鼓集团案例的制造企业服务化转型演进过程与特征分析 [J]. 管理学报，2014，11(06)：889–897.

[49] 赵勇，齐讴歌 . 制造业企业向服务提供商转变的共演模型——基于陕西鼓风机 (集团) 有限公司的案例研究 [J]. 软科学，2012，26(12)：122–126.

[50] 许冠南 . 新范式下中国制造业数字化转型理论与实践 [M]. 北京：北京邮电大学出版社，2019.

[51] 邓洲 . 制造业与服务业融合发展的历史逻辑、现实意义与路径探索 [J]. 北京工业大学学报 (社会科学版)，2019，19(04)：61–69.

[52] 刘宇，潘晓勇，郅慧，等 . 家电产品网络协同制造技术研究及应用 [J]. 机电产品开发与创新，2019，32(04)：42–44.

[53] 李大鹏 . 苏州金融租赁支持制造业转型升级研究 [D]. 苏州：苏州大学，2018.

[54] ZGHIDI A B，ZAIEM I. Service orientation as a strategic marketing tool：The moderating effect of business sector[J]. Competitiveness Review，2017，27(01)：40 61.

[55] 王满四，周翔，张延平 . 从产品导向到服务导向：传统制造企业的战略更新——基于大疆创新科技有限公司的案例研究 [J]. 中国软科学，2018(11)：107–121.

[56] HOMBURG C，HOYER W D，FASSNACHT M. Service orientation of a retailer's business strategy：Dimensions，antecedents，and performance outcomes[J]. Journal of Marketing，2002，66(4)：86–101.

[57] 张辉 . 制造企业服务导向战略研究：战略的制定与执行视角 [D]. 上海：复旦大学，2012.

[58] 赵晓煜，孙梦迪 . 制造企业的多层次服务导向对服务创新和服务价值的影响 [J]. 技术经济，2020，39(01)：43–51.

[59] MATHIEU V.Service strategies within the manufacturing sector Benefits,costs and partnership[J].International Journal of Service Industry Management，2001，12(5)：451–475.

[60] OLIVA R, KALLENBERG R.Managing the transition from products to services[J]. International Journal of Service Industry Management，2003(2)：160–172.

[61] GEBAUER H.An investigation of antecedents for the development of customer

support services in manufacturing companies [J].Journal of Business to Business Marketing，2007，14(3)：59–96.

[62] 刘玉伟，高杰，王欢 . 服务导向的员工管理对服务拓展与运作绩效影响的实证研究 [J]. 系统管理学报，2017，26(02)：346–355.

[63] SCHMENNER R W. Manufacturing, service and their integration: some history and theory[J]. International Journal of Operations and Production Management，2009，29(5)：431–443.

[64] 曹进 . 服务型制造需求预测及能力规划研究 [D]. 上海：上海交通大学，2017.

[65] 张忠，金青，丁兆国 . 基于顾客导向的服务型制造企业过程质量研究 [J]. 科技管理研究，2013，33(22)：121–125.

[66] RIBEIRO S D,HAWKINS M A,REZAZADE M M H.Knowledge boundary spanning process:synthesizing four spanning mechanisms[J].Management Decision，2012，50(10)：1800–1815.

[67] 刘嘉慧，高山行 . 数字经济环境下企业跨界内涵：价值主张视角 [J]. 科技进步与对策，2021，38(01)：63–70.

[68] Peter A.. Swarm Creativity: Competitive Advantage Through Collaborative Innovation Networks[M].New York: Oxford University Press，2006.

[69] 解学梅，左蕾蕾，刘丝雨 . 中小企业协同创新模式对协同创新效应的影响——协同机制和协同环境的双调节效应模型 [J]. 科学学与科学技术管理，2014，35(05)：72–81.

[70] 宋立丰，宋远方，冯绍雯 . 平台—社群商业模式构建及其动态演变路径——基于海尔、小米和猪八戒网平台组织的案例研究 [J]. 经济管理，2020，42(03)：117–132.

[71] 孙新波，秦子佳，张大鹏 . 智能制造企业中内部式众包平台的协同激励机制构建的双案例研究 [J]. 上海管理科学，2020，42(05)：81–86.

[72] 杨水利，王思翔，杨祎 . 服务型制造与先进制造业企业绩效：客户参与的调节作用 [J]. 生产力研究，2020(10)：67–71，161.

[73] 蒋楠，赵嵩正，吴楠 . 服务型制造业客户参与、知识创造与服务创新绩效的关系研究 [J]. 生产力研究，2015(02)：119–122.

[74] 王晓明，朱永彬 . 以服务型制造数字化推动信息增值与智能服务创新发展 [N]. 中国经济时报，2020–10–15(004).

[75] 兰娟丽 . 产业集群网络嵌入性对企业竞争力的影响研究 [M]. 武汉：武汉大学出版社，2019.

[76] 工信部，国家标准委 . 国家智能制造标准体系建设指南（2021 版）[EB/OL]. https://www.miit.gov.cn/xwdt/gxdt/sjdt/art/2021/art_47d5b1b9a13945cb9c2f8820b3d9e76d.html

[77] 中国自动化学会 . 控制科学与工程学科发展报告 [M]. 北京：中国科学技术出版社，2018.

[78] 董华，夏森 . 大数据驱动下克服制造企业“服务化悖论”的新思路——基于组织敏捷性的视角 [J]. 经济论坛，2020(07)：47–58.

[79] HEIKO. Overcoming the Service Paradox in Manufacturing Companies[J].European Management Journal，2004，23(1)：14–26.

[80] 赵振 .“互联网 +”下制造企业服务化悖论的平台化解决思路 [J]. 科技进步与对策，2016，33(06)：76–83.

[81] 简兆权，刘晓彦 . 互联网环境下服务战略与组织结构的匹配——基于制造业的多案例研究 [J]. 管理案例研究与评论，2017，10(05)：449–466.

[82] OLIVA R,GEBAUER H,BRANN J M.Separate or integrate ?Assessing the impact of separation between product and service business on service performance in product manufacturing firms [J].Journal of Business–to–Business Marketing，2012，19(4)：309–334.

[83] 冯小亮，牟宇鹏，丁刚 . 共享经济时代企业顾客协同价值创造模式研究 [J]. 华东经济管理，2018，32(06)：148–156.

[84] 和征，张志钊，李勃 . 服务型制造企业开放式服务创新的声誉激励模型 [J]. 运筹与管理，2020，29(09)：232–239.

[85] COMMONS J R.The problem of correlating law economics and ethics[J].Wis. L.Rev.1932，8:3.

[86] COASE R H. The Nature of the Firm[J]. Economica，1937，4(16)：386–405.

[87] 郭红梅 . 对威廉姆森交易费用理论的研究综述——行为假设和交易性质方面 [J]. 思想战线，2011，37(S1)：86–88.

[88] 许文恭 . 电子商务的交易成本理论分析 [D]. 厦门：厦门大学，2002.

[89] 赵洋 . 基于交易成本理论的物流管理若干问题研究 [D]. 长沙：中南大学，2006.

[90] MORGAN R M,HUNT S D.The commitment–trust theory of relationship marketing[J].Journal of Marketing，1994，58(03)：20–38.

[91] CHAMBERLIN E. The theory of monopolistic competition: a reorientation of the theory of value[J].Harvard Economic Studies，1933：37–44.

[92] BROMILEY P,RAU D.Operations management and the resource based view: Another view[J].Journal of Operations Management，2016，41：95-106.

[93] 周建，于伟，崔胜朝.基于企业战略资源基础观的公司治理与企业竞争优势来源关系辨析[J].外国经济与管理，2009，31(07)：23-32.

[94] DAVIES A, DODGSON M, GANN D. Dynamic Capabilities in Complex Projects:The Case of London Heathrow Terminal 5[J]. Project Management Journal，2016，47(02)： 26-46.

[95] NASON R S , WIKLUND J. An Assessment of Resource-Based Theorizing on Firm Growth and Suggestions for the Future[J]. Journal of Management，2018，44(1)： 32-60.

[96] 张璐，梁丽娜，苏敬勤，等.创业企业如何实现动态能力的演进——基于多层级认知与行为协奏视角的案例研究[J].管理评论，2021，33(08)：341-352.

[97] VIAL G.Understanding digital transformation: a review and a research agenda[J]. The Journal of Strategic Information Systems,2019，28(02)：118-144.

[98] 王萍萍.知识特征对专利质量的影响研究[M].北京：北京邮电大学出版社，2019.

[99] 潘维宁.跨渠道整合对企业创新与绩效的影响：电商类型的调节作用[D].合肥：中国科学技术大学，2020.

[100] 王丽平.企业开放度对商业模式创新的影响机制研究[M].天津：南开大学出版社，2019.

[101] 樊一麟.基于虚拟价值链和价值网的农业产业价值链构建研究[J].科技和产业，2020，20(12)：117-120.

[102] 程立茹.互联网经济下企业价值网络创新研究[J].中国工业经济，2013(09)：82-94.

[103] M. KRAUS S. FEUERRIEGEL A. Oztekin.Deep learning in business analytics and operations research:Models,applications and managerial implications[J].Eur. J. Oper,2020，281(3)：628-641.

[104] H PERKS, C KOWALKOWSKI,L WITELL A. Gustafsson.Network orchestration for value platform development[J].Ind.Mark.Manag，2017，67(3)：106-121.

[105] 陈占夺，齐丽云，牟莉莉.价值网络视角的复杂产品系统企业竞争优势研究——一个双案例的探索性研究[J].管理世界，2013(10)：156-169.

[106] PRABAKAR K, DAVID T W. The Future of Competition[J]. Industrial Marketing Management,2001,30(04)：379-389.

[107] M. LAURSEN.Project Networks as Constellations for Value Creation[J].Project Management Journal,2018，49(02)：56–70.

[108] 吕芬，朱煜明，凯瑟琳·罗伯特.数字化背景下的创新价值链国外综述[J].科技管理研究,2020，40(14)：1–9.

[109] GANOTAKIS P, LOVE J H. Export propensity, export intensity and firm performance: the role of the entrepreneurial founding team[J].Journal of International Business Studies, 2012,43(08)：693–718.

[110] LYYTINEN K, NEWMAN M. A tale of two coalitions: marginalising the users while successfully implementing an enterprise resource planning system[J]. Information Systems Journal，2016，25(02)： 71–101.

[111] 张晓静.亚太区域生产网络变迁与中国自贸区战略研究[M].北京：对外经济贸易大学出版社，2020.

[112] 潘秋晨.全球价值链嵌入对中国制造业资源配置效率的影响研究[D].上海:上海社会科学院，2021.

[113] 程东全，顾锋，耿勇.服务型制造中的价值链体系构造及运行机制研究[J].管理世界，2011(12)：180–181.

[114] 吴安波，孙林岩，杨才君，等.服务型制造战略下中国制造企业研发活动价值创造分析[J].科技进步与对策，2012，29(07)：88–93.

[115] 王凌，孙林岩，冯泰文.服务型制造企业供应商选择研究[J].商业研究，2010(02)：1–5.

[116] 陈伟，潘成蓉.供应链企业间知识共享的创新效应分析——关系和信任导向下的实证研究[J].技术经济与管理研究，2015(05)：26–30.

[117] ZOTTZ C，AMIT R.Business model design:an activity system perspective[J].Long Range planning,2010,43(02)：216–222.

[118] 杨东，裴梦亚，史会斌，等.数字化驱动的制造企业商业模式创新研究综述[J].科学与管理，2021，41(03)：42–47.

[119] 庞长伟，李垣.国内商业模式研究现状——基于2000—2014年CSSCI论文情况分析[J].华东经济管理,2016，30(03)：178–184.

[120] 胡保亮，赵田亚.价值模块整合双元性对物联网商业模式的影响[J].技术经济，2016，35(02)：8–13，57.

[121] 吴玉玲，吴迪.互联网企业商业模式结构模型研究文献综述[J].当代经济，2018(02)：78–79.

[122] 原磊.商业模式体系重构[J].中国工业经济，2007(06)：70–79.

[123] OSTERWALDER A,PIGNEUR Y.Business Model Generation [M].Hoboken, New Jersey:John Wiley &Sons,2010.

[124] 项国鹏，罗兴武 . 价值创造视角下浙商龙头企业商业模式演化机制——基于浙江物产的案例研究 [J]. 商业经济与管理，2015(01)：44–54.

[125] 邱泽国 . 中国制造业企业管理体系及商业模式研究 [J]. 哈尔滨商业大学学报 (社会科学版)，2013(06)：96–104.

[126] 马倩，杨德林，邹济，等 . 智能制造孵化器的核心能力构建研究 [J]. 技术经济，2021，40(05)：146–158.

[127] 张晓玲，李东，赵毅 . 商业模式构成要素间的匹配性对企业绩效影响研究——以创业板及中小板企业为例 [J]. 中大管理研究，2012，7(02)：140–163.

[128] 祝成林 . 论生产方式变迁与职业教育实习演变 [J]. 职业教育研究，2019(01)：44–49.

[129] 简兆权，伍卓深 . 制造业服务化的路径选择研究——基于微笑曲线理论的观点 [J]. 科学学与科学技术管理，2011，32(12)：137–143.

[130] 李靖华，林莉，李倩岚 . 制造业服务化商业模式创新：基于资源基础观 [J]. 科研管理，2019，40(03)：74–83.

[131] 李晓华，刘尚文 . 服务型制造内涵与发展动因探析 [J]. 开发研究，2019(02)：94–101.

[132] GEBAUER H，HALDIMANN M，SAUL C J. Competing in business to business sectors through pay peruse services[J].Journal of Service Management，2017，28(05)：914 - 935.

[133] 张旭梅，张秀洲 . 服务化趋势下的风电设备后市场服务模式与策略研究 [J]. 重庆大学学报 (社会科学版)，2014，20(06)：64–69.

[134] PATRIZIA G,GIANLUCA C,ROBERTA P,etal.Consumer empowerment in the digital economy:availing sustainable purchasing decisions[J]. Sustainability,2017,28(09)：693–712.

[135] 周文辉，杨苗，王鹏程，等 . 赋能、价值共创与战略创业：基于韩都与芬尼的纵向案例研究 [J]. 管理评论，2017，29(07)：258–272.

[136] 郝金磊，尹萌 . 分享经济：赋能、价值共创与商业模式创新——基于猪八戒网的案例研究 [J]. 商业研究，2018(05)：31–40.

[137] 周文辉 . 知识服务、价值共创与创新绩效——基于扎根理论的多案例研究 [J]. 科学学研究，2015，33(04)：567–573，626.

[138] 刘平峰，王雨婷，苏超超 . 大数据赋能企业知识管理创新机理与路径研

究——基于华为案例 [J]. 科技进步与对策，2021，38(01)：122–131.

[139] 孙新波，苏钟海 . 数据赋能驱动制造业企业实现敏捷制造案例研究 [J]. 管理科学，2018，31(05)：117–130.

[140] 但斌，贺庆仁，李宇雨 . 易逝品多销售阶段预防性横向调拨与订货决策模型 [J]. 管理工程学报，2017，31(01)：133–141.

[141] 查晓宇，张旭梅，但斌，等 . 全渠道模式下制造商与零售商的 O2O 合作策略研究 [J]. 管理工程学报，2022，36(03)：215–224.

[142] AILAWADI K L, FARRIS P W. Managing multi–and omni–channel distribution:metrics and research directions[J]. Journal of retailing, 2017, 93(1)：120–135.

[143] 马永斌 . 全渠道模式下服装企业 O2O 路径研究 [J]. 现代管理科学，2018(01)：36–38.

[144] COREYNEN W，MATTHYSSENS P，VAN BOCKHAVEN W. Boosting servitization through digitization：Pathways and dynamic resource configurations for manufacturers[J]. Industrial Marketing Management，2017(60)：42–53.

[145] ZHOU Y，ZANG J，MIAO Z Z，et al. Upgrading pathways of intelligent manufacturing in China：Transitioning across Technological Paradigms[J]. Engineering，2019，5(04)：691–701.

[146] 张青山，吴国秋 . 具有竞争优势期望的服务型制造业务流程优化研究 [J]. 预测，2014，33(02)：59–65.

[147] 郭然，原毅军 . 服务型制造对制造业效率的影响机制研究 [J]. 科学学研究，2020，38(03)：448–456.

[148] 周勇，吴海珍，韩兆安 . 企业转移模式、本地化嵌入行为与知识转移绩效——基于 SCP 范式的分析 [J]. 科技进步与对策，2019，36(18)：119–128.

[149] 寇宗来，高琼 . 市场结构、市场绩效与企业的创新行为——基于中国工业企业层面的面板数据分析 [J]. 产业经济研究，2013(03)：1–11，110.

[150] 刘广生，吴启亮 . 基于 ESCP 范式的中国电信业基础运营市场分析 [J]. 中国软科学，2011(04)：33–43，32.

[151] 林侃 . “面向服务”，制造业如何蹚出转型新路？——福建省服务型制造发展调查 [N]. 福建日报，2021–06–11(008).

[152] TUKKER A.Product services for a resource efficient and circular economy:A review[J].Journal of Cleaner Production,2015,97：76–91.

[153] 林文进，江志斌，余红旭 . 基于案例研究的服务型制造管理框架应用分析 [J].

工业工程与管理，2018，23(06)：1–7，15.

[154] GOED KOOP M,VAN HALER C,TE RIELE H,et al.Product service systems, ecological and ecological economic basics[R].Report for Dutch Ministries of Environment（VROM）and Economic Affairs（EZ）,1999.

[155] 江平宇，朱琦琦 . 产品服务系统及其研究进展 [J]. 制造业自动化，2008，30(12)：10–17.

[156] 黄双喜，范玉顺 . 产品生命周期管理研究综述 [J]. 计算机集成制造系统 –CIMS，2004(01)：1–9.

[157] 沈国华，胡敏锐，王源涛 . 基于工业互联网平台的制造业产品生命周期管理 [J]. 智能制造，2020(11)：50–53.

[158] 谢弗尔，吴琪，黄伟强 . 工业 X.0 实现工业领域数字价值 [M]. 贺琳，曹心羽，译 . 上海：上海交通大学出版社，2017.

[159] 钟耕深 . 战略转型与制造业升级——第九届中国战略管理学者论坛综述 [J]. 经济管理，2016，38(12)：183–194.

[160] 简兆权，刘晓彦，李雷 . 制造业服务化组织设计研究述评与展望 [J]. 经济管理，2017，39(08)：194–208.

[161] 闫开宁，李刚 ."互联网 +"背景下的服务型制造企业变革 [J]. 中国机械工程，2018，29(18)：2238–2249.

[162] LAVY A，MERRY U. Organizational transformation：Revitalizing organization for a competitive world[M]. San Francisco:Jessey–Bass, 1988.

[163] OLIVA R，KALLENBERG R. Managing the Transition from Products to Services[J]. International Journal of Service Industry Management，2003，14，(02)： 160–172.

[164] 刘尚文，李晓华 . 中国服务型制造的发展现状、问题与对策 [J]. 中国浦东干部学院学报，2019，13(03)：121–128.

[165] 韩沐野 . 传统科层制组织向平台型组织转型的演进路径研究——以海尔平台化变革为案例 [J]. 中国人力资源开发，2017(03)：114–120.

[166] 章凯，李朋波，罗文豪，等 . 组织—员工目标融合的策略——基于海尔自主经营体管理的案例研究 [J]. 管理世界，2014(04)：124–145.

[167] 中国社会科学院工业经济研究所课题组，张其仔 . 新工业革命背景下的世界一流管理：特征与展望 [J]. 经济管理，2021，43(06)：5–21.

[168] 胡左浩 . 华为铁三角——聚焦客户需求的一线共同作战单元 [J]. 清华管理评论，2015(11)：84–91.

[169] MARTINEZ-CARO.Digital Technologies and Firm Performance:The Role of Digital Organisational Culture[J].Technological Forecasting and Social Change，2020，154(06)：1-11.

[170] FLIESS S, LEXUTT E. How to be Successful with Servitization Guidelines for Research and Management[J].Industrial Marketing Management, 2019，78(12)：58-75.

[171] 杨志波，董雅松，杨兰桥 . 制造企业数字化、服务化与企业绩效——基于调节中介模型的研究 [J]. 企业经济，2021，40(02)：35-43.

[172] 李慧，温素彬，焦然 . 企业环境行为：言而行，行有报吗 ?—企业环境文化对财务绩效的影响研究 [J/OL]. 管理评论 :1-17[2021-08-09].https://doi.org/10.14120/j.cnki.cn11-5057/f.20210104.001.

[173] MAN H, FELDT T, LAMSA A M, et al.Does the Ethical Culture of Organisations Promote Managers' Occupational Well-being? Investigating Indirect Links Via Ethical Strain[J].Journal of Business Ethics,2011,101(02)：231-247.

[174] FRANCOIS J，MANCHIN M，TOMBERGER P.Services linkages and the value added content of trade[J].The World Economy，2015，38(11)：1631-1649.

[175] 戚聿东，肖旭 . 数字经济时代的企业管理变革 [J]. 管理世界，2020，36(06)：135-152，250.

[176] 王爱民 . 面向智能生产管控的数字孪生技术 [J]. 人工智能，2021(02)：12-20.

[177] 陶飞，程颖，程江峰 . 数字孪生车间信息物理融合理论与技术 [J]. 计算机集成制造系统，2017，23(08)：1603-1611.

[178] 彭永涛，罗建强，许丹，等 . 考虑服务外包的产品服务供应链网络均衡决策 [J]. 计算机集成制造系统，2021，27(01)：260-269.

[179] 顾德英，罗云林，马淑华 . 计算机控制技术 [M]. 4 版 . 北京：北京邮电大学出版社，2020.

[180] 陈岩，张李叶子，李飞，等 . 智能服务对数字化时代企业创新的影响 [J]. 科研管理，2020，41(09)：51-64.

[181] 张振刚，杨玉玲，陈一华 . 制造企业数字服务化：数字赋能价值创造的内在机理研究 [J]. 科学学与科学技术管理，2022，43(01)：38-56.

[182] 邱新平 . 数据赋能制造业组织结构创新——基于服装与家具制造企业的双案例研究 [J]. 企业经济，2022，41(01)：84-93.

[183] 姚锡凡，张剑铭，陶韬，等 . 从精敏制造到工业 4.0 长尾生产的制造业转型升级 [J]. 计算机集成制造系统，2018，24(10)：2377-2387.

[184] 肖人彬，赖荣燊，李仁旺 . 从大规模定制化设计到大规模个性化设计 [J].

南昌工程学院学报，2021，40(01)：1–12.
[185] 董华 . 模块化趋势下服务型制造网络的形成及运行 [J]. 甘肃社会科学 ,2016(06)：218–223.
[186] 李君，成雨，窦克勤，等 . 互联网时代制造业转型升级的新模式现状与制约因素 [J]. 中国科技论坛，2019(04)：68–77.
[187] 张忠，金青 . 基于服务型制造网络的制造企业价值创造研究 [J]. 商业研究，2015(04)：141–146.
[188] 董华，陈蕾 . 大数据驱动服务型制造超网络价值共创过程 [J]. 科技管理研究，2021，41(22)：193–204.
[189] 樊晓军，李从质 . 科层制组织向平台化组织转型比较研究 [J]. 商业经济，2018(09)：103–106.
[190] 陈慧，谷小科 . 生产组织平台化提高了企业价值创造吗？——基于中国制造业上市企业的实证 [J]. 企业经济，2022，41(07)：105–114.
[191] 王如玉，梁琦，李广乾 . 虚拟集聚：新一代信息技术与实体经济深度融合的空间组织新形态 [J]. 管理世界，2018，34(02)：13–21.
[192] 曹正勇 . 数字经济背景下促进我国工业高质量发展的新制造模式研究 [J]. 理论探讨，2018(02)：99–104.
[193] 李健，王莹 . 工业物联网是物联网的主要价值体现，我国潜力巨大——访中国工程院院士邬贺铨 [J]. 电子产品世界，2019，26(07)：1–5.
[194] 杨博旭，王玉荣，李兴光，等 . 技术多元化对双元创新绩效的影响研究：基于正式与非正式制度环境的视角 [J]. 科学学与科学技术管理，2021，42(12)：145–162.
[195] 张铭，杜静，曾娜，等 . 工业互联网企业数字创业绩效的前因组态研究 [J]. 华东经济管理，2023，37(02)：53–63.
[196] 任保平 . 我国产业互联网时代的新特征及其发展路径 [J]. 人民论坛，2021(01)：66–68.
[197] 张永翔 . 马钢营销模式的变革与突破 [J]. 企业管理，2017(09)：61–64.
[198] 左凤娟，张在房，樊蓓蓓 . 服务型制造混合供应链的协调研究 [J]. 现代制造工程，2019(01)：43–50，93.
[199] 邓向辉，齐晔 . 合同能源管理的中国化与发展现状分析 [J]. 环境科学与管理，2012，37(12)：1–6.
[200] 张端 . 探寻“陕鼓模式”的成功密码 [N]. 西安日报，2022–05–07(03).
[201] 朴庆秀，孙新波，钱雨，等 . 服务化转型视角下技术创新与商业模式创新

的互动机制研究——以沈阳机床集团为案例 [J]. 科学学与科学技术管理，2020，41(02)：94–115.

[202] 李飞 . 全渠道营销理论——三论迎接中国多渠道零售革命风暴 [J]. 北京工商大学学报 (社会科学版)，2014，29(03)：1–12.

[203] 罗建强，李玉娟 . 数字化环境下服务创新反哺产品创新机制研究——来自小米科技的单案例分析 [J/OL]. 科技进步与对策 :1–10[2022–08–04]. http://h–p.kns.cnki.net.peihua.vpn358.com:8082/kcms/detail/42.1224.G3.20220714.1634.002.html

[204] 孔原，刘览 . 研发支出、广告支出与企业经营绩效的关系研究——来自沪深不同制造类上市公司的实证分析 [J]. 中国物价，2021(07)：100–103.

[205] 陈春花 . 水样组织：动态环境下保持领先的组织形态研究 [J]. 华南理工大学学报 (社会科学版)，2014，16(05)：10–15.

[206] 孟凡生，赵刚 . 创新柔性对制造企业智能化转型影响机制研究 [J]. 科研管理，2019，40(04)：74–82.

[207] 孙建鑫，马宝龙，赵莉 . 不同形式顾客参与对企业绿色服务创新的影响 [J]. 外国经济与管理，2022，44(07)：48–63.

[208] 赵莉，孙建鑫，张玲 . 社交媒体背景下顾客参与对中小企业创新绩效的影响——一个双调节模型 [J]. 科技进步与对策，2020，37(23)：91–99.

[209] 谢洪明，吴隆增 . 技术知识特性、知识整合能力和效果的关系——一个新的理论框架 [J]. 科学管理研究，2006(02)：55–59.

[210] 张妍，魏江 . 战略导向、研发伙伴多样性与创新绩效 [J]. 科学学研究，2016，34(03)：443–452.

[211] 左美云，许珂，陈禹 . 企业知识管理的内容框架研究 [J]. 中国人民大学学报，2003(05)：69–76.

[212] 朱晓峰，肖刚 . 知识管理基本概念探讨 [J]. 情报科学，2000(02)：129–131.

[213] 邱均平，段宇锋 . 论知识管理与竞争情报 [J]. 图书情报工作，2000(04)：11–14.

[214] 和金生，熊德勇 . 知识管理应当研究什么 ?[J]. 科学学研究，2004(01)：70–75.

[215] 姜黎辉 . 服务转型背景下制造企业知识管理架构与流程研究 [J]. 科技管理研究，2016，36(02)：172–178.

[216] 邱均平，张蕊，文庭孝 . 知识管理学概论 [M]. 武汉：武汉大学出版社，2019.

[217] 赵益维，陈菊红，姚树俊 . 知识管理视角下的服务型制造创新机制研究 [J]. 中国科技论坛，2010(10)：34–39.

[218] 董海 . 供应链管理 [M], 北京：冶金工业出版社，2018.

[219] 王薇薇，洪跃，张在房 . 服务型制造混合供应链的稳定性及弹性评估 [J]. 计算机集成制造系统，2018，24(01)：203–212.

[220] 王康周，江志斌，林文进，等 . 服务型制造混合供应链管理研究 [J]. 软科学，2013，27(05)：93–95，100.

[221] JOHNSON M，MENA C.Supply chain management for servitised products：a multi industry case study[J].International Journal of Production Economics，2008，114(01)：27–39.

[222] 国蓉，何镇安 .FNN 的服务型制造企业供应商选择 [J]. 西安工业大学学报，2011，31(04)：340–344.

[223] 王宇,尚利,汪永超,等.基于 FAHP 的服务型制造企业供应商的选择研究 [J]. 组合机床与自动化加工技术，2015(11)：149–152，156.

[224] 钱宽 . 服务型制造企业供应商选择模型——基于变异系数 –G2 赋权和模糊 TOPSIS 方法 [J]. 经营与管理，2021(04)：67–72.

[225] 周文璐 . 基于 DEA 的服务型制造企业供应链知识创新绩效评价研究 [J]. 科技管理研究，2013，33(20)：147–151.

[226] 郭白丽 . 基于服务型制造的陕汽集团供应链优化研究 [D]. 西安：西安建筑科技大学，2015.

[227] 张倩，张睿涵 . 服务型制造对供应链核心企业绩效的影响：供应链核心企业成本中介视角 [J]. 科技进步与对策，2017，34(11)：66–72.

[228] 但斌，罗骁，刘墨林 . 基于制造与服务过程集成的产品服务供应链模式 [J]. 重庆大学学报 (社会科学版)，2016，22(01)：99–106.

[229] 罗建强，赵艳萍，宋华明 . 服务型制造环境下延迟策略实施机理及实证分析 [J]. 中国机械工程，2010，21(22)：2693–2698.

[230] 管叶峰，彭永涛，陈逸晗 . 服务型制造模式下的供应链网络重构 [J]. 江苏大学学报 (社会科学版)，2020，22(06)：79–91.

[231] CERAN Y, SINGH H,MOOKERJEE V.Knowing what your customer wants：Improving inventory allocation decisions in online movie rental systems [J]. Production and Operations Management，2016，25（10）：1673–1688.

[232] 罗建强，杨慧 . 面向服务型制造延迟策略实施对客户价值创造的影响 [J]. 工业工程与管理，2012，17(05)：97–103.